LONDON

RALF NESTMEYER

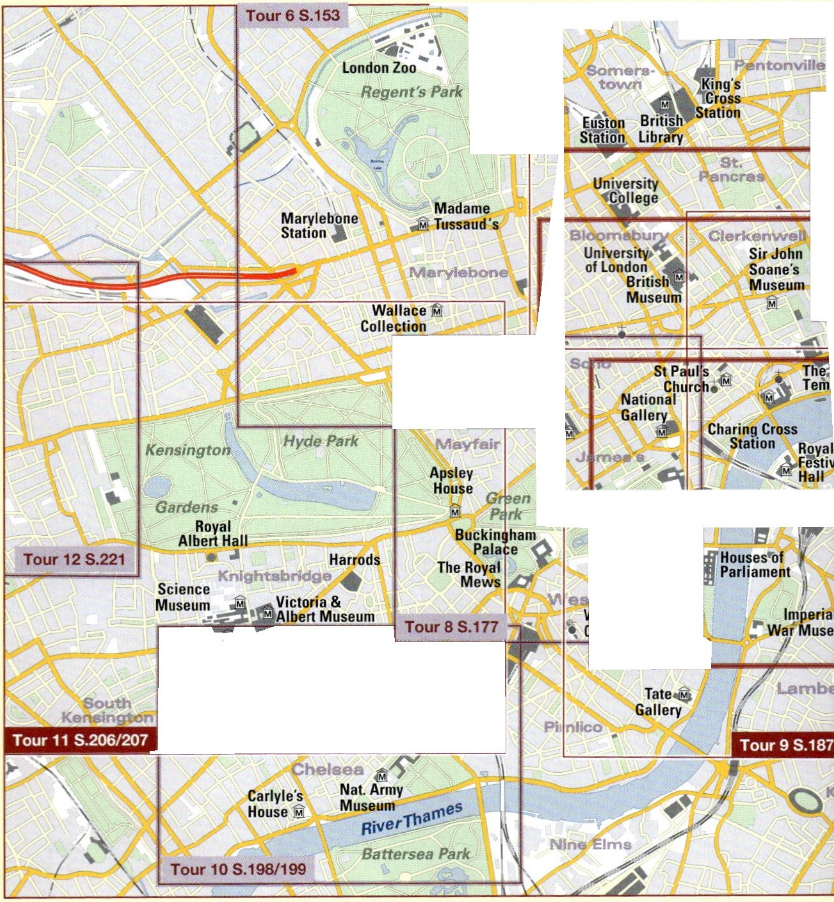
Tour 6 S.153
London Zoo
Regent's Park
Somers-
town
Pentonville
King's
Cross
Station
Euston
Station
British
Library
St.
Pancras
University
College
Marylebone
Station
Madame
Tussaud's
Marylebone
Bloomsbury
University
of London
British
Museum
Clerkenwell
Sir John
Soane's
Museum
Wallace
Collection
Soho
St Paul's
Church
National
Gallery
Charing Cross
Station
Royal
Festiv
Hall
Hyde Park
Kensington
Gardens
Mayfair
Apsley
House
Green
Park
Royal
Albert Hall
Buckingham
Palace
The Royal
Mews
Tour 12 S.221
Harrods
Knightsbridge
Houses of
Parliament
Science
Museum
Victoria &
Albert Museum
Tour 8 S.177
Imperial
War Museu
Tate
Gallery
South
Kensington
Pimlico
Lambe
Tour 11 S.206/207
Tour 9 S.187
Chelsea
Carlyle's
House
Nat. Army
Museum
River Thames
Battersea Park
Nine Elms
Tour 10 S.198/199

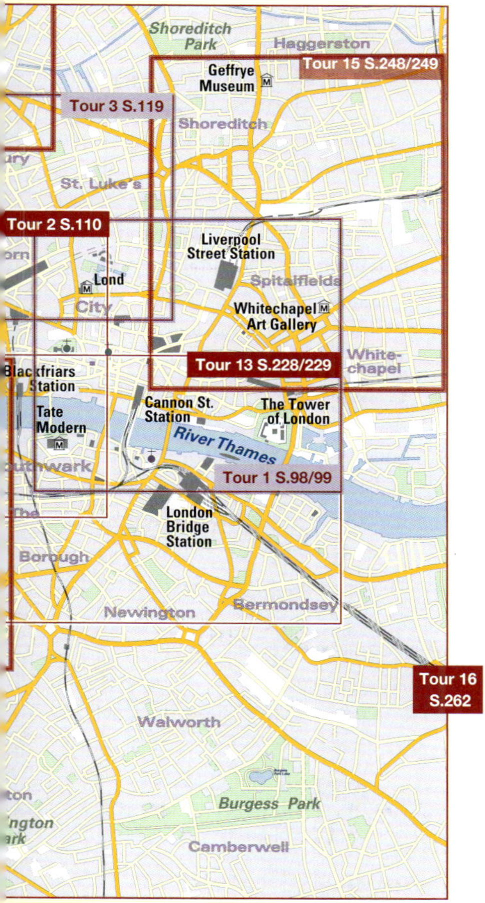
Shoreditch Park
Haggerston
Tour 15 S.248/249
Geffrye Museum
Tour 3 S.119
Shoreditch
St. Luke's
Tour 2 S.110
Liverpool Street Station
Spitalfields
City
Whitechapel Art Gallery
White-chapel
Tour 13 S.228/229
Blackfriars Station
Cannon St. Station
The Tower of London
Tate Modern
River Thames
Tour 1 S.98/99
London Bridge Station
Borough
Newington
Bermondsey
Tour 16 S.262
Walworth
Burgess Park
Camberwell

Unterwegs mit Ralf Nestmeyer

Schlechte Schulnoten können durchaus das weitere Leben beeinflussen – dies kann ich aus eigener Erfahrung bestätigen. Denn ich gehörte zu jenen Jugendlichen, die von ihren Eltern wegen mangelnder Englischkenntnisse zu einer Sprachreise „verpflichtet wurden". Vier Wochen Südengland waren der Lohn dafür, dass mir nicht nur die erfüllbaren und nichterfüllbaren Bedingungen von if-Sätzen ein Mysterium geblieben waren. Auch wenn ich rückblickend befürchte, dass sich mir die Feinheiten der englischen Grammatik in jenem August 1978 noch immer nicht erschlossen hatten, so hat diese Englandreise, zu der auch ein dreitägiger London-Aufenthalt gehörte, meine Begeisterung für die englische Lebensart geweckt. Eine Leidenschaft, die ihren Niederschlag nicht nur in zahlreichen Reisen nach England fand, sondern die schließlich auch in einen London-Reiseführer mündete. Seither habe ich das Vergnügen, auf der Suche nach neuen Trends sowie hippen Restaurants und Shops regelmäßig durch London zu streifen. Und jedes Mal bin ich überrascht, in welch kurzer Zeit sich die Themsemetropole neu erfindet, ohne dabei aber ihre ehrwürdigen Traditionen zu verleugnen. Als ich zuletzt vom Primrose Hill fasziniert auf die Londoner Skyline blickte, habe ich mich gefragt, was wohl aus mir geworden wäre, wenn ich im Englisch-Unterricht besser aufgepasst hätte ...

Viel Spaß an der Themse!

Impressum

Text und Recherche: Ralf Nestmeyer **Lektorat:** Sabine Senftleben **Redaktion und Layout:** Christiane Schütz **Karten:** Torsten Böhm, Hana Gundel, Judit Ladik, Michaela Nitzsche, Gábor Sztrecska **Fotos:** Ralf Nestmeyer **Covergestaltung:** Karl Serwotka **Covermotive:** oben: Southwark Panorama unten: London Eye

9. KOMPLETT ÜBERARBEITETE UND AKTUALISIERTE AUFLAGE 2013

Inhalt

London – Hintergründe

London – Praktische Infos

Inhalt

London – Stadttouren und Ausflüge

Inhalt

Zeichenerklärung für die Karten und Pläne

- Hauptstraße
- Nebenstraße
- Grünanlage
- St. Paul's U-Bahn
- Information
- Rundgang
- Rundgang Anfang
- Rundgang Ende
- Sehenswürdigkeit
- Museum
- Kirche
- Kloster
- Post
- Ärztliche Versorgung

Inhalt

Alles im Kasten

Was haben Sie entdeckt? Haben empfehlenswertes Restaurant gefunden, ein nettes Pub, ein gemütliches Hotel? Wenn Sie Ergänzungen, Verbesserungen oder neue Tipps zum Buch haben, lassen Sie es uns bitte wissen!

Schreiben Sie an: Rald Nestmeyer, Stichwort „London" | c/o Michael Müller Verlag GmbH | Gerberei 19, D – 91054 Erlangen | ralf.nestmeyer@michael-mueller-verlag.de

Mit dem grünen Blatt haben unsere Autoren Betriebe hervorgehoben, die sich bemühen, regionalen und nachhaltig erzeugten Produkten den Vorzug zu geben.

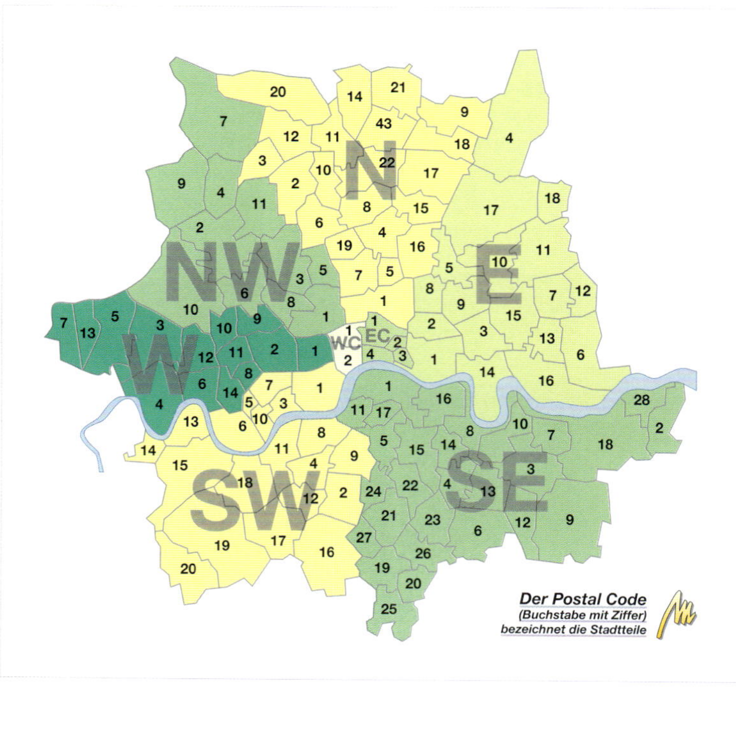

London: Die Vorschau

Weltoffen und Trendig

London ist die weltoffenste Metropole Europas, eine Metropole, die geradezu vor Lebenslust sprüht. Ständig erobern neue Trends von hier aus die Welt – egal, ob in der Mode, im Design oder in der Musik. London ist der Trendsetter schlechthin, eine Stadt, die geradezu süchtig macht.

Daneben gibt es auch noch jene Ecken, die nach wie vor vom Glanz vergangener Zeiten zeugen, als das British Empire tonangebend war. Doch das wahre London erschließt sich einem jenseits von Westminster und St Paul's Cathedral.

Als gäbe es nicht genug Attraktionen, hat sich London anlässlich des neuen Millenniums noch einmal selbst übertroffen: Mit dem London Eye, dem größten Riesenrad Europas, und dem gigantischen Millennium Dome wurde das neue Jahrtausend gebührend gefeiert. Zuletzt kam 2012 im Rahmen der Olympischen Spiele sogar noch eine Seilbahn über die Themse hinzu.

London, das ist ein gigantischer Moloch, der sich weit in das Umland gefressen hat. Groß-London weist einen Durchmesser von rund 50 Kilometern auf und erstreckt sich von Barnet im Norden bis in das südliche Bexley, in westöstlicher Richtung von Heathrow bis nach Upminster. Ein Grund für die gewaltige Ausdehnung der Stadt ist auch, dass auf der Wunschliste fast aller Briten ein eigenes Haus mit Garten steht. „My home is my castle", lautet die Devise. Gleichwohl bietet die immense Größe Londons auch die einmalige Gelegenheit, bei jedem Besuch ein neues Stadtviertel zu entdecken. Wer kennt schon Primrose Hill oder Shoreditch? Jede Ecke Londons hat ihren eigenen unverwechselbaren Charakter, ihre durch Zeit und Geschichte geformten Gegensätze und Kontraste – ge-

rade dies macht den Reiz der englischen Metropole aus. Neugierige sollten sich vielleicht von dem Schriftsteller *Hanif Kureishi* inspirieren lassen: „London kam mir vor wie ein Haus mit fünftausend verschiedenen Zimmern; der ganze Reiz lag darin, zu entdecken, wie die Zimmer untereinander verbunden waren, und sie allmählich alle zu durchlaufen."

Kunst und Kultur

Wer sich für Kunst interessiert, kann an der Themse in einen wahren Begeisterungstaumel verfallen. Mehr als 300 Museen und Kunstsammlungen hat London zu bieten. Die absoluten Höhepunkte sind natürlich das British Museum mit den Elgin Marbles und dem Rosetta Stone, die National Gallery und die Tate Gallery, deren Anziehungskraft durch die gigantische Tate Gallery of Modern Art am Südufer der Themse noch übertroffen wurde. Neben diesen Publikumsmagneten gibt es aber glücklicherweise noch eine Vielzahl kleinerer, attraktiver Museen und Galerien, so das an ein Kuriositätenkabinett erinnernde Sir John Soane's Museum, die Courtauld Gallery oder die für ihre experimentellen Wechselausstellungen bekannte Saatchi Gallery. Wer sich für Geschichte interessiert, sollte nicht nur das Imperial War Museum besuchen, sondern vor allem auch das Churchill Museum mit den Cabinet War Rooms – authentischer geht es nicht.

Da in London mehrmals im Jahr hochkarätige Sonderausstellungen stattfinden, ist es ratsam, sich vorab über das aktuelle Ausstellungsprogramm zu informieren. Mit dem Tower of London, der Westminster Abbey, Maritime Greenwich und den Kew Gardens besitzt London zudem gleich vier Kulturdenkmäler, die von der UNESCO zum Weltkulturerbe der Menschheit erklärt wurden.

London: Die Vorschau

Nightlife pur

Das Londoner Nachtleben hat sich in den letzten Jahrzehnten spürbar verändert. Wer will, kann sich in einer der neuen Megadiscos wie dem *Home* oder der *Fabric* die Nacht um die Ohren schlagen. Im *Home* wird auf mehreren Etagen jeweils eine andere Musik gespielt. Die Entertainment-Hochburg Soho ist immer noch eine gefragte Adresse, um ausgiebig in das Londoner Nightlife einzutauchen, doch haben sich auch Stadtteile wie Clerkenwell, Hoxton oder Camden zu Szenetreffpunkten entwickelt, während die Old Compton Street nach wie vor das Zentrum von *Gay London* ist.

Zu den eher traditionellen Abendgestaltungen gehört der Besuch eines Musicals oder Theaterstücks im West End. Jeden Abend kann man zudem aus mehr als 50 verschiedenen Live-Konzerten auswählen. Egal, ob man Jazz, Reggae, Hardrock oder Folkmusik bevorzugt, für jeden Geschmack ist etwas Passendes dabei. Und es vergeht kaum eine Woche, in der nicht irgendein Superstar in der „musikalischen Hauptstadt der Welt" ein Konzert gibt. Eines steht fest: Langeweile muss es in London nicht geben. „The man who is tired of London is tired of life", wusste schon der Literaturkritiker Samuel Johnson im 18. Jahrhundert.

Parks und Gärten

Angesichts der rund 1700 Parks, die im Großraum London zu finden sind, herrscht kein Mangel an Grünflächen. Die Ausdehnung mancher Parks ist beeindruckend, was allerdings nicht verwundert, da sie aus königlichen Jagdgründen hervorgingen, wie beispielsweise der Richmond Park. Im nah gelegenen Park von Hampton Court eiferte William III. dem Versailles des französischen Sonnenkönigs nach. Mehr

als 80 Quadratkilometer von Greater London sind als Grünflächen ausgewiesen, darunter zahlreiche lauschige Plätze wie der kleine Berkeley Square oder der Chelsea Physic Garden mit seinen Heilpflanzen. Auch die Vielfalt in gestalterischer Hinsicht ist verblüffend: Unweit der akkurat gestutzten Mustergültigkeit des Regent's Park kann man sich in der nordumbrischen Wildnis von Hampstead Heath vergnügen. Die dortigen Hampstead Heath Ponds sind ein beliebter sommerlicher Tummelplatz, doch selbst im Winter gibt es Schwimmer, die sich nicht von ihrem morgendlichen Bad im See abhalten lassen.

Wer sich für die Pflanzenvielfalt unseres Planeten interessiert, sollte einen Ausflug zu den tropischen Gewächshäusern der Kew Gardens unternehmen, der Chelsea Physic Garden gehört zu den renommiertesten Heilkräutergärten der Welt. Vom Greenwich Park bietet sich eine faszinierende Aussicht auf die Skyline der Docklands. Der St James's Park mit seinen Pelikanen und der berühmteste aller Londoner Gärten, der Hyde Park, gehören sowieso zum Pflichtprogramm eines Londonaufenthalts. In den beiden letztgenannten Parks laden sogar grün-weiß gestreifte Liegestühle zum Sonnenbaden oder Relaxen ein.

Shop until you drop

Es soll ja Leute geben, die nur deshalb nach London fahren, um sich über die neuesten Trends zu informieren. So kommen beispielsweise Mode- und Musikfreaks einzig, um das Neueste vom Neuen zu erhaschen. Dabei sollte der Preis keine allzu große Rolle spielen, denn der ist oft horrend hoch. Sparsamere Zeitgenossen finden ihr Eldorado in den zahlreichen Secondhand-Shops im East End sowie auf dem Camden Market. Oder man bummelt einfach nur durch die exklusiven Boutiquen und Warenhäuser. Wie auch im-

mer, Shopping in London ist allemal ein Erlebnis, getreu dem Motto „shop until you drop". In der Sloane Street und der Bond Street haben sich die großen Namen der Modewelt, wie beispielsweise Gucci, Versace und Chanel, niedergelassen. In der Oxford Street findet man in den Megastores der bekannten Ketten alles von der CD bis zur Socke. Angenehmer ist aber das Einkaufen auf der Kensington High Street, an der sich auch alle großen Ketten angesiedelt haben. Und wer weite Wege scheut, kann sicher sein, dass alle seine Wünsche in den 230 Abteilungen des Nobelkaufhauses Harrods erfüllt werden. Wer sich für das Angebot der kleineren, unabhängigeren Geschäfte interessiert, der kann sich darüber auf der Website www.independentlondon.com informieren.

Mehr als Fish & Chips

Die englische Küche ist ungenießbar. Nicht nur wegen Jamie Olivers nimmermüden Bemühungen gilt dieses Vorurteil als längst widerlegt. Dass sich die Zeiten geändert haben, erkennt man auch daran, dass inzwischen nicht etwa Fish & Chips, sondern Chicken Tikka Massala als Lieblingsgericht der Londoner gilt. Auch die traditionelle Küche hat erhebliche Fortschritte gemacht. Jenseits von *Steak and Kidney Pie* gibt es auch innovative Kochkunst, die unter dem Namen „Modern British" so manchen Gaumenkitzel bietet. Im puristischen Ambiente werden traditionelle Gerichte mit mediterraner Leichtigkeit und internationaler Nouvelle Cuisine kombiniert. Das Ergebnis sind dann auf den ersten Blick gewöhnungsbedürftige Kreationen, so beispielsweise gebratenes Knochenmark auf Vollkornbrot mit Petersiliensalat, Lammherzen mit Kohlrüben oder ein lauwarmer Schweinskopfsalat ... Gerne greifen ambitionierte Köche auf fernöstliche Gewürze zurück und servieren

ein „Täubchen in rotem Curry auf Koriander-Bohnensalat".

Unter den mehr als 6000 Londoner Restaurants finden sich auch zahlreiche indische, chinesische, karibische, afrikanische und thailändische Lokale, deren kulinarische Einflüsse schmeckbar Spuren hinterlassen haben. Die Londoner lieben nicht nur indische Currygerichte, sie lieben vor allem scharfe indische Currygerichte. Es gibt da richtige Hardcore-Fans, die, sobald bei den anderen Tischgenossen der Mund in Flammen steht und der Schweiß in großen Perlen von der Stirn tropft, nur müde lächelnd entgegnen: "You think that's spicy?"

Entenfüttern im Hyde Park

Ein Städteurlaub erfreut sich bei Kindern und Jugendlichen oft nicht gerade großer Beliebtheit. Alternativen sind daher gefragt. Während bei den Jüngsten ein Spaziergang durch den London Zoo, Entenfüttern im Hyde Park oder ein Abstecher zu den Haien im London Aquarium hoch im Kurs steht, sind die Älteren leichter für einen Besuch des Natural History Museum oder des Science Museum zu begeistern.

Absolut faszinierend ist auch der Diana Memorial Playground in den Kensington Gardens. Vom Piratenschiff über Tunnels bis hin zu diversen Schaukeln gibt es hier zahlreiche kostenlose Attraktionen zum Austoben. Interessant ist auch eine Schifffahrt auf der Themse nach Greenwich, wo das National Maritime Museum an die großen Entdecker und Seefahrer erinnert.

Besonders kinderfreundlich ist das London Transport Museum mit seinen vielen Animationen, als Klassiker gilt natürlich auch Madame Tussaud's Wachsfigurenkabinett. Veranstaltungstipps für Familien bietet das Magazin Kids Out, ein Ableger des Stadtmagazins Time Out.

Somerset House

Hintergründe

Round Reading Room im British Museum

Stadtgeschichte

In der Stadtgeschichte von London spiegelt sich in vielerlei Hinsicht auch die Geschichte Englands wider. Notierte doch schon Thomas Platter 1599 in seinem Tagebuch, man „dürfe nicht sagen, London liege in England, sondern müsse sagen, England sei London".

Römisches Londinium

Nachdem die **Römer** im Jahre 43 unserer Zeitrechnung Britannien erobert hatten, schufen sie nach bewährtem Muster eine neue Provinz, die den Namen *Britannia* erhielt. Dort, wo sich das Themsetal verengte und zwei kleine Hügel den Sumpf des Nordufers überragten, gründeten die Römer *Londinium*. Der Platz war gut gewählt, denn hier gab es nicht nur in ausreichendem Maße trockenes Land für eine Stadt, die technisch versierten Eroberer verstanden es auch, eine Holzbrücke über die Themse zu führen. Der Grundstein für Londons Aufstieg zu Britanniens großem Verkehrs- und Handelsknotenpunkt war gelegt. Zwar begehrten die Kelten vom Stamm der Icener 17 Jahre später noch einmal gegen die römische Fremdherrschaft auf und zerstörten unter Führung ihrer Königin Boudicca Londinium, doch wurde die Stadt umgehend wiederaufgebaut und durch Stadtmauern und ein mächtiges Kastell, das in der Nähe des heutigen Barbican Centre stand, abgesichert. Mit einer Ausdehnung von rund 140 Hektar war London um ein Vielfaches größer als die Römerstädte Mailand, Turin und Verona und der römische Historiker *Cassiodorus* stellte lobend fest: „Londinium war für seinen Handel berühmt und wimmelte nur so von Händlern." Rund 50.000 Menschen lebten im antiken London, von dem allerdings nur wenige archäologische Zeugnisse erhalten blieben, darunter die Grundmauern des Mithrastempels und Reste eines Amphitheaters. Eindrucksvoll sind auch die Reste des *London Wall*, der die Stadt vor Überfällen sicherte. Die römische Topographie ist bis heute auszumachen, so erinnern noch die Namen Ludgate, Newgate, Aldersgate, Cripplegate, Bishopsgate und Aldgate an den jeweiligen Standort der einstigen Stadttore.

Die Angelsachsen übernehmen

Als sich die römischen Truppen im 5. Jahrhundert aus Britannien zurückzogen, behielt London dennoch eine gewisse Zeit seine führende Stellung. Doch das Machtvakuum auf der Insel lockte potenzielle Eroberer an; die Sachsen brandschatzten London erst, bevor sie sich dort und in anderen Teilen Englands dauerhaft ansiedelten. Gegen Ende des 8. Jahrhunderts wurde London wiederholt von Wikingern heimgesucht, die mit ihren wendigen Schiffen überraschend die Themse hinauffuhren. Als prosperierende Handelsstadt war London ein begehrtes Ziel. Nachdem *Alfred der Große*, der König von Wessex, die Wikinger bei Chippenham geschlagen hatte, konnte er London 886 zurückerobern und die angelsächsische Herrschaft konsolidieren. Die Stadtbefestigung wird ausgebaut und der Hafen erweitert.

Das Londoner Zollverzeichnis, das unter König Aethelred erstellt wurde, zeigt anschaulich, dass bereits im Jahre 1000 deutsche, französische und flandrische Kaufleute Wolle, Öle und Fette ankauften, während die Angelsachsen braunes und graues Tuch, Gewürze, Wein und Fisch importierten. Wenig später konnte der Däne *Knut der Große* die angelsächsische Vormachtstellung durchbrechen und von 1018 bis 1035 die Insel als englischer König regieren. Die dänische Episode währte aber nicht lange: Unter Eduard dem Bekenner kehrten zwar die Angelsachsen auf den Thron zurück, allerdings brachte Eduard, der lange Zeit in der normannischen Heimat seiner Mutter als Flüchtling gelebt hatte, die dortigen Sitten und Bräuche mit auf die Insel. Der Bau der von ihm betriebenen Westminster Abbey zeigte deutlich den Einfluss der normannischen Sakralarchitektur.

1066 und die Folgen

Die normannische Eroberung Englands im Jahre 1066 war nicht etwa ein willkürlicher Angriff, wie die geplanten Invasionen von Napoleon oder Hitler. Vielmehr begab sich **Wilhelm der Eroberer**, so jedenfalls sahen es auch viele seiner Zeitgenossen, als legitimer Erbe des englischen Throns nach England, da ihn König Eduard der Bekenner schon zu Lebzeiten zu seinem Nachfolger bestimmt hatte. Als der Erbfall im Januar 1066 eintrat und sich *Harold Godwinson*, ein entfernter Verwandter von Eduard, der Wilhelm den Vasalleneid geleistet hatte, bereits einen Tag später selbst zum König krönte, „musste" Wilhelm handeln. Der berühmte Bildteppich von Bayeux schildert anschaulich die nun folgende Eroberung Englands: Wilhelm ließ eine ganze Schiffsflotte bauen, setzte mit 300 Schiffen und rund 7000 Mann über den Ärmelkanal und schlug Harolds Truppen am 14. Oktober in der berühmten *Schlacht von Hastings*. Zwar wurde Wilhelm am Weihnachtstag des Jahres 1066 in Westminster vom Erzbischof von York zum englischen König gekrönt, doch dauerte es noch weitere fünf Jahre, bis er de facto über ganz England herrschte. Der White Tower, der in dieser Zeit errichtet wurde und im Zentrum des heutigen Tower steht, diente weniger der Verteidigung Londons als vielmehr der Kontrolle der wankelmütigen Londoner Bevölkerung. Ein unumstrittenes Ergebnis der normannischen Eroberung war jedoch die fast vollständige Vernichtung der altenglischen Aristokratie durch Tod, Exil oder soziale Unterdrückung. An ihre Stelle traten die treuen Gefolgsleute Wilhelms und das System des Feudalismus. Ebenso bedeutend war, dass England durch die Vermittlung der normannischen Prälaten kulturell und intellektuell vom breiten Strom der neuen, von Nordfrankreich ausgehenden Gelehrsamkeit erfasst wurde. Auch in architektonischer Hinsicht erlebte England durch die normannische Eroberung eine Revolution. Die Normannen führten nicht nur den Burgenbau – das Hauptmerkmal einer feudalen Gesellschaft – ein, sie bauten in den Jahrzehnten nach Hastings fast jede größere Kirche aus, wodurch die Reform der englischen Kirche auch optisch zum Ausdruck kam.

Ruhen im Schatten
der römischen Stadtmauer

London selbst spielte in jener Epoche noch nicht die führende Rolle im Königreich. Der Grundriss der Stadt war von den schachbrettartig verlaufenden Römerstraßen geprägt und noch nicht über die antiken Grenzen hinausgewachsen. Die Vorstadtsiedlungen Bishopsgate und Southwark lagen an der wichtigen, von Süden nach Norden verlaufenden Verbindungsstraße, die die Themse auf der bislang einzigen vorhandenen Brücke überquerte. Nach Osten schloss sich das Areal des königlichen Towers an, im Westen in einiger Entfernung das Kloster Westminster mit der Krönungskirche. Dazwischen entfaltete sich die kleinteilige mittelalterliche Stadt in der bis heute gültigen Unterteilung in *boroughs*. Erst im Jahre 1176 wurde die alte London Bridge durch eine steinerne Variante ersetzt. In London muss bereits damals ein raues Klima geherrscht haben, so zeichnete Richard von Devizes, ein Zeitgenosse von Richard Löwenherz, ein spottreiches Bild der Themsestadt: „Wenn du in England bist und kommst nach London, ziehe schnell weiter. Diese Stadt missfällt mir sehr. Es gibt dort alle Arten von Menschen, aus allen Völkern unter dem Himmel, und alle haben ihre Laster mitgebracht: Niemand dort ist unschuldig, in jedem Viertel gibt es bedauerliche Unsitten. Der größte Gauner gilt als der beste Mensch. […] Alle Laster, die es in der Welt gibt, findest du in dieser Stadt vereint."

Nichtsdestotrotz erlebten England und somit auch London gegen Ende des 11. Jahrhunderts eine außerordentliche Blütephase. Der in finanziellen Dingen recht geschickte *Richard Löwenherz* erkannte die Vorteile einer florierenden Wirtschaft, richtete neue Märkte ein und verzichtete darauf, Steuern von den deutschen Kaufleuten zu erheben, die in London eine Niederlassung unterhielten. Richards Bruder und Nachfolger *Johann Ohneland*, ein rachsüchtiger und unfähiger Herrscher, musste im Jahre 1215 die **Magna Carta Libertatum** anerkennen, die die königliche Autorität zu Gunsten von Freiheiten und Privilegien für die Kirche, den Adel sowie das Bürgertum beschnitt und allen späteren konstitutionellen und demokratischen Entwicklungen Tür und Tor öffnete. Auch wirtschaftlich profitierte London von der neuen politischen Situation. Einzelne Händler und Gilden erhielten Privilegien und Monopole, fremde Kaufleute ließen sich nieder. So richtete die Hanse, deren Kaufleuten zahlreiche Vorrechte eingeräumt wurden, gegen Ende des 13. Jahrhunderts mit dem *Stalhof* ein eigenes Kontor in der Themsestadt ein.

Schwarzer Tod und Rosenkriege

Das 14. und 15. Jahrhundert waren von Kriegen und schweren Katastrophen gekennzeichnet. Im August 1348 erreichte die **Pest** England; fast jeder dritte Einwohner Londons starb in den darauf folgenden Monaten am „Schwarzen Tod". Eine zweite Pestepidemie breitete sich im Winter 1361 aus und forderte erneut Tausende von Opfern. Zeitgleich bekriegten sich England und Frankreich auf dem Kontinent. Nach anfänglichen Erfolgen der Engländer trugen aber letztlich die Franzosen den Sieg im so genannten *Hundertjährigen Krieg* (1338–1453) davon. Kaum herrschte Frieden, entbrannte zwischen den Häusern York und Lancaster ein gnadenloser Kampf um die Krone. Da beide, mit den Plantagenets verwandten Adelsgeschlechter eine Rose im Wappen führten, gingen die von 1455 bis 1485 währenden Konflikte als **Rosenkriege** in die Geschichte ein. Den unrühmlichen Höhepunkt bildete der von Richard in Auftrag gegebene Mord an den unmündigen Söhnen seines 1483 verstorbenen Bruders Eduard IV. Heinrich Tudor, der Earl of Richmond, stellte sich am 22. August 1485 mit Unterstützung des französischen Königs den Truppen Richard III. auf dem Schlachtfeld entgegen. Obwohl die Armee Richards zahlenmäßig überlegen war, trug Heinrich den Sieg davon. Dass Richard bei einer persönlichen Attacke auf seinen Herausforderer ums Leben kam, wurde von den Zeitgenossen als eine Art Gottesurteil interpretiert.

Die Häuser Tudor und Stuart

Mit Heinrich VII. saß erstmals ein Tudor auf dem Thron. Durch seine Heirat mit Elizabeth von York führte der geschickte Diplomat die verfeindeten Häuser York und Lancaster zusammen. Sein bleibender Verdienst war es, die Stellung der Monarchie zu festigen. Diese Politik, die von seinen Nachfolgern bis hin zu Elizabeth I. fortgesetzt wurde, bildete die Grundlage für die weltweite Expansion Englands, die mit

Sechs Frauen und ein Mann

Mit seinen anderen Frauen hatte Heinrich VIII. – oder besser: sie mit ihm – nur wenig Glück. Britische Schüler lernen einen Reim, um sich das Schicksal der Frauen Heinrich VIII. leichter einzuprägen: „Divorced, beheaded, died / divorced, beheaded, survived". Geschieden wurde der englische König von Katharina von Aragón, Anne Boleyn verlor ihren Kopf, Jane Seymour starb, Anna von Kleve wurde ebenfalls geschieden, Katherina Howard starb wiederum durch den Henker und nur Katharina Parr überlebte ihren Gatten.

einem steten Zuwachs der Londoner Bevölkerung einherging. Als **Heinrich VIII.** 1508 den englischen Thron bestieg, konnte er auf eine gut gefüllte Staatskasse zurückgreifen. Obwohl höfische Manieren, körperliche Fähigkeiten und Bildung des 18-Jährigen von den Zeitgenossen hoch gerühmt wurden, sollte er als Despot in die Geschichte eingehen. Seine Geltungssucht, verbunden mit einem übersteigerten Imponiergehabe steigerte sich ins Unerträgliche. Architektonische Glanzpunkte seines Repräsentationsstrebens waren der St James's Palace und Hampton Court – beides eindrucksvolle Beispiele für die Tudor-Gotik. Letztlich waren es aber die Ehe- bzw. Nachfolgerprobleme Heinrichs VIII., die zu einer entscheidenden Wendung im Geschick des Landes führten: Da der Papst ihm die Scheidung von Katharina von Aragón verweigert hatte, sagte sich Heinrich VIII. von Rom los und machte die englische Kirche zu einer Nationalkirche, der so genannten anglikanischen Staatskirche mit dem König selbst als *Supreme Head.*

Besonders bedeutend war Heinrichs Entscheidung, die Klöster aufzuheben und deren Güter an treue Gefolgsleute zu verteilen. Auf diese Weise schaffte er einen neuen, patriotischen Adel, der entschieden für den Protestantismus eintrat, um die Klostergüter nicht wieder herausgeben zu müssen. Teilweise wurden Ländereien zu Spottpreisen an vermögende Kaufleute verkauft, da Heinrich dringend Geld benötigte, um den Krieg gegen Frankreich zu finanzieren. Gleichzeitig mangelte es nun aber im ganzen Land an einer wirksamen Armenfürsorge; an die Stelle der Klöster und religiösen Stiftungen traten Armengesetze sowie eine Zwangsabgabe zur Unterstützung der Notleidenden.

Diese Entwicklung setzte sich auch unter **Elizabeth I.** durch; die zweitälteste Tochter Heinrichs VIII. vollendete während ihrer langen Regierungszeit (1558–1603) die religiöse Politik ihres Vaters. Waren bei ihrem Regierungsantritt durch die Rekatholisierungsmaßnahmen ihrer Halbschwester Maria die überwiegende Mehrzahl der Engländer wieder in den Schoß der alten Kirche zurückgekehrt, so dürfte die Zahl der Katholiken gegen Ende ihrer Herrschaft unter zwei Prozent gelegen haben. Angetrieben von dem puritanischen Geist, prosperierte die Wirtschaft: An der 1571 eröffneten Londoner Börse konnte erstmals ein ständiger Handel stattfinden. Nachdem Elizabeth 1587 die katholische Königin von Schottland, *Maria Stuart,* hatte köpfen lassen, weil sie Maria verdächtigte, einen Mordanschlag auf sie veranlasst zu haben, schickte Philipp II. seine Armada, um England wieder für den rechten Glauben zu gewinnen. Doch trotz der vermeintlichen militärischen Überlegenheit der spanischen Flotte, gelang den von *Sir Francis Drake* angeführten Engländern ein historischer Sieg, der eine jahrhundertelange Vormachtstellung Englands auf allen Weltmeeren zur Folge hatte. Auch in kultureller Hinsicht sollte das Elizabethanische Zeitalter als *Golden Age* in die Geschichte eingehen. *Christopher Marlowe* und vor allem *William Shakespeare* prägten die Epoche mit ihren Tragödien; am Südufer der Themse entstanden erstmals eigene Theatergebäude, die bis zu 3000 Zuschauer fassen konnten, darunter das unlängst wieder rekonstruierte *Globe.*

Auf dem Sterbebett liegend, bestimmte Elizabeth I. den Sohn von Maria Stuart als Jakob I. zu ihrem Nachfolger. Der für seine liberale Einstellung bekannte Jakob war zu diesem Zeitpunkt bereits König von Schottland und sollte bis zu seinem Tod (1625) in Personalunion als König von Schottland und England herrschen. Beinahe wäre Jakob I. einem Anschlag zum Opfer gefallen. Der Katholik Guy Fawkes plante zusammen mit zwei Jesuiten, den König samt Parlament in die Luft zu sprengen. Der so

Der Große Brand

Innerhalb weniger Jahrzehnte hatte sich die Londoner Bevölkerung im 17. Jahrhundert auf über 200.000 verdoppelt, als in den frühen Morgenstunden des 2. September 1666 in einer Bäckerei an der Pudding Lane ein kleiner Brand ausbrach, der als ungefährlich eingestuft wurde. Der damalige Lord Mayor Sir Thomas Bloodworth murmelte etwas von „Kinderkram, den sogar eine Frau auspinkeln könnte" und legte sich wieder in sein Bett. Eine fatale Fehleinschätzung – denn wegen ungünstiger Winde breitete sich der „Kinderkram" zu einer fünf Tage währenden Feuersbrunst aus: „Und der mächtig starke Wind trieb das Feuer in die Stadt, und alles erwies sich nach so langer Trockenheit als brennbar, selbst die steinernen Kirchenmauern", notierte der Augenzeuge Samuel Pepys in seinem Tagebuch. Der Schaden war verheerend: Vier Fünftel der Londoner City und die Hälfte der westlichen Peripherie waren vernichtet. Rund 13.000 Häuser sowie 87 Kirchen, darunter die alte St Paul's Cathedral, wurden ein Opfer der Flammen. Das einzig Positive an der Feuersbrunst war, dass auch die Pest, die ein Jahr zuvor ausgebrochen war, aus London verschwand.

genannte *Gunpowder Plot* war die Antwort auf einen königlichen Erlass, mit dem die Jesuiten ins Exil gezwungen werden sollten. Die „Schießpulver-Verschwörung" flog jedoch auf, weil einer der Anführer einem Freund die Warnung zukommen ließ, dem Parlament am Tag des Anschlags fernzubleiben. Der Brief gelangte in die Hände königstreuer Beamter, woraufhin unter dem Parlamentsgebäude 36 Pulverfässer entdeckt wurden. Fawkes und seine Mitverschwörer wurden gefangen genommen, gefoltert und hingerichtet.

Die Erinnerung an das Haus Stuart, das bis 1714 über England herrschen sollte, bleibt von zwei dramatischen Ereignissen überschattet: Dem Bürgerkrieg, der 1649 in der Exekution Karls I. und der Abschaffung der Monarchie gipfelte – Oliver Cromwell stand als Lord Protector an der Spitze des Staates – sowie dem Großen Brand von 1666, dem große Teile Londons zum Opfer fielen.

So schrecklich der Große Brand von 1666 war, bot er doch gleichzeitig die in Europa einzigartige Gelegenheit, eine Stadt nach einem „modernen" Plan im großen Maßstab wiederaufzubauen. Den Auftrag erhielt schließlich *Sir Christopher Wren* (1632–1723), ein junger Wissenschaftler der *Royal Society for Improving Natural Knowledge by Experiments.* Wren konnte seinen ursprünglichen städtebaulichen Entwurf, der große Plätze und breite Alleen vorsah, nicht ausführen; er scheiterte am Widerstand der Bürger und den komplizierten Eigentumsverhältnissen. Die einzigartige Möglichkeit blieb ungenutzt, der Wiederaufbau erfolgte entlang der alten verschlungenen Straßenführung. Wren durfte die Pläne zu rund 50 Pfarrkirchen und der St Paul's Cathedral entwerfen, die schnell zum Wahrzeichen Londons wurde; zudem ließ er mehrere Straßen verbreitern, die Wasserläufe kanalisieren und ordnete Vorschriften für die Ausführung von Gebäuden an. In der City entstanden in den nächsten Jahrzehnten zahlreiche öffentliche Bauten wie die Börse von Edward Jerman, Zunfthäuser von Peter Mills sowie Kirchen von James Gibbs und Thomas Archer.

Nach der „Glorreichen Revolution" von 1689 wurde das als konstitutionelle Monarchie regierte England innerhalb kürzester Zeit zur stärksten Wirtschaftsmacht Europas. London löste Amsterdam als weltweit bedeutendstes Handels- und Finanzzentrum ab und dehnte sich ständig weiter aus. 1694 wurde die Bank of England gegründet. Einen wichtigen Anteil am Aufschwung hatten die Hugenotten; Ende des 17. Jahrhunderts siedelten sich rund 40.000 aus Frankreich vertriebene Glaubensflüchtlinge in London an. Die Ursache für die Flucht der Hugenotten war das Edikt von Fontainebleau vom 18. Oktober 1685, mit dem der französische König *Ludwig XIV.* das Toleranzedikt von Nantes (1598) widerrief. Der englische König James II. hatte nicht nur den Flüchtlingen die Möglichkeit geben wollen, ihren Glauben auszuüben, sondern sich auch wirtschaftliche Vorteile sowie die Erschließung neuer Gewerbezweige erhofft.

Londoner Wahrzeichen St Paul's Cathedral

Nachdem weder Wilhelm III. noch Königin Anna ihre Linie durch einen Thronfolger weiterführen konnten, fiel gemäß der Erbfolge die englische Krone an das **Haus Hannover**. Mit Georg I. bestieg 1714 erstmals ein deutscher Fürst den englischen Thron. Das gesamte 18. Jahrhundert war eine Epoche, die sich vor allem im West End und in Marylebone durch eine rege Bautätigkeit auszeichnete. London wuchs weit über seine Stadtgrenzen hinaus. *Daniel Defoe* bezeichnete das aufstrebende London 1726 als „eine monströse Stadt" und stellte die Frage: „Wo kann hier eine Grenzlinie gezogen oder ein Umgrenzungswall angelegt werden?" Im Gegensatz zu anderen europäischen Städten fehlte in London ein umfassender Bebauungsplan. Weder die Regierung noch eine kleine herrschende Schicht gaben Richtlinien vor, vielmehr war die Stadtentwicklung das Ergebnis einer Vielzahl begrenzter privater Initiativen. Da zwischen 1714 und 1830 alle englischen Könige den Namen Georg trugen, werden die damals entstandenen Bauten unter dem Namen Georgianischer Stil subsumiert. Hierzu zählen die zahlreichen Backstein-Reihenhäuser, die weiträumigen, rechteckigen *Squares* und die abgerundeten *Crescents*. Unter den damals errichteten Stadtpalästen ragt vor allem das Somerset House am Strand heraus. Eine Sonderform ist der Regency-Stil von *John Nash* (1752–1835). Wie kein anderer hat Nash das Gesicht Londons verändert. Der Prinzregent und spätere König Georg IV. beauftragte ihn 1813, eine neue Straße durch das Großstadtdickicht zu schlagen. Nash entwirft die drei Kilometer lange Regent's Street, die allerdings nicht, wie für einen Prachtboulevard üblich, schnurgerade

Die Weltausstellung von 1851

Fast alle Anwesenden waren zu Tränen gerührt, als am 1. Mai 1851 Hunderte von Chorsängern das „Halleluja" aus Händels „Messias" anstimmten, nachdem Königin Victoria in Anwesenheit des Erzbischofs von Canterbury die „Great Exhibition of the Works of Industry of All Nations" im Londoner Kristallpalast feierlich eröffnet hatte. Dabei war der Anlass der Feierlichkeiten eigentlich ganz profaner Natur: Fast 14.000 Aussteller aus der ganzen Welt waren zusammengekommen, um ihre Produkte und technischen Errungenschaften auf der 1. Weltausstellung zu präsentieren. Die Vorreiterrolle spielte zweifellos Großbritannien, das sich als Vorbild für andere Nationen verstand. Das Leitmotiv der Ausstellung war allerdings nicht der Fortschritt, sondern der „Frieden" zwischen den Völkern, weswegen der Kristallpalast auch als „Friedenstempel" bezeichnet wurde. Thomas Carlyle rümpfte allerdings die Nase angesichts dieses „Tempels zur Anbetung des Kommerzes". Auch in sozialintegrativer Hinsicht war die Wirkung der Ausstellung begrenzt: In erster Linie feierte sich die bürgerliche Industriegesellschaft; für die Arbeiterschaft war noch kein gleichrangiger Platz vorgesehen.

verläuft, sondern ein paar Bögen schlägt, da Nash bei seinen Planungen auf einflussreiche Grundeigentümer Rücksicht nehmen muss. Auf John Nash gehen auch der Regent's Park, Piccadilly Circus, Marble Arch und die Umgestaltung des Buckingham Palace zurück, außerdem hat er zahlreiche Stadtvillen errichtet. Typisch für Nash sind die weißen Stuckfassaden und Säulenarkaden, die noch heute viele Londoner Straßenzüge kennzeichnen und die die Illusion einer ländlichen Idylle hervorrufen sollten.

Industrielle Revolution

Im 19. Jahrhundert, als Dampfschiffe eine zügigere Überquerung des Ärmelkanals ermöglichten, wurde London zunehmend als Reiseziel entdeckt. In erster Linie wollten die Reisenden die ungeheuren sozialen und politischen Dimensionen der „Weltstadt" London erleben. Als Heinrich Heine 1828 in London eintraf, bot sich ihm folgendes Bild: „Ich habe das Merkwürdigste gesehen, was die Welt dem staunenden Geiste zeigen kann, ich habe es gesehen und staune noch immer – noch immer starrt in meinem Gedächtnisse dieser steinerne Wald von Häusern und dazwischen der drängende Strom lebendiger Menschengesichter mit all ihren bunten Leidenschaften, mit all ihrer grauenhaften Hast der Liebe, des Hungers und des Hasses … Dieser bare Ernst aller Dinge, diese kolossale Einförmigkeit, diese maschinenhafte Bewegung, diese Verdrießlichkeit der Freude selbst, dieses übertriebene London erdrückt die Phantasie und zerreißt das Herz … Ich erwartete große Paläste und sah nichts als lauter kleine Häuser. Aber eben die Gleichförmigkeit derselben und ihre unabsehbare Menge imponirt so gewaltig."

Heines Enttäuschung war bedingt durch die Auswirkungen der Industriellen Revolution, die England und vor allem London damals voll erfasst hatte. Aus allen Teilen des Königreichs strömten die Menschen nach London, um in den dortigen Fabriken Arbeit zu finden. Die Einwohnerzahl begann in bis dato unbekanntem Ausmaß zuzunehmen; Ende des 18. Jahrhunderts überschritt London als erste europäische Stadt die

Millionengrenze. Heine erlebte London als eine Stadt des Liberalismus, die infolge der Befreiungskriege von einer fortschreitenden wirtschaftlichen Depression geprägt war. Große Teile der Bevölkerung, vor allem die irische Minderheit, lebten unterhalb der Armutsgrenze. Dies führte zu sozialen Missständen, die *Charles Dickens* in seinen Werken wie „Oliver Twist“ (1835) so eindrucksvoll geschildert hat.

Auch die Schriften von Marx und Engels sind ohne die englische Erfahrung der beiden Begründer der Kommunistischen Partei nicht denkbar. *Friedrich Engels* charakterisierte 1845 die Lage der arbeitenden Klasse in England wie folgt: „Die brutale Gleichgültigkeit, die gefühllose Isolierung jedes einzelnen auf seine Privatinteressen tritt um so widerwärtiger und verletzender hervor, je mehr diese einzelnen auf den kleinen Raum zusammengedrängt sind; und wenn wir auch wissen, dass diese Isolierung des einzelnen, diese bornierte Selbstsucht überall das Grundprinzip unserer heutigen Gesellschaft ist, so tritt sie doch nirgends so schamlos unverhüllt, so selbstbewußt auf als gerade hier in dem Gewühl der großen Stadt.“

Viktorianisches Zeitalter

Während der langen Herrschaft von **Queen Victoria** (1837–1901), die als Mutter der Nation und Mutter von neun Kindern einem ganzen Zeitalter den Namen gab, verdreifachte sich die Londoner Bevölkerung auf über 4,5 Millionen. Jeder fünfte Engländer wohnte in London. Die Stadt umfasste beinahe das ganze, 30.000 Hektar große Gebiet der 1888 geschaffenen, gleichnamigen Grafschaft. In Europa gab es keinen vergleichbaren städtischen Ballungsraum. Die Stadtverwaltung hatte mit Verkehrsproblemen zu kämpfen, gleichzeitig nahmen die Umweltverschmutzung sowie die sozialen Spannungen zu. Obwohl sich London in vielerlei Hinsicht als unkontrollierbarer Organismus präsentierte, wurden damals ganz außerordentliche Leistungen hervorgebracht: Pall Mall war die erste Straße der Welt, die eine Gasbeleuchtung erhielt; der Kristallpalast, in dem die Weltausstellung von 1851 stattfand, war mit einer Grundfläche von 6,5 Hektar das bis dato größte Gebäude; die Ufer der Themse wurden zwischen der City und Westminster befestigt; die Stadt erhielt ein neues Abwasserkanalsystem; 1863 begannen die Bauarbeiten für die anfangs noch dampfbetriebene U-Bahn; mit der technisch ausgefeilten Tower Bridge und den im *Gothic Revival* errichteten Houses of Parliament erhielt London zwei neue Wahrzeichen.

Queen Victoria

Um die Eintönigkeit der urbanen Landschaft aufzulockern, entstanden mehrere öffentliche Parkanlagen: 1830 der Regent's Park, 1845 der Victoria Park und schließlich 1869 der Finsbury Park.

Durch die mit der Industrialisierung einhergehenden Veränderungen der Arbeitswelt wurde London im Laufe des 19. Jahrhunderts zum Prototyp einer modernen Megacity. Das private Leben beschleunigte sich und ein neuer urbaner Lebensstil bildete sich heraus: Ganze Heerscharen von Angestellten in grauen Anzügen brachen jeden Morgen in den Vororten auf, um – teilweise unterirdisch – in ihre im Zentrum gelegenen Büros zu pendeln. Der Feierabend und das Wochenende wurden ritualisiert, um die Freizeit von der Arbeitszeit abzugrenzen.

Erster und Zweiter Weltkrieg

Den Ersten Weltkrieg überstand London fast ohne Schaden, sieht man einmal von den Bomben ab, die von deutschen Zeppelinen über der City abgeworfen wurden. Die Anziehungskraft des Londoner Ballungsraums blieb ungebrochen, die Bevölkerung wuchs auf über neun Millionen Einwohner an. In städtebaulicher Hinsicht war der Entschluss von 1938 bedeutsam, das Auswuchern der Stadtrandgebiete zu unterbinden und rund um London einen Grüngürtel freier Landschaft, den *green belt*, zu ziehen. Selbst mitten in den Wirren des Krieges beschäftigte sich die Regierung mit der Siedlungsproblematik und leitete die Umsiedlung der Bewohner des *green belt* in neu zu schaffende Ortschaften ein.

Weitgehend vergessen ist heute auch, dass London in den dreißiger Jahren ein bedeutender Zufluchtsort für aus dem nationalsozialistischen Deutschland vertriebene Künstler, Wissenschaftler und Schriftsteller war. Vor allem der

Architektonische Kontraste in der Londoner City

Stadtteil Hampstead entwickelte sich zum Zentrum der deutschsprachigen Emigranten, zu denen so bedeutende Persönlichkeiten wie Elias Canetti, Erich Fried, Hermann Broch, Norbert Elias, Peter Weiss, Sebastian Haffner, Alfred Kerr, Hilde Spiel, Sigmund Freud, Fritz Kortner und Peter Zadek gehörten. Rund 50.000 Flüchtlinge aus Deutschland, Österreich und der Tschechoslowakei wurden 1939 in London gezählt, viele blieben auch nach Kriegsende in ihrer Exilstadt wohnen.

Zwischen Kriegsende und Millennium

Trotz seines internationalen Erfolgs durch den siegreichen Abschluss des Zweiten Weltkrieges, musste Winston Churchill im Juli eine herbe Niederlage einstecken: Unter der Führung von *Clement Attlee* kam 1945 erstmals eine Labour-Regierung an die Macht, die eine parlamentarische Mehrheit hinter sich hatte. Neben der Verstaatlichung von Eisenbahnen, Fluggesellschaften und dem Bergbau wurde ein umfassendes **Sozialprogramm** verabschiedet, dessen wichtigste Pfeiler die Armenfürsorge und die Gesundheitspolitik waren. In den fünfziger Jahren ließen sich zahlreiche Immigranten aus Indien und der Karibik in London nieder. Die englische Hauptstadt erhielt dadurch zwar ihren bis heute so faszinierenden multikulturellen Touch, doch gleichzeitig wuchs die Ablehnung der weißen Bevölkerung gegenüber der farbigen Minderheit. Die

Winston Chruchill

Konflikte entluden sich im Sommer 1958, als die ersten Rassenunruhen in London ausbrachen, geschürt von einem Steine werfenden Mob, der durch die Straßen von Notting Hill zog. Die größten Veränderungen in der Architektur Londons sind wohl im 20. Jahrhundert zu verzeichnen. Beton wurde zum bevorzugten Baumaterial und löste den traditionellen Ziegelstein ab. Die durch die Bomben des Zweiten Weltkrieges entstandenen Lücken versuchte man durch moderne Hochhäuser und Blockbauten zu schließen. Glas- und Stahlkonstruktionen beherrschen noch heute zahlreiche Stadtviertel. Diese **New Brutalism** genannte Architekturform wird am auffälligsten vom *National Theatre* in London repräsentiert. Der österreichische Maler Oskar Kokoschka, der 1938 nach London emigriert war, zeigte sich 1972 enttäuscht über die städtebaulichen Veränderungen seiner Wahlheimat: „Wenn sich das Gesicht Londons so verändert, dass die Stadt nicht mehr wiederzuerkennen ist, dann liegt das nicht nur an zwei Weltkriegen, sondern vor allem an den Spekulanten und Bauunternehmern. Mit ihrer Hilfe werden die Londoner bald völlig von einem organischen Wachstum ihrer Metropole befreit sein."

Auch wenn die sechziger und siebziger Jahre bis heute als „Swinging London" werbewirksam vermarktet werden, so war jene Epoche in sozialgeschichtlicher Hinsicht vor allem durch ökonomische Probleme und Arbeitslosigkeit geprägt. Der Londoner Hafen steuerte unaufhaltsam seinem Niedergang entgegen, ein Dock nach dem anderen wurde geschlossen. Ein wirtschaftlicher Aufwärtstrend machte sich erst zu Beginn der **Ära Thatcher** (1979–1990) bemerkbar. Mit Unnachgiebigkeit regierte die „Iron Lady", hob die viktorianischen Werte auf den Schild und betrieb mit Eifer den staatlichen Rückzug aus Wirtschaft und Gesellschaft. Das Symbol für den wirtschaftlichen Erfolg jener

Jahre sollte die umstrittene Umgestaltung der Docklands in ein modernes Büroviertel werden. In der Erinnerung vieler Londoner sind von der Ära Thatcher vor allem die politischen Unruhen und die soziale Kälte jener Jahre haften geblieben. *John Major* konnte den Abwärtstrend der Konservativen noch einmal kurz aufhalten, doch am 1. Mai 1997 triumphierte New Labour mit ihrem Premier *Tony Blair*, der angetreten ist, um „Cool Britannia" betont jugendlich in das dritte Jahrtausend zu führen. Trotz zahlreicher Proteste gegen das britische Engagement im Irak-Krieg wurde Blair im Juni 2005 für eine dritte Legislaturperiode zum Premierminister gewählt. Kurz danach explodierten am 7. Juli 2005 vier Bomben in der U-Bahn und einem Bus, wobei mehr als 50 Menschen in den Tod gerissen wurden; die Auswirkungen des globalen Terrorismus hatten die Themsemetropole erreicht. Blairs Amtszeit ist die längste aller regierenden Premierminister der Labour-Partei. Im Herbst 2006 kündigte Blair seinen Rücktritt an. Nach einem kurzen, aber erfolglosen Zwischenspiel seines langjährigen politischen Weggefährten *Gordon Brown* hat seit Mai 2010 der Konservative *David Cameron* das Amt des Regierungschefs inne.

Wo ist Elisabeth? Zaungäste am Buckingham Palace

Die Royals und kein Ende?

Mit der 1981 geschlossenen Hochzeit von Prince Charles und Lady Diana stand das britische Königshaus noch einmal voll im Glorienschein, danach folgte eine Hiobsbotschaft auf die andere. Geradezu symbolisch gingen Teile der königlichen Schlösser Hampton Court und Windsor in Flammen auf. Königin Elizabeth II. bezeichnete das Jahr 1992 als *annus horribilis* für die Royal Family. In der Öffentlichkeit wurde lebhaft über Sinn und Zweck der Monarchie diskutiert, vor allem nach dem Unfalltod von Prinzessin Diana, als man den Windsors ihre Unfähigkeit zu trauern vorhielt.

Wirtschaft und Politik

London ist die englische Metropole schlechthin. In Groß-London leben nicht nur rund 7,5 Millionen Menschen, zudem wird rund ein Fünftel des britischen Bruttosozialprodukts im Großraum London erwirtschaftet, was der Wirtschaftsleistung von Schweden oder der Schweiz entspricht.

Die britische Wirtschaft floriert seit den neunziger Jahren in ungeheurem Ausmaße. Während sich die Zahl der Einkommensmillionäre in den letzten beiden Jahrzehnten mehr als verzehnfacht hat , klafft die Schere zwischen Arm und Reich immer weiter auseinander. Von der Arbeitslosigkeit besonders betroffen sind die Stadtviertel Hackney, Tower Hamlets und Haringey. Gleichwohl bedeutet ein hohes Einkommen nicht zwangsläufig, dass man sich großen Luxus leisten kann. Die Lebenshaltungskosten liegen in London erheblich über dem westeuropäischen Durchschnitt. Eine Vier-Zimmer-Wohnung ist in den begehrten Stadtteilen von Chelsea, Kensington oder Notting Hill nicht unter einer Million Pfund zu erwerben. In den ärmeren Stadtvierteln gehören soziale Spannungen zum Alltag. Mehrmals kam es dabei in den letzten Jahrzehnten zu blutigen Straßenschlachten, so beispielsweise 1995 bei den *Christmas Riots* in Brixton. Die sozialen Kontraste spiegeln sich nicht nur in der Lebensqualität, sondern haben auch Auswirkungen auf die Lebenserwartung: In armen Stadtvierteln wie Haringey sterben dreimal so viele Neugeborene wie im vornehmen Richmond, wo man im Durchschnitt auch acht Jahre älter wird als beispielsweise in Canning Town.

Seitdem *Margaret Thatcher* 1986 das von der Labour-Partei dominierte *Greater London Council* abgeschafft hat, besitzt London keine eigene Stadtverwaltung mehr. Verwaltungstechnisch ist London in 33 Stadtbezirke, *Boroughs* genannt, aufgeteilt, die eine eigenständige Finanz- und Kommunalpolitik betreiben. Nachdem diese Entscheidung zu erheblichen administrativen Problemen geführt hat – am offensichtlichsten in der Verkehrspolitik – votierten die Londoner 1998 per Referendum für die Wiedereinsetzung des Bürgermeisteramtes. Gegen den erklärten Willen von Tony Blair wurde der Alt-Linke *Ken Livingstone*, der bereits bis 1986 dem *Greater London Council* vorgestanden hatte, im Jahre 2000 und 2004 jeweils mit überzeugender Mehrheit zum Bürgermeister gewählt. Im Mai 2008 verlor Livingstone gegen den konservativen *Boris Johnson*, einen exzentrischen Edelmann. Dem neu gewählten Bürgermeister Johnson wurde vorgeworfen, vom landesweiten Trend profitiert zu haben, welcher der Labour-Partei ein Debakel bei den Kommunalwahlen beschert hatte, doch konnte er sich im Mai 2012 erneut gegen Ken Livingston behaupten. Zudem ist London im Unterhaus des Parlaments durch 74 Abgeordnete vertreten.

Einen historischen Sonderfall stellt die City of London dar, die eine eigene Verwaltungsstruktur besitzt. Aus dem Kreis der 25 auf Lebenszeit gewählten *Aldermen* der City of London wird alljährlich einer zum Lord Mayor gekürt.

Als Einkaufsmetropole für Luxuswaren und Mode genießt London einen ausgezeichneten Ruf, der in den Kassen der Londoner Händler die Münzen klingen lässt. Zudem hat sich der **Tourismus** seit Jahrzehnten als bedeutender Wirtschaftsfaktor etabliert. Mit jährlich rund 30 Millionen Besuchern – davon mehr als die Hälfte aus dem Ausland – steht London europaweit noch deutlich vor Paris an erster Stelle; alljährlich lassen die Touristen umgerechnet mehr als 10 Milliarden Euro an der Themse. Ein weiterer Aufschwung erfolgte durch die Olympischen Spiele, die im Sommer 2012 in London stattfanden. Die finanziellen Mittel flossen in die langfristige Verbesserung des öffentlichen Nahverkehrs und in Baumaßnahmen, die die Entwicklung des vernachlässigten Londoner Nordostens verbessern sollen.

Multikulturelles London

London ist mehr als multikulturell. Die Bewohner der einstigen Kolonien, die 1947 in die Unabhängigkeit entlassen worden sind, haben im Straßenbild deutlich ihre Spuren hinterlassen. Moscheen sowie hinduistische und buddhistische Tempel sind über das gesamte Stadtgebiet verteilt. Inzwischen gehört mehr als jeder dritte Londoner entweder einer ethnischen Minderheit an oder er wurde im Ausland geboren. Die Stadt zählt mehr als fünfzig Nationalitäten mit einer Bevölkerung von jeweils über 10000 Menschen, 300 Sprachen werden gesprochen. Am augenfälligsten sind natürlich die vielen Farbigen, von denen die rund 370.000 Inder die größte Minderheit darstellen. Relativ groß ist auch der karibische und pakistanische Bevölkerungsanteil, mit einem gewissen Abstand folgen Chinesen und Bengalen. Auch wenn der aus Trinidad stammende V. S. Naipul, der in Bombay geborene Salman Rushdie und der Halbpakistani Hanif Kureishi es zu literarischen Würden und Ansehen gebracht haben, hören bei vielen Engländern die multikulturellen Gemeinsamkeiten leider bei der Liebe zur indischen Küche auf. Die meisten Einwanderer leben vorrangig in bestimmten Stadtvierteln, das bekannteste ist die Chinatown in Soho. Einwanderer aus der Karibik sind vor allem in Brixton anzutreffen, nachdem sie in den letzten beiden Jahrzehnten durch die hohen Mieten und Sanierungsmaßnahmen aus Notting Hill vertrieben wurden. Polen findet man vorwiegend in Hammersmith. Allerdings sind im Gegensatz zu Amerika die ethnischen Grenzen fließend, die verschiedenen Viertel gehen nahtlos ineinander über, die Zahl der Mischehen nimmt stetig zu. Nicht vergessen darf man die Gilde der Superreichen aus Russland, Amerika oder Indien, die London nicht nur wegen der Sicherheit zu schätzen wissen: Sie profitieren von den Steuerprivilegien für Ausländer, die nur ihre britischen Einnahmen versteuern müssen.

Kultur

In kultureller Hinsicht wartet London mit einem geradezu überwältigenden Angebot auf. Abend für Abend kann man allein im West End zwischen 50 verschiedenen Aufführungen auswählen.

Das Spektrum reicht von modernen Musicals wie „Chicago“ über klassische Konzerte bis hin zu Agatha Christies „The Mousetrap“, einem Klassiker, der seit 1953 ununterbrochen auf dem Spielplan des *St Martin Theatre* steht. Die etablierten Theater befinden sich fast alle im West End. Das erst 1976 eröffnete *Royal National Theatre* liegt am südlichen Ufer der Themse in einem großen Kulturkomplex, dem South Bank Centre. *Fringe* nennt man die Avantgardebühnen am Rande des etablierten Geschehens. Das Programm dieser Theater ist oft interes-

Swinging London, Punk und New Wave

London ist die unumstrittene Hauptstadt der Popmusik. Vom Swinging London über die Punkbewegung bis hin zum Britpop der 1990er Jahre sind die Clubs der Themsestadt seit Generationen stilbildend für die Musikkultur gewesen. Viele Bands haben London mit ihrer Musik ein Denkmal gesetzt und die Straßen zwischen Brixton und King's Cross ins kulturelle Gedächtnis eingebrannt.

Keine Frage, die *Beatles* kamen aus Liverpool, aber die *Rolling Stones* hatten 1962 ihren ersten öffentlichen Auftritt im Marquee Club, der sich schon bald zur Drehscheibe des Swinging London entwickelte. Hunderte von Bands eiferten ihren musikalischen Vorbildern nach, tingelten durch Clubs und über Kellerbühnen und prägten jene einzigartige Epoche, deren Modesymbol Mary Quants Minirock wurde. Zu den Londoner Musikern, die damals ihren Durchbruch schafften, gehörten *Eric Clapton, Jimmy Page, Rod Stewart* sowie die *Kinks*, die London und seinem „dirty old river" mit ihrem „Waterloo Sunset" huldigten. Eine neue Jugendkultur entstand, man experimentierte mit Haschisch und LSD, als dessen offizielle Hymne das im legendären Studio an der Abbey Road von den *Beatles* aufgenommene „Lucy in the Sky with Diamonds" verstanden wurde. Als *Jimi Hendrix* 1970 im Londoner Samarkand Hotel infolge eines exzessiven Drogenkonsums verstarb, hatte sich diese Epoche bereits ihrem Ende zugeneigt. In den 1970er Jahren waren es dann vor allem Londoner Bands wie *Pink Floyd* und *Yes*, die aus dem Einheitsbrei des Rock und Glam Rock herausragten. Zu nennen sind aber auch der im Londoner Stadtteil Brixton geborene *David Bowie, Marc Bolans T-Rex, Queen, Brian Ferry* von *Roxy Music, The Who* und die Hardrocker von *Led Zeppelin*.

Doch Ende der 1970er Jahre fegte auf einmal ein neuer Wind über die Londoner Kellerbühnen wie dem 100 Club in der Oxford Street oder dem Vortex in der Wardour Street. Der Punk eroberte die Stadt, allen voran stürmten die *Sex Pistols* mit ihrem charismatischen Sänger *Johnny Rotten*, der zwar überhaupt nicht singen konnte, aber sich dank seiner Aggressivität bestens als Frontmann der Band eignete und so herrlich ins Mikrophon kreischen konnte, um die „Anarchy in the U.K." zu verkünden. Die Punkmusik begehrte gegen das politische Establishment auf und entwarf eine Gegenkultur mit eigenen Ausdrucks- und Modeformen, die auf eine Brüskierung der gesellschaftlichen Ordnung zielte. Statt wie die Hippies an endlosen Diskussionen teilzunehmen, fuhren die *Sex Pistols* am 7. Juni 1977 auf einem Boot die Themse hinunter und feierten das 25. Thronjubiläum von Elizabeth II., indem Johnny Rotten lautstark sang: „God Save the Queen, the Fascist regime, there's no future and England's dreaming!" Die musikalisch einflussreichste und politisch engagierteste Punk-Band jener Jahre waren *The Clash*, deren Album „London Calling" noch immer als eines der bedeutsamsten der Popgeschichte gilt. Aus Liedern wie „The Guns of Brixton", „London's Burning" oder „White Riot" sprach die nackte Wut über die soziale Ungerechtigkeit und den alltäglichen Rassismus. Aus der Punkbewegung entstand dann in den frühen 1980er Jahren der New Wave, wobei die genaue Zuordnung bei einigen Bands wie den *Stranglers* und *Siouxsie and the Banshees* nicht einfach war. Aber auch hier führte kein Weg an der Themsemetropole vorbei, wo einheimische Bands wie *Depeche Mode, Spandau Ballet, Culture Club* und *Wham!* mit *George Michael* ihre ersten Konzerte gaben.

santer und spannender. In den letzten Jahren sind jedoch viele erfolgreiche Fringe-Stücke von West-End-Theatern übernommen worden. Der Umstand, dass Sir Andrew Lloyd Webber zehn West End Theater besitzt, zeigt, dass die Londoner Bühnen hauptsächlich dem Mainstream huldigen.

Über das aktuelle Kino-, Konzert- und Theaterprogramm informiert das Stadt magazin *Time Out*, Theaterfreude sollten das Magazin *Hot Tickets* intensiver studieren, das jeden Donnerstag dem *Evening Standard* beiliegt.

Theater, Oper und Tanz

Royal National Theatre, Londons renommiertestes Theater verfügt über drei Säle: das große Olivier, das Lyttelton und die Studiobühne Cottesloe. South Bank, SE1, ✆ 020/74523000. www.nationaltheatre.org.uk. Ⓤ Waterloo.

Shakespeare's Globe Theatre, seit ein paar Jahren besitzt London eine Rekonstruktion von Shakespeares berühmtem, 1644 abgerissenem Theater. Gespielt wird von Mitte Mai bis Mitte September nur bei Tageslicht, 500 Zuschauerplätze auf den Rängen und 1000 Stehplätze im Hof. Tickets ab £ 5 (Stehplatz). Bankside, Southwark, ✆ 020/74019919. www.shakespearesglobe.com. Vorverkauf in Deutschland: West End Theatre Tickets, ✆ 0228/361569. www.westendtickets.de. Ⓤ Blackfriars oder London Bridge.

››› Mein Tipp: **The Royal Shakespeare Company**, das renommierte Ensemble bespielt Bühnen im Barbican Centre: Das größere *Barbican Theatre* sowie das intimere *The Spit*. Barbican Centre, Silk Street, EC2, ✆ 020/76384141. www.rsc.org.uk. Ⓤ Barbican oder Moorgate. ‹‹‹

Donmar Warehouse, experimentelles Theater, das gelegentlich auch große Stars ins Rampenlicht lockt. Als Nicole Kidmann 1998 in „The Blue Room" mitspielte, löste sie einen nicht enden wollenden Besucheransturm aus. Thomas Neal's, 41 Earlham Street, WC2, ✆ 0870/0606624. www.donmarwarehouse.com. Ⓤ Covent Garden.

››› Mein Tipp: **Menier Chocolate Factory**, interessantes Kulturzentrum in einer ehemaligen Schokoladenfabrik. Mit Theater und Konzerten, zudem gibt es eine Galerie sowie ein Restaurant. 51–53 Southwark Street, SE1, ✆ 020/73781712. www.menierchocolatefactory.com. Ⓤ London Bridge. ‹‹‹

Punk isn't dead

The weather is fine, isn't it?

Finborough Theatre, intimes Theater mit anspruchsvollen Produktionen. 118 Finborough Road, London SW10, ✆ 020/72447439, www.finboroughtheatre.co.uk. Ⓤ West Brompton.

Almeida, kleines, sehr ambitioniertes Theater, Tickets ab £ 8. Almeida Street, N1, ✆ 020/73594404. www.almeida.co.uk. Ⓤ Angel oder Highbury & Islington.

King's Head Theatre, anspruchsvolle Kleinkunstbühne im Hinterzimmer eines Pub. Vor der Aufführung wird ein dreigängiges Menü serviert. 115 Upper Street, N1, ✆ 020/72261916. www.kingsheadtheatre.org. Ⓤ Angel oder Highbury & Islington.

Royal Opera House, nach seiner Renovierung für 80 Millionen Pfund bietet das Opernhaus seit seiner Wiedereröffnung im Dezember 1999 hervorragende Inszenierungen. Ein kleines Kartenkontingent wird ab 10 Uhr an der Kasse für die Abendvorstellung verkauft. Bow Street, WC2. www.royaloperahouse.org. ✆ 020/73044000. Ⓤ Covent Garden oder Charing Cross.

Puppet Theatre Barge, ein schwimmendes Marionettentheater auf einem Hausboot, das im Winter in Little Venice ankert. ✆ 020/72496876. www.puppetbarge.com.

Open Air Theatre, im Regent's Park werden alljährlich von Juni bis Mitte September mehrere Theaterstücke aufgeführt. Das Spektrum der Inszenierungen reicht von Shakespeare bis zur Moderne. www.openairtheatre.org. Ⓤ Baker Street.

Musicals

Chicago, eines der derzeit begehrtesten Londoner Musicals über eine Tänzerin, die ihren Liebhaber ermordet hat. Im Cabaretstil geht es durch das Chicago von Al Capone. Garrick Theatre, Charing Cross Road, WC2, ✆ 0844/4829673. www.chicagothemusical.co.uk. Ⓤ Liester Square.

Half Price Ticket Booth

Kurzentschlossene können am *Half Price Ticket Booth* auf dem Leicester Square noch Karten zum halben Preis für nicht ausverkaufte Vorstellungen des jeweiligen Abends erstehen. Der Schalter ist Mo–Sa 12–19 Uhr und So 12–15 Uhr geöffnet. Pro Karte wird zusätzlich eine Gebühr von £ 2 erhoben. www.officiallondontheatre.co.uk.

(Fast) kostenlos

Im teuren London gibt es kostenlose oder fast kostenlose Veranstaltungen. Die Website www.londonfreelist.com listet ein großes Angebot an Museen, Clubs, Kinos und Sportveranstaltungen auf, die nicht mehr als drei Pfund kosten. Die Einträge lassen sich nach Themen ordnen und sind kalendarisch sortiert.

Folgende Museen gewähren freien Eintritt: Victoria und Albert Museum, Science Museum, Tate Gallery, Tate Modern, British Museum, Museum of London, Museum in Docklands, Imperial War Museum, National Maritime Museum. National Gallery, National Portrait Gallery, Theatre Museum, Wallace Collection und Geffrye Museum.

Les Miserables, freie Interpretation des berühmten Romans von Victor Hugo. Spielt im Paris des Jahres 1832. Queen's Theatre, Shaftesbury Avenue, W1, ✆ 0844/5443830. www.lesmis.com. Ⓤ Leicester Square.

Mamma Mia, eine Mutter und ihre Tochter erinnern sich am Abend vor ihrer Hochzeit an vergangene Tage und lassen Abbas größte Hits Revue passieren. Prince of Wales Theatre, Coventry Street Street, W1, 08 70/0400046. www.mamma-mia.com. Ⓤ Leicester Square.

The Phantom of the Opera, Andrew Lloyd Webbers beliebtestes Musical. Her Majesty's Theatre, Haymarket, SW1, ✆ 0844/ 5443830. www.thephantomoftheopera.com. Ⓤ Piccadilly Circus.

The Lion King, ideal, nicht nur für Kinder: Disneys großer Zeichentrickfilm in einer ansprechenden Bühnenshow. Lyceum Theatre, Wellington Street, WC 2, ✆ 0844/ 8713000. www.thelionking.co.uk. Ⓤ Covent Garden.

››› Mein Tipp: **Billy Elliot**, das Musical nimmt wie kein anderes Bezug zur jüngeren englischen Geschichte und sozialen Entwicklung. Die Musik stammt von Elton John. Victoria Palace Theatre, Victoria Street, SW1, ✆ 0844/2485000. www.victoriapalacetheatre.co.uk. Ⓤ Victoria. ‹‹‹

Musik

Irgendwo ist immer etwas los in London – Jazz und Rock, Reggae und Dub, Punk und Folklore ... Auf berühmten Bühnen wie der *Brixton Academy* oder bei *Ronnie Scott's* treten weltbekannte Gruppen auf. Daneben gibt es noch die so genannten *Rockpubs*, in denen weniger berühmte Bands ihr Debüt geben. Auf alle Fälle sind Musikliebhaber in London an der wohl wichtigsten Quelle moderner Musik. Manchmal genauso interessant und natürlich billiger sind die Auftritte der weniger bekannten Gruppen.

Astoria, unterschiedliche Konzerte, von Hip Hop bis Hard Rock sowie Crossover. Schwerpunkt Independent. 157 Charing

Zeit für ein kleines Freiluftkonzert

Singing in the streets of London

Cross Road, W1, ✆ 020/74349592. Ⓤ Tottenham Court Road.

Brixton Academy, viele Hip Hop- und Reggae-Konzerte vor größerem Publikum. Auch die Rolling Stones waren schon da. 211 Stockwell Road, SW9, ✆ 0870/7712000. www.brixton-academy.co.uk. Ⓤ Brixton.

Forum, hier finden zahlreiche Konzerte von Rock- und Pop-Größen statt. Auch Natalie Imbruglia stand hier schon auf der Bühne. 9–17 Highgate Road, NW5, ✆ 0870/5344444. www.kentishtownforum.com. Ⓤ Kentish Town.

Jazz Café, momentan eine der angesagtesten Adressen für anspruchsvolle Livemusik, auch Courtney Pine und Gil Scott Heron standen hier schon auf der Bühne. Stilrichtung: Jazz und World Music. 5 Parkway, NW1, ✆ 020/79166060. www.jazzcafe.co.uk. Ⓤ Camden Town.

Hammersmith Apollo, beliebte Konzertbühne für bis zu 5000 Zuschauer, auf der schon Duran Duran, Robbie Williams, Björk, Nick Cave und Portishead gastierten. Queen Caroline Street, W6, ✆ 08448/444748. www.hammersmithapollo.net. Ⓤ Hammersmith.

Kings Place, die erst im Herbst 2008 eröffnete Konzerthalle bietet einen ungewöhnlichen Rahmen für Klassik, Jazz und Literatur. 90 York Way, N1, ✆ 0844/2640321. www.kingsplace.co.uk. Ⓤ Kings Cross.

Roundhouse, der 1846 errichtete Lokschuppen ist eine traditionsreiche Konzertadresse in Camden. Hier standen schon Pink Floyd, die Rolling Stones, The Doors und David Bowie auf der Bühne. Chalk Farm Road, ✆ 020/74249991. www.roundhouse.org.uk. Ⓤ Chalk Farm.

Ronnie Scott's, im ältesten und wohl renommiertesten Jazz-Club Londons treten immer wieder absolute Topstars auf. Eine Vorausbuchung ist ratsam. 47 Frith Street, W1, ✆ 020/74390747. www.ronniescotts.co.uk. Ⓤ Leicester Square.

Royal Albert Hall, in dem weltberühmten Konzertsaal treten neben Klassik- und Jazzinterpreten auch immer mehr Popmusiker auf. Bekannt sind vor allem die „Henry Wood Promenade Concerts" von Mitte Juli bis zur abschließenden „Last Night of the Proms". Kartenvorverkauf ab 21. Mai (✆ 0044/20/75819311) bzw. 15. Juni per Telefon (✆ 0044/20/75898212). Kensington Gore, SW7, ✆ 020/7589821. www.royalalberthall.com. Ⓤ Knightsbridge oder South Kensington.

››› Mein Tipp: **The Vortex**, der traditionsreiche Jazzclub ist bekannt für sein erlesenes Programm. 11 Gillet Square N16, ✆ 020/72544097. www.vortexjazz.co.uk. Ⓤ Dalston Kingsland Overgorund. ‹‹‹

Wembley Arena, riesige Musikhalle für Mammutkonzerte. Hier spielen fast ausnahmslos nur die absoluten Musikgrößen. Gleich daneben befindet sich das **Wembley Stadium** (Adresse und ✆ wie unten), das durch einen modernen Neubau ersetzt wurde. Hier kann man die Bewohner einer ganzen Kleinstadt unterbringen. Empire Way, Wembley, Middlesex, ✆ 0870/600870. Ⓤ Wembley Park oder Wembley Central.

Wigmore Hall, die beste Adresse für Kammermusik, aber auch Jazz. 36 Wigmore Street, W1, ✆ 020/79352141. www.wigmore-hall.org.uk. Ⓤ Bond Street.

Kinos

Wie in allen Großstädten beherrscht das kommerzielle Kino den Markt. Die großen Kinopaläste sind in der Nähe des Leicester Square zu finden. Günstig ist das Vergnügen nicht: Die Eintrittspreise können sich bei Abendvorführungen durchaus auf bis zu £ 15 belaufen. Die kleineren Programmkinos haben sich ihre Nischen gesucht und hoffen, dass die engagierten Cineasten nicht aussterben.

Everyman, Londons ältestes und ambitioniertestes Programmkino befindet sich mitten im Hampstead. Viele Schwarzweiß-Klassiker, zwei Säle. www.everyman cinema.com. 5 Hollybush Vale, NW3, ✆ 0870/0664777. Ⓤ Hampstead.

ICA Cinema, abwechslungsreiche Kinokost für Cineasten. Nash House, The Mall, SW1, ✆ 020/79303647. www.ica.org.uk. Ⓤ Charing Cross oder Piccadilly Circus.

National Film Theatre, alljährlich im November findet hier das renommierte London Film Festival statt, sonst gibt es aber viele Hollywood-Produktionen. South Bank, SE1, ✆ 020/79283232. www.bfi.org.uk. Ⓤ Waterloo oder Embankment.

Barbican Cinema, modernes Kino im Barbican Centre. Silk Street, EC2, ✆ 020/73827000. www.barbican.org.uk. Ⓤ Moorgate oder Barbican.

››› Mein Tipp: **Electric Cinema**, eines der ältesten Kinos Englands mit einem denkmalgeschützten Art-déco-Tonnengewölbe. Intime Atmosphäre. Aktuelle Filme und Klassiker. Mo ab £ 8, sonst £ 10.50. 191 Portobello Road, W11, ✆ 020/79089696. www.electriccinema.co.uk. Ⓤ Notting Hill Gate. ‹‹‹

Notting Hill Coronet, günstiges, älteres Kino mit Flair. 11 Rupert Street, W11, ✆ 020/77 276705. www.coronet.org. Ⓤ Notting Hill Gate.

IMAX, für £ 20 Millionen wurde 1999 das neue IMAX-Kino mit 485 Sitzplätzen eröffnet. Eintritt £ 15.50, erm. £ 11. Waterloo Bullring, SE1, ✆ 020/79283535. www.bfi.org.uk/imax. Ⓤ Waterloo.

Odeon Leicester Square, mit 1943 Sitzplätzen der größte Kinosaal Londons. Anspruchsvolle Kinokost darf man bei abendlichen Preisen von mindestens £ 9 allerdings nicht erwarten. Leicester Square, WC2, ✆ 0870/5050007, www.odeon.co.uk. Ⓤ Leicester Square.

Empire Leicester Square, der zweitgrößte Londoner Kinopalast. Leicester Square, WC2, ✆ 0870/0102030. www.empirecinemas.co.uk. Ⓤ Piccadilly Circus.

Aubin Cinema, dieses kleine Kino in Shoreditch begeistert mit seinem abwechslungsreichen Programm. 64-66 Redchurch Street, E2, ✆ 0845/6048486. www.aubincinema.com. Ⓤ Liverpool Street.

Prince Charles Cinema, hier laufen zwar nicht die aktuellsten Filme (meist ein paar Wochen alt), aber dafür sind die Vorstellungen günstiger. Leicester Place, ✆ 020/74377003. www.princecharlescinema.com. Ⓤ Leicester Square.

Wo ist Watson?

Veranstaltungskalender

Jedes Jahr finden zahllose Sport- und Kulturereignisse in London statt. Als sehr nützlich erweist sich ein Blick in die Stadtmagazine *Time Out* (www.timeout.com) oder *What's On*. Im Folgenden ein kurzer Überblick über die wichtigsten wiederkehrenden Ereignisse des Jahres:

Januar/Februar

Am 1. Sonntag nach dem Chinesischen Neujahr findet in der Londoner Chinatown das *Chinese New Year Festival* statt.

März

The Boat Race: Alljährlich Ende März oder Anfang April (Ostersamstag) findet auf der Themse das ultimative Ereignis statt, wenn die Teams der Universitäten von Oxford und Cambridge gegeneinander antreten, um die 4,25 Meilen von Putney Bridge nach Chiswick Bridge zu rudern.

April

London Marathon mit alljährlich mehr als 30.000 Teilnehmern. www.londonmarathon.co.uk.

Mai

Chelsea Flower Show, Ende Mai wird auf einem unbebauten Gelände in Chelsea der hohen Kunst der Gartengestaltung gehuldigt.

Juni

Pflichttermin für alle Monarchisten und die Regenbogenpresse: Am 2. Samstag im Juni findet die Geburtstagsparade (*Trooping the Colour*) für die Queen statt.

Ende Juni bis Mitte Juli bietet das *City of London Festival* drei Wochen lang Musik- und Theateraufführungen sowie Lesungen.

Das Pferderennen *Royal Ascot* ist ein Höhepunkt für die Londoner Upper Class. www.ascot.co.uk.

Schrill und ausgelassen geht es alljährlich Ende Juni/Anfang Juli bei der *London Pride* zu, wenn Schwule und Lesben mit einem bunten Umzug durch die Straßen ziehen. www.pridelondon.org.

Juli

Klassikliebhaber pilgern zur First Night der Henry Wood Promenade Concerts in der Royal Albert Hall. Tennisfans fahren hingegen nach Wimbledon zu den *International All England Lawn Tennis Championships*, die der unumstrittene Höhepunkt im internationalen Tenniszirkus sind. www.wimbledon.org.

August

Der *Notting Hill Carnival* ist eines der weltweit größten Straßenfeste. Seit 1965 wird am letzten Augustwochenende ein Stück Karibik zelebriert. www.nottinghillcarnival.net.uk

September

Am 15. September feiern die Briten den Battle of Britain Day mit Paraden und Düsenjägern, die über die Londoner Innenstadt donnern.

November

Am 2. Samstag im November präsentiert sich die *Lord Mayor's Show* als farbenprächtiger Umzug, den der neue Bürgermeister von London mit einer vergoldeten Kutsche anführt. www.lordmayorsshow.org.

Das *London Film Festival* ist der alljährliche Höhepunkt aller Cineasten. www.lfg.org.uk.

Dezember

Die große öffentliche Party in der Neujahrsnacht steigt am Trafalgar Square. Besonders Übermütige springen um Mitternacht in den Brunnen vor der National Gallery.

Lauschiger Platz für eine Lektüre

Literaturtipps

Die Zahl der Bücher und Romane, deren Handlung in London spielt, ist immens, so dass die folgende Auflistung nur ein paar Anregungen geben kann.

Belletristik

Ali, Monica: Brick Lane. Droemer Taschenbuch, München 2005. Erzählt den langsamen Emanzipationsprozess einer jungen Frau aus Bangladesch, die ohne Sprachkenntnisse nach London geschickt wird, um dort einen ihr fremden Mann zu heiraten.

Baddiel, David: Was man so Liebe nennt. Rowohlt Taschenbuch, Reinbek 2001. Eine leidenschaftliche Liebesgeschichte, wobei Baddiel scheinbar schwerelos mit den Themen Sexualität und Tod umzugehen weiß. Schauplatz: London. Nur noch antiquarisch erhältlich.

Boyd, William: Einfache Gewitter. Berlin Verlag 2009. Spannender Krimi, der die Schattenseiten des modernen London beleuchtet.

Dickens, Charles: Oliver Twist oder David Copperfield. Es gibt nur wenige Städte, die so eng mit dem Werk eines Schriftstellers verbunden sind wie London mit dem von Charles Dickens. Zumeist nur als Kinder- oder Jugendbücher eingestuft, lassen sich Dickens-Romane als eine illustre Sozialgeschichte des 19. Jahrhunderts lesen.

Falconer, Helen: Primrose Hill. Faber and Faber, London 1999. Tragische Geschichte zweier Jugendfreunde, die im Stadtteil Primrose Hill zwischen Liebe und Drogen ums Erwachsenwerden kämpfen. Nur als englisches Taschenbuch erhältlich.

Hollinghurst, Alan: Die Schönheitslinie. Heyne Taschenbuch, München 2007. Die Geschichte eines Studenten aus der Provinz, der 1983 nach London kommt und in Notting Hill seine Homosexualität entdeckt. Zugleich ein Sittengemälde der Londoner Oberschicht zu Beginn der Thatcher-Ära. Wurde mit dem Booker-Preis ausgezeichnet.

Hornby, Nick: Fever Pitch. Kiepenheuer & Witsch 1994ff. Faszinierende Hommage an die Gefühle eines Londoners für den Fußballsport. Wer an Hornby Gefallen gefunden hat, kann es auch mit seinem zweiten Bestseller High Fidelity versuchen. Knaur Taschenbuch. Erzählt das Leben eines 35-

Börse statt Belletristik

jährigen Londoners, der in Camden einen Plattenladen betreibt und ewig auf der Suche nach der richtigen Frau ist.

Jewell, Lisa: Ralphs Party. Knauer Verlag, München 2008. Witzig erzähltes Beziehungsmosaik zwischen den Bewohnern eines Londoner Hauses; spielt in den späten 1990er Jahren.

Kureishi, Hanif: Der Buddha aus der Vorstadt. Rowohlt Taschenbuch, Reinbek 2005. Witziger Entwicklungsroman über Karim, Sohn einer Engländerin und eines Inders, der in London seinen Durchbruch als Schauspieler feiert, wobei es Kureishi versteht, das London der Hippies und Punks in ein zynisch-skurriles Licht zu tauchen. Wie alle Bücher von Kureishi auch als englisches Taschenbuch erhältlich (Faber & Faber).

Kureishi, Hanif: Das sag ich dir. Fischer Verlag, Frankfurt 2008. Ein faszinierender Streifzug durch alle Facetten des modernen London.

Lessing, Doris: Auf der Suche. dtv Taschenbuch, München 2001. Autobiographischer Bericht über Lessings erste Jahre in England.

McEwan, Ian: Saturday. Diogenes Taschenbuch, Zürich 2007. Anspruchsvoller und spannend erzählter London-Roman, der die Bedrohung eines Einzelnen durch die Gefahren des internationalen Terrorismus diskutiert. Für Lokalkolorit ist auch gesorgt: Die Protagonisten wohnen am Fitzroy Square.

Nicholson, Geoff: London, London. Goldmann Taschenbuch, München 2001. Drei Menschen werden von unterschiedlichen Obsessionen durch die Straßen der Themsemetropole getrieben. Ungewöhnliche Annäherung an London, untermalt von viel Crime und Sex.

Orwell, George: Erledigt in Paris und London. Diogenes Verlag, Zürich 2001. Eindrucksvolle Reportage über die Armut in der englischen Metropole.

Pepys, Samuel: Sämtliche Tagebücher 1660–1669. Ein eindrucksvolles Panorama von London im 17. Jahrhundert. Neun Bände. Zweitausendeins, Frankfurt 2011.

Rutherfurd, Edward: London. Knaur Taschenbuch, München 2000. Fast 900-seitiges Mammutwerk zur Geschichte Londons, die Rutherford am Schicksal seiner Bewohner erzählt.

Smith, Zadie: Zähne zeigen. Knauer Taschenbuch, München 2007. Die Tochter jamaikanischer Einwanderer zeichnet ein witziges Londonporträt mit viel multikulturellem Flair.

Waugh, Evelyn: Lust und Laster. Diogenes Taschenbuch, Zürich 2003. Eine amüsante Gesellschaftssatire über dem London der 1920er Jahre.

Wilde, Oscar: Das Bildnis des Dorian Gray. Insel Taschenbuch, Frankfurt 2009. Wildes berühmtester Roman spiegelt auch Londons Fin-de-siècle-Atmosphäre wider.

Woolf, Virginia: Mrs. Dalloway. Fischer Taschenbuch, Frankfurt 2007. Souverän erzählter Roman über das Leben der Londoner Upper Class in den zwanziger Jahren.

Reiseliteratur

Corsofolio: London, Signale aus der Weltmaschine. Corso Verlag, Hamburg 2011. Ein Bildband für Bibliophile, mit schönen Essays und ansprechenden Fotografien.

Döring, Tobis (Hg.): London Underground. Reclam Verlag, Stuttgart 2003. Englische Anthologie über „Poems and Prose about the Tube".

Görner, Rüdiger: Londoner Fragmente. Patmos Verlag, Düsseldorf, 2003. Amüsante und kurzweilige Streifzüge durch das literarische London.

König, Johann-Günther: Von Pub zu Pub. Eine literarische Kneipentour durch London und Südengland. Insel Verlag, Frankfurt 2003.

Elfers, Gerhard: 111 Gründe, London zu lieben. Schwarzkopf & Schwarzkopf, Berlin 2012. Der seit langen Jahren in London lebende Journalist weiß, warum man die Themsestadt lieben muss. Eine witzige und kenntnisreiche Hommage an Englands Metropole.

Merian, London. Eine Zeitreise mit dem Klassiker unter den Reisemagazinen. Hamburg 1967 und 1977. Nur noch antiquarisch erhältlich.

Nestmeyer, Ralf: Südengland. Ein Reisehandbuch. Michael-Müller-Verlag, Erlangen 2011.

Quindlen, Anna: It's London Book Time, Sir. Frederking-Thaler Verlag, München 2006. Eine literarische Spurensuche durch die Stadt an der Themse – interessante Einblicke aus amerikanischer Sicht.

Raykowski, Harald: London – Elf Spaziergänge. Insel Verlag 2000. Elf informative Spaziergänge durch das literarische London von Shakespeare bis zur Gegenwart.

Steiger, Moritz/Fotaki, Effie: Independent London Store Guide Monstermedia, London 2007. Ein Shopping-Guide für Liebhaber kleiner, unabhängiger Geschäfte.

White, Andrew: London Walks. Penguin Books. 31 Stadtspaziergänge, auf denen die Londoner Metropole in ungewöhnlicher Weise durchstreift werden kann.

Geschichte und andere Sachbücher

Ackroyd, Peter: London. Die Biographie. Knaus Verlag, München 2006. Absolut gelungener Versuch die Londoner Stadtgeschichte „biographisch" zu erkunden. Trotz seiner fast 800 Seiten ein ebenso leicht wie spannend zu lesendes Buch.

Ackroyd, Peter: Die Themse: Biographie eines Flusses. Knaus Verlag, München 2008. Die faszinierende Kulturgeschichte der Themse, ohne die, so Peter Ackroyd, London und das britische Empire nicht denkbar wären.

Barley, Nigel: Traurige Insulaner. dtv 1999. Der bekannte Ethnologe Barley unterzieht die Engländer einer amüsanten Feldstudie, die zu einer gänzlich anderen Sichtweise anregt.

Defoe, Daniel: Die Pest zu London. Ullstein 1990. Vergriffen.

Gelfert, Hans Dieter: Kleine Kulturgeschichte Großbritanniens. C. H. Beck 1999. Informative Überblicksdarstellung der wichtigsten Strömungen in der britischen Kulturgeschichte.

Hagemann, Gerald: London: Von Scotland Yard bis Jack the Ripper. Eulen Verlag 2000. Ein Führer zu über 400 Kriminalschauplätzen.

German, Lyndsey/Ress, John: A people's History of London. Verso Books, 2012. Eine Stadtgeschichte mit Revolutionären, Immigranten und Punks.

Geo Epoche: London. Hamburg 2005. Informatives und schön bebildertes Sonderheft in bekannter Geo-Qualität.

Inwood, Stephen: A History of London. Macmillan Verlag. Die schwergewichtige Stadtgeschichte ist in allen Londoner Buchhandlungen erhältlich.

Lichtenstein, Rachel: On Brick Lane, Penguin books 2008. Ein Blick auf den ethisch-kulturellen Wandel in Londons vielleicht buntester Straße.

MacGregor, Neil: Eine Geschichte der Welt in 100 Objekten. C.H. Beck, München 2011. Anhand von hundert Ausstellungsstücken des British Museum wird die Weltgeschichte erzählt. Wunderschön bebildert!

Maurer, Michael: Kleine Geschichte Englands. Reclam Verlag 2007. Viele historische Fakten auf über 500 Seiten.

Pross, Steffen: In London treffen wir uns wieder. Eichborn Verlag 2000. Die Geschichte der deutschsprachigen Emigranten, die in den dreißiger Jahren in England lebten.

Sobel, Dava: Längengrad. BVT Taschenbuch 2005. Sobel erzählt die spannende Geschichte des schottischen Uhrmachers John Harrison, der mit dem Bau eines exakten Chronometers das Problem der Längengradbestimmung löste. Fundierter Hintergrundbericht für alle Greenwich-Besucher.

Und ewig lockt der Tower

Praktische Infos

Anreise

Tourismus und Umweltschutz sind zwar an sich so gut wie unvereinbar, man muss sich aber notgedrungen darüber hinwegsetzen, will man seinen Urlaub nicht nur im eigenen Land verbringen oder Johann Gottfried Seumes berühmte Wandertour in einen „Spaziergang nach London" umwandeln…

Mit dem Flugzeug

London liegt bekanntlich auf einer Insel, so dass die Anreise mit dem Flugzeug am schnellsten und einfachsten geht. Umständlich ist nur, dass die fünf internationalen Flughäfen relativ weit von der City entfernt sind.

Die Fluggesellschaften *Air-Berlin, Lufthansa, British Airways, Swiss, Austrian Airways* sowie *Germanwings* fliegen London teilweise mehrmals täglich von verschiedenen Städten aus an. Ein hervorragendes Preis-Leistungsverhältnis bietet Air-Berlin, die von Berlin, Nürnberg, München, Dresden, Erfurt, Sylt, Köln, Düsseldorf, Hannover, Münster, Paderborn, Hamburg, Salzburg und Wien nach London-Stansted bzw. London-Gatwick fliegt. Lufthansa und British Airways sind die zumeist teurere Variante, dafür geht es nach Heathrow. London-Gatwick wird mehrmals täglich von British Airways und easyJet angeflogen. Hinzu kommen die Angebote der so genannten „no frills airlines", wie beispielsweise Ryanair oder flybe, die von Regionalflughäfen wie Bremen, Erfurt, Hahn im Hunsrück, Friedrichshafen, Karlsruhe-Baden, Hamburg, Klagenfurt und Salzburg nach Stansted, Gatwick bzw. Luton starten und keine kostenlose Verpflegung anbieten. Je nach Abflugtermin können die Angebote aber auch genauso teuer wie ein Lufthansaflug sein.

Auskunft **Air Berlin**, ✆ 01805/737800. www.airberlin.com. **Lufthansa**, www.lufthansa.

de. **Ryanair**, www.ryanair.com. **Germanwings**, www.germanwings.com. **easyJet**, www.easyjet.com. **flybe**, www.flybe.com.

Auf knapp zwei Stunden verkürzt sich die Anreise mit dem Flugzeug. Je nach Reisezeit und Angebot variieren die Preise erheblich. Hinzu kommen die unterschiedlichen Transferkosten vom Flughafen in das Londoner Zentrum, die bei einer Taxifahrt von Stansted in die City £ 50 betragen können. Preiswerter sind Züge oder Busse, wobei es sich lohnen kann, eventuell gleich ein Return Ticket zu erwerben.

Flugpreise: Das Tarifsystem der Fluggesellschaften ist nicht gerade übersichtlich. Hierzu trägt auch dazu bei, dass es ständig wechselnde Angebote mit bestimmten Buchungsvoraussetzungen gibt. *Lufthansa* ist zumeist überteuert, während man bei *Air-Berlin* schon einen einfachen Flug ab 49 € buchen kann und viele Abflugterminals zur Auswahl stehen. Günstig ist je nach Abflugtermin auch *Ryanair*, wobei nicht vergessen werden darf, dass die Anreise zum Flughafen Frankfurt/Hahn oder Hamburg/Lübeck langwierig und mit öffentlichen Verkehrsmitteln sehr beschwerlich ist.

Am besten erkundigt man sich in einem guten Reisebüro – oder mehreren – nach den aktuellen Angeboten und studiert zudem noch die aktuellen Tarife im Internet. Faustregel: Die Preise für den Hin- und Rückflug bewegen sich inklusive Steuern, Passagier- und Sicherheitsgebühren sowie Kerosinzuschlägen zwischen 100 und 400 €, hinzu kommt noch der teilweise nicht gerade billige Transfer in das Londoner Zentrum.

Charterflüge: In den Sommermonaten bieten die großen Reiseveranstalter auch Charterflüge nach London an. Diese Flüge beinhalten oft auch Übernachtungen. Auskünfte zu den relativ kurzfristig angebotenen Charterflügen erhalten Sie in den Reisebüros.

Flughäfen

London besitzt fünf Flughäfen, von denen Heathrow der mit Abstand größte ist. Ein weiterer Vorteil von Heathrow ist, dass er am leichtesten und günstigsten vom Zentrum aus zu erreichen ist.

Heathrow: 24 Kilometer westlich der City gelegen, besitzt Heathrow nicht nur fünf Terminals, sondern auch die besten Verkehrsanbindungen. Der *Heathrow Express* düst in nur 15 Minuten (ab £ 18, Hin- & Rück £ 34) zur Paddington Station, inkl. kostenlosem WLAN. Man sollte darauf achten, von welchem Terminal man abfliegt. Günstiger ist der *Heathrow Connect*, der in 32 Minuten zur Paddington Station fährt (£ 9.10, Hin- & Rück £ 17.80). Mit der *Piccadilly Line* gelangt man für £ 5.30 bzw. 4.80 in 50 Minuten zum Piccadilly Circus. Tipp: Direkt an der Tube Station Heathrow befindet sich ein Schalter der städtischen Verkehrsbetriebe (London Transport), wo man sich bei Bedarf gleich eine Tages- bzw. Wochenkarte für die Untergrundbahn kaufen kann.

www.heathrowexpress.com, www.heathrowconnect.com.

Gatwick: Der Charterflughafen liegt 45 Kilometer südlich von London. Der *Gatwick Express* fährt in einer halben Stunde zur Victoria Station (£ 18.90, Hin- & Rück £ 33.20); zwischen 40 und 50 Minuten benötigen die Züge *Southern Railway* (ab £ 11.50). Günstiger ist nur noch der stündlich verkehrende Bus von *National Express* (ab £ 8), der in rund 80 Minuten zur Victoria Station fährt.

www.gatwickexpress.com; www.southernrailway.com; www.nationalexpress.com.

Stansted: Der Flughafen mit seiner neuen, von Sir Norman Foster entworfenen Abfertigungshalle liegt 50 Kilometer nordöstlich des Zentrums. Mit dem *Stansted Express* gelangt man für £ 22.50 in 45 Minuten in das Zentrum

Nach den Shopping-Touren sind die Koffer auf dem Heimflug gut gefüllt

zur Liverpool Street Station (Returnticket £ 31.50). Es empfiehlt sich, ein Zeitpolster einzuplanen. Wer mit *Air Berlin* fliegt, kann das Ticket für den Stansted Express bereits an Bord kaufen. Als Alternative empfiehlt sich die Buslinie *National Express*, die ab £ 9 in 100 Minuten vom Flughafen zur Victoria Station fährt. Ein ähnliches Angebot bietet die Buslinie *Terravision*, die ebenfalls zur Victoria Station fährt.

www.stanstedexpress.co.uk,
www.terravision.eu.

Luton: Der relativ kleine Flughafen Luton befindet sich 53 Kilometer nordwestlich von London. Kostenloses Shuttle Bus zur Luton Airport Parkway Station. Von dort fahren die Züge nach St Pancras, die mit £ 12.50 für die 30-minütige Fahrt zu Buche schlagen. Die Busse der *Green Line 757* benötigen mehr als doppelt so lange, kosten aber nur rund £ 10 (einfach).

www.london-luton.co.uk.

City Airport: 14 Kilometer östlich der City gelegen, aber wenig frequentierter Flughafen. Mit der *Docklands Light Railway* gelangt man alle zehn Minuten ab £ 2 (Oyster Card) in 22 Minuten zur Bank Station.

www.londoncityairport.com.

Mit dem Auto oder Motorrad

Für Reisende aus West- und Norddeutschland ist die An- und Abreise nach London bequem in einem Tag zu bewältigen; wer jedoch in Süddeutschland, Österreich oder der Schweiz wohnt, sollte eine Übernachtung einplanen.

Je nach Wohnort bieten sich mit dem eigenen Fahrzeug verschiedene Anreisemöglichkeiten. Günstig gelegen sind die Abfahrtshäfen Calais und Hoek van Holland. Über Folkestone, Dover oder Harwich geht es weiter nach London. Besonders Calais ist gut an das Autobahnnetz (A 10/E 40) angeschlossen. Leicht zu erreichen sind außerdem Zeebrügge (über A 10/E 40 und N 31) und Hoek van Holland (A 15/E 31 oder A 12/E 30).

Hinweise für Autofahrer

Fahrzeugpapiere Der nationale *Führerschein* und der *Fahrzeugschein* genügen vollkommen; die internationale *Grüne Versicherungskarte* ist zwar nicht mehr Pflicht, sie kann aber bei Unfällen sehr hilfreich sein.

Linksverkehr Nach einer gewissen Eingewöhnungsphase kommt man erstaunlicherweise recht gut mit dem englischen Linksverkehr zurecht.

Tempolimit Innerhalb geschlossener Ortschaften sind 30 mph (48 km/h), auf zweispurigen Landstraßen 60 mph (96 km/h), auf vierspurigen Landstraßen und auf der Autobahn sind 70 mph (112 km/h) erlaubt.

Alkohol am Steuer Die englische Promillegrenze liegt bei 0,8 Promille.

Gurtpflicht Für Fahrzeuglenker und alle Insassen besteht Gurtpflicht. Es droht eine Strafe von £ 50!

Kreisverkehr Der im deutschsprachigen Verkehrsraum relativ seltene Kreisverkehr erfreut sich in England als Alternative zur ampelgesteuerten Kreuzung großer Beliebtheit, wobei das sich bereits im Kreisverkehr befindliche Fahrzeug fast immer Vorfahrt hat. Beim Herausfahren aus dem Kreisverkehr sollte man das Blinken nicht vergessen.

Parken Gelbe Linien am Straßenrand signalisieren Halteverbot, bei doppelt gezogenen gelben Linien herrscht absolutes Halteverbot. Bei Missachtung drohen Strafzettel oder Radsperren (*wheelclamps*).

Pannenhilfe Die „Grüne Versicherungskarte" erweist sich bei Schadensfällen als sehr nützlich, ist aber nicht Pflicht.

Zusatzversicherung Für wertvolle oder neuwertige Fahrzeuge, die nur Teilkasko versichert sind, empfiehlt sich der kurzfristige Abschluss einer Vollkaskoversicherung.

Karten Für die Anreise nach London genügt in der Regel ein normaler Straßenatlas oder eine Karte mit großem Maßstab.

Benzin Benzin und vor allem Diesel ist erheblich teurer als in Deutschland oder Österreich. Durchschnittliche Benzinpreise im November 2012:

Diesel (Diesel): ca. £ 1,50

Normal bleifrei (Unleaded, 95 Octane): ca. £ 1,40

Super bleifrei (Unleaded, 98 Octane):ca. £ 1,50

Die **Fährpreise** schwanken je nach Saison stark, zumeist ist es unerheblich, ob zwei oder neun Personen mitfahren. Günstiger ist es fast immer, wenn Hin- und Rückfahrt innerhalb von fünf Tagen stattfinden oder die Fähre spätabends bzw. in den frühen Morgenstunden ablegt. Häufig gewähren die Fährgesellschaften bei rechtzeitiger Reservierung einen Frühbuchertarif, mit dem sich die Kosten um bis zu 50 Prozent reduzieren. Teilweise gibt es auch Rabatte für Onlinebuchungen. Über den Daumen gepeilt, darf man mit mindestens 200 € rechnen (Hin- und Rück), allerdings gibt es auch Schnäppchenangebote für 2 Personen und ein Auto ab 30 € (einfach). In der Hauptsaison empfiehlt es sich, rechtzeitig einen Platz auf der Fähre zu reservieren. Manche Fährgesellschaften, so beispielsweise P & O Ferries, bieten auch Gesamtarrangements mit Unterkünften an.

Aktuelle Preise findet man im Internet auf der Homepage der jeweiligen Fährgesellschaft oder im Reisebüro:

P & O Ferries, ✆ 01805/00937. www.poferries.com. Calais – Dover, Fahrtzeit: 1 Std. 15 Min., tgl. bis zu 30 Verbindungen.

Seafrance, ✆ 06196/483015. www.seafrance.com. Calais – Dover, Fahrtzeit: 1 Std. 30 Min., tgl. bis zu 15 Verbindungen.

Stena Line, ✆ 01805/916666. www.stenaline.com. Hoek van Holland – Harwich, 3 Std. 30 Min., tgl. drei Verbindungen.

Speed Ferries, ✆ 0044/870/2200570. www.speedferries.com. Boulogne – Dover, Fahrzeit 55 Min., tgl. bis zu zwölf Verbindungen.

Norfolkline, ✆ 0044/870/8701020. www.norfolkline.com. Tgl. Verbindungen von Dunkerque nach Dover, Fahrzeit 1 Std. 45 Min.

Als Alternative empfiehlt sich seit 1994 die Anreise durch den **Eurotunnel** von Calais nach Folkestone. Die hochmodernen Pendelzüge, *Le Shuttle* genannt, unterqueren den Ärmelkanal in 35 Minuten. Sowohl Fußpassagiere als auch Pkw und Lastwagen werden befördert. Da die Züge alle 15 Minuten fahren, sind Reservierungen nicht erforderlich. Das Ticket kauft man vom Auto aus an einem Schalter und fährt dann in die doppelstöckigen Waggons. Passkontrolle und Zollformalitäten für beide Länder erfolgen vor der Auffahrt auf den Pendelzug. Mit dem Pkw oder Kleinbus mit bis zu neun Personen zahlt man für eine Passage (hin und zurück) je nach Tageszeit, Saison und Flexibilität von rund 60 € bis zu 300 €.

Auf den Spuren der Beatles – Abbey Road, Londons berühmtester Zebrastreifen

Aktuelle Informationen zu **Preisen** und **Verbindungen** erteilt: *Eurotunnel Passagierservice*, Giradetstr. 2, 45131 Essen, ✆ 0180/5000248. www.eurotunne .com.

Mit dem Zug

Die Anreise mit der Bahn ist eine bequeme, umweltschonende und traditionsreiche Alternative.

In Calais oder Hoek van Holland steigt man auf eine Fähre und nach der Ankunft in *Dover* oder *Harwich* wieder in den Zug – eine umständliche, zeit- und kostenintensive Möglichkeit, nach England zu reisen. Schneller und auch nicht teurer ist die Fahrt durch den Tunnel mit dem *Eurostar*-Zug ab Köln über Brüssel. Eine Rückfahrkarte ohne Ermäßigungen kostet z. B. von Köln nach London je nach Angebot aber ebenso viel wie ein Flug. Die Fahrzeit von Köln nach London St Pancras Station beträgt mit dem Hochgeschwindigkeitszug *Eurostar* nur rund 5 Stunden und 25 Minuten (ab 2013 sind Direktverbindungen ab Köln und Frankfurt geplant).

Hinweis: Beim Einsteigen in Brüssel Boarding Zeit einplanen!

Preise und Ermäßigungen: Seitdem das neue Tarifsystem der Deutschen Bahn gilt, lohnt es sich, rechtzeitig zu buchen und die Vorteile der BahnCard zu nutzen. Leider lassen sich die Preise für Auslandsfahrten nicht im Internet ersehen, so dass man sich erst bei der Reiseauskunft erkundigen und dann den nächsten Schalter aufsuchen muss. Doch selbst der größte Bahnfan steigt irgendwann auf das Flugzeug um, wenn er die Erfahrung machen durfte, dass die Preisauskünfte erheblich divergieren. Die günstigsten Preise haben oft nur einen Werbeeffekt, da die Bahn auf den Thalys-Verbindungen zwischen Köln und Brüssel sowie auf dem Eurostar zwischen Brüssel und London nur über sehr geringe Kontingente zu diesen Lockangeboten verfügt. Das derzeitige System erscheint daher als umständlich und wenig übersichtlich.

Auskunft Weitere Informationen erteilt die **Reiseauskunft der Deutschen Bahn** bundesweit unter ✆ 0180/5996633 (0,14 € pro Min.), im Internet unter www.bahn.de; Thalys-Auskunft ✆ 01805/215000 (0,12 € pro Min.). www.eurostar.com.

Mit dem Bus

Das preisgünstigste Verkehrsmittel für die Anreise ist der Bus! Die *Eurolines* verkehren regelmäßig zwischen der Bundesrepublik und England.

Eurolines ist ein Konsortium verschiedener Busgesellschaften (Deutsche Touring, Continentbus etc.) und verfügt so über ein weit verzweigtes Netz. Deshalb kann man aus vielen Städten auch über Zubringerbusse auf die Englandstrecke umsteigen. In den komfortablen Bussen ist das Reisen relativ angenehm. Die Anreisezeiten variieren je nach Abfahrtsort zwischen 8 und 20 Stunden. Eine Fahrt von Frankfurt nach London kostet hin- und zurück rund 165 €. Es ist ratsam, Buchungen rechtzeitig vorzunehmen.

Information Deutsche Touring, Am Römerhof 17, 60486 Frankfurt, ✆ 069/7903501. www.touring.de.

Mitfahrzentralen/ Trampen

Die goldenen Tramperzeiten sind – wenn es sie jemals gegeben hat – schon lange vorbei. Das Warten kann zur harten Geduldsprobe werden. Abhilfe schaffen die preiswerten Mitfahrzentralen.

Wer die Ungewissheit und Risiken des Trampens scheut, sollte sich an die Mitfahrzentralen (MFZ) wenden. Sie sind für Fahrer und Mitfahrer gleichermaßen eine feine Sache. Ersterer bekommt einen Fahrtkostenzuschuss, Letzterer gelangt zuverlässig und günstig an das gewünschte Ziel; die Kosten liegen erheblich unter denen eines Bahntickets. Genauere Informationen zu Mitfahrgelegenheiten und Preisen können in den größeren deutschen Städten unter der bundeseinheitlichen Rufnummer 1 94 40 erfragt werden. Frauen haben die Möglichkeit, auf Wunsch nur Frauen mitzunehmen bzw. nur bei ihnen mitzufahren. Die Preise errechnen sich aus einer *Benzinkostenbeteiligung* und einer *Vermittlungsgebühr*. Hinzu kommen noch die Kosten für die Fähre. Um spätere Schwierigkeiten zu vermeiden, sollte man unbedingt den von der MFZ ausgestellten Beleg mitführen. Für 1 € kann jeder Mitfahrer bei der MFZ eine *Zusatzversicherung* abschließen.

Mosaik an einer Hauswand in Bloomsbury

Auch mit dem richtigen T-Shirt fällt die Orientierung nicht leicht

Unterwegs in London

London mit dem eigenen Auto zu erkunden, empfiehlt sich nicht. Wenn irgendwie möglich, sollte man die öffentlichen Verkehrsmittel benutzen; sie sind dem Auto in vielerlei Hinsicht überlegen und man muss sich weder über Parkplätze, Strafzettel noch über Autoaufbrüche Gedanken machen. Zudem ist unlängst in der Londoner City eine Straßengebühr von £ 10 pro Tag eingeführt worden.

Anzuraten ist die Benutzung der sehr gut ausgebauten öffentlichen Verkehrsmittel. *London Transport (LT)* ist wohl eines der größten Nahverkehrsunternehmen der Welt. Mit der U-Bahn (Tube, Underground) und den verschiedenen Buslinien erreicht man so ziemlich jede Ecke der Stadt in denkbar kurzer Zeit. Einzig während der *rush hour* sind die öffentlichen Verkehrsmittel überfüllt.

London Pass

Eine preiswerte Alternative zur Erkundung der englischen Metropole ist der London Pass. Er gewährt freien Eintritt zu mehr als 50 Sehenswürdigkeiten und Museen (Windsor, London Zoo, Kew Gardens etc.). Im Preis inbegriffen ist außerdem ein Reiseführer. Der London Pass ist für Kinder und Erwachsene erhältlich, die Preise sind tageweise (1, 2, 3 oder 6) gestaffelt. Kosten: 55 €, 74,50 €, 88,50 € oder 118 € für Erwachsene bzw. 35 €, 54 €, 60,50 € oder 82 € für Kinder von 5 bis 15 Jahren. Der Pass kann in Deutschland im Visit Britain Shop bestellt werden: www.visitbritainshop.com.

Den Pass kann man in England ebenfalls telefonisch (✆ 0870/2429988) oder im Internet (www.londonpass.com) bestellen.

Underground

Die Londoner U-Bahn ist die älteste der Welt: 1863 verkehrte die erste Untergrundbahn, „Tube" genannt, von Paddington nach Farringdon. Bis heute wurde das System auf zwölf Linien ausgebaut und ist immer noch unschlagbar, was Schnelligkeit und Effizienz betrifft.

In London gibt es mehr als 280 U-Bahnhöfe sowie zwölf Linien (Bakerloo, Central, Circle, District, East London, Hammersmith & City, Jubilee, Metropolitan, Northern, Piccadilly, Victoria und Waterloo & City), die bis zu 50 Meilen weit ins Umland fahren. Auch die computergesteuerte *Docklands Light Railway* (*DLR*) wird zum U-Bahnnetz dazugezählt, seit 2011 gibt es zudem das Netz von *London Overground* zur Anbindung der Außenbezirke. Ähnlich wie in anderen Metropolen fährt die Tube in den Außenbezirken an der Oberfläche. Die ersten Züge nehmen am Morgen um 5 Uhr (sonntags später) den Betrieb auf und kurz nach Mitternacht (0.30 Uhr) ertönt zum letzten Mal das obligatorische „Mind the gap".

An jedem U-Bahnhof bekommt man einen kostenlosen und praktischen *Übersichtsplan* (Journey Planner), auf dem die Linien in verschiedenen Farben eingezeichnet sind. Die Züge auf den alten U-Bahnlinien (Metropolitan, District und Circle) fahren eher gemächlich in die großen Bahnhöfe ein. Die übrigen, nach dem Röhrenprinzip gebauten Strecken (daher der Name Tube) liegen viel tiefer unter der Erde und sind kleiner; die Züge fahren schneller. Auf unendlich langen Rolltreppen oder mit vorsintflutlichen Fahrstühlen wird man unter die Erde transportiert. Auf den Rolltreppen gilt das ungeschrieben Gesetz: Wer nur stehen will, hält sich rechts, wer es eilig hat, kann links überholen. Wichtig ist es zu wissen, dass die meisten U-Bahnlinien sich in den Außenbezirken verzweigen. Auf jedem Bahnsteig befindet sich daher eine Leuchttafel, auf der die Endstationen der drei folgenden Züge angekündigt werden. Steht man zum Beispiel am Leicester Square und will mit der Northern Line nach Woodside Park, kann man also nur den Zug nach High Barnet nehmen, keinesfalls die Züge in Richtung Mill Hill East oder Edgware.

Schaltpläne für den Untergrund

Kein Tourist und auch kein Londoner kommt ohne den berühmten Liniennetzplan der Tube aus. Wo auch immer man sich in London aufhält, der abstrakte Plan mit den bunten Linien bietet Orientierung und Sicherheit. Weitgehend vergessen ist allerdings sein genialer Erfinder *Henry (Harry) Beck*. Dieser arbeitete als Technischer Zeichner bei den Londoner Verkehrsbetrieben und brütete 1933 in seiner Freizeit über einem neuen Plan, der den Streckenverlauf anschaulicher darstellen sollte. Beck verzichtete auf die bis dahin gebräuchliche topographische Genauigkeit und ersetzte die realitätsnahe Abbildung durch einen Entwurf, der einem elektrischen Schaltplan nachempfunden war, wobei die Entfernung der Stationen stets im gleichen Abstand zueinander abgebildet wurden. Weiterhin wurde jede Underground-Linie durch einen eigenen Strich repräsentiert, der entweder horizontal, vertikal oder in einem diagonalen 45-Grad-Winkel verläuft. Das Ergebnis war ein Plan, der einem geometrischen Gitternetz ähnelt und dessen Grundlage einzig die Topologie ist. Der bahnbrechende Erfolg von Becks Design lässt sich auch daran erkennen, dass sich heute weltweit zahlreiche Städte mit ihren Netzplänen an Becks übersichtlichem Design orientieren.

Tickets werden vor Fahrtantritt am Automaten oder am Schalter gelöst. Dabei gibt man seinen Zielbahnhof an, denn die U-Bahn-Tarife sind nach Zonen gestaffelt. Umsteigen, falls für die Strecke erforderlich, ist inbegriffen, nicht jedoch das Umsteigen von Tube auf Bus oder umgekehrt und nicht von einem Bus zum anderen. Wohnt man weit außerhalb, summiert sich das Fahrgeld schnell. Das sollte man besonders bei der Hotelsuche berücksichtigen. Am besten kauft man sich sofort eine **Oyster Card** oder **Travelcard**, mit der man sich ohne das lästige Ticketkaufen mit der Tube, aber auch mit Bussen fortbewegen kann.

Am Ende der Fahrt wird das normale Ticket eingezogen (nicht aber die Oyster Card oder Travelcard) – man muss es also bis zum Zielbahnhof aufbewahren. An fast allen Bahnhöfen gibt es mittlerweile neben den Automaten für die Ticketausgabe auch welche für den Einlass. Die Fahrkarte ist mit einer Magnetschicht versehen. Sie muss an der Sperre in einen Schlitz gesteckt und weiter vorne wieder entnommen werden; dann kann man die Schranke passieren. Um Schlangen vor den automatischen Sperren zu vermeiden, empfiehlt es sich, den Fahrschein rechtzeitig bereit zu halten. War der Fahrschein nur für eine Fahrt gültig, so verbleibt er beim Verlassen in der Sperre. Wer größeres Gepäck mitführt, wendet sich an einen Mitarbeiter der Verkehrsbetriebe; sie sind an ihren orangefarbenen Westen zu erkennen und öffnen spezielle Schwingtüren.

Hinweis: Um die Orientierung zu erleichtern, ist in diesem Reiseführer bei allen Sehenswürdigkeiten, Hotels oder Restaurants die nächstgelegene Underground-Station angegeben.

Tarife: Die „Tube" ist in sechs verschiedene Zonen eingeteilt. In der Regel reicht ein Ticket für zwei Zonen vollkommen aus. Nur wer einen Ausflug nach Kew Gardens, Richmond oder Wimbledon unternimmt, muss einen geringfügigen Aufschlag bezahlen. Ähnliches gilt für Windsor Castle, das nur mit dem Zug oder Bus zu erreichen ist. Einfache Tickets sind an den jeweiligen Fahrkartenautomaten erhältlich, Oyster Cards und Travelcards an den Schaltern der U-Bahnhöfe. Informationen gib es auch im Internet unter www.londontransport.co.uk.

Oyster Card: Seit 2006 gibt es in London die Oyster Card; es handelt sich dabei um einen aufladbaren elektronischen Verkehrspass, der einen schnelleren und deutlich günstigeren Zugang (Einzelfahrten in der Tube £ 2 statt £ 4.30) zu den öffentlichen Verkehrsmitteln ermöglicht und übertragbar ist. Eine Oyster Card erhält man am Automaten oder am Schalter in der Tube sowie an einer der 3000 Oyster Ticket Shops in London. Entweder man lässt darauf ein bestimmtes Zeitticket laden oder man benutzt die aufgeladene Oyster Card als virtuelle Geldbörse. Automatisch wird der niedrigste Preis für eine Fahrt abgebucht, wobei der maximale Abbuchungsbetrag pro Tag für Fahrten innerhalb der Zone 1–2 in der Hauptzeit £ 8.40 und in der Nebenzeit £ 7 beträgt. Mit einem Wochenticket (£ 29.20) fährt man bei längeren Aufenthalten am günstigsten. Hinzu kommt noch ein Deposit von £ 5. An über 3000 Stellen in London ist es möglich, wieder ein neues Guthaben auf die Karte zu übertragen. Akzeptiert werden Beträge zwischen £ 5 und maximal £ 90 in Schritten von £ 5. Nicht verbrauchte Guthaben und das Deposit werden bei der Rückgabe der Karte an den Underground Stationen zurückerstattet.

Kinder und Jugendliche: Die Oyster Card gibt es nur für Erwachsene. Kinder bis 10 Jahren fahren kostenlos, wenn sie von einem Erwachsenen begleitet werden, der eine Oyster Card besitzt. Alle 11- bis 15-Jährigen zahlen £ 0.75 für eine Einzelfahrt oder £ 3.20 bzw. £ 4.20 für eine Tageskarte für die Tube, wenn sie von einem Erwachsenen mit Oyster Card begleitet werden. Alle 16- bis 18-Jährigen fahren im Prinzip für den halben Preis mit Bus, Tube, Tram, DLR und London Overground, wenn sie eine gültige 16+ Oyster Photocard besitzen, die man allerdings drei Wochen vorher umständlich bei einem Post Office oder Online (https://photocard.tfl.gov.uk/tfl/showLogon.do) beantragen muss.

One Day Travelcard: Gültig von Mo bis Fr ab 9.30 Uhr; für 2 Zonen £ 7, für bis zu 4 Zonen £ 7.70 (Off-Peak) sowie am Wochenende. Wer werktags ohne Ausschlusszeiten fahren will, wählt eine Peak Day Travelcard für £ 8.40 bzw. £ 10.60.

Weekly Travelcard: Gültig an sieben aufeinanderfolgenden Tagen ohne Ausschlusszeiten. Nur in Kombination mit der Oyster Card, außer man kauft das Ticket bei einer National Rail Station. Für zwei Zonen £ 29.20, für bis zu sechs Zonen £ 53.40.

Single Fare: Wer nur gelegentlich in den Zonen 1–4 die U-Bahn benutzt, kann für £ 4.30 einen Einzelfahrschein erwerben (Jugendliche bis 15 Jahre £ 2.10).

Bus

„Um London zu besichtigen, um es sich anzueignen, bedient man sich am besten der roten städtischen Autobusse, klettert auf ihr Oberdeck und fährt ins Blaue. Die Busse führen überall hin; ihre Linien erschließen den Zauberwald der Riesenstadt.“ (Wolfgang Koeppen)

Nachdem die berühmten *Routemaster*, wie die knallroten historischen Doppeldecker genannt werden, im Dezember 2005 endgültig aus dem Verkehr gezogen wurden, muss man bei Stadterkundungen auf die moderne und behindertengerechte Niederflur-Doppeldeckerbusse – *Hoppa* – oder die als *Bendies* bezeichneten, 18 Meter langen Gelenkbusse zurückgreifen, die den Standards der Europäischen Union entsprechen. Seit 2012 werden Bus für Bus auch moderne, hinten offene Routemaster in Betrieb genommen, zunächst auf der Linie 38, die zwischen Victoria und Hackney verkehrt.

Ein Trostpflaster ist den Nostalgikern geblieben: Nach wie vor verkehren insgesamt 16 dieser *Routemaster* auf zwei Touristenstrecken, den so genannten „Heritage-Routemaster-Linien". Auf den Routen zwischen Aldwych und der Royal Albert Hall (Linie 9) sowie zwischen Trafalgar Square und Tower Hill (Linie 15) verkehren nun altmodische und moderne Doppeldecker im Wechsel. Wer will, kann auf diesen Linien weiterhin in bewährter Weise zwischen den Haltestellen auf das offene Heck auf- bzw. abspringen. In den letzten Jahren wurden zudem einige Strecken (meist in die Vororte) privatisiert und jetzt von *Grey*, *Green*, *Yellow* und *Blue Buses* befahren.

Achtung: Seit 2003 können die Fahrkarten an einer Ticket-Maschine neben der Haltestelle erworben werden; Bustickets darf man nicht für die Tube benutzen.

Haltestellen: Die 17.000 Londoner Bushaltestellen sind immer an dem Zeichen „Bus Stop“ zu erkennen. Einige sind Bedarfshaltestellen (*on request*), an denen man einen Bus heranwinken muss, da er sonst vorbeifährt. Recht ungewöhnlich für kontinentale Verhältnisse ist das Warten in disziplinierten Schlangen. In der Regel fahren die Stadtbusse von sechs Uhr morgens bis 0.30 Uhr. Danach steigt man auf Nachtbusse um, die bis in die frühen Morgenstunden verkehren. Diese Linien sind mit einem „N“ vor der entsprechenden

Routemaster – ein Auslaufmodell?

Nummer gekennzeichnet. Alle Nachtbusse fahren über den Trafalgar Square. Ihre Haltestellen haben rote und gelbe Nummern. *One Day Travelcards* haben nachts keine Gültigkeit (im Gegensatz zu Wochen- oder Monatskarten).

Tarife: Die Busfahrpreise sind auch nach Zonen gestaffelt und man muss dem Fahrer oder Schaffner (*Conductor*) sagen, wo man aussteigen möchte (z. B. Oxford Street, Ecke New Bond Street). Je nach Tageszeit kostet eine Busfahrt bis zu £ 2.30 (£ 1.35 mit Oyster Card), Kinder bis zu 15 Jahren fahren kostenlos (16- und 17-Jährige benötigen hierfür eine *Photocard*). Eine Bustageskarte kostet £ 4.20 (4 Zonen).

Informationsbroschüren und Pläne Empfehlenswert ist es, sich nach der Ankunft in London bei einem der London Transport Information Centres die verschiedenen Pläne und Informationsbroschüren zu holen. Offices gibt es beispielsweise in den folgenden U-Bahnhöfen: Heathrow Central, St James's Park, Euston Station, King's Cross, Victoria Station, Oxford Circus, Waterloo, Piccadilly Circus.

London Transport gibt den kostenlosen und recht praktisch zu handhabenden Plan **Central Bus Guide** heraus, auf dem die Buslinien im Citybereich eingezeichnet sind. Er ist in allen Tube-Stations und LT-Informationsbüros erhältlich. Zudem liegen auch die Buspläne für vier weitere Stadtbereiche (South West, North West, North East und South East) aus.

Stadtrundfahrten

Von manchen Reisenden als zu touristisch verschmäht, von anderen gerne als Einstieg in eine Stadt genutzt, bietet **Big Bus Company** unkomplizierte Stadtrundfahrten an. Mit dem oben offenen Doppeldeckerbussen geht es durch die Stadt, wobei man nach Lust und Laune aus- und wieder einsteigen kann. Zur Auswahl stehen die Blue Tour (Big Ben, Buckingham Palace, Madame Tussaud's etc.) und die Red Tour (Trafalgar Square, St Paul's Cathedral, Tower of London etc.). Die Busse verkehren im Turnus von 20–30 Minuten. Tagestickets: £ 29 für Erwachsene, £ 12 für Kinder von 5–15 Jahren. www.bigbus.co.uk.

Das Konkurrenzunternehmen **Original Tour** bietet ebenfalls verschiedene Routen zu den Hauptsehenswürdigkeiten mit mehreren Haltestellen (Piccadilly Circus, Trafalgar Square, Madame Tussaud's etc.). Tagestickets: £ 26 für Erwachsene, £ 13 für Kinder von 5–15 Jahren. Günstigere Tarife bei Interbuchung: www.theoriginaltour.com.

Zug (British Rail)

Das *Network Southeast* zieht sich durch Greater London und verbindet das Zentrum mit den Vororten. Viele Züge halten auch an Bahnhöfen, die mit der U-Bahn verbunden sind. Auch hier muss man sich nicht extra eine Fahrkarte besorgen, wenn man eine Travelcard besitzt. In den Zügen ist es erlaubt, Fahrräder mitzuführen.

Hinweis Karten und Fahrpläne gibt es im **British Travel Centre** (1 Regent Street, SW1; nur Publikumsverkehr) oder in den Transport Information Centres in den U-Bahnhöfen.

Achtung: Die Express-Züge zu den Flughäfen Heathrow, Gatwick oder Stansted gehören nicht zum Verkehrsnetz von London Transport.

Mit dem Schiff

Bootstouren auf der Themse, die einst die wichtigste Verkehrsader Londons war, sind eine nette Abwechslung zum U-Bahn- und Busfahren. Wenn man vorne im Boot Platz nimmt, hat man die beste Aussicht auf die Sehenswürdigkeiten der Stadt. Die Themse kann man bis nach Greenwich oder flussaufwärts zum Hampton Court Palace entlangschippern.

Die meisten Boote sind auch für *Rollstuhlfahrer* geeignet, dennoch sollte man sich vorher informieren (✆ 0839/ 123432, nur in England wählbar). Boote zum *Hampton Court* sowie nach *Kew* und *Richmond* fahren nur in den Sommermonaten. Weitere Informationen gibt es über die *Westminster Passenger Service Association* (✆ 020/79304097).

www.wpsa.co.uk,
www.thamesclippers.com.

Die Fahrt mit den Thames Clipper kostet £ 6, mit der Travelcard £ 4, nach Kew Gardens mit Westminster Passenger Service ab £ 12. An folgenden Piers legen die Boote ab:

Embankment Pier, gegenüber der Tube-Station Embankment. Boote nach Greenwich (alle 20 Minuten) zum Tower of London (alle 20 Minuten).

Westminster Pier, die Treppen an der Westminster Bridge hinuntersteigen (Tube Westminster). Boote nach Greenwich (alle 20 Minuten), zum Hampton Court (3-mal täglich), nach Kew Gardens (4-mal täglich), zur Thames Barrier (2- bis 3-mal täglich) und zum Tower of London (alle 20 Minuten).

Tower Pier, Tower Hill, gegenüber dem Haupteingang zum Tower (Tube Tower Hill). Boote zur Thames Barrier (3-mal täglich, umsteigen in Greenwich), nach Greenwich (alle 30 Minuten) und Westminster (alle 20 Minuten).

Greenwich Pier, Cutty Sark Gardens (mit British Rail bis Greenwich oder Docklands Light Railway bis Cutty Sark). Boote nach Charing Cross (alle 30 Minuten), Thames Barrier (3- bis 4-mal täglich) und Westminster (alle 20 Minuten).

Eine interessante Alternative ist eine Fahrt auf der Themse von der Tate Britain zur Tate Modern. Die Inneneinrichtung des Katamarans wurde von dem bekannten Künstler *Damien Hirst* entworfen:

Tate Boat, zwischen 10 und 17 Uhr. Fahrzeit: 13 Minuten. Einfach £ 5.50, mit Travelcard £ 3.70. www.tate.org.uk/tatetotate.

London besitzt zudem noch zwei Kanäle: Der *Regent's* sowie der *Grand Union Canal* waren ebenfalls wichtige Verkehrsadern der Stadt. Auch hier kann man herrliche Bootstouren, z. B. zum Zoo oder durch den Regent's Park, unternehmen:

Sightseeing by ship

London Waterbus Company, Camden Lock Place (Tube Camden Town). Die Boote (einfach ab £ 7.20, erm. £ 6) legen an in Little Venice, Camden Lock und beim London Zoo. Ganzjähriger Betrieb von 11–16 Uhr, im Sommer ab 10 Uhr. ✆ 020/74822660, www.londonwaterbus.com.

Mit der Seilbahn

Mit der Seilbahn über die Themse klingt wie ein Witz, doch seit Juni 2012 „fliegt" Emirates Air Line mit einer Seilbahn in North Greenwich beim *The* O_2 *(Ex-Millenium Dome)* über die Themse.

Man erreicht die südliche Station der Seilbahn mit der Jubilee Line oder den Thames Clipper Schiffen (North Greenwich), die nördliche Station mit der DLR (Royal Victoria).

Emirates Air Line, tgl. 7–21 Uhr, Sa 8–21 Uhr, So 9–21 Uhr. Kosten £ 4.30, erm. £ 2.20, mit der Oyster Card £ 3.30, erm. £ 1.60 (jeweils einfach). www.emiratesairline.co.uk.

Mit dem eigenen Fahrzeug

Wenn es möglich ist, sollte es jeder Ortsunkundige vermeiden, mit dem Auto durch London zu fahren. Diejenigen, die im Rahmen eines längeren Englandurlaubs oder auf dem Weg nach Schottland auch London für ein paar Tage besuchen möchten, sollten das Auto für die Zeit ihres Aufenthaltes am besten auf dem Hotelparkplatz oder in einem der öffentlichen Parkhäuser abstellen. Parken ist recht teuer und in London wird rigoros abgeschleppt beziehungsweise es werden *clamps* (Radkrallen) angebracht – ein mit rund £ 200 sehr kostspieliges Vergnügen. Da jedes Jahr zahllose Fahrzeuge mit ausländischem Kennzeichen aufgebrochen werden, empfiehlt sich die Beachtung einiger Verhaltensregeln:

Im geparkten Auto sollten niemals Wertsachen zurückgelassen oder dieser Anschein erweckt werden (Übrigens: Durch das Autofenster hindurch kann man nicht sehen, dass die Kameratasche leer ist). Sinnvoll ist es zudem, das Handschuhfach offen zu lassen, damit erst gar keine Spekulationen aufkommen können. Sicherer, aber viel teurer sind die bewachten *24-Hour Car Parks. National Car Parks (NCP)* gibt die kostenlose Broschüre „London Parking Guide" heraus, in der alle Parkplätze aufgeführt sind. Sie ist im NCP Office erhältlich.

NCP Office, 12 Bryanston Street, W1A 4NH London, ✆ 020/74997050. www.ncp.co.uk. Ⓤ Marble Arch.

Autoverleih: Grundvoraussetzungen für das Mieten eines Leihwagens sind ein Mindestalter von 21 Jahren und der einjährige Besitz des Führerscheins. Eine Kaution in Höhe von mehreren hundert Euro ist zu stellen, wenn man keine in England akzeptierte Kreditkarte besitzt. Zumeist ist es preisgünstiger, schon im Heimatort einen Wagen bei den internationalen Verleihfirmen im Voraus zu buchen. Ein Kleinwagen kostet rund 50 € pro Tag. Wer von Deutschland aus bucht, erhält oft günstigere Konditionen. Wichtig ist, dass die Versicherung enthalten ist und kein zusätzliches Kilometergeld („free mileage") berechnet wird.

Innenstadt-Maut

Seit dem Jahr 2003 wird in der Londoner Innenstadt zwischen 7 und 18.30 Uhr eine Mautgebühr (*Congestion Charge*) erhoben, die auch für Mietwagen gilt. Die Zufahrtsstraßen werden elektronisch registriert. Die Gebühr beträgt £ 10 und muss bis spätestens 24 Uhr bezahlt werden, indem man sie unter der Rufnummer ✆ 0845/9001234 von seiner Kreditkarte abbuchen lässt oder in einem Kiosk mit einem „C"-Zeichen bezahlt. Ansonsten droht ein Bußgeld von mindestens £ 60. www.cclondon.com.

Taxi

Eine Fahrt mit einem der 20.000 Black Cabs gehört schon fast zum Pflichtpro-

Mit dem Taxi …

gramm eines Londonbesuchs. Taxistände finden sich an Bahnhöfen und zahlreichen öffentlichen Plätzen. Es ist aber jederzeit möglich, einen Wagen an der Straße anzuhalten, falls das gelbe Taxizeichen leuchtet („Taxi" oder „For Hire"). Die Grundgebühr beträgt £ 2.20, der weitere Preis richtet sich nach der Entfernung und der Tageszeit. Es ist üblich, zehn Prozent Trinkgeld zu geben oder mindestens den Preis zum vollen Pfund aufzurunden.

Zu Stoßzeiten und bei Regen sind die Taxis allerdings genauso rar wie in den Abendstunden, die viele Taxifahrer am liebsten zu Hause verbringen. Dies hat Hunderte von Minicabs und Pseudotaxifahrer auf die Bildfläche gerufen, die vor den Clubs und Bars Mitfahrgelegenheiten gegen Bezahlung offerieren (Preis vorher aushandeln).

Mit dem Fahrrad

Zugegeben, die Vorstellung, London mit dem Fahrrad zu erkunden, scheint auf den ersten Blick wenig erfreulich, zynische Zeitgenossen empfehlen gar, den Organspenderausweis nicht zu vergessen. Doch wer das „Wagnis" auf sich nimmt, wird feststellen, dass sich auf einer Radtour ganz andere Perspektiven der Themsemetropole offenbaren. Amüsant sind vor allem Touren durch die Außenbezirke, im Stadtzentrum empfiehlt sich hingegen, dem Beispiel der Londoner zu folgen und sich eine Atemschutzmaske überzustreifen. Die Stadtverwaltung hat inzwischen auch das Fahrrad als Fortbewegungsmittel entdeckt: Das Radwegenetz wurde inzwischen auf 1900 Kilometer erweitert, zudem sollen bis 2015 zwölf "Super-Highways" für Radler quer durch die Stadt eingerichtet werden. In der Bri-

Über den Dächern von London

Das größte Gebäude Londons mit 310 Metern ist der 2012 fertig gestellte Shard London Bridge werden. Ebenso wie der Bishopsgate Tower (288 Meter) und der Canary Wharf Tower (244 Meter) ist der luzide Wolkenkratzer aber nicht öffentlich zugänglich. Ein faszinierender Blick auf London bietet sich von der St Paul's Cathedral, der Westminster Cathedral, dem Fußweg über der Tower Bridge sowie von Hampstead Heath und der 60,6 Meter hohen Gedenksäule The Monument. Den besten Überblick hat man, gute Wetterverhältnisse vorausgesetzt, vom London Eye. Seit dem Jahr 2000 steht am Themse-Ufer gegenüber dem Parlament dieses mit einer Höhe von 135 Metern größte Riesenrad der Welt.

tish Rail ist das Mitnehmen von Fahrrädern erlaubt (zusätzlich einen Kinderfahrschein lösen). Seit dem August 2010 wurde ähnlich wie in Paris begonnen, ein städtisches Radmietsystem mit rund 6000 Rädern und 400 Verleihstationen ins Leben zu rufen, die Räder werden von den Londonern auch als „Boris Bikes“ bezeichnet, da sich Bürgermeister Boris Johnson stark für das System engagiert hat. Man muss sich an den Stationen registrieren (£ 1 für 24 Stunden, eine Woche £ 7), die erste halbe Stunde ist kostenlos, dann beginn ein gestaffeltes Preissystem, das aber schnell teuer werden kann, vor allem, wenn man keine Rückgabestation findet. www.tfl.gov.uk/roadusers/cycling/14808.aspx.

Ein privates Unternehmen, bei dem man Fahrräder leihen kann: **OY Bike**, 28 Verleihstationen in London, www.oybike.com. Ab £ 20 pro Tag. **Velorution** vermietet in der Nähe der Oxford Street die legendären englischen Falträder („Bromptons“) für £ 12 (5 Std.): 18 Great Titchfield Street, ✆ 020/76374004. www.velorution.biz/bike-hire. Interessant ist auch das Angebot der **London Bicycle Tour Company**, die auch verschiedene geführte Touren (£ 18.95 für bis zu 3,5 Stunden) durch die Stadt anbietet sowie Fahrräder vermietet (£ 20 pro Tag). 1a Gabriels Wharf, 56 Upper Ground, London, SE1. Ⓤ Blackfriars. www.londonbicycle.com.

Hinweis Fahrräder darf man in der Tube nur außerhalb der Hauptverkehrszeiten (10–16 Uhr und nach 19 Uhr) in folgenden Linien mitnehmen: Circle, District, Hammersmith & City und Metropolitan.

Zu Fuß

Die preiswerteste und beste Variante, London zu entdecken. Für längere Spaziergänge empfehlen sich Streifzüge entlang der Themse oder entlang des Regent's Canal von Little Venice bis zum London Zoo. Zudem gibt es geführte Touren durch die Stadt (→ S. 88). Es gibt aber auch die Möglichkeit, durch und rund um London zu wandern, beispielsweise auf dem LOOP. Dieser *London Outer Orbital Path* führt auf 245 Kilometern rund um die Stadt. Der *Capital Ring Walk* ist kleiner, aber immerhin noch 126 Kilometer lang. Kürzere Alternativen sind der *Thames Walk* sowie der 24 Kilometer lange *Jubilee Walkway*, auf dem man an einem Tag das Herz von London erkunden kann.

Weitere Infos und Karten: www.walklondon.org.uk.

… oder mit dem Fahrrad

Übernachten

Das Spektrum der Unterkünfte reicht von der Nobelherberge à la Ritz über das moderne Designhotel bis hin zur einfachen, persönlich geführten Herberge (B & B), die einen Einblick in die englische Lebensart bietet. Wo auch immer man wohnt, das hohe Preisniveau der Londoner Hotels lässt sich nicht umgehen.

Hotels

Aufgrund der starken Nachfrage verfügt der Großraum London derzeit über mehr als 100.000 Nachtquartiere. Was die **Preise** betrifft, so erwartet den Londonbesucher ein breites, vor allem nach oben offenes Spektrum. Neben persönlichen Vorlieben setzt nur der eigene Geldbeutel Grenzen: Manch einer gibt für eine Nacht im Luxushotel mehr Geld aus als andere für ihre ganze Reise. Da bei den Hotelpreisen in der gehobenen Kategorie häufig noch 20 Prozent Mehrwertsteuer (VAT) hinzugerechnet werden, sollte man sich bei der Buchung erkundigen, ob diese bei dem angegebenen Preis enthalten ist. Gleiches gilt für das Frühstück, das ebenfalls häufig extra berechnet wird.

Reisende mit niedrigen Ansprüchen finden in Gemeinschaftsunterkünften für rund £ 25 ein Bett mit Frühstück, in *guest houses* werden mindestens £ 30 verlangt. Die Preise für ein Doppelzimmer in einem günstigen Hotel liegen bei mindestens £ 75, in der gehobenen Mittelklasse bei £ 130 und in der gehobenen Kategorie beginnen sie bei £ 200. Nach oben hin ist preislich so gut wie alles offen. Viele Hotels bieten allerdings etwas günstigere Wochenendtarife an. Die Immobilienpreise in London sind nahezu utopisch und so werden in manchen Hotels auch Zimmer im Souterrain vermietet. Der neueste Trend sind gar Zimmer ohne Fenster.

Als *Double room* wird ein Doppelzimmer mit Doppelbett (*Double beds*) bezeichnet, ein *Twin room* weist auf zwei Einzelbetten (*Twin beds*) hin; wer mit Kindern unterwegs ist, sollte nach einem *Family room* fragen. Achtung: *Double beds* bestehen aus einem großen französischen Bett mit gemeinsamer Decke. Ein *Apartment* kostet je nach Lage, Größe, Ausstattung und Saison zwischen £ 350 und £ 1000 pro Woche.

Aufgrund des hohen Preisniveaus der Londoner Hotels kann es mitunter günstiger sein, das Hotel im heimischen Reisebüro pauschal samt Flug zu buchen. Verstärkt versuchen die Hoteliers auch das Internet für spezielle Angebote zu nutzen, wobei manche kurzfristig mit günstigeren Preisen werben. Allerdings ist bei Internetbuchungen das Tarifsystem oft nicht leicht durchschaubar, zudem locken fast alle Hotels im Juli und August, wenn die Geschäftsreisenden ausbleiben, mit attraktiven Sommerangeboten. Manche Hotelketten, aber auch kleinere Hotels oder das Nobelhotel The Hempel bieten Sondertarife, wenn man schon Monate vorher bucht und bezahlt. Wer eine Kreditkarte besitzt, kann sich bei der Suche nach einem Zimmer an die *LTB's Accommodation Reservations line* (✆ 0044/20/76042890) wenden. Man muss nur die exakten Reisedaten, das gewünschte Stadtviertel und die bevorzugte Preisklasse angeben, den Rest besorgt die Reservierungszentrale. Vor allem in den Sommermonaten empfiehlt sich eine rechtzeitige Reservierung. Kurzfristig entschlossene Reisende mit einem Internetzugang können unter der Adresse www.hrs.de oder www.hotel.de freie Zimmerkapazitäten der angeschlossenen Londoner Hotels abfragen und bei Interesse gleich ein Zimmer online buchen. Ähnliches gilt für www.londontown.com.

In den meisten Londoner Bahnhöfen (Euston, Victoria, Paddington, King's Cross etc.) betreibt *Thomas Cook* ein Büro mit Zimmervermittlung; gegen eine Gebühr von £ 2 bis £ 5 ist es dort möglich, sich ein Zimmer in der näheren Umgebung reservieren zu lassen.

Hotels – von edel bis preiswert

The Ritz 20 → Karte S. 177, seit César Ritz im Jahre 1906 dieses Nobelhotel eröffnete, ist das Ritz eine der ersten Adressen in London. Nachmittags trifft man sich zum Afternoon Tea im Palm Court. DZ ab £ 255 zuzügl. Breaktfast und VAT. 150 Piccadilly, W1V 9 DG, ✆ 020/74938181, 020/74932687. www.theritzhotel.com. Ⓤ Green Park.

››› Mein Tipp: **The Boundary** 14 → Karte S. 248/249, dieses in einem ehemaligen Lagerhaus in Shoreditch untergebrachte Design-Hotel begeistert mit seinen zwölf großzügigen, in unterschiedlichen Stilen eingerichteten Zimmern. Der Einrichtungsstil lässt sich leicht aus Namen wie Le Corbusier, Eileen Grey, Bauhaus etc. ableiten. Zudem gibt es vier Suiten. Das Hotel gehört dem Design-Guru Terence Conran, der er sich nicht hat nehmen lassen, eine loftähnliche Suite nach seinen Vorstellungen zu konzipieren. DZ £ 220–260, nur Sonntag ab £ 170. Kostenloses WLAN. 2-4 Boundary Street, E2 7DD, ✆ 020/77291051. www.theboundary.co.uk. ⓊLiverpool Street. ‹‹‹

››› Mein Tipp: **The Hempel** 2 → Karte S. 206/207, wenige Fußminuten nördlich des Hyde Park gelegen, verbirgt sich hinter der viktorianischen Fassade ein anspruchsvolles Designerhotel mit nur 36 Zimmern und zwölf Suiten. Die Zimmer sind nicht nur hinsichtlich der Ästhetik, sondern auch in Bezug auf den Komfort vorbildlich. So gehört beispielsweise auch ein CD-Player zur Ausstattung. Der mit geometrischen Formen und fernöstlichen Traditionen spielende Zen-Garten ist eine wahre Oase der Sinnlichkeit (hier wurde übrigens die Hochzeitsszene aus dem Film „Notting Hill" gedreht). Das Restaurant hat sich auf thailändische und italienische Küche spezialisiert. WLAN. DZ ab £ 135, Suiten ab £ 280, günstigste Preise im Internet. Jeweils plus VAT. 31–35 Craven Hill Gardens, W2 3 EA, ✆ 020/72989000, 020/74024666, www.the-hempel.co.uk. Ⓤ Bayswater und Lancaster Gate. ‹‹‹

One Aldwych 42 → Karte S. 162/163, bereits die stimmungsvoll klassisch-nüchterne Hotel-Lobby mit ihrer sakralen Atmosphäre hebt sich von anderen Hotels ab. Zeitgemäßer britischer Minimalismus ist angesagt. Und im 18-Meter-Pool ist die Musik auch nur zu hören, wenn man den Kopf unter Wasser hält. Glücklicherweise enttäuschen auch die Zimmer und der Service des Design-Hotels nicht. WLAN. Lohnend ist auch ein Besuch des Restaurants Axis, das sich im Untergeschoss befindet. DZ ab £ 280 (inkl. Frühstück), im Sommer ab £ 210 ohne Frühstück, jeweils zuzügl. VAT. 1 Aldwych, WC2, ✆ 020/73001000, ℻ 020/73001001, www.onealdwych.com. Ⓤ Charing Cross bzw. Temple.

Dukes Hotel 24 → Karte S. 177, mitten im noblen St James's verbreitet das klassisch eingerichtete Hotel eine distinguierte Atmosphäre. Wer will, kann jeden Morgen durch den nahe gelegenen St James's Park joggen. Die anspruchsvolle Hotelbar steht von 11–23 Uhr nicht nur Hotelgästen offen. WLAN. DZ ab £ 185 (Sommerangebote), sonst ab £ 220, Frühstück extra. Jeweils plus VAT. St James's Place, SW1, ✆ 020/74914840, ℻ 020/74931264, www.dukeshotel.co.uk. Ⓤ Green Park.

››› **Mein Tipp:** **St John Hotel** 53 → Karte S. 162/163, ein herrliches Designer-Hotel mitten in Soho am südlichen Rand von Chinatown über dem gleichnamigen Restaurant. Die Zimmer sind in weißen Tönen gehalten, die herrlich mit dem grünen Fußboden kontrastieren. Da das Bad und die Dusche vom Bett aus offen einsehbar sind, sollte man allerdings nicht allzu viel Wert auf die eigene Intimsphäre legen. Bei den günstigsten Zimmern (Nr. 1) muss man nahezu ohne Tageslicht auskommen. Kostenloses WLAN. Im ersten Stock gibt es eine Bar, im Erdgeschoss ein hervorragendes Restaurant. DZ ab £ 200, ohne Frühstück. 1 Leicester Street, WC2, ✆ 020/33018069. www.stjohnhotellondon.com. Ⓤ Piccadilly. ‹‹‹

Blakes Hotel 40 → Karte S. 206/207, distinguiertes Hotel mit exotisch-plüschigem Ambiente. Vorherrschend sind schwarzer Lack und chinesische Antiquitäten. Zu den Stammgästen gehört beispielsweise Robert de Niro. Single ab £ 190, DZ ab 245, Suite ab £ 595. Jeweils plus VAT. 33 Roland Gardens, SW7 3 PF, ✆ 020/73706701, ℻ 020/73730442, www.blakeshotels.com. Ⓤ South Kensington.

The Metropolitan 4 → Karte S. 206/207, unaufdringliches Hotel für Liebhaber des Neo-Art-déco-Stils. Angeschlossen sind das japanische Restaurant Nubu (samt Boris Beckers berühmter „Besenkammer") und die trendige Metro Bar. DZ ab £ 229 zuzügl.

Für Freunde offener Bäder: St. John Hotel

VAT. Old Park Lane, W1Y 4LB, ✆ 020/74471000, ✆ 020/74471100, www.metropolitan.london.como.bz. Ⓤ Hyde Park Corner.

No. 11 Cadogan Gardens **3** → Karte S. 198/199, sehr schönes, im typisch englischen Stil mit viel Holz eingerichtetes Hotel in unmittelbarer Nähe des Sloane Square. Zur Tea Time lodert das Kaminfeuer. Die teureren Zimmer haben einen Blick auf den Park. Gym, Spa und WLAN vorhanden. EZ ab £ 165, DZ ab £ 195, jeweils zuzügl. VAT (günstigere Wochenendtarife). 11 Cadogan Gardens, SW3 2RJ, ✆ 020/77307000, ✆ 020/77305217, www.cadogan-hotel-london.com. Ⓤ Sloane Square.

››› Mein Tipp: **Myhotel Bloomsbury** **29** → Karte S. 124/125, am Rande von Bloomsbury gelegen, wird dieses geschmackvolle Designerhotel auch höchsten Ansprüchen gerecht. Wer Lust hat, kann mit seiner Lieblingsmusik in der Mini-Stereo-Anlage einschlafen. Der Architekt orientierte sich übrigens an der Feng-Shui-Lehre, damit die Energie gut fließen kann. Kostenloses WLAN. DZ ohne Frühstück £ 99–250 (jeweils plus VAT, starke Schwankungen, günstige Wochenend- und Sommerangebote im Internet buchbar). 11–13 Bayley Street, WC1B 3 HD, ✆ 020/76676000, ✆ 020/76676001, www.myhotels.com. Ⓤ Goodge Street. ‹‹‹

Myhotel Chelsea **7** → Karte S. 198/199, dieses hervorragend geführte Hotel im noblen Chelsea verfügt über 45 geräumige Zimmer in verschiedenen Kategorien, die viel Komfort und Behaglichkeit ausstrahlen. Und die angesagtesten Boutiquen Londons liegen in Laufweite. Restaurant vorhanden. Guter Service, kostenloses WLAN. DZ £ 99–250 (starke Schwankungen je nach Wochentag und Saison, ohne Frühstück zuzügl. VAT). 35 Ixworth Place, SW3 3QX, ✆ 020/72257500, ✆ 020/72257555, www.myhotels.com. Ⓤ South Kensington.

The Zetter **9** → Karte S. 119, unlängst eröffnetes Design-Hotel in einem ehemaligen viktorianischen Lagerhaus im „In-Stadtteil" Clerkenwell. Die hellen Zimmer sind geschmackvoll eingerichtet und mit Internetanschluss, CD-/DVD-Player, Flat-Screen sowie weiteren Extras ausgestattet. Billig ist das Vergnügen nicht, aber im Vergleich zu anderen Londoner Hotels keineswegs überteuert. Ganz oben gibt es sogar Zimmer mit Dachterrasse. Cooles Restaurant im Erdgeschoss. Zimmer je nach Ausstattung ab £ 200 (am Wochenende etwas günstiger), jeweils zuzügl. VAT. Großzügige Studios im Dachgeschoss ab £ 276. 86–88 Clerkenwell Road, EC1M 5RJ, ✆ 020/73244444, ✆ 020/73244445, www.thezetter.com. Ⓤ Farringdon.

››› Mein Tipp: **Number 16** **33** → Karte S. 206/207, dieses unlängst eröffnete Hotel in South Kensington begeistert nicht nur mit seinen im modernen Landhausstil inklusive Blumendekor eingerichteten Zimmern, sondern auch mit seinem idyllischen Garten. Es gibt auch iPod-Docking-Stationen und kostenloses WLAN. EZ ab £ 140, DZ £ 185–265 zuzügl. VAT. 16 Sumner Place, ✆ 020/75895232. www.firmdalehotels.com/london/number-sixteen. Ⓤ Gloucester Road. ‹‹‹

Double Tree **10** → Karte S. 187, das Stadthotel in Westminster unweit der Themse gefällt durch sein zeitlos modernes Ambiente. In seiner Preisklasse bietet das Hotel viel Komfort, so stehen in jedem Zimmer ein Sofa oder Sessel samt TV, DVD- sowie CD-Player und viele andere Annehmlichkeiten (kostenloses WLAN in jedem Zimmer, kleines Fitnessstudio, Restaurant etc.). Erstklassiges Frühstücksbuffet mit frischer Ananas, Melone und Mango! Der einzige Nachteil: Das Hotel liegt in einem Büroviertel, abends ist hier sprichwörtlich der „Hund begraben". Die sehr schwankenden Zimmerpreise richten sich nach dem jeweiligen Wochentag und der Saison. DZ ab £ 159 zuzügl. VAT. John Islip Street, SW1P 4DD, ✆ 020/76301000, ✆ 020/72337575, http://doubletree3.hilton.com. Ⓤ Pimlico.

››› Mein Tipp: **Shoreditch House** **17** → Karte S. 248/249, die einstige Keksfabrik in Shoreditch wird heute als exklusiver Privatclub mit Zimmervermietung geführt, doch auch Touristen können in einem der 26 Zimmer des hippen Clubs absteigen und die Räumlichkeiten nutzen, die sonst nur Mitgliedern zugänglich sind. Hierzu gehören nicht nur die Bars, sondern auch der 16-Meter-Pool auf dem Dach! Kostenloses WLAN. Zimmer £ 105-295. 1 Ebor Street, E1, ✆ 020/77395040. www.shoreditchhouse.com. Ⓤ Liverpool Street. ‹‹‹

Charlotte Street Hotel **35** → Karte S. 124/125, angenehmes, im modernen britischen Stil eingerichtetes Hotel wenige Fußminuten nördlich von Soho (eine ehemalige Zahnklinik). Bereits die Lounge begeistert mit ihrem offenen Kamin, doch die Zimmer steigern diesen Eindruck trotz Understatement noch. Ausgezeichnetes Restaurant! Es gibt

Manch einer malt sich lieber ein Hotel

zudem ein hoteleigenes Fitnessstudio. WLAN. DZ ab £ 250, zuzügl. VAT. 15 Charlotte Street, W1T 1RJ, ✆ 020/78062000, 📠 020/78062002, www.charlottestreethotel.com. Ⓤ Goodge Street.

Fielding Hotel 18 → Karte S. 162/163, inmitten einer verkehrsberuhigten Zone gelegen, findet man in dem historischen Gebäude aus dem 18. Jahrhundert geruhsam in den Schlaf. Zuvor tragen die umliegenden Opern- und Musicalhäuser allerdings zum Amüsement bei, tagsüber geht es in ein paar Minuten zu Fuß zum Einkaufen in den Covent Garden. WLAN. Man schläft in leicht verspieltem englischem Stil: EZ ab £ 90, DZ £ 140–180 zuzügl. VAT. 4 Broad Court, Bow Street, WC2B 5QZ, ✆ 020/78368305, 📠 020/74970064, www.the-fielding-hotel.co.uk. Ⓤ Covent Garden.

››› Mein Tipp: **B+B Belgravia** 7 → Karte S. 187, wunderschönes, ungewöhnliches B&B im Stadtteil Belgravia, nur fünf Fußminuten von Victoria Station entfernt. Die Zimmer sind zeitlos modern eingerichtet und lassen keinen Komfort vermissen. Kostenloses WLAN vorhanden. Vom London Tourist Board ausgezeichnet, daher oft ausgebucht. Kein Aufzug. B&B im EZ £ 99, DZ £ 129–145 (inkl. Breakfast). 64–66 Ebury Street, ✆ 020/72598570, 📠 020/72598591, www.bb-belgravia.com. Ⓤ Victoria. ‹‹‹

Base2Stay 30 → Karte S. 206/207, eine weitere Adresse für Reisende, die gerne jenseits von Plüsch und Kitsch nächtigen wollen. Trotz seiner 67 Zimmer zeichnet sich das erst kürzlich eröffnete Hotel durch seine private Atmosphäre aus. Obwohl kein Design-Hotel, gefällt das klassisch-moderne Interieur mit den dezenten Farben. Jedes Zimmer ist mit einem Flat-Screen und einer Miniküche (Mikrowelle, Teekocher, Spüle) ausgestattet. Im günstigsten Doppelzimmer muss man sich allerdings mit Stockbetten begnügen und das Einzelzimmer ist kaum größer als eine Besenkammer. Wenn möglich, sollte man auch kein Zimmer im Souterrain buchen. Kostenloses Internet. EZ ab £ 89, DZ £ 109–139, Superior und Deluxe £ 169 bzw. £ 199. 25 Courtfield Gardens, ✆ 020/72442255, 📠 020/72442256, www.base2stay.com. Ⓤ Earl's Court.

Windermere Hotel 12 → Karte S. 187, einladendes Hotel mit Restaurant und gepflegter viktorianischer Architektur. Saubere Zimmer, kostenloses WLAN. EZ ab £ 125, DZ £ 155–195 (inkl. English Breakfast). 142–144 Warwick Way, SW1V 4JE, ✆ 020/78345163, 📠 020/76308831, www.windermere-hotel.co.uk. Ⓤ Victoria.

››› Lesertipp: **Megaro** 2 → Karte S. 124/125, Ralf Bomhauer lobte die optimale Anbindung an die U-Bahn-Station "St Pancras/King's Cross", da sich unmittelbar vor dem Eingang zum Hotel ein Treppenabgang zur Tube befindet. „Die Zimmer sind nicht typisch englisch, dafür umso geschmackvoller. Achten sollte man aber auf ein Zimmer zur Seite, da sonst die Euston Road zu laut zu hören ist." Kostenloses WLAN. DZ £ 120–260. Belgrove Street, WC1 H8AB, ✆ 020/78342222. www.hotelmegaro.co.uk. Ⓤ St Pancras/King's Cross. «‹

Ambassadors Bloomsbury **10** → Karte S. 124/125, das 2007 eröffnete Hotel wurde mit viel Geschmack eingerichtet. Die Räumlichkeiten sind zeitlos modern gestaltet, so dass man sich hier auf Anhieb wohl fühlt. Kostenloses WLAN. Die Zimmerpreise (£ 139–239 zuzügl. VAT) sind vom Wochentag und der Ausstattung abhängig, Sommerangebote im Internet. 12 Upper Woburn Place, WC1H OHX, ✆ 020/76935400, ℻ 020/73889930, www.ambassadors.co.uk. Ⓤ Euston.

»› Mein Tipp: **The Hoxton** **11** → Karte S. 248/249, das im September 2006 im Stadtteil Hoxton eröffnete Hotel bietet 205 identische Zimmer zu (teilweise) Schnäppchenpreisen. Übernachten im Industriedesign mit Backsteinwänden und dennoch viel Komfort! Die für Londoner Verhältnisse sehr großzügigen Zimmer sind mit Flat Screen und edler Bettwäsche ausgestattet und im Bad gibt es Aveda-Produkte. Von den oberen Stockwerken hat man eine gute Aussicht, einige blicken in Richtung City. Kostenloses WLAN. Das Preissystem erinnert ein wenig an die Billigfluglinien: Manche Räume werden im Internet sogar für £ 1 verkauft, später kosten die Zimmer dann ab £ 59 bis hinauf zu £ 269 – je später man bucht, desto höher steigen die Preise (Übernachtung jeweils inkl. einem *Lite Pret breakfast*, das von Pret a manger geliefert wird). 81 Great Eastern Street, ✆ 020/75501000, ℻ 020/75501090, www.hoxtonhotels.com. Ⓤ Old Street. «‹

Mayflower Hotel **36** → Karte S. 206/207, die Gegend um Earl's Court war lange Zeit berüchtigt für ihre Billighotels, denen es an Komfort und Stil fehlte. Dieses unlängst renovierte Hotel hebt sich von diesem Image wohltuend ab. Es bietet insgesamt 48 individuelle Zimmer, die mit viel Liebe eingerichtet wurden. Dunkle Holztöne und orientalische und indische Antiquitäten sorgen für ein stimmungsvolle Atmosphäre. Komfortable Bäder! Ein Tipp: Zimmer 18 (£ 189) besitzt einen netten Balkon zur Straße. Bei schönem Wetter kann man sogar hinter dem Haus im Freien frühstücken. EZ ab £ 125 (etwas klein dimensioniert), DZ ab £ 139 (Preise inkl. Continental Breakfast). 26–28 Trebovir Road, SW5 9NJ, ✆ 020/73700991, ℻ 020/73700994, www.mayflowerhotel.co.uk. Ⓤ Earl's Court.

Twenty Nevern Square **35** → Karte S. 206/207, dieses Hotel gefällt ebenfalls durch seine ausgesuchten exotischen Holzmöbel aus Indonesien. Vom Komfort und Ambiente muss es in ganz London keinen Vergleich in dieser Preisklasse scheuen. Zum Zimmer 16 gehört eine wunderschöne Terrasse zum Innenhof, die Pasha Suite verfügt über einen Balkon zum Nevern Square. Einladender Frühstücksraum. DZ ab £ 130. 20 Nevern Square, SW5 9PD, ✆ 020/75659555, ℻ 020/75659444, www.20nevernsquare.com. Ⓤ Earl's Court.

Morgan Hotel **33** → Karte S. 124/125, das Hotel in einem Gebäude aus dem 18. Jahrhundert ist eine ideale Adresse für den wahren Kunstfreund: Das British Museum ist nicht einmal zwei Fußminuten entfernt. EZ £ 105, DZ ab £ 130 (Preise inkl. English Breakfast). 24 Bloomsbury Street, WC1 3QJ, ✆ 020/76363735, ℻ 020/76363045, www.morganhotel.co.uk. Ⓤ Tottenham Court Road.

Z Hotel **3** → Karte S. 187, die Quadratmeterpreise in London, sind bekanntlich utopisch teuer. Wer günstig wohnen will, muss sich beschränken können. Dies ist auch das Motto dieses 2012 unweit von Victoria Station eröffneten Designhotels. Die Zimmer sind je nach Kategorie nur 9–13 Quadratmeter groß (inkl. Dusche und WC!, die wiederum durch eine beschichtete Glaswand abgetrennt sind), doch sind sie gut ausgestattet und komfortabel (Klimaanlage, tolle Betten!), alle verfügen über einen 40-Zoll-Fernseher und kostenloses WLAN. Und wer eigentlich nur im Zimmer schlafen will, wählt die Kategorie „Z Inside", die kein Fenster besitzt und vom Flair an eine moderne Schiffskabine erinnern (wer ein Zimmer mit Fenster bucht, kann dieses sowieso nicht öffnen ...) Die Rezeption und ein kleines Café befinden sich im Erdgeschoss. DZ ab £ 75; Frühstück £ 8,50. Eine weitere Dependance gibt es in Soho. 5 Lower Belgrave Street, SW1W 0NR, ✆ 020/35513700. www.thezhotels.com. Ⓤ Victoria.

Tune Hotels, in London hat eine neue Hotelbilligkette eröffnet, wobei sich der güns-

Preislich kaum mehr zu unterbieten …

tige Preis nicht nur durch die geringe Zimmergröße (9–11 Quadratmeter) rechtfertigt, zudem muss man Handtücher, Frühstück, Haartrockner, WLAN, Fernsehen, Aircondition, Room Cleaning etc. bei Bedarf zusätzlich buchen. Achtung: Die günstigsten Zimmer haben kein Fenster. Standorte: Liverpool Street, Paddington, Kings Cross, und Westminster. DZ je nach Typ und Reisezeit ab £ 49. www.tunehotels.com.

Ibis Euston **5** → Karte S. 124/125, sicherlich kein kleines, charmantes Hotel, dafür ist angesichts der mehr als 370 Zimmer die Wahrscheinlichkeit hoch, auch an Ostern oder Pfingsten kurzfristig ein Zimmer zu bekommen. Die Einrichtung ist modern und funktional. WLAN im Zimmer kostenpflichtig Das Frühstücksbuffet mit Kantinenflair bietet eine vergleichsweise große Auswahl für £ 6.95 und zur Tubestation Euston sind es nur zwei Fußminuten. Gegen Gebühr kann man sein Fahrzeug in der hoteleigenen Tiefgarage abstellen (£ 30 für einen ganzen Tag). DZ ab £ 79 (je nach Wochentag) bei Buchung im Internet. 3 Cardington Street, NW1 2LW, ☎ 020/73887777, 📠 020/73880001, www.ibishotel.com. Ⓤ Euston.

Hampstead Village Guesthouse **5** → Karte S. 147, liebevoll exzentrisch eingerichtete Herberge mit nur sechs Zimmern in einem viktorianischen Stadthaus. Nur Nichtraucherzimmer, familienfreundlich (Babysitter-Service). EZ £ 60–80, DZ £ 90–100, wobei man bei den günstigen Preisen kein eigenes Bad/WC hat. Das English Breakfast (£ 8) wird im Sommer im Garten serviert. 2 Kemplay Road, NW3 1SY, ☎ 020/74358679, 📠 020/77940254, www.hampsteadguesthouse.com. Ⓤ Hampstead.

Travelodge London City Road **1** → Karte S. 98/99, Travelodge zählt zu den attraktivsten der zahlreichen günstigen Kettenhotels und ist mit rund 15 Standorten in London vertreten. Die Preise sind hauptsächlich davon abhängig, wie früh man bucht (bis zu zwölf Monate im Voraus ist dies im Internet möglich, am Anfang lassen sich leicht Schnäppchen manchen, später steigen die Preise auf bis zu £ 129). Dieses am südlichen Rand von Shoreditch gelegene Hotel wurde 2007 eröffnet und gefällt wegen seiner zentralen Lage. Moderne Nichtraucherzimmer mit LCD-Fernseher. Wer nach einem Zimmer zum Innenhof fragt, schläft vollkommen ruhig. Einziger Nachteil: Es gibt keinen Gepäckaufbewahrungsraum. Frühstücken kann man für £ 7.50 im zugehörigen Café. DZ £ 39–129. 1–23 City Road, EC1Y 1AG, ☎ 0871/9846333, 📠 020/76282503, www.travelodge.co.uk. Ⓤ Moorgate oder Old Street.

Gate Hotel **21** → Karte S. 221, kleine, geschmackvolle Unterkunft in Notting Hill mit nur sieben Zimmern. Ein Tipp für all jene, die der mittlerweile berühmten Portobello Road mit ihren zahlreichen Trödlern und Antiquitätengeschäften ganz nahe sein wollen. EZ £ 60–70, DZ £ 85–105 (inkl. Continental Breakfast), wobei die günstigeren Zimmer recht klein sind. Preise je nach Wochentag und Reisezeit, 5 % Zuschlag bei Kreditkarten-Zahlung. 6 Portobello Road, W11 3DG, ☎ 020/72210707, 📠 020/72219128, www.gatehotel.co.uk. Ⓤ Notting Hill Gate.

Harlingford Hotel **12** → Karte S. 124/125, schmuckes georgianisches Haus (kein Aufzug) mit 43 Zimmern im Herzen von Bloomsbury. Ein Hotel in ruhiger Lage, mit

Flair und familiärer Atmosphäre, die Zimmer gefallen mit ihren modernen renovierten Bädern bzw. Duschen. Wunderschöner Frühstücksraum. EZ £ 86–99, DZ £ 120–140 (inkl. English Breakfast). 61–63 Cartwright Gardens, WC1 9EL, ✆ 020/73871551, ✆ 020/73874616, www.harlingfordhotel.com. Ⓤ Russel Square.

Celtic **19** → Karte S. 124/125, kleines, passables Hotel unweit des British Museum. EZ ab £ 78, DZ je nach Ausstattung £ 85–100 (inkl. English Breakfast). 62 Guilford Street, WC1N, ✆ 020/78376737. www.celtichotel.com. Ⓤ Russel Square.

»» **Mein Tipp:** **Lime Tree Hotel** **4** → Karte S. 187, familiäres Hotel in einem georgianischen Townhouse, nur fünf Fußminuten von der Victoria Station entfernt. Geschmackvoll eingerichtete Zimmer mit Flair und einem ausgezeichneten Preis-Leistungs-Verhältnis. Nett ist der kleine Garten hinter dem Haus. Kostenloses WLAN. EZ £ ab 99, DZ £ 150–1675 (inkl. English Breakfast). 135/137 Ebury Street, SW1W 9QU, ✆ 020/77308191, www.limetreehotel.co.uk. Ⓤ Victoria. ««

Blue Bells **22** → Karte S. 221, hinter einer roten Tür verbirgt sich ein kleines, angenehmes Hotel mit günstigen Zimmern, das nur wenige Fußminuten von der beliebten Portobello Road entfernt ist. WLAN in der Lounge. EZ £ 57–65, DZ £ 87–99 (inkl. Frühstück). 14 Pembridge Square, W2 4 EH, ✆ 020/77276666, ✆ 020/72257555, www.hotelbluebells.com. Ⓤ Notting Hill Gate.

Garden Court Hotel **7** → Karte S. 221, sehr ordentlich geführtes Hotel – seit 1954 in Familienbesitz – unweit des Portobello Market sowie des Hyde Park. Großzügig und recht heimelig ist das Zimmer 502, direkt unter dem Dach. WLAN. EZ £ 50–79, DZ £ 80–135 (jeweils inkl. Buffet Breakfast, die billigen Zimmer sind mit Gemeinschaftsdusche). Gutes Preis-Leistungs-Verhältnis. 30–31 Kensington Gardens Square, WC2 4BG, ✆ 020/72292553, ✆ 020/77272749, www.gardencourthotel.co.uk. Ⓤ Bayswater.

Lord Jim Hotel **37** → Karte S. 206/207, günstiges, aber ordentlich geführtes Hotel. Die Zimmer, vor allem die Einzelzimmer, sind allerdings sehr klein. In der gleichen Straße finden sich fünf weitere Hotels mit ähnlichen Preisen. WLAN. EZ je nach Ausstattung ab £ 75, DZ ab £ 85 (jeweils inkl. Continental Breakfast). Die billigsten Zimmer sind ohne Toilette, Internetangebote beachten. 23, 25 Penywern Road, SW5 9TT, ✆ 020/73706071, ✆ 020/73708919, www.lordjimhotellondon.co.uk. Ⓤ Earl's Court.

»» **Lesertipp:** **Caring Hotel** **1** → Karte S. 206/207, das kleine Hotel ist ein Lesertipp von Ulrike Reck-Obert: „Ein günstiges Hotel mit Frühstück, wo man wirklich alles kriegt, was man braucht. Zwar sind die Zimmer winzig, aber blitzsauber und in gutem Zustand, der Service ist super freundlich, das Frühstück lecker und die Lage sehr zentral." Kein Aufzug. Die Preise für ein Zimmer variieren je nach Saison und Ausstattung, EZ £ 59–74, DZ £ 65–99 (inkl. Continental Breakfast). Es gibt auch Family Rooms. Kostenloses WLAN. 24 Craven Hill Gardens, Leinster Terrace, ✆ 020/72628708, ✆ 020/72628590, www.caringhotel.com. Ⓤ Bayswater oder Paddington. ««

Merlyn Court Hotel **34** → Karte S. 206/207, zentral und ordentlich geführtes Hotel in einer ruhigen Seitenstraße. EZ £ 45–85, DZ £ 75–100 (jeweils inkl. einfachem Frühstück, die billigen Zimmer mit Gemeinschaftsdusche). Schön ist das Zimmer 8 für 4 Personen mit Balkon. 2 Barkston Gardens, ✆ 020/73701640, ✆ 020/73704986, www.merlyncourthotel.com. Ⓤ Earl's Court.

Luna-Simone Hotel **11** → Karte S. 187, das kleine, seit zwei Generationen von einer Familie geführte Hotel (von Lesern gelobt) gefällt nicht nur durch seinen modernen, in hellblauen Tönen gehaltenen Frühstücksraum. Auch ein Internetanschluss steht zur Verfügung. Sehr freundlicher Empfang, die Zimmer sind meist klein, aber sehr ordentlich, vor allem die Bäder. Bushaltestelle direkt vor der Haustür. Je nach Saison EZ ab £ 65, DZ ab £ 100, jeweils inkl. English Breakfast. 47–49 Belgrave Road, SW1V 2BB, ✆ 020/78345897, ✆ 020/78282474, www.lunasimonehotel.com. Ⓤ Victoria.

County Hotel **11** → Karte S. 124/125, das Low-Budget-Hotel befindet sich im nördlichen Teil von Bloomsbury, mit über 175 Zimmern ist es allerdings recht unpersönlich, ohne großen Charme und etwas abgewohnt. Die für Londoner Verhältnisse relativ günstigen Zimmer verfügen nur über ein Waschbecken, jeweils vier Zimmer teilen sich einen Bathroom mit zwei Duschen und drei Toiletten. EZ £ 49, DZ £ 62 (inkl. English Breakfast). Upper Wobum Place, WC1H 0JW, ✆ 020/73875544, www.imperialhotels.co.uk. Ⓤ Euston.

easyHotel 23 → Karte S. 206/207, um Londons Bedarf an billigen Übernachtungsmöglichkeiten zu decken, nimmt dieses 2005 eröffnete Hotel eine Vorreiterrolle ein. Die im minimalistischen Design errichteten Zimmerboxen (3 x 3,5 Meter, fast alle ohne Fenster) bestehen aus Fiberglas und präsentieren sich in orangefarbenen Tönen. Sehr beengte Raumverhältnisse, es gibt kaum Platz, um einen Koffer abzustellen. Dusche und WC sind vorhanden, TV, Frühstück oder Bettenmachen während des Aufenthaltes kosten extra. Frühentschlossene können ein Zimmer ab £ 35 im Internet buchen, später steigert sich der Preis auf £ 55, die letzten Zimmer gehen dann für £ 80 weg. Die günstigsten Zimmer haben allerdings kein Fenster. 14 Lexham Gardens, W85JE, www.easyhotel.com. Ⓤ Earl's Court.

Bed & Breakfast (B&B)

Das Kürzel B&B steht für die Übernachtung bei einer Familie, die ein oder mehrere Zimmer an Gäste vermietet und morgens ein Frühstück serviert. Ganz ungezwungen ergeben sich so Kontakte zu den Gastgebern und Einblicke in den britischen Alltag. Die günstigsten Angebote haben manchmal den Nachteil, dass sie etwas dezentral in den Londoner Vororten liegen.

Zimmer in Privathäusern, die je nach Lage und Ausstattung zwischen £ 30 und £ 70 pro Nacht und Person kosten (Mindestaufenthalt drei Nächte), vermittelt **London Homestead Services**: ✆/℻ 020/72865115. www.lhslondon.co.uk; ähnliches Angebot bei **The London Bed & Breakfast Agency**, 71 Fellows Road, ✆ 020/75862768. www.londonbb.com.

Lesbian & Gay Accommodation Outlet, Zimmervermittlung für Schwule und Lesben. 32 Old Crompton Street, W1, ✆ 020/72874244, ℻ 020/77347217, www.outlet.co.uk.

Bed & Breakfast, sehr schöne Privatzimmer vermittelt die deutsche Agentur Bed & Breakfast ab 42 € pro Person. ✆ 06251/702822, ℻ 06251/702875, info@bed-breakfast.de, www.bed-breakfast.de.

Weitere Möglichkeiten im Internet: www.privatehomes.co.uk oder www.travelstay.com.

Apartments und Ferienwohnungen

Ein möbliertes Apartment oder eine zweckmäßig eingerichtete Ferienwohnung ist eine attraktive Alternative für Besucher, die längere Zeit in London bleiben und sich gelegentlich auch selbst versorgen wollen. Leider muss man damit rechnen, dass die günstigen Apartments (£ 250 pro Woche) zumeist nur recht dürftig ausgestattet sind. Es empfiehlt sich, auf eine gute Verkehrsanbindung zu achten. Apartments vermitteln bzw. vermieten:

Vancouver Studios 20 → Karte S. 221, im Stadtteil Bayswater unweit von Notting Hill gelegen. Hier werden gut ausgestattete Studios und Apartments vermietet. WLAN. Als EZ £ 97, als DZ £ 140–165 pro Nacht. 30 Prince's Square, W2 4NJ, ✆ 020/72431270. www.vancouverstudios.co.uk.

www.ebab.de, unter dieser Internetadresse findet man unkompliziert Zimmer und Apartments in London. Mit Preisen zwischen umgerechnet 50 und 100 € pro Nacht für eine oder zwei Personen ist dieses Angebot sehr günstig. Eine genaue Beschreibung sowie Bilder finden sich im Internet. Hinweis: In erster Linie richtet sich das Angebot an schwule oder lesbische Reisende, allerdings werden auch Heteros gerne als Gäste akzeptiert.

Apartment Services, Vermittlung nur über das Internet. 2 Sandwich Street, WC1H 9 PL, ✆ 020/73883558, ℻ 020/73837255, www.touristapartments.com.

Daueraufenthalte

Wer aus beruflichen Gründen längere Zeit in London bleiben will, kann entweder die Anzeigen in der täglich erscheinenden Zeitung LOOT www.loot.com) studieren oder im Time Out-Magazin nach Zimmern oder Wohnungen suchen. Allerdings muss man für ein Zimmer je nach Lage und Ausstattung mit mindestens £ 400 pro Monat rechnen. Lohnend ist es auch, im Internet auf Zimmersuche zu gehen:

www.wg-london.com, www.letonthenet.com, www.housing.lon.ac.uk, www.outlet.co.uk, www.langzeitunterkunft-london.de.

Jugendhotels und -herbergen

In London gibt es mittlerweile sieben Jugendherbergen (*Youth Hostel Association*), die aber im Sommer schon Monate im Voraus ausgebucht sind. Dennoch werden oft ein paar Betten für Kurzentschlossene freigehalten. Daher ist es auf jeden Fall einen Versuch wert, bei der Herberge anzurufen oder frühmorgens persönlich vorbeizuschauen. Grundsätzlich sollte man die Reservierung drei Monate vor seinem Londonbesuch vornehmen. Wer eine Kreditkarte besitzt, kann auch telefonisch buchen. Ansonsten schreibt man dem „Warden“ der entsprechenden Jugendherberge. Seit einiger Zeit gibt es einen *zentralen Telefonservice* (für alle YHA-Jugendherbergen in London), über den man ein Bett reservieren oder sich informieren kann: ✆ 020/73733400, 020/73733455. www.yha.org.uk Als günstige Alternative zur Jugendherberge bieten sich Jugendhotels sowie während der Semesterferien die Studentenherbergen an. Wer keinen Jugendherbergsausweis besitzt, muss mit einem Preisaufschlag rechnen. Die Preise bewegen sich bei rund £ 20 im Schlafraum, im DZ bei rund £ 30 Pfund pro Person (jeweils inkl. Frühstück).

Jugendherbergen

››› Mein Tipp: **London Central** **1** → Karte S. 153, die erst 2008 eröffnete Herberge am Rand von Marylebone liegt, wie der Name schon andeutet, zentral unweit des Regent's Park. In der modernen und gut ausgestatteten Herberge ist Platz für 294 Gäste. Attraktiv sind auch der Loungebereich und die Coffeebar. Ganzjährig geöffnet, keine Sperrzeiten. WLAN. 104–108 Bolsover Street, W1W 5LP, ✆ 0845/3719154. Ⓤ Oxford Street. ‹‹‹

Holland Park **7** → Karte S. 206/207, das Holland House ist vielleicht die am schönsten gelegene und sauberste Herberge Londons. Sie befindet sich im Holland Park, umgeben von viel Grün. Das jakobinische Haus mit seiner eigenartig geschwungenen Giebelfront ist selbst schon einen Besuch wert. Mit 200 Betten allerdings recht anonym; eine Gemeinschaftsküche steht zur Verfügung. Ganzjährig geöffnet, keine Sperrstunde. WLAN. (King Georg VI. Memorial YH) Holland Walk, Kensington, W8 7QN, ✆ 0845/3719122. Ⓤ Holland Park oder High Street Kensington.

Earl's Court **39** → Karte S. 206/207, altes Stadthaus mit Flair (2006 renoviert), mitten in einem Wohngebiet gelegen. Große Gemeinschaftsküche, über 180 Betten, von denen meistens zehn in einem Zimmer stehen. Ganzjährig geöffnet, ebenfalls keine Sperrstunde. WLAN. 38 Bolton Gardens, SW5 0AQ, ✆ 0845/3719114. Ⓤ Earl's Court (von der U-Bahnhaltestelle – Ausgang Earl's Court – rechts, dann die fünfte Straße links).

London St Paul's **7** → Karte S. 98/99, der alte Schlafsaal der Sängerknaben von St Paul's wurde in den letzten Jahren von Grund auf renoviert. Extras: Kantine, Geldwechsel und Theater-Ticket-Verkauf. WLAN. 36 Carter Lane, EC4V 5AB, ✆ 0870/7705764, 0845/3719012. Ⓤ Blackfriars oder St Paul's, Carter Lane.

Thameside, eine der neueren Jugendherbergen von London im modernen Design (Glas-Stahl-Konstruktion). Zwei bis sechs Betten pro Zimmer, die absolut sauber sind. Gute Ausstattung, Restaurant und Bar im Haus. Ganzjährig geöffnet, keine Sperrstunde. WLAN. Island Yard, 20 Salter Road, SE16 5PR, ✆ 0845/3719756. Ⓤ Rotherhithe (von der U-Bahnstation die Brunel Road 15 Minuten hinunter, bis sie zur Salter Road wird, dann auf der linken Seite).

Oxford Street **6** → Karte S. 162/163, verkehrstechnisch günstig mitten in London gelegen. Knapp 90 Betten in Zwei- bis Vierbettzimmern. Keine Küche. Ganzjährig geöffnet, keine Sperrstunde. WLAN. 14–18 Noel Street, W1F 8GJ, ✆ 0845/3719133. Ⓤ Oxford Circus (von der U-Bahnstation in östliche Richtung auf die Oxford Street, dann rechts in die Poland Street).

St Pancras **3** → Karte S. 124/125, St Pancras ist eine der teuersten und zentralsten Jugendherbergen mit 153 Betten (in 2- bis 6-Bettzimmern). Dafür sind alle Zimmer mit Bad oder Dusche ausgestattet. Direkt gegenüber der neuen British Library. WLAN. 79–81 Euston Road, NW1 2QS, ✆ 0845/3719344. Ⓤ King's Cross.

Jugendhotels und Private Hostels

The Generator **9** → Karte S. 124/125, eine trendige Alternative zur Jugendherberge in absolut zentraler Lage in Bloomsbury. In dem versteckt in einem Hinterhof gelegenen Jugendhotel mit Industriedesign trifft sich ein internationales Publikum zwischen 18 und 35 Jahren. Insgesamt 837 (!) Betten stehen in Schlafräumen sowie als DZ zur Verfügung – also nichts für Ruhebedürftige. Duschen und Toiletten gibt es in ausreichender Zahl auf den jeweiligen Stockwerken. Es gibt mehrere Gemeinschaftsräume, eine bis 2 Uhr geöffnete Bar sowie einen Internet Room. WLAN. Die Übernachtungspreise beginnen ab £ 15 pro Person (Schlafsaal), im DZ für ab £ 20 pro Person, jeweils inkl. Continental Breakfast. 37 Tavistock Place, WC1H 9SE, ✆ 020/73887666, ℻ 020/73887644, www.generatorhostels.com. Ⓤ Russel Square.

››› Mein Tipp: **Clink 78** **4** → Karte S. 124/125, das ehemalige Gefängnis, das 2007 in ein modernes Jugendhotel verwandelt wurde, bietet viel Flair und 300 Betten in unterschiedlich dimensionierten Räumlichkeiten, teilweise in den alten Zellen. Zum Fernsehen trifft man sich im einstigen Gerichtssaal. Vorzüge: Zentrale Lage, schöne Gemeinschaftsräume, kostenlose Gepäckaufbewahrung. WLAN. Die Übernachtungspreise beginnen ab £ 10 pro Person (Schlafsaal), im DZ £ 20–25 pro Person und Ausstattung, jeweils inkl. Continental Breakfast. 78 King's Cross Road, WC1X 9QG, ✆ 020/71839400, ℻ 020/77130735, www.clinkhostels.com. Ⓤ King's Cross. ‹‹‹

Clink 261 **1** → Karte S. 124/125, ein weiteres angenehmes Backpackerhostel am Nordrand von Bloomsbury. Nette Lobby, deutlich kleiner als das Generator, dafür mit lockerer Traveller-Atmosphäre. WLAN in der Lobby. Übernachtung im Schlafsaal ab £ 9, im DZ ab £ 25, im EZ ab £ 40 (jeweils inkl. Buffet Breakfast), Handtuch £ 1. 261–265 Grays Inn Road, WC1X 8QT, ✆ 020/78339400, ℻ 020/78339677, www.ashleehouse.co.uk. Ⓤ King's Cross.

Piccadilly Backpackers **51** → Karte S. 162/163, ein beliebtes Backpackershostel inmitten von Soho. Bei rund 700 Betten kommt so schnell keine Langeweile auf. Die Übernachtungspreise in dem modernen Taubenschlag sind stark von der Zimmergröße abhängig. Internet ab £ 1 pro Stunde, Gemeinschaftsraum mit TV. Im Schlafsaal ab £ 12, im DZ £ 34 pro Person, EZ £ 46. 12 Sherwood Street, ✆ 020/74349009, ℻ 020/74349010, www.piccadillybackpackers.com. Ⓤ Piccadilly.

Astor's Museum Inn **24** → Karte S. 124/125, zentrale Lage, in einem georgianischen Haus in Bloomsbury in unmittelbarer Nähe des British Museum. Einfache Schlafräume, die gewöhnlich von Reisenden aus aller Herren Länder bewohnt werden. Die Rezeption ist 24 Stunden am Tag geöffnet. Achtung: Nur für Gäste unter 30 Jahre! WLAN. B&B je nach Zimmergröße £ 18–35, im Winter wochenweise günstiger. 27 Montague Street, WC1, ✆ 020/75805360, ℻ 020/76367948. www.astorhostels.co.uk. Ⓤ Holborn oder Russell Square.

Palmers Lodge **6** → Karte S. 147, das nordwestlich des Regent's Park gelegene Hostel ist in einem viktorianischen Bau untergebracht. Angenehmes Hostel mit gemischten Schlafräumen für Paare. Kostenloses WLAN. Die Preise variieren je nach

Eine kurze Pause in der Old Bond Street

Zimmergröße und Ausstattung von £ 18 bis £ 38 pro Person, am Wochenende £ 2 teurer (inkl. Continental Breakfast). 40 College Crescent, NW3 5LB, ✆ 020/74838470, 📠 020/74838471, www.palmerslodge.co.uk. Ⓤ Swiss Cottage.

Camping

Eine andere preiswerte Übernachtungsmöglichkeit stellen die etwa 30 Campingplätze dar, die es in einem Radius von 50 Kilometern um London gibt. Eine detaillierte Aufstellung ist beim *London Tourist Board* erhältlich. Kommt man in London an, sollte man zunächst telefonisch erfragen, ob der Zeltplatz noch Kapazitäten frei hat. Diese beiden Campingplätze liegen in der näheren Umgebung von London:

Crystal Palace, ganzjährig geöffneter Campingplatz südlich der City. British Rail ab Victoria Station nach Crystal Palace oder Bus 3 ab Piccadilly. Ein Zelt inkl. zwei Personen ab £ 15. Crystal Palace Parade, London SE19 1 UF, ✆ 020/87787155, www.caravanclub.co.uk.

Lee Valley Campsite, ein großer Zeltplatz rund 20 km nördlich der City, aber dafür auch sehr preiswert. Insgesamt 200 Stellplätze, Shop und Duschmöglichkeiten sind vorhanden, geöffnet April bis Oktober. Ein Zelt inkl. zwei Personen ab £ 15, Einzelreisende ohne Auto zahlen die Hälfte. Sewardstone Road, Chingford, E4 7RA, ✆ 020/85295689, www.leevalleypark.org.uk. Ⓤ Walthamstow, dann Bus 215.

Der ultimative Übernachtungstipp für England: Private Vermieter öffnen Ihren Garten und lassen Gäste gegen eine geringe Gebühr (rund 10 Pfund) im Garten ihres Hauses zelten. www.campinmygarden.com.

Essen und Trinken

Der Gemeinplatz, ein Franzose lebe, um zu essen, und ein Engländer esse, um zu leben, lässt sich heute nicht mehr so leicht aufrechterhalten. London hat sich längst vom kulinarischen Entwicklungsland zum gastronomischen Trendsetter gemausert. Dass sich die Zeiten geändert haben, erkennt man auch daran, dass inzwischen nicht etwa Fish & Chips, sondern Chicken Tikka Massala das Lieblingsgericht der Engländer ist.

London – eine kulinarische Besonderheit in Europa. Wer die Hauptstadt Englands besucht, sollte ruhig etwas mehr Geld für das Essen einplanen – so eine Auswahl bekommt man nicht jeden Tag geboten. Die Palette an Restaurants reicht von der *fernöstlichen* über die *karibische* und *indische* bis zur *afrikanischen Küche*. Überall warten exotische Genüsse, die für viele Besucher ein neues Erlebnis sind. Ganz oben auf der Beliebtheitsskala stehen die indischen Restaurants, von denen es derzeit in London mehr als 1200 gibt. Hinzu kommen zahlreiche Restaurantketten wie *Wagamama*, *Ask*, *Café Flo*, *Giraffe*, *Spaghetti House*, *Itsu* oder *Pizza Express*. Für den schnellen Hunger zwischendurch deckt man sich in einer der bekannten Sandwichbars wie beispielsweise *Pret-a-manger*, *EAT.* oder *Benjy's* mit frisch zubereiteten Häppchen ein – das ganze täglich frisch, denn was am Abend nicht verkauft ist, wird an Suppenküchen und Obdachlose verschenkt. Wer sparen will, bestellt „take-away", denn dann wird auf die kalten Speisen keine Mehrwertsteuer erhoben und überprüft wird es sowieso nicht.

Selbstversorger finden zudem leckere Häppchen und exotische Delikatessen bei *Marks & Spencer Simply Food* oder einem anderen Foodstore. Wer Lust auf einen Café verspürt, findet an fast jeder Londoner Straßenecke eine der allgegenwärtigen Coffeeshops wie *Starbucks*, *Coffee Republic*, *Costa* oder *Caffè Nero*.

Modern British

„The same procedure as every year, James", instruiert die greise Miss Sophie ihren Butler zum x-ten Mal in „Dinner for one". Getreu diesem Motto wurde in britischen Restaurants jahraus, jahrein aufgetischt, was sich schon seit langer Zeit bewährt hatte. Wer einmal die Vokabeln „kidney pie", „sausage", „cod", „chips", „cabbage" und „peas" gelernt hatte, stieß bei der Lektüre der Speisekarte vor Ort auf keinerlei Schwierigkeiten. Doch seit einiger Zeit wird in London die altehrwürdige englische Küche mehr und mehr von der so genannten „Modern British Cuisine" verdrängt. Was aber verbirgt sich hinter diesem Schlemmertrend?

Erfrischende Obstsalate, zartes Fleisch und knackiges Gemüse hatten in der englischen Küche nichts zu suchen. „Fish 'n' Chips" waren der Ausdruck britischer Esskultur. Seit den späten 1960er Jahren entwickelte sich jedoch eine Konkurrenz zu fettigem Heilbutt und Pommes mit Essig, denn zahlreiche Commonwealth-Mitbürger ließen sich im Mutterland nieder und führten dort ihre Traditionen und Kochkünste weiter. Afrikanische, fern- und nahöstliche Restaurants öffneten überall in der Hauptstadt ihre Pforten. Tandooris und Taj Mahals boomten, was dazu führte, dass London sich in dem Ruf sonnen durfte, die beste und authentischste indische Küche außerhalb von Indien zu besitzen. Pikante Currygerichte mit Geflügel, Hack- und Rindfleisch sowie eine riesige Auswahl an feurigen Saucen, bunten Salaten und milden Joghurt-Dressings lockten Gäste aus Nah und Fern. Gewohnt gelassen reagierten alteingesessene Londoner Gastronomen auf diese Herausforderung mit Plumpudding, gekochten Erbsen und vor Fett triefenden Gammon Steaks. Die erhoffte Kundschaft aber blieb nun aus.

Innerhalb weniger Jahre veränderte sich die gesamte Gastroszene und auch in den traditionellen Lokalen wird seither Neues ausprobiert. Damit auch Laien auf diese Entwicklung aufmerksam werden, nennt man den jüngsten Gourmet-Trend „Modern British". Haute Cuisine und die abwechslungsreiche Küche der entlegensten Länder werden dabei zu einem multikulinarischen Gaumenschmaus vermengt. Oberstes Gebot ist die hohe Qualität der Zutaten. Möhren, Tomaten, Bohnen, Paprika, Auberginen und Spargel werden deshalb täglich frisch von den Londoner und Pariser Märkten besorgt. Vitamine sind mittlerweile auch auf der Insel begehrt. Wo die Zutaten früher geduldig zerkocht wurden, wird heute blanchiert, mariniert und gedünstet. Ebenso bekommt der Geschmack plötzlich einen ungewohnt hohen Stellenwert. In den Gewürzregalen, wo jahrzehntelang Salz- und Pfefferstreuer vereinsamten, stehen nun Dutzende von Gläsern mit Aufschriften wie Kurkuma, Nelken, Koriander und Safran. Ende des 20. Jahrhunderts feierte die britische Kochbegeisterung ihren Siegeszug durch sämtliche Medien. Und *Jamie Oliver*, Englands bekanntester Fernsehkoch, hat sich auch bei uns als Markenzeichen für einfallsreiche Küchenfreuden etabliert.

Ein Blick auf das Ambiente der Modern-British-Restaurants zeigt weitere Veränderungen: Man speist im puristischen Designerdekor. Eine Vorreiterrolle spielte Sir Terence Conran, der für seine Verdienste um den britischen Geschmack zum Ritter geschlagen wurde. Zum Conran-Imperium gehören mehr als ein Dutzend Restaurants, darunter das Bibendum in Kensington oder das Bluebird in Chelsea. Der Bruch mit den Konventionen offenbart sich nicht nur im Ambiente, sondern auch in der bunt zusammengewürfelten Kundschaft. Restaurants der gehobenen Klasse sind in London nicht länger gleichbedeutend mit Krawattenzwang. Aus den Lautsprechern ertönt klassische Klavier- oder Jazzmusik. Jedes Restaurant bemüht sich um eine eigene, individuelle Note.

Leckere Imbissstände im Leadenhall Market

Hier noch einige allgemeine Anmerkungen: An der Eingangstür jedes Restaurants hängt eine Speisekarte. Darauf sind die aktuellen Preise inklusive Mehrwertsteuer (VAT) verzeichnet. In manchen Lokalen wird automatisch zu den angegebenen Preisen eine *Service Charge* von 10 bis 15 % hinzugerechnet.

Ist dies nicht der Fall, erwartet das Personal ein **Trinkgeld** („*Tip*") von gleicher Höhe. Andere wiederum berechnen eine *Cover Charge* von £ 1 oder £ 2, man bezahlt also für Tischdecke, Brot, Butter, usw. Wichtig zu wissen ist, dass es Restaurants gibt, die keine Lizenz für alkoholische Getränke besitzen. Für Kontinentaleuropäer kurios sind die BYO-Gaststätten (BYO für *bring your own bottles*), in die man seine Getränke selbst mitbringen darf, da sie keine Lizenz zum Alkoholausschank haben. In beliebten Restaurants ist es ratsam, sich rechtzeitig einen Tisch für den Abend reservieren zu lassen.

Es gibt keine andere Stadt in Europa, in der **Restaurantketten** so stark verbreitet sind wie in London. Die Rede ist hier allerdings nicht von *McDonald's*, *Burger King* oder *Kentucky Fried Chicken*, sondern von Unternehmen, die sich der japanischen, indischen oder italienischen Küche verschrieben haben und mit einem oft sehr ansprechenden gastronomischen Konzept um Gäste werben. Manchmal verbergen sich hinter den blumigen Namen internationale Finanzinvestoren, manchmal sind es nur Familienunternehmen, die im Laufe der Jahre mehrere Filialen eröffnet haben. Ein kurzer Überblick über die beliebtesten Restaurantketten und ihre Angebote:

Wagamama, japanische Nudelbar im modernen Ambiente, www.wagamama.com.

Yo! Sushi, Suhsi auf dem Förderband, www.yosushi.com.

Kulu Kulu, ebenfalls Suhshi auf dem Förderband.

Itsu, orientalische Küche mit Sushi, www.itsu.com.

Giraffe, Worldfood von Burger bis Curry, www.giraffe.net.

Carluccio's, authentische italienische Küche mit Feinkost, www.carluccios.com.

Nando's, portugiesische Grillhähnchen, www.nandos.co.uk.

Thai Square, anspruchsvolle Thaiküche, www.thaisq.com.

Zizzi, eine beliebte italienische Kette, www.zizzi.co.uk.

Sofra, türkische Spezialitäten, www.sofra.co.uk.

Brasserie Blanc, anspruchsvolle französische Küche, www.brasserieblanc.com.

The Real Greek, Souflaki & Co., www.therealgreek.com.

Pizza Express, günstige Pizzeria, www.pizzaexpress.co.uk.

Pubs

Die Public Houses (Pubs) sind Treffpunkte für Jung und Alt, eine Art zweites Zuhause. Sage und schreibe über 5000 Pubs gibt es heute in der Themsemetropole, darunter äußerst vornehme in Chelsea oder welche mit echter Arbeiteratmosphäre im East End.

In manchen Pubs treten die Klassenunterschiede noch deutlich sichtbar hervor – an der Public Bar trinken die einfacheren Leute ihr Bier, die bessere bis vornehme Kundschaft sitzt in der Saloon Bar auf Plüschsofas. Pubs sind eine Lebenseinstellung und mit kontinentalen Kneipen, Bistros oder italienischen Bars keinesfalls vergleichbar. Normalerweise bestellt man sein Bier an der Bar, bekommt sein 1/2 Pint oder 1 Pint (ausgesprochen: Paint) gezapftes Bier (Draught Beer) und muss gleich bezahlen. Trinkgeld zu geben ist nicht üblich.

Die starren Öffnungszeiten, die durch uralte Gesetze geregelt waren, sind im November 2005 endlich gelockert worden. Seither gehört in den meisten Pubs das allabendliche Glockenläuten „Last orders, please!" der Vergangenheit an. Die Neuregelung gilt allerdings nur für jene Londoner Pubs, die eine so genannte 24-Stunden-Lizenz bekommen. Alle anderen behalten die gewohnten Öffnungszeiten bei und sind werktags zumeist von 11 bis 23 Uhr sowie sonntags von 12 bis 15 Uhr und von 19 bis 23 Uhr geöffnet. Noch ein Hinweis: Kinder sind in Pubs nicht gern gesehen, teilweise bleibt dem Nachwuchs der Zutritt verwehrt.

Im Covent Garden wird Paella zubereitet

Restaurant- und Ausgehtipps für jeden Geschmack

Eine Runde Tretbootfahren im Hyde Park

Freizeit und Sport

Es gibt zahlreiche Möglichkeiten, sich sportlich in London zu betätigen. Angefangen vom Joggen durch den Battersea Park bis hin zum Skaten durch den Hyde Park. Und wem das Ganze zu anstrengend ist, der kann ein Footballspiel der Premier League besuchen.

Vielfältige Informationen zum Thema Sport erhält man bei *Sportsline* unter der Rufnummer 020/72228000.

Schwimmen und Fitness

Oasis Sports Centre, Fitnessclub mit beheiztem Freibad (27,5 m) sowie Hallenbad in der Nähe des Covent Garden. 3 Squash Courts. Eintritt ab £ 3.50. 32 Endell Street, WC2, ✆ 020/78311804. Ⓤ Covent Garden oder Holborn.

Highbury, Hallenbad mit 25-Meter-Becken. Eintritt ab £ 4.40. Highbury Cresent, N5, ✆ 020/72264186. Ⓤ Highbury.

Serpentine Lido, das Freibad im Serpentine Lake des Hyde Park ist von Anfang Juni bis 10. September geöffnet (10–18 Uhr). Eintritt £ 4, erm. £ 3. ✆ 020/72982100. www.serpentinelido.com. Ⓤ Hyde Park Corner, Marble Arch und Knightsbridge.

Parliament Hill Lido, unlängst renoviertes Freibad mit einem 60-Meter-Edelstahlbecken (unbeheizt). Von Mai bis Ende Sept. 7–9 und 10–18 Uhr, im Winter 7–12.30 Uhr. Eintritt £ 5.50, erm. £ 3.50. NW3, ✆ 020/74853873. Ⓤ Hampstead.

Hampstead Heath Ponds, die Badeseen von Highgate sind ein beliebter sommerlicher Tummelplatz, doch selbst im Winter gibt es Schwimmer, die sich nicht von ihrem morgendlichen Bad im See abhalten lassen. Hier schwimmt man übrigens keine Bahnen, sondern Runden. NW3, ✆ 020/74853873. Ⓤ Hampstead.

Porchester Spa, schmuckes Schwimmbad, Sauna, Dampfbad und Whirlpool in einem Art-déco-Bad. Unlängst renoviert. Eintritt: mindestens £ 20. 225 Queensway, W2, ✆ 020/77923980. Ⓤ Bayswater oder Queensway.

Queen's Mother Sports Center, Sportcenter mit Aerobic, Badminton, Squash,

Schwimmbad und Sauna. 223 Vauxhall Bridge Road, SW1, ✆ 020/76305511. Ⓤ Victoria.

Chelsea Sports Centre, Fitnessclub mit Geräten, Aerobic und Swimmingpool. Chelsea Manor Street, SW3, ✆ 020/73526985. Ⓤ Sloane Square.

Schwimmen im Hyde Park

Fitness

Wer sich während seines Londonaufenthalts in einem Fitnessstudio austoben möchte, kann sich bei **LA Fitness** eine Tageskarte für £ 15 besorgen. Die Fitnesskette betreibt zahlreiche Studios mit Schwimmbad in London, zum Beispiel in Kensington oder am Haymarket in unmittelbarer Nähe des Piccadilly Circus. Zahlreiche Filialen hat auch **First Fitness**, während sich **Virgin Active** vor allem an die zahlungskräftigere Yuppiekundschaft wendet und keine Tageskarten anbietet. Attraktiv sind auch die **Sohogyms**. Modern und sehr gut ausgestattet (25-Meter-Sportpool) ist auch das **Central YMCA** im Stadtzentrum (112 Great Russel Street), in dem man ab £ 15 (Tageskarte) trainieren können.

Alle Adressen im Internet: www.lafitness.co.uk; www.firstfitness.co.uk; www.virginactive.co.uk; www.sohogyms.com; www.ymcaclub.co.uk.

Joggen

Beliebte Strecken zum Joggen finden sich in den Londoner Parks, insbesondere im Hyde Park, im Regent's Park sowie im Battersea Park. Relativ viele Jogger trifft man auch entlang des Themseufers, beispielsweise am Queen's Walk in Lambeth.

Tennis

In vielen Londoner Parks (Battersea Park, Holland Park etc.) gibt es Tennisplätze, die nichts oder nur wenig kosten. Weitere Informationen über *Sportsline*, ✆ 020/72228000.

Islington Tennis Centre, täglich zwischen 7 und 23 Uhr geöffnet. Ab £ 10.50 pro Stunde im Freien oder ab £ 24 pro Stunde in der Halle. Market Road, N7, ✆ 020/77001370. Ⓤ Caledonian Road.

Greyhound-Racing

In einer Rangliste der beliebtesten Freizeitvergnügen der Engländer steht der Besuch eines Windhundrennens nach dem Fußball an zweiter Stelle. Seitdem 1926 in Birmingham die erste Rennbahn eröffnet wurde, kennt die Begeisterung für die durchtrainierten Greyhounds, die mit bis zu 70 Stundenkilometern über die Rennbahn fegen, keine Grenzen mehr. Derzeit gibt es in ganz England 28 lizenzierte Windhunderennbahnen, die alljährlich rund acht Millionen Besucher zählen. Die einzige Londoner Hunderennbahn befindet sich in Wimbledon. Spannend wird das Greyhoundracing natürlich erst durch die Wetten auf den jeweiligen Favoriten. Als eine Art Roulette mit lebendigen Kugeln soll Churchill dieses Wettvergnügen einst bezeichnet haben.

Wimbledon, Plough Lane, SW17 0BL, Tel. 0870/8408905. www.lovethedogs.co.uk. Ⓤ Wimbledon oder Tooting Broadway, Eintritt: ab £ 6, Renntage: Di, Fr und Sa ab 18.30 Uhr.

Auch Eislaufen ist in London möglich

Fußball

Für so manchen überzeugten Fußballfan stellt der Besuch eines Spiels der Premier League den Höhepunkt eines Londonbesuchs dar – egal, ob bei den *Gunners* (Arsenal), *Blues* (Chelsea) oder *Spurs* (Tottenham Hotspur). Die Eintrittskarten der Spitzenclubs sind begehrt, daher sollte man sich rechtzeitig um einen Platz bemühen. Hilfreich ist folgende Homepage:
www.fussballinlondon.de.

„Ich verliebte mich in den Fußball, wie ich mich später in Frauen verlieben sollte: plötzlich, unerklärlich, unkritisch und ohne einen Gedanken an die Schmerzen und die Zerrissenheit zu verschwenden, die damit verbunden sein würden."

Nick Hornby (Fever Pitch)

FC Chelsea, Stamford Bridge, Fulham Road, SW6, ✆ 020/73867799. www.chelseafc.co.uk. Ⓤ Fulham Broadway.

Arsenal London, Emirates Stadium, Drayton Park, N5, ✆ 020/77044000. www.arsenal.co.uk. Ⓤ Arsenal.

West Ham United, Boleyn Ground, Green Street, E13, www.whufc.co.uk. ✆ 020/85482748. Ⓤ Upton Park.

Tottenham Hotspur, White Hart Lane, High Road, N17, ✆ 020/83655000. www. spurs.co.uk. Anfahrt: Mit dem Zug zur Station White Hart Lane.

FC Fulham, Craven Cottage, Stevenage Road, SW6, ✆ 020/77366561. Ⓤ Putney Bridge.

Wimbledon, Selhurst Park, Park Road, SE25, ✆ 020/87712231. Mit dem Zug bis Norwood Junction oder Selhurst. Im **Wembley Stadium** dürfen Fans jetzt auch hinter die Kulissen des Sports schauen. Bei einer Tour durchs Stadion werden auch die Umkleidekabinen der Sportler gezeigt ebenso wie der Aufwärmbereich der Fußballer, die VIP-Rezeption, die königlichen Sitzplätze (the royal box), der Raum, wo die Pressekonferenzen stattfinden usw. Beginn ist jeweils stündlich von 10 bis 16 Uhr, außer an Feiertagen. Eine Führung dauert etwa 90 Minuten und kostet für Erwachsene £ 16, Kinder unter 16 Jahren zahlen £ 9. www.wembleystadium.com. Ⓤ Wembley Central Station.

Trafalgar Square: Über dem bunten Treiben wacht Lord Nelson.

Wissenswertes von A bis Z

Abbey Road

Die Abbey Road mit ihrem berühmten Zebrastreifen liegt im Nordwesten Londons außerhalb der Stadtspaziergänge. Die weltbekannten, inzwischen unter Denkmalschutz stehenden Abbey Road Studios (Hausnummer 3), in denen die Beatles und Pink Floyd Musikgeschichte geschrieben haben, können allerdings nicht besichtigt werden. www.abbeyroad.co.uk. Ⓤ St John's Wood.

Adressen und Orientierung

London setzt sich aus 33 Stadtbezirken (*boroughs*) zusammen, deren offizieller Name (Camden, Hackney etc.) auch bei den Postanschriften angegeben wird. Zudem ist London in verschiedene Zustellbezirke aufgeteilt, die durch einen oder zwei Buchstaben (weist auf die Himmelsrichtung hin) und eine Nummer gekennzeichnet sind. Ein Restaurant mit dem Kürzel *W1* liegt beispielsweise in Marylebone, *E1* in Whitechapel.

Behinderte

Wer mit einem Handicap unterwegs ist, erhält nützliche Hinweise bei folgender Organisation:

Holiday Care Service, Enham Place, Enham Alamein, Andover SP11 6JS, ✆ 0845/124 9974. www.holidaycare.org.uk.

Blue Plaques

Die blauen Keramik-Plaketten an den Häuserfassaden kann man in London ei-

gentlich gar nicht übersehen. Seitdem 1867 die erste Plakette angebracht wurde, um Lord Byron zu ehren, gibt es im Londoner Stadtgebiet mehrere hundert dieser weiß umrandeten Plaketten, die mit ein paar biographischen Daten daran erinnern, dass in diesem oder jenem Haus Georges Orwell, Friedrich Engels, Jimi Hendrix oder Emilie Pankhurst gelebt haben oder gestorben sind. Die Plaketten werden nach Nominierungen durch die Bevölkerung von der Denkmalschutzorganisation English Heritage vergeben. Bedingung ist einzig, dass die geehrte Persönlichkeit 20 Jahre tot sein muss oder vor über 100 Jahren geboren wurde.

Diplomatische Vertretungen

Britische Vertretungen im Ausland **Bundesrepublik Deutschland**: Britische Botschaft, Wilhelmstr. 70–71, 10117 Berlin, ✆ 030/204570. www.britischebotschaft.de.

Schweiz: Britische Botschaft, Thunstr. 50, 3005 Bern, 031/3597700. www.ukinswitzerland.fco.gov.uk.

Österreich: Britische Botschaft, Jauresgasse 10, 1030 Wien, ✆ 01/716130. www.britishembassy.at.

Ausländische Vertretungen in London (ohne Vorwahl) **Deutschland**: German Embassy, 23 Belgrave Square, London SW 1, ✆ 020/78241300. www.london.diplo.de. Ⓤ Hyde Park Corner.

Österreich: Austrian Embassy, 18 Belgrave Mews West, London SW1X 8HU, ✆ 020/73443250. www.austria.embassyhomepage.com. Ⓤ Hyde Park Corner.

Schweiz: Swiss Embassy, 16–18 Montagu Place, London W1 H2BQ, ✆ 020/76166000. www.switzerland.embassyhomepage.com. Ⓤ Baker Street oder Marble Arch.

Dokumente

Für Bürger aus der Bundesrepublik Deutschland und Österreich genügt ein gültiger Personalausweis, Schweizer benötigen einen Reisepass beziehungsweise eine gültige Identitätskarte. In der Praxis hat sich die zusätzliche Mitnahme des Reisepasses bewährt: Der Ausweis bleibt an der Rezeption, mit dem Reisepass wechselt man Geld oder mietet ein Auto. Für Kinder unter 16 Jahren ist ein Kinderpass beziehungsweise der Eintrag im elterlichen Pass ausreichend. Mit dem internationalen Studentenausweis erhalten Berechtigte diverse Vergünstigungen.

Fernsehen

Es gibt inzwischen in London kaum mehr ein Hotel oder eine andere Unterkunft, die nicht mit einem TV-Gerät ausgestattet ist. Empfangen kann man auf alle Fälle die fünf regulären Fernsehkanäle *BBC 1* und das anspruchsvollere *BBC 2*, die beide ohne Werbung auskommen, sowie die Privatsender *ITV*, *Channel 4* und *Channel 5*. Hinzu kommen per Satellit meist noch *Sky News* und *MTV*, mit viel Glück sogar noch ein deutscher Sender.

Fundbüro

Wer sein Handgepäck in der U-Bahn oder im Bus verloren hat, erhält es mit viel Glück im Fundbüro von London Transport zurück:

Lost Property Office, 200 Baker Street, NW 1. Geöffnet: Mo–Fr 9.30–16 Uhr, ✆ 020/79182000.

Feiertage

Banken, Büros und viele Geschäfte, aber auch die meisten Museen und Sehenswürdigkeiten haben an den beweglichen Feiertagen wie beispielsweise **Karfreitag** (*Good Friday*) und **Ostermontag** (*Easter Monday*) sowie an folgenden Tagen geschlossen:

1. Januar	New Year's Day
1. Montag im Mai	May Day
Letzter Montag im Mai	Spring Bank Holiday
Letzter Montag im August	Summer Bank Holiday
25. Dezember	Christmas Day
26. Dezember	Boxing Day

Fotografieren

Wer in Adelspalästen, Kirchen oder Museen fotografieren möchte, sollte sich zuvor erkundigen, ob dies erlaubt ist.

Geld

In der letzten Zeit blieb der **Wechselkurs** des Britischen Pfunds relativ konstant. Im November 2012 musste man für 1 Pfund nur 1,25 € bezahlen. Dennoch muss man sich darauf einstellen, dass die Lebenshaltungskosten in London etwa 25 Prozent höher sind als in Deutschland. Wegen der relativ hohen Umtauschgebühren für Bargeld lohnt ein Vergleich zwischen den verschiedenen Banken. Am sinnvollsten ist es, sich schon zu Hause mit den für die ersten Tage nötigen Pfund einzudecken und nur eine kleine Barreserve mitzuführen; in England helfen dann ec- sowie Kreditkarten weiter.

Da Großbritannien bis dato nicht der Europäischen Währungsunion beigetreten ist, bleibt das Pfund (£) bis auf Weiteres das einzige akzeptierte Zahlungsmittel im Königreich; ein Pound Sterling ist in 100 Pence (p) unterteilt. Es gibt Münzen zu 1 p, 2 p, 5 p, 10 p, 20 p und 50 p sowie zu £ 1 und £ 2. Scheine sind im Wert von £ 5, £ 10, £ 20 und £ 50 im Umlauf.

Kreditkarten sind weit verbreitet; sie werden von den meisten, jedoch nicht von allen Tankstellen, Hotels und Restaurants akzeptiert. Wegen der umständlichen Prozeduren am Bankschalter erweist sich eine **ec-Karte mit Geheimzahl** oder eine Kreditkarte als sehr hilfreich, denn Geldautomaten sind mittlerweile weit verbreitet; von der heimischen Bank werden pro Abhebung 2,5 € berechnet, unabhängig von der Höhe des Betrags. Wer Geld mit seiner Kreditkarte abhebt, dessen Konto wird in der Regel mit 2 Prozent des Betrags bzw. mindestens 5 € belastet. Inhaber von Postsparbüchern können mit der Postbank SparCard 3000plus zehnmal jährlich kostenlos im Ausland Geld abheben. Die Banken haben in der Regel von Mo–Fr von 9.30–15.30 Uhr, gelegentlich auch bis 17.30 Uhr geöffnet. Beim Bargeldumtausch je nach Höhe wird eine Gebühr von £ 1 bis £ 4 erhoben. Bleiben noch die immer seltener werdenden **Reiseschecks**; bei ihnen beträgt die Tauschgebühr zumeist ein Prozent.

Sperrnummer für Bank- und Kreditkarten ✆ 0049/116116. Diese einheitliche Sperrnummer gilt mittlerweile für eine Reihe deutscher Banken, ausgenommen der Hypovereinsbank, der Postbank und der Deutschen Bank. www.sperr-notruf.de.

Gepäckaufbewahrung

Gepäckaufbewahrungen findet man auf den Flughäfen und in den acht großen Bahnhöfen (teuer!). Allerdings ist man nach den Bombenanschlägen vor einigen Jahren vorsichtig geworden. Statt Schließfächern gibt es inzwischen hauptsächlich Gepäckschalter (*Left Luggage*).

Gesundheit

Für Besucher aus den EU-Mitgliedsländern ist die *Notfallbehandlung* in den Ambulanz-Abteilungen der Krankenhäuser und bei Ärzten, die dem staatlichen Gesundheitswesen (NHS = *National Health Service*) angeschlossen sind, kostenlos. Wer die Sucherei umgehen will, geht in eines der *Health Centres*, von denen es in fast jedem Stadtteil eines gibt. Ebenso verhält es sich mit einer Notbehandlung beim Zahnarzt. Bei Folgebehandlungen muss man oft das Geld vorstrecken, bekommt dieses aber gegen Vorlage der Quittung von seiner Versicherung zurückerstattet. Da ein Rücktransport von keiner Krankenversicherung finanziert wird, ist eine Auslandskrankenversicherung sehr ratsam. Sie garantiert freie Arzt- und Krankenhauswahl und übernimmt die Kosten für Behandlung, Medikamente, einen ärztlich verordneten Rücktransport und die Überführung im Todesfall. Die Versicherungen bieten Jahrespolicen für Einzelpersonen (ab 5 €) und Familien (ab 15 €).

Es gibt eine Apotheke in London, die einen 24-Stunden-Service bietet:

Zafash Pharmacy, 233–235 Old Brompton Road, SW5, ☎ 020/73732798. www.zafash.com. Ⓤ Earl's Court.

Goethe-Institut

Wer sich während seines London-Aufenthaltes über das aktuelle politische Geschehen in Deutschland informieren möchte, findet in der Bibliothek des Goethe-Instituts eine große Auswahl an Zeitungen und Zeitschriften:

Goethe-Institut, 50 Princes Gate – Exhibition Road, SW7 2PH, ☎ 020/ 75964000, 📠 020/ 75940240. www.goethe.de/london. Ⓤ South Kensington.

Harry Potter

Harry-Potter-Fans können nicht nur am Bahnhof King's Cross die Platform 9 ¾ besichtigen, sondern auch das Filmstudio, in denen die Harry-Potter-Filme gedreht wurden. Dieses befindet sich allerdings in Watford, rund 32 Kilometer nordwestlich von London. Dort kann man Dumbledores Büro und andere Kulissen ebenso bewundern wie Hagrids Motorrad. Von der Euston Station fahren Züge nach Watford, anschließend verkehrt ein Shuttle-Bus (£ 2) zwischen dem Bahnhof Watford Junction und dem Studio. Achtung: Tickets müssen im Voraus gebucht werden!

Tgl. 10–18 Uhr. Eintritt £ 28, 5–15 Jahre £ 21, Familienticket £ 83. www.wbstudiotour.co.uk.

Haustiere

Seit Anfang 2011 gelten in Großbritannien neue Bestimmungen für die Einfuhr von Haustieren. Achtung: Jedem illegal eingeführten Tier droht die Todesstrafe! Weitere Informationen über die Quarantänebestimmungen in Großbritannien erhalten Sie bei der Botschaft (www.britischebotschaft.de) bzw.:

http://ukingermany.fco.gov.uk/de/visiting-uk/pet-travel-scheme.

Information

Die **Britischen Fremdenverkehrsämter** (Visit Britain) im europäischen Ausland erteilen keine persönlichen Auskünfte mehr. Alle Informationen gibt es seit 2009 nur noch im Internet unter der Adresse:

www.visitbritain.de, www.visitbritain.at, www.visitbritain.ch/de

Hier kann man sich kostenlose Broschüren herunterladen oder sich über Reiseziele, Unterkünfte oder Transportmöglichkeiten informieren.

In London angekommen, erhält man an den Zweigstellen des London Tourist Board zahlreiche nützliche Informationen, so beispielsweise am Flughafen Heathrow, am St Paul's Churchyard, in der Underground Station (Mo–Fr von 9.15–19 Uhr) sowie an den meisten Bahnhöfen. Die längsten Öffnungszeiten hat das London Information Centre am Leicester Square, das tgl. von 8–23 Uhr geöffnet ist. www.visitlondon.com/maps/tourist_information.

Internet

Wer sich bereits vorab beim Surfen im Internet über London informieren möchte, kann dies unter folgenden Adressen tun:

www.visitlondon.com (die offizielle Seite des Londoner Tourismusamtes);

www.londontown.com (sehr informativ mit Möglichkeit zum Hotelbuchen);

www.london.de (informative Seite rund um einen London-Aufenthalt);

www.visitbritain.de (die offizielle Site des britischen Tourismus);

www.londontoolkit.com (sehr praktische englische Homepage für eine Londonreise);

www.londonfreelist.com (Sehenswürdigkeiten mit einem Eintritt unter £ 3);

www.londonnet.co.uk (thematische Rundgänge und viele Links);

www.royal.gov.uk (das ultimative Angebot für überzeugte Monarchisten);

www.fussballinlondon.de (Reiseführer für Fußballfans);

www.timeout.com (aktuelle Infos aus dem bekannten Londoner Stadtmagazin);

www.latenightlondon.co.uk (interessante Ausgehtipps);

www.pubs.com;

www.londontransport.co.uk (alles über Fahrpläne und -preise im öffentlichen Nahverkehr);

www.streetmap.co.uk (Detailstadtpläne zur ersten Orientierung);

www.virtual-london.com (englischer Online-Reiseführer mit allgemeinen Infos, Veranstaltungen, Hinweisen, Sehenswürdigkeiten u. a.);

www.enjoyengland.de erleichtert die Planung eines England-Urlaubs mit vielen Informationen.

Klima und Reisezeit

London ist sicherlich zu allen Jahreszeiten eine Reise wert, aus klimatischen Gründen kommen die meisten Besucher jedoch zwischen April und Ende September an die Themse. Die Tagestemperaturen erreichen dann angenehme 15 °C, die Londoner sitzen vor den Pubs und Cafés in der Sonne.

Es ist ein weit verbreitetes Klischee, dass es in London entweder ständig regnet oder man die eigene Hand vor lauter Nebel kaum sehen kann. Durch den Golfstrom besitzt Südengland ein vergleichsweise mildes Klima, Minusgrade haben Seltenheitswert. Feucht und neblig ist es in den Wintermonaten, während sich bereits im März der

Versicherung gegen Regen

Wer dem Londoner Wetter misstraut, kann sich auch dagegen versichern. Fällt an vier Tagen eines einwöchigen Urlaubs zwischen Mai und September mehr als ein Zentimeter Regen pro Quadratmeter, so erstattet die Versicherung *Rothwell and Towler* ein Fünftel der Reisekosten zurück. Zieht man in Betracht, dass die Regenpolice bereits fünf Prozent des Reisepreises kostet, können Hobbystatistiker die durchschnittliche Regenwahrscheinlichkeit schnell errechnen.

Klimadaten von London

	Ø Lufttemperatur (Min./Max. in °C)		Ø Niederschlag (in mm), Ø Tage mit Niederschlag >= 1 mm		Ø Stunden mit Sonnenschein
Jan.	2,6	8,3	52	11	50
Febr.	2,4	8,5	38	8	71
März	4,1	11,4	40	10	107
April	5,4	14,2	45	9	160
Mai	8,4	17,7	46	9	181
Juni	11,5	20,7	47	8	181
Juli	13,9	23,2	41	8	192
Aug.	13,7	22,9	52	8	195
Sept.	11,2	19,7	50	8	139
Okt.	8,3	15,6	69	11	108
Nov.	5,1	11,4	58	10	58
Dez.	2,8	8,6	53	10	37
Jahr	**7,5**	**15,2**	**592**	**110**	**1480**

Hinweis: Die Temperaturen werden nur noch selten in Fahrenheit angegeben. Falls doch: Null Grad Celsius entsprechen 32 Grad Fahrenheit. Mit einer kleinen Formel lassen sich die Temperaturen relativ schnell umrechnen: Man zieht von der Gradzahl Fahrenheit 32 ab, multipliziert das Ergebnis mit 5 und dividiert das Produkt anschließend durch 9.

Frühling zu Wort meldet. Der Sommer ist vergleichsweise trocken und warm, wenngleich das Thermometer nur sehr selten über 30 °C anzeigt. Im Herbst wird es regnerischer, obwohl man selbst noch im Oktober kurzärmelig im Park sitzen kann.

Maße und Gewichte

Obwohl in Großbritannien offiziell im metrischen und dezimalen System gemessen wird, begegnet man im Alltag noch oft den so genannten „Imperial Standards“:

Längenmaße: 1 Inch (in) = 2,54 cm; 1 Foot (ft) = 30,48 cm; 1 Yard (yd) = 91,44 cm; 1 Mile = 1,609 km.

Hohlmaße: 1 Pint (pt) = 0,5683 l; 1 Gallon (gall) = 4,5459 l.

Gewichte: 1 Stone = 6,36 kg; 1 Pound (lb) = 453,59 g; 1 Ounce (oz) = 28,35 g.

Museen (Vergünstigungen)

London ist ein Eldorado für Kunstliebhaber; um das Reisebudget trotzdem zu schonen, gibt es diverse Sparmöglichkeiten. Eine interessante Alternative für Londonbesucher ist der London Pass, der freien Eintritt zu mehr als 50 Sehenswürdigkeiten und Museen (Windsor, London Zoo, Kew Gardens etc.) gewährt (→ unter dem Stichwort). Wer nicht nur London besuchen will, dem empfiehlt sich der Kauf des **English Heritage Overseas Visitor Pass**, der freien Eintritt zu hundert Sehenswürdigkeiten in ganz Großbritannien bietet. Kosten: Für neun Tage 29,50 €, 16 Tage 35 €. Erhältlich ist der English Heritage Overseas Visitor Pass in Deutschland: **Visit Britain Direct**, Dorotheenstr. 54, 10117 Berlin, ✆ 030/31571974, 030/3157 1910, www.visitbritainshop.com.

Notruf

Polizei, Feuerwehr und Rettungsdienst erreicht man unter der Rufnummer 999 oder der internationalen Notrufnummer 112. Der Anruf ist kostenlos, auch von allen Telefonzellen aus.

Öffnungszeiten

Im Prinzip von 9 bis 17.30 Uhr, aber wie bei anderen Dingen macht man auch hier Ausnahmen. So gibt es in den Randbezirken einmal in der Woche einen *Early Closing Day*, an dem die Geschäfte bereits um 13 Uhr schließen. Im Großraum London wurden in den letzten Jahren viele riesige „Superstores" gebaut, die während der Woche mindestens bis 20 Uhr (oft bis 22 Uhr) und sonntags sogar bis 16 Uhr geöffnet haben. Mehrere Straßen Londons sind Nachtschwärmerparadiese – hier findet man Läden und Supermärkte, die zum Teil bis 1 Uhr geöffnet haben. Der Donnerstag ist übrigens in ganz London offizieller Late-Night-Shopping-Day, alle Läden sind bis 20 Uhr geöffnet. Darüber hinaus gibt es die Einkaufsviertel, in denen einige Geschäfte sowieso später schließen: Soho, Covent Garden, Oxford Street oder Knightsbridge. Auch ein sonntäglicher Einkaufsbummel ist dort kein Problem. In bestimmten Stadtteilen findet man sogar Shops, die 24 Stunden geöffnet haben.

Ein paar Tropfen Regen ...

Post

Ähnlich wie in Deutschland sind die englischen Postämter Mo–Fr von 9 bis 17 sowie samstags von 9 bis 12.30 Uhr geöffnet. Rund um die Uhr geöffnet ist das Postamt am St Martin's Place (Trafalgar Square). Das Porto für Postkarten sowie Briefe bis 20 Gramm beträgt innerhalb Europas 87 p. Innerhalb des Vereinten Königreiches kosten Briefe bis 100 Gramm, die als „First Class Mail" innerhalb von 24 Stunden ausgeliefert werden, 60 p; als „Second Class Mail" 50 p (Auslieferung innerhalb von 72 Stunden). Weitere Infos: www.royalmail.com. Wer sich Post nach London senden lässt, muss unbedingt die Postleitzahl (W1 oder NW11) angeben, da manche Straßennamen mehrfach vorkommen.

Radio

London ist bekannt für anspruchsvolle Musiksendungen. Wer sich über die neuesten Trends informieren möchte, sollte einmal bei folgenden Sendern reinhören: *Virgin* (105,8 FM), *Kiss* (100 FM) sowie *BBC Radio One* (98,8 FM), für Jazzfreunde bietet sich *Jazz FM* (102,2 FM) an. Abgesehen von *BBC 1* strahlt der öffentlich-rechtliche Rundfunk noch vier weitere Hörprogramme mit unterschiedlichen Sendeschwerpunkten aus.

Rauchen

In den englischen Pubs gilt seit dem 1. Juli 2007 ein absolutes Rauchverbot Auch Behörden, öffentliche Verkehrsmittel, Kinos und Theater wurden zu rauchfreien Zonen erklärt. Bei Verstö-

... bescheren unvergessliche Momente

ßen droht eine Geldstrafe von mindestens 50 Pfund. Aber daran ist der Englandreisende gewöhnt, schließlich ist es schon seit Jahren in fast allen B&Bs und in den meisten Hotels verboten, im Zimmer zu rauchen.

Reisegepäckversicherung

Sicherheitsbewusste fahren nur mit Reisegepäckversicherung ins Ausland, andere halten dies für einen übertriebenen Luxus. Wie auch immer man es persönlich hält, Tatsache ist, dass Autoaufbrüche in London zur Tagesordnung gehören. Hierzu ein Preisbeispiel: Wer sein Gepäck im Wert von 1500 € für 24 Tage versichern will, muss mit etwa 35 € rechnen. Kaum teurer ist allerdings die Kombination mit einer Reiseunfall- und Reisekrankenversicherung.

Schwule und Lesben

London besitzt eine überaus lebendige und bunte Gay-Szene, deren ganze Vielfalt zu schildern einen eigenen Reiseführer füllen würde. Über aktuelle Veranstaltungen informiert man sich entweder im *Time Out Magazin* oder in dem von Visit London kostenlos verteilten „London – the offical gay & lesbian guide“. Nicht versäumen sollte man die *Pride*, die alljährlich Ende Juni, Anfang Juli stattfindet (www.pridelondon.org).

Als das Mekka der Londoner Gay-Szene gilt nach wie vor Soho (beispielsweise rund um die Old Compton Street), beliebte Viertel sind aber auch Earl's Court, Vauxhall und Camden.

Nützliche Adressen:

LGBT Tourist Office, das Gay Tourist Office für Lesbian, Gay, Bisexual and Transgender, Visitor Centre. 30 Lisle Street, London, WC2H 7BA. www.gaytouristoffice.co.uk. Ⓤ Leicester Square.

Boyz, beliebtes Londoner Gay Lifestyle und Entertainment Magazin. www.boyz.co.uk.**Chariots**, Betreiber von fünf sehr edlen Gay Saunas (mit Swimmingpool, Gym und Dark Room), beispielsweise in Farrindon, Shoreditch, Vauxhall, Limehouse und Waterloo. Als besonders schön gilt die Sauna in Shoreditch, 1 Fairchild Street, EC2, ✆ 020/72475333. www.gaysauna.co.uk.

Lesbian and Gay Switchboard, Informationen rund um die Uhr, ✆ 020/78377324. www.llgs.org.uk.

Lesbian & Gay Accommodation Outlet, Zimmervermittlung für Schwule und Lesben. 32 Old Crompton Street, W1, ✆ 020/ 72 874244, ℻ 020/77347217. www.outlet.co.uk; www.londongay.co.uk vermietet ebenfalls Apartments im Westend an Schwule.

Gay's the Word 13 → Karte S. 124/125, der beliebteste Schwulen-Buchladen in der englischen Metropole befindet sich in Bloomsbury. Auch So von 14–18 Uhr geöffnet. 66 Marchmont Street, WC1. www.gaystheword.co.uk. Ⓤ Russell Square.

Internet www.gaybritain.co.uk oder www.rainbownetwork.com.

Sprachkurse

Es ist nach wie vor sehr beliebt, in London an einem Englischkurs teilzunehmen. Wichtig ist dabei, dass verschiedene Sprachniveaus angeboten werden und der Unterricht in Kleingruppen mit höchstens zehn Personen stattfindet. Folgende Veranstalter bieten Kurse an und organisieren eine Unterkunft:

Oxford House College, 30 Oxford Street, W1R, ✆ 020/75809785, ℻ 020/73234582. www.oxfordhousecollege.co.uk.

Sels College London, 64–65 Long Acre, Covent Garden, WC2E, ✆ 020/72402581, ℻ 020/73795793. www.sels.co.uk.

Stadtführungen

In London gibt es mehr als ein Dutzend Veranstalter, die Stadtführungen zu den unterschiedlichsten Themen anbieten:

The Original London Walks, der Klassiker unter den Stadtführungen, riesiges Themenspektrum, täglich bis zu 20 verschiedene Touren. ✆ 020/76243978. www.walks.com.

Mystery Walks, ✆ 020/85589446.

Architectural Tours, ✆ 020/83411371.

Black Taxi Tours of London, individuelle Stadtführung mit speziell geschulten Taxifahrern. ✆ 020/72894371. www.blacktaxitours.co.uk.

Stadtstreichertouren, wer will, kann mit Stadtstreichern London erkunden. Insgesamt werden fünf verschiedene anderthalbstündige Rundgänge angeboten (Teilnehmer zahlen zwischen £ 5 und 8), die einen ungewöhnlichen Blick auf die Themsemetropole garantieren. http://sockmobevents.org.uk/unseen-tour.

Graffiti Tours, Touren zu den schönsten Graffitis und zu Street Art im East End. www.londongraffititours.com.

Street Art, www.streetartlondon.co.uk/tours.

Beliebt: Stadtführungen mit dem Fahrrad

Londontoursaufdeutsch, fünf verschiedene deutschsprachige Rundgänge (Teilnahmegebühr £ 15.30, erm. £ 13.50), ✆ 0044/ 7860782403. Günstiger online: www.londontoursaufdeutsch.com.

Stadtplan

Sehr hilfreich und übersichtlich ist *London AZ*, den es als Stadtplan oder in Taschenbuchform gibt. Wer patentgefaltete Stadtpläne vorzieht, kann sich bereits im heimischen Buchhandel einen Falkplan besorgen.

Strom

Normalerweise 230 Volt Wechselstrom. Da die englischen Steckdosen einer anderen Norm unterliegen – sie sind dreipolig und flach –, wird für die kontinentalen Zweistiftstecker ein Adapter benötigt, der vor Ort in Supermärkten oder im Fachhandel erhältlich ist. Elektrische Rasierer lassen sich in den Hotels zumeist problemlos ohne Adapter verwenden.

Achtung: Wenn die Nachttischlampe nicht brennt oder andere elektrische Geräte nicht funktionieren, sollte man zuerst einen Blick auf die Steckdose werfen. Dort befindet sich ein kleiner Knipser, der so gestellt sein muss, dass ein winziger roter Punkt erscheint.

Telefonieren

In London existiert ein dichtes Netz öffentlicher Telefonzellen. Die öffentlichen Fernsprecher, die berühmten fotogenen roten Häuschen, sind mittlerweile alle frisch gestrichen und mit modernen Münz- bzw. Kartenapparaten ausgestattet, die wie die auf dem Kontinent benutzt werden. Die Mindestgebühr beträgt 10 Pence. Es werden 10-p-, 20-p-, 50-p- und 1-£-Münzen angenommen. Ertönt während des Gesprächs ein Signal, müssen neue Münzen eingeworfen werden, sonst wird man schnell unterbrochen. Von den neuen Telefonhäuschen stehen meist

Die rote Telefonzelle ist vom Aussterben bedroht

zwei nebeneinander. Eines mit der Aufschrift *Telephone*, in dem man mit Münzen telefonieren kann, und ein anderes mit der Aufschrift *Phonecard* oder *Coins & Cards*, das (auch) mit Telefonkarten funktioniert. Bei Postämtern und Geschäften, die das BT-Symbol tragen, sind Telefonkarten zu verschiedenen Werten erhältlich: £ 5, £ 10 und £ 20. Vor allem das Telefonieren ins Ausland ist mit diesen Phonecards viel einfacher. Einige Apparate akzeptieren auch Kreditkarten (z. B. Mastercard) mit Magnetstreifen, die Mindestgebühr beträgt in diesem Fall 50 p. In jeder Telefonzelle Englands kann man sich anrufen lassen, z. B. dann, wenn das Kleingeld ausgegangen ist. Die Nummer ist am Apparat angegeben.

Auf dem Pferderücken hat man alles unter Kontrolle

Vorwahlen aus England: nach Deutschland: 0049, nach Österreich: 0043, in die Schweiz: 0041.

Achtung: Die Null der Ortskennzahl entfällt.

Vorwahl nach London: von D, A, CH: jeweils 0044, die Null der Ortsvorwahl entfällt.

Ortsvorwahl: Anschlüsse, die mit 020/7 beginnen, liegen im Zentrum von London (eine Zone mit einem Radius von sechs Kilometern rund um Charing Cross, die Docklands eingeschlossen), die 020/8 weist auf einen Randbezirk hin.

Auskunft: Auskunft für Großbritannien: 192, Auslandsauskunft: 153; Operator: 100, Auslandsoperator: 155.

Trinkgeld

Obwohl fast alle Hotelrechnungen ein Bedienungsgeld („Service Charge") beinhalten, freuen sich das Servicepersonal und die Zimmermädchen über ein Trinkgeld („Tip"). In den meisten Restaurants ist das Bedienungsgeld ebenfalls bereits in der Rechnung enthalten; dennoch sollten auf den Rechnungsbetrag noch einmal rund zehn Prozent hinzugeschlagen werden – je nachdem, ob und wie sehr man zufrieden war. Ein ähnlicher prozentualer Betrag gilt auch bei einer Taxifahrt als angemessen. Bei Kurzfahrten bis zu £ 3 erwartet der Fahrer ein Trinkgeld von mindestens 30 p. In den Pubs wird hingegen an der Theke ohne Trinkgeld bezahlt.

Uhrzeit

Die Uhren orientieren sich an der GMT (*Greenwich Mean Time*), die eine Stunde hinter der MEZ (Mitteleuropäischen Zeit) zurückliegt. Die Uhrzeiten sind immer mit den Zusätzen „am" (0–12 Uhr) bzw. „pm" (12–24 Uhr) angegeben. Wer also um 9 *pm* verabredet ist, muss sich um 21 Uhr am Treffpunkt einfinden.

Zeitungen/Zeitschriften

Die überregionalen deutschsprachigen Tages- und Wochenzeitungen (*Süddeutsche Zeitung, Frankfurter Allgemeine Zeitung, Spiegel, ZEIT*, gelegentlich auch *Die Welt*) sind in der Regel noch am Erscheinungstag in den gut sortierten Zeitungsgeschäften im Stadtzentrum erhältlich. Wer sich jenseits der Boulevardpresse mit der englischen Politik und Kultur beschäftigen möchte, hat die Wahl zwischen der traditionsreichen *Times*, dem liberalen *Indepen-*

dent, dem links angesiedelten *Guardian* oder dem konservativen, ebenfalls auflagenstarken *Daily Telegraph*. Viele Veranstaltungshinweise finden sich auch im nach rechts tendierenden *Evening Standard*, der in den Nachmittagsstunden kostenlos an den Tube-Stations verteilt wird. Sonntags hat man die Wahl zwischen dem *Sunday Telegraph* oder dem *Observer*.

Das Stadtmagazin *Time Out* (jeden Mittwoch für £ 3.25 www.timeout.com/london) genießt Kultstatus und informiert umfassend über das Londoner Kulturleben von aktuellen Ausstellungen bis zu den neuesten Restauranttipps. Interessant ist auch die von Handverkäufern angepriesene Obdachlosen-Zeitung *The Big Issue* (www.bigissue.com). Mehr als die Hälfte des Verkaufspreises (£ 2.50) geht an den Verkäufer. Wer am Morgen mit der Tube fährt, kann sich in der dort kostenlos ausliegenden Zeitung *Metro* (www.metro.co.uk) in kurzen Häppchen über das Tagesgeschehen informieren. Im Laufe des Tages erscheinen noch weitere Gratiszeitungen, die vor den Tubeeingängen verteilt werden.

Kostenlos gibt auch die British Tourist Authority monatlich den rund 100 Seiten starken *London Planer* heraus, der auf aktuelle Ausstellungen, Konzerte und diverse Veranstaltungen hinweist sowie nützliche touristische Information bereithält.

Zollbestimmungen

Seit dem 1. Januar 1993 existieren an den Binnengrenzen der Europäischen Union keine mengenmäßigen Ein- und Ausfuhrbeschränkungen mehr. Tabak, Alkohol und andere Waren können problemlos eingeführt werden, soweit erkennbar ist, dass sie ausschließlich für den Privatgebrauch bestimmt sind. Als Richtmenge gelten 800 Zigaretten bzw. 400 Zigarillos, 200 Zigarren oder 1 Kilo Tabak, 10 Liter Spirituosen sowie 90 Liter Wein und 110 Liter Bier. Für Schweizer gelten die üblichen Mengenbeschränkungen: 50 ml Parfüm oder 0,25 Liter Eau de Toilette, 1 Liter Spirituosen oder 2 Liter Wein, 200 Zigaretten oder 100 Zigarillos oder 50 Zigarren oder 250 Gramm Tabak.

Unbezahlbar: Eine kurze Pause im Park

Das East End ist bunt

Touren

Stadttouren

Eine Bilderbuchfestung: Tower of London

Tour 1: City of London

Das Herz der Stadt ist die City of London. Eine Welt aus Glas, Stahl und Beton, die vorzugsweise von Börsenmaklern, Bankern und Versicherungsagenten in Nadelstreifenanzügen bevölkert wird. Nur am Wochenende herrscht Friedhofsruhe.

Die City of London erstreckt sich nur über wenig mehr als eine Quadratmeile. Sie wird von der *Temple Bar* im Westen begrenzt, im Norden von der *Smithfield Long* und der *Chiswell Street* (bis zur Liverpool Station), östlich von der *Middlesex Street* (bis zum Tower Hill) und im Süden von der *Themse*. Vermutlich befand sich hier schon vor Ankunft der Römer eine Ansiedlung mit einem kleinen Hafen. Die Eroberer nannten sie *Londinium* und befestigten sie mit einer Mauer. In der Folgezeit entwickelte sich daraus ein blühendes Handelszentrum, dessen Zeugnisse heute in den hiesigen Museen zu besichtigen sind. Seit dem Jahr 1215 ist die City durch die *Magna Carta* in rechtlicher Hinsicht weitgehend unabhängig; der Bürgermeister genießt seither zahlreiche Privilegien und hat einen direkten Zugang zum Königlichen Hof. Zweimal wurde das Gesicht der City of London entscheidend verändert: 1666 zerstörte ein Großfeuer zwei Drittel der überwiegend aus Holz errichteten Stadt; ähnlich verheerend waren die Verwüstungen durch die deutschen Luftangriffe im Zweiten Weltkrieg.

Das jetzige Stadtbild wurde in der zweiten Hälfte des 20. Jahrhunderts geprägt. Sofort fallen dem Besucher die Gebäudekomplexe der Banken und Versicherungsgesellschaften ins Auge. Wohn-

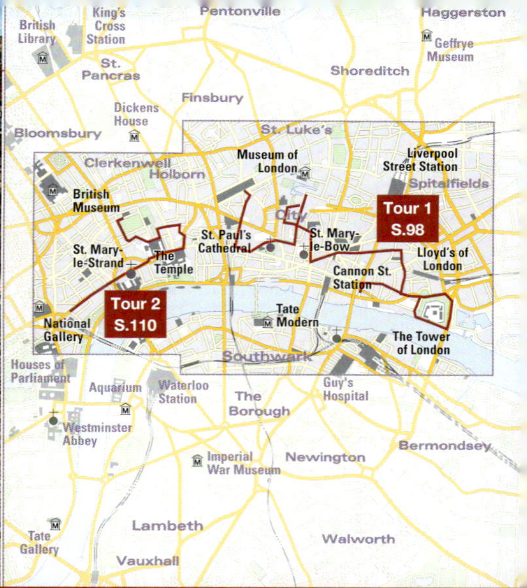

Tour 1 & Tour 2

raum ist hier eine Seltenheit. In der City wird nicht gewohnt, sondern gearbeitet. Nur noch rund 6000 Menschen – fast zwei Drittel in den begehrten Eigentumswohnungen des Barbican Centre – leben im historischen Zentrum Londons; den City-Bewohnern stehen mehr als 300.000 Pendler (*commuters*) gegenüber, die Tag für Tag aus den Vorstädten hereinfahren. Nachts und am Wochenende ist das Viertel vollkommen ausgestorben, doch nach Feierabend und während der Mittagspause, wenn die Angestellten in die umliegenden Cafés und Sandwich-Bars strömen, geht es richtig hektisch zu. Etwa die Hälfte der Büroflächen der City wurde in den Boomjahren der Thatcherregierung errichtet. Wolfgang Koeppen beobachtete in den fünfziger Jahren noch ein gemütliches Geschäftsgebaren: „Sie trugen ihre Citytracht natürlich und anständig, und ihr Anblick weckte sogleich Vertrauen, Vertrauen zur englischen Währung, Vertrauen zum Britischen Weltreich, und die Überzeugung, dass, Indien hin, Suez her und Cypern und Malta dazwischen, der Löwe weiterleben wird." Heute würde sich Koeppen wahrscheinlich die Augen reiben angesichts der jungen, modisch gestylten Börsianer, die mit Handy – oder besser: *Mobilphone* – bewaffnet durch die City hetzen und in ein paar Minuten mehr verdienen als andere im ganzen Jahr. Diese *City Whizz Kids* üben einen hoch bezahlten Job aus, der zahlreiche Gefahren und Risiken birgt – für sich selbst und den jeweiligen Auftraggeber. Das bekannteste Beispiel ist der 28-jährige Nick Leeson, der 1995 die renommierte Barings Bank in den Konkurs trieb, nachdem er auf dem asiatischen Markt Verluste von über einer Milliarde (!) US-Dollar angehäuft hatte. Mit ein paar Jahren Gefängnis kam Leeson noch vergleichsweise glimpflich davon.

Raben gut, alles gut

Nicht zu überhören ist das ständige Krächzen im Tower und um ihn herum. In den Fenstern und auf dem Rasen sitzen nämlich viele und vor allem riesige Raben. Eine Legende besagt, dass das Gebäude geschützt ist, solange hier Raben zu finden sind. Ist dies einmal nicht mehr der Fall, soll das gesamte Empire zerfallen. Verständlich, dass man sich besonders um die gefiederten Genossen bemüht. Damit sie nicht wegfliegen, wurden ihnen vorsichtshalber die Flügel etwas gestutzt ...

Spaziergang

Bei einem Spaziergang durch die Londoner City muss auch Zeit für eine Gedenkminute am **Monument** sein, das an den verheerenden Brand von 1666 erinnert. Von der Aussichtsplattform des Monuments bietet sich ein schöner Blick auf die nahe **London Bridge**, deren mittelalterlicher Vorgängerbau noch von zwei Häuserreihen gesäumt war und einer Kapelle Platz bot. Über die Straße Eastcheap und entlang der Great Tower Street nähert man sich dem **Tower of London**, vor dessen Eingang sich die Besucher in langen Warteschlangen gedulden müssen. An der südöstlichen Ecke des Towers spannt sich die **Tower Bridge** über „den schönsten Fluß Europas" (Heinrich Heine). Wer anschließend den Tower umrundet, stößt auf die Reste der römischen Stadtmauer, die mit einer Höhe von mehr als sechs Metern noch immer von der Macht des Römischen Imperiums zeugt.

Innerhalb weniger Minuten gelingt ein architektonischer Zeitsprung ins 21. Jahrhundert. Besonders postmodern ist das im Industriedesign glänzende **Lloyd's Building**, provozierend phallisch das von Lord Norman Foster zu Beginn des 3. Jahrtausend für *Swiss Re* errichtete Bürogebäude (*The Gherkin*). An dem nach der gleichnamigen Versicherungsgesellschaft benannten Gebäude vorbei geht es zum *Leadenhall Market*, einer viktorianischen Marktarkade, die Sir Horace Jones 1881 entworfen hat. In unmittelbarer Nachbarschaft stehen mit dem *Leadenhall Building* und dem *Bishopsgate Tower* zwei weitere futuristische Hochhäuser. In der City dreht sich (fast) alles um das Geld, konsequenterweise hat auch die **Bank of England** hier ihren angestammten Hauptsitz.

Seit 1844 fungiert die „Old Lady of Threadneedle Street" als Währungs- und Notenbank des Königreichs und setzt den jeweiligen Leitzins fest. In den Kellergewölben lagern die gut gesicherten Goldreserven Großbritanniens. Über die Anfänge der *Bank of England* und ihre Bedeutung für das englische Wirtschaftsleben informiert das **Bank of England Museum**. Schräg gegenüber liegt die **Royal Exchange**, die alte Londoner Warenbörse. Die Reiterstatue auf dem dreieckigen Platz vor der Royal Exchange zeigt den Herzog von Wellington. Auch die Londoner Börse (*Stock Exchange*) und das **Mansion House**, der Amtssitz des Lord Mayor, sind nur einen Katzensprung entfernt. Ebenfalls in unmittelbarer Nachbarschaft wurden an der Queen Victoria Street die Grundmauern einer römischen Tempelanlage entdeckt. Archäologische Grabungen förderten mehrere Marmorbüsten zu Tage, die darauf schließen ließen, dass es sich um einen **Mithrastempel** gehandelt haben muss. Die Queen Street und ihre Verlängerung, die King Street, führen direkt auf die **Guildhall** zu, die auch die **Guildhall Art Gallery** beherbergt. Die gegenüberliegende Kirche *St Lawrence Jewry* ist einer von zahlreichen Sakralbauten, die Christopher Wren nach dem Großen Feuer geplant hat. Mehr über den verheerenden Stadtbrand erfährt man im **Museum of London**, dessen runder Grundriss an einen längst abgerissenen Stadtmauerturm erinnert, der dem Barbican seinen Namen gab. Ein Besuch sollte für alle Geschichtsinteressierten zum Pflichtprogramm eines Londontrips gehören. Das sich nordöstlich des Museums erhebende **Barbican Centre** präsentiert sich als ein fast verwirrender, ineinander verschachtelter Bau. Aufgrund seiner futuristischen Konzeption ist es aber durchaus sehenswert. Die elegante Silhouette der **St Paul's Cathedral** hat durch die umliegenden Bürobauten viel von ihrer einstigen Wirkung verloren, doch eignet sich die Kuppel noch immer gut als Orientierungshilfe. Man geht davon aus, dass der Dom die vierte oder sogar fünfte Kirche an dieser Stelle ist. Von dem Vorgängerbau existieren noch alte Stiche. Bereits 1561 wurde sie durch ein Feuer beschädigt, 1666, beim großen

The Monument – Mahnmal für die große Brandkatastrophe

Brand von London, dann fast völlig vernichtet. Eine kleine Grünanlage neben der Kirche lädt zum Verweilen ein, bevor der Spaziergang durch die City am Gerichtshof **Old Bailey**, wo einst Oscar Wilde wegen seiner gleichgeschlechtlichen Neigungen zu zwei Jahren Zuchthaus verurteilt wurde, seinen Abschluss findet. Kunsthistorisch Interessierte können noch unter dem 1869 als Eisenbahnbrücke errichteten *Holbrun Viadukt* hindurch einen Abstecher zur romanischen Kirche **St Bartholomew the Great** unternehmen.

City of London → Karte S. 98/99

Sehenswertes

The Monument: Eine 61 Meter hohe dorische Säule erinnert an die Verwüstungen durch das Große Feuer im Jahre 1666. Die Höhe des Denkmals entspricht exakt der Entfernung zu jener Bäckerei in der Pudding Lane, wo der schreckliche Brand ausbrach. Das eindrucksvolle Monument stammt von Sir Christopher Wren, der maßgeblich am Wiederaufbau der City beteiligt war. Der kurze, aber anstrengende Aufstieg – für die 311 Stufen bekommt man hinterher sogar eine Urkunde – wird mit einem schönen Panoramarundblick über die Dachlandschaft der City belohnt. Die Aussichtsplattform ist von einem Eisenkäfig umgeben, der Suizidversuche verhindern soll.

Monument Street, EC3. Ⓤ Monument. Tgl. 9.30–17.30 Uhr. Eintritt £ 3, erm. £ 2 bzw. £ 1.50 (Kombiticket mit Tower Bridge £ 9, erm. £ 6.20). www.themonument.info.

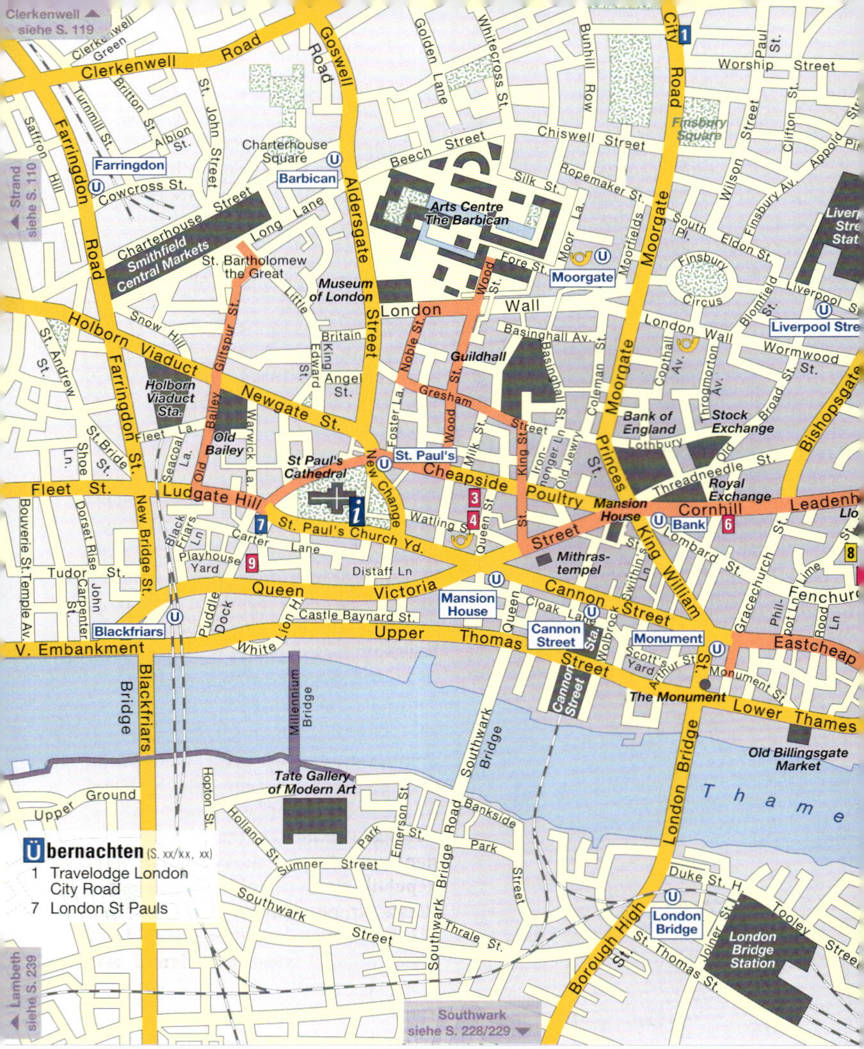

London Bridge: Die so genannte London Bridge blieb bis 1749 die einzige Londoner Brücke, die über die Themse führte. Eine erste Brücke stand hier bereits in römischer Zeit, im Jahre 1176 begann dann der Bau einer 1209 vollendeten steinernen Brücke, die in ganz Europa als Sehenswürdigkeit gerühmt wurde. Der heutige Übergang stammt aus dem Jahr 1973; er ersetzte einen 1831 fertig gestellten Vorgängerbau, der das moderne Verkehrsaufkommen nicht mehr bewältigen konnte. Geschäftstüchtig wie die Engländer nun mal sind, boten sie die Brücke zum Verkauf an. Den Zuschlag erhielt ein Amerikaner, der die alte London Bridge abtragen und in Lake Havasu (Arizona) wieder errichten ließ.

Tower of London: Der Tower of London ist die am besten erhaltene mittel-

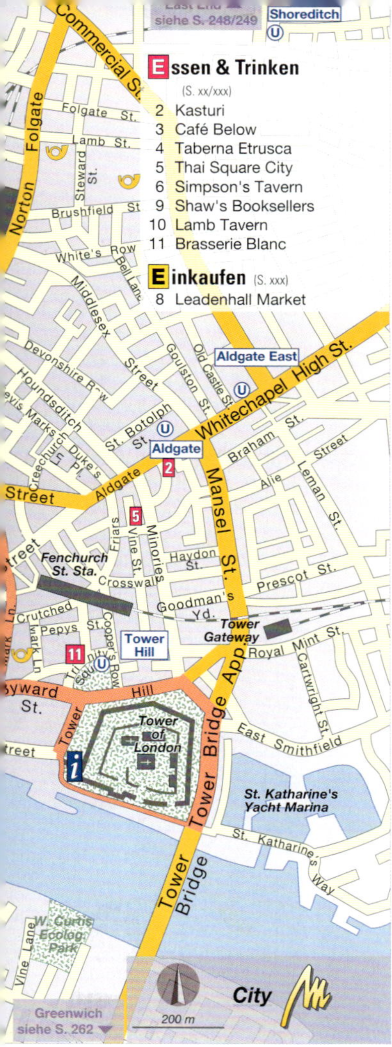

alterliche Festung Großbritanniens. Gleich nach der Schlacht von Hastings (1066) befahl *Wilhelm der Eroberer* den Bau einer Bastion außerhalb der Stadtmauern, um die Bevölkerung besser unter Kontrolle zu haben und seine Macht zu demonstrieren. Diese später als *White Tower* bezeichnete Burganlage – Baumeister war der Bischof Gundulf von Rochester – diente zunächst als Wohnsitz und Beobachtungsposten. Die Mauern sind mehr als drei Meter dick! Im Laufe des 12. und 13. Jahrhunderts wurde die Anlage wesentlich erweitert, unter anderem durch den *Bell Tower*, einen äußeren Befestigungsring und einen Wassergraben.

Eine Besichtigung des Towers beginnt am *Middle Tower*, wo sich einst eine Zugbrücke befand. Danach gibt es keine vorgeschriebene Route, doch empfiehlt es sich, zuerst die interessanteste Dauerausstellung zu besuchen: In dem aus weißem Caen-Stein errichteten *White Tower* wird man nämlich umfassend über die Baugeschichte des Towers informiert. Für die meisten Besucher ist es überraschend, dass bis 1835 zum Tower auch eine Menagerie mit Löwen und Elefanten gehörte, die später im Londoner Zoo aufging. Kinder sind besonders für die ausgestellten mittelalterlichen Waffen und Rüstungen zu begeistern. Die *St John's Chapel* im zweiten Stockwerk, ein schlichter romanischer Sakralbau, ist das älteste erhaltene Gotteshaus Londons.

Empfehlenswert ist eine eingehende Betrachtung der Kronjuwelen im *Jewel House*, die sich trotz langer Warteschlangen lohnt. Die meisten Kroninsignien sind während der kurzlebigen Republik eingeschmolzen worden. Die älteste Krone stammt deshalb aus der Zeit der Restauration (der Zeit nach der Republik), sie wiegt fünf Pfund und wird noch heute für Krönungen benutzt. Schön ist Königin Viktorias *Imperial State Crown*, die mit mehr als 3000 Diamanten aufwarten kann. Die Krone der Queen Mother aus dem Jahre 1937 wird u. a. vom berühmten Diamanten *Kohinoor* mit 108 Karat (1 Karat entspricht 0,2 Gramm) geschmückt. Er ist einer der größten Diamanten der Welt; überreicht wurde er Königin Viktoria 1850 von der britischen Indienarmee. Außerdem sind natürlich viele Kronen, Zepter, Reichsäpfel und Staatsschwerter zu besichtigen. Auf einem Rollband wird man an den

City of London → Karte S. 98/99

Die „Bewohner“ des Towers

Bis ins 17. Jahrhundert diente der Tower als königlicher Wohnsitz, später dann bevorzugt als Kerker. Der englische König James I. war der letzte Monarch, der hier residierte (1603–25). Zahlreiche historische Persönlichkeiten waren im Tower inhaftiert, darunter die schottischen Könige *David II.* (1346–1357), *James I.* (Anfang des 15. Jahrhunderts) sowie *John, König von Frankreich* (1356–1360). Erster Gefangener im Tower war der Bischof von Durham im Jahre 1101; er konnte seinen betrunkenen Wärtern entkommen, indem er sich an einem Seil hinabhangelte. Während der Regentschaft von *Heinrich VIII.* richtete man hier *Sir Thomas Moore* (1535) und *Anne Boleyn* (1536), eine von Heinrichs vielen Gemahlinnen, hin. Weitere prominente Opfer waren *Thomas Cromwell* (1540), *Catherine Howard* (Heinrichs fünfte Frau; 1542) und *Lady Jane Grey* (Urenkelin Heinrichs VII.; 1554), ebenso *Guy Fawkes* und seine Komplizen (1606) und *Sir Walter Raleigh* (1618). Bis zu ihrer Ernennung als Königin hielt man auch *Elizabeth I.* im Tower gefangen. Im Zweiten Weltkrieg erwarteten hier Spione ihr Todesurteil. Der letzte prominente Gefangene war Hitlers Stellvertreter Rudolf Heß. Die meisten Exekutionen fanden übrigens nicht im Tower selbst, sondern auf dem benachbarten *Tower Hill* statt. Die Hinrichtungen waren dann Höhepunkt eines Volksfestes.

Kronjuwelen vorbeigefahren, damit es nicht zu Staus kommt (die sich trotzdem bilden).

Nicht versäumen sollte man eine Besichtigung des zur Themse zeigenden *Traitor's Gate* und des angrenzenden *Medieval Palace*, in dem einst Edward I. residierte. Im *Beauchamp Tower* haben bedeutende Staatsgefangene ihre Mauerkritzeleien hinterlassen, im *Bloody Tower* verbrachte *Sir Walter Raleigh*, der Gründer der englischen Kolonie Virginia, zusammen mit seiner Frau und seinen beiden Kindern zwölf lange Jahre und schrieb dabei seine „History of the World“. Der *Wall Walk* führt entlang der östlichen Befestigungsmauer. Von einem Besuch des Infanteriemuseums (*Fusiliers' Museum*), für den ein zusätzlicher Obolus berechnet wird, kann man getrost Abstand nehmen. Wer im Tower die Orientierung verloren hat, sollte sich mit seinen Fragen an die *Yeomen Warders* wenden. Die uniformierte königliche Garde – im Volksmund werden sie *Beefeaters* genannt – gibt gerne Auskunft.

Ein Beleg für das ausgeprägte Traditionsbewusstsein der Engländer ist die nächtliche Zeremonie der Schlüsselübergabe. Seit etwa 700 Jahren wird immer um Punkt 21.53 Uhr das Haupttor des Towers abgeschlossen. Eine Teilnahmeerlaubnis dafür ist mindestens vier, besser noch acht Wochen vorher bei *Ceremony of the Keys* zu beantragen. Achtung: Legen Sie dem Brief einen internationalen Antwortschein bei. Die schriftliche Genehmigung muss man um 21.30 Uhr dem Dienst habenden Offizier am Haupttor vorlegen.

SE1. Ⓤ Tower Hill. Tgl. 9–17.30 Uhr, So und Mo erst ab 10 Uhr, im Winter nur bis 16.30 Uhr. Eintritt £ 19, erm. £ 16 bzw. £ 9.50, Familienticket £ 50. Wer online bucht, spart £ 1 pro Erwachsenem. www.hrp.org.uk/TowerOfLondon. Empfehlenswert ist der Audioguide. Ceremony of the Keys, 2nd Floor, Waterloo Block, HM Tower of London, EC3N 4AB.

Tower Bridge: Obwohl gerade erst ein gutes Jahrhundert alt, ist die Tower Bridge das am meisten fotografierte Wahrzeichen Londons. Die 1894 in der

Technisches Wunderwerk: Tower Bridge

Nähe des Towers errichtete Hängebrücke wurde als technisches Wunderwerk bestaunt, da ihr bewegliches Mittelteil hochgezogen werden kann, um so auch größeren Schiffen die Durchfahrt zu ermöglichen. Der Architekt war *Sir Horace Jones*, der auch den Smithfield Market und den Leadenhall Market entworfen hat, allerdings wurde sein ursprünglicher Entwurf von den Ingenieuren John Wolfe Barry und G. D. Stevenson abgeändert. Die Zugbrücke gilt als technische Meisterleistung: Innerhalb von 90 Sekunden ist es möglich, die beiden Flügel hochzuziehen. Obwohl die Brücke damals mit modernster Hydrauliktechnik betrieben wurde, hüllte man den Mechanismus und das Stahlskelett in ein mittelalterliches Kalkstein-Gewand, damit Brücke und Tower ein harmonisches Ensemble bildeten.

Wer will, kann die Brücke auf dem hoch gelegenen Fußweg überqueren. Der Eingang befindet sich im Nordwestturm, den man mit einem Lift oder über die Treppe erreichen kann. Von den Fußgängerwegen hat man dann einen imposanten Blick auf die Themse und die Umgebung. Im Turm erwartet den Besucher außerdem eine Ausstellung über die Konstruktion der Brücke (*Tower Bridge Experience*), die vor allem für Technik-Freaks interessant ist. Im Südturm wird ein Modell der Tower Bridge gezeigt und die Geschichte der Londoner Brücken dokumentiert.

SE1. Ⓤ Tower Hill. Tgl. 10–17.30 Uhr, im Winter bis 17 Uhr. Eintritt £ 8, erm. £ 5.60 oder £ 3.40 (Kombiticket mit The Monument £ 9, erm. £ 6.20). www.towerbridge.co.uk.

Lloyd's Building: Lloyd's, die wohl berühmteste Versicherungsgesellschaft der Welt, ließ sich von 1978 bis 1986 für 169 Millionen Pfund den bis dahin wohl architektonisch anspruchsvollsten Bau in der Londoner City errichten. Die Pläne stammen von *Richard Rogers*, der kurz zuvor mit seinem Pariser Centre Pompidou für Furore gesorgt hatte. Rogers bewältigte seine Aufgabe mit Bravour und schuf ein Bürogebäude mit einer Fläche von 47.000 Quadratmetern, dessen Erscheinungsbild einem „Archi-

Im klassizistischen Gewand: Royal Exchange

tekturbausatz“ ähnelt, bei dem alle tragenden Elemente deutlich sichtbar hervortreten. Die Büroeinheiten, *boxes* genannt, sind kreisförmig um ein 70 Meter hohes Atrium herumgruppiert, das eine geradezu sakrale Atmosphäre ausstrahlt. Faszinierend wirkt das Gebäude vor allem nachts, wenn die Fassade in grünen und bläulichen Tönen den Himmel erleuchtet.

Lime Street, EC3. Ⓤ Monument.

Bank of England: Krieg kostet Geld und fordert Menschenleben. Dies wusste auch William III. Soldaten standen in ausreichender Zahl zur Verfügung, das weitaus größere Problem waren die Geldmittel, um den Krieg gegen Frankreich zu finanzieren. Um diese Hürde zu bewältigen, wurde 1694 mit Hilfe von 40 Kaufleuten die Bank of England gegründet. Seit 1734 befindet sich die Bank of England an ihrem heutigen Platz, doch währte es zwei Jahrhunderte, bis das Gebäude durch mehrmalige An- und Umbauten sein heutiges Gesicht erhielt. Das **Bank of England Museum** befasst sich mit der Geschichte und den Funktionen der Bank. Sehenswert ist die Rekonstruktion einer Schalterhalle aus dem späten 18. Jahrhundert. In der Rotunde sind neben alten Münzen und Banknoten auch Goldbarren ausgestellt. Videofilme und ein Händlerpult mit Telefonkontakt zur Börse laden zur aktiven Auseinandersetzung mit dem Geld- und Bankwesen ein.

Threadneedle Street (Eingang zum Museum in der Bartholomew Lane), EC2. Ⓤ Bank. Mo–Fr 10–17 Uhr. Eintritt frei! www.bankofengland.co.uk/museum.

Royal Exchange: Als Royal Exchange bezeichnete man ursprünglich einen Warenumschlagplatz, der 1566 nach dem Vorbild der Antwerpener Börse eröffnet wurde. Das heutige Gebäude, in dem spekulative Terminkontrakte gehandelt werden, ist ein eindrucksvoller klassizistischer Bau, der mit seinen acht korinthischen Säulen einem griechischen Tempel nachempfunden wurde.

Threadneedle Street, EC2. Ⓤ Bank.

Mansion House: Der Amtssitz des Lord Mayor – so wird der Bürgermeister der Londoner City genannt – wurde von 1739 bis 1752 nach Plänen von George

Dance mit einem klassizistischen Portikus errichtet. Da der Bürgermeister in der City traditionell die Gerichtshoheit ausübt, haben zwei Gerichtshöfe im Mansion House ihren Sitz. Wer verurteilt wurde, wanderte früher umgehend in den Keller, der elf Gefängniszellen barg. Zehn für Männer und eine als „Vogelkäfig“ bezeichnete Zelle für Frauen. Der prominenteste weibliche Häftling war übrigens die Frauenrechtlerin *Emmeline Pankhurst* (1858–1928).

Mithrastempel: Keine römische Stadt ohne Tempel, dieser Grundsatz galt auch für das antike *Londinium*. Historisch interessierte Besucher können allerdings nur noch die Grundmauern eines einzigen Tempel besichtigen, der im 3. Jahrhundert errichtet wurde. Die dem Gott Mithras geweihten Tempel waren Teil eines Mysterienkultes, der auf Erlösung und Wiedergeburt ausgerichtet war und vor allem von den Legionären gepflegt wurde. Die Funde, die bei den Ausgrabungen gemacht wurden, kann man im Museum of London besichtigen.

Die 1954 bei Bauarbeiten freigelegten Grundmauern des römischen Mithrastempels wurden schon bald nach ihrer Entdeckung an die Queen Victoria Street versetzt, um Platz für ein Bauvorhaben zu schaffen. Erst im Rahmen der Neubebauung des Walbrook Square, das vom renommierten Architekturbüro Foster & Partner geplant wurde, soll die Rückführung des Tempels an seinen ursprünglichen Standort erfolgen, wobei er geschickt in die Neukonzeption des Platzes mit seinen vier futuristischen Hochhäusern (Fertigstellung 2013) integriert werden soll.

Guildhall: Die aus dem 15. Jahrhundert stammende Guildhall gehört zu den wenigen Bauten der City, die das Große Feuer von 1666 und den Bombenhagel des Zweiten Weltkriegs überstanden haben. Die dadurch verursachten Schäden konnten bei der Restaurierung weitgehend beseitigt werden; die Krypta ist unzerstört erhalten geblieben. Wie der Name Guildhall bereits andeutet, hatten hier einst die zwölf wichtigsten Gilden (Zünfte) der Stadt ihren Sitz. In dem rund 50 Meter langen Festsaal, der *Great Hall*, findet alljährlich im November die Amtseinführung des Lord Mayor statt. Gewöhnungsbedürftig ist allerdings das bunte Zusammenspiel alter und moderner Architekturstile rund um den Platz vor der Guildhall. Ein Uhrenmuseum und die *Guildhall Library*, die zahlreiche wertvolle Dokumente und Bücher zur Londoner Geschichte besitzt, befinden sich in dem modernen, betongrauen Westflügel.

Gresham Street, SE1. Ⓤ Bank. Tgl. 10–17 Uhr.

Guildhall Art Gallery: Die Kunstsammlung der City of London umfasst mehr als 4000 Kunstobjekte aus fast vier Jahrhunderten. Die Dauerausstellung im östlichen Teil der Guildhall bietet einen guten Einblick in die Sammlung, darunter auch eine Marmorstatue von Margret Thatcher, die vor allem dadurch berühmt geworden ist, dass ein unzufriedener Zeitgenosse, der noch eine Rechnung mit der ehemaligen Premierministerin offen hatte, die Statue 2002 „geköpft“ hat. Im Untergeschoss befinden sich zudem die 1988 freigelegten Grundmauern eines fast 2000 Jahre alten römischen Amphitheaters, die stimmungsvoll beleuchtet sind.

Gresham Street, SE1. Ⓤ Bank. Tgl. 10–17 Uhr, So 12–16 Uhr. Eintritt £ 5, erm. £ 3. www.guildhall-art-gallery.org.uk.

Museum of London: Zugegeben, der weiß gekachelte Bau wirkt nicht gerade anziehend, doch sollte man keinesfalls einen Besuch des 1976 eröffneten Londoner Stadtmuseums versäumen. Direkt neben einem Teilstück der römischen Stadtmauer gelegen, lädt das Museum zu einer didaktisch sehr ansprechenden Erkundung der Stadtge-

City of London → Karte S. 98/99

schichte ein. Im Vordergrund stehen – abgesehen vom Großen Feuer des Jahres 1666 – weniger die bedeutenden Ereignisse, sondern in erster Linie die Sozial- und Kulturgeschichte der englischen Hauptstadt. Bei einem im Obergeschoss beginnenden Rundgang wird dem Besucher Londons Geschichte als buntes Kaleidoskop präsentiert. Von der Frühgeschichte über die römische Epoche (Bodenmosaike sowie Skulpturen vom Mithrastempel) bis zum multikulturellen London der neunziger Jahre wird nichts ausgelassen. Interessant sind auch die zahlreichen Modelle des Towers, des antiken Hafens oder der alten London Bridge. Besonders prachtvolle Exponate sind die reich verzierte Kutsche des Lord Mayor – die 1757 gefertigte Staatskarosse bringt mit ihren drei Tonnen mehr Gewicht auf die Waage als ein moderner Mercedes-Benz – und ein Art-déco-Aufzug, der aus dem an der Oxford Street gelegenen Kaufhaus Selfridges stammt. Die Lower Galleries, die sich mit der Geschichte Londons von 1666 bis in die Gegenwart beschäftigen, präsentieren sich nach umfangreichen, zwanzig Millionen Pfund teuren Renovierungsarbeiten seit dem Sommer 2010 mit einer vollkommen neuen Dauerausstellung.

Ein Tipp: Da sich das Museum stets um ansprechende Sonderausstellungen bemüht, lohnt sich ein Besuch bei jedem Londonaufenthalt.

London Wall, EC2. Ⓤ St Paul's. Tgl. 10–17.50 Uhr, So erst ab 12 Uhr. Eintritt frei! Sonderausstellungen: £ 5. www.museumoflondon.org.uk.

Barbican Centre: Der riesige, zwischen 1959 und 1981 errichtete Komplex des Barbican Centre – der Name erinnert an einen mittelalterlichen Wachtturm – wird von manchen Leuten als das englische Gegenstück zum New Yorker Lincoln Centre bezeichnet. Unter „einem Dach“ sind hier die *Concert Hall*, das *Royal Shakespeare Company Theatre*, das *Pit Theatre*, die Kunstgalerie *Barbican Art Gallery*, die *Exhibition Hall*, eine *Bibliothek* und mehrere Kinos vereint. Im Konservatorium spielt auch das berühmte *London Symphony Orchestra*. Innenhöfe, Cafés, Bars und Restaurants sorgen für einen gemütlichen Rahmen und bieten stille Rückzugsmöglichkeiten. Überraschenderweise birgt das Areal selbst eine Kirche (*St Giles Cripp-*

Barbican Centre

legate Church) und einen künstlichen See (*Barbican Lake*).

Silk Street, EC2. Ⓤ Barbican oder Moorgate.

St Paul's Cathedral: Seit Jahrhunderten prägt die Kuppel der St Paul's Cathedral die Londoner Stadtsilhouette. Doch in der jüngsten Vergangenheit hat sie ihre Wirkung etwas eingebüßt, da sie allmählich immer mehr von den Bürotürmen der Londoner City eingezwängt wird, die sie oft um das Doppelte überragen. Nichtsdestotrotz sind die Dimensionen der Kirche noch immer beeindruckend: Der Sitz des anglikanischen Bischofs von London ist nach dem Petersdom zu Rom das zweitgrößte Gotteshaus Europas; das Kirchenschiff misst 152 Meter in der Länge! Ob die Krypta, wie behauptet, tatsächlich die größte Europas ist, sei dahingestellt, sicherlich ist sie aber die einzige in Europa, die neben einem Souvenirshop auch noch ein Café und ein Restaurant beherbergt. Ähnlich wie in der Westminster Abbey ruhen in der Krypta von St Paul viele Persönlichkeiten der englischen Geschichte, allerdings weniger Literaten als Politiker, Kriegshelden und andere herausragende Persönlichkeiten wie beispielsweise der Duke of Wellington, Lord Horatio Nelson, Florence Nightingale sowie der Architekt der Kirche, Sir Christopher Wren. (Der von außen zugängliche Eingang der Krypta befindet sich beim nördlichen Kirchturm).

Obwohl St Paul einst „nur" die Londoner Stadtkirche war, ist sie als Gemeindekirche des British Commonwealth auch ein Bauwerk mit großem nationalem Symbolwert. Winston Churchill soll sich im Zweiten Weltkrieg jeden Morgen erkundigt haben, ob St Paul noch stehe. Glücklicherweise überstand die Kathedrale die deutschen Bombardements ohne größere Schäden. Und es war auch St Paul und nicht etwa Westminster Abbey, wo Lady Diana Spencer und Prince Charles am 29. Juli 1981 den Bund fürs Leben schlossen. Die Traumhochzeit des britischen Thronfolgers wurde übrigens weltweit von 750 Millionen Menschen vor dem Fernseher verfolgt.

Mächtig: St Paul's Cathedral

Historisch gehört St Paul zu den ältesten Kirchen Londons und kann auf vier Vorgängerbauten zurückblicken. Die erste hölzerne Kirche wurde wahrscheinlich an der Stelle eines römischen Apollotempels errichtet. Der unmittelbare Vorgängerbau *Old St Paul's* war mit seinem 142 Meter hohen hölzernen Kirchturm einer der größten und schönsten Sakralbauten Europas. Doch als 1666 das *Great Fire* in der City wütete, fiel auch *Old St Paul's* den Flammen zum Opfer. Den Auftrag zum Neubau erhielt Christopher Wren (1632–1723), ein junger begabter Architekt, der zuvor bereits Pläne für eine Restaurierung von *Old St Paul's* vorgelegt hatte. Ursprünglich wollte Wren einen streng klassizistischen, vollständig symmetrischen Zentralbau errichten, doch musste er sich dem Druck der Anglikanischen Kirche beugen und die traditionelle Kreuzform als Grundriss wählen.

Aufgrund seiner klaren Formensprache gilt St Paul als das Meisterwerk von *Christopher Wren*, dem wohl bekanntesten Baumeister im nachrepublikanischen London. Die Bauarbeiten begannen 1675. Weil sich der Bau über Jahrzehnte hinzog, kürzte man Wrens Gehalt von 200 Pfund auf die Hälfte, wogegen der Baumeister später mit Erfolg

Architektonische Kontraste

bei der Königin protestierte. Doch Wren hatte auch noch in anderer Hinsicht Glück: Er gehörte 1710 zu den wenigen Architekten einer großen Kirche oder Kathedrale, denen es vergönnt war, die Fertigstellung ihres eigenen Bauwerks miterleben zu dürfen. An Wrens 78. Geburtstag legte sein Sohn den letzten Stein auf das Kuppelgewölbe.

Die Kirche selbst zeigt sich trotz ihrer Dimensionen als ein harmonischer, von der italienischen Renaissance beeinflusster Bau mit zwei Barocktürmen. Verglichen mit der Formenfülle deutscher Barockkirchen strahlt die Kathedrale eine geradezu unterkühlte Atmosphäre aus. Wer die Kirche besucht, sollte nicht versäumen, die 530 Stufen zur 111 Meter hohen Kuppel und der Flüstergalerie emporzusteigen (der Eingang zum Aufstieg befindet sich in der Ecke, wo das südliche Seiten- und Querschiff aufeinandertreffen). Die *Whispering Gallery* verdankt ihren Namen ihrer phänomenalen Akustik, so dass selbst geflüsterte Worte von der anderen Seite der Galerie deutlich zu hören sind. Eine weitere Wendeltreppe führt zur *Stone Gallery*, die den unteren Teil der Kuppel umläuft. Nochmals 166 Stufen muss bewältigen, wer hinauf zur *Golden Gallery* will, die eine phantastische Aussicht über London gewährt!

St Paul's Churchyard, EC4. Ⓤ St Paul's. Mo–Sa 8.30–16 Uhr, Galleries ab 9.30 Uhr. Eintritt £ 15, erm. £ 14, bis 16 Jahre £ 6, Familien £ 36. www.stpauls.co.uk.

Old Bailey: Das oberste Gerichtsgebäude der Stadt (*Central Criminal Court*) wird überragt von einer 165 Meter hohen Kuppel. Auf dieser befindet sich die vier Meter hohe Statue der *Justitia* (Lady of Justice). Alle fünf Jahre wird sie neu vergoldet und jedes Jahr im August gründlich gereinigt.

An den ersten beiden Verhandlungstagen jedes Verfahrens kommen die Richter mit Blumensträußen in den Sitzungssaal, zudem werden duftende Kräuter im Saal verstreut. Dabei handelt es sich nicht etwa um ein Relikt aus der Flower-Power-Generation, sondern um eine Sitte, die mit dem englischen Sinn für das Praktische zu tun hat: Früher befand sich in unmittelbarer Nähe das berühmt-berüchtigte Newgate Prison. Die Zustände waren dort derart schlimm und der Gestank aus dem Gefängnis so penetrant, dass es die Richter vorzogen, sich mit angenehmeren Düften zu umgeben. Klimaanlagen und Raumsprays kannte man damals schließlich noch nicht.

Hinweis: Die Gerichtssitzungen sind generell öffentlich, man kann montags bis freitags von 10.30 bis 13 Uhr sowie zwischen 14 und 16 Uhr daran teilnehmen. Das Mindestalter für Zuschauer liegt bei 14 Jahren. Es ist nicht erlaubt, ein Mobiltelefon mitzuführen!

Newgate Street, EC2. Ⓤ St Paul's.

St Bartholomew the Great: Ein Fachwerk verziertes Torhaus aus der Tudorzeit führt zu der Kirche eines 1123 gegründeten Augustinerklosters. St Bartholomew the Great ist eine der ältesten Kirchen Londons und gilt mit seinen wuchtigen normannischen Pfeilern als ein Meisterwerk der romanischen Architektur. Nachdem Heinrich VIII. die Klöster säkularisiert hatte, wurde das Hauptschiff bis auf das Torhaus zerstört, der Chor, ein Teil des Wandelgangs mit seinem Kreuzgewölbe sowie die Lady Chapel blieben aber erhalten und trotzten auch dem Großen Feuer von 1666. Die stimmungsvolle Kirche diente übrigens schon mehrfach als Filmkulisse, so wurden hier Szenen zu den Filmen „Vier Hochzeiten und ein Todesfall", „Shakespeare in Love" sowie „Amazing Grace" gedreht. Das gleichnamige Krankenhaus, von den Einheimischen schlicht *Barts* genannt, war das erste Krankenhaus von London.

St Bartholomew the Great, EC2. Ⓤ Barbican. Mo–Fr 8.30–17 Uhr, Sa 10.30–16 Uhr, So 8.30–20 Uhr. Eintritt £ 4, erm. £ 3.50. www.greatstbarts.com.

Nicht nur die Börsenkurse sollen glänzen

Praktische Infos

→ Karte S. 98/99

Essen und Trinken

Brasserie Blanc 11, ansprechende französische Küche vom *Salade de chèvre chaud* bis zum *Steak Tartare* zu angemessenen Preisen. Hauptgerichte ab £ 15. Am Wochenende geschlossen. Trinity Square, EC3, ✆ 020/74805500. www.brasserieblanc.com. Ⓤ Tower Hill.

Café Below **3**, in der Krypta der Kirche von St Mary-le-Bow befindet sich eines der besten vegetarischen Restaurants von London. Hervorragende Suppen und Salate sowie Hauptgerichte zwischen £ 6 und £ 10. Mo–Fr 7.30–15 Uhr. Cheapside, EC2, ✆ 020/73290789. www.cafebelow.co.uk. Ⓤ Bank. ■

Taberna Etrusca **4**, ansprechendes italienisches Restaurant mit lang gestrecktem Gastraum. Lecker ist der *Baby squid with chilli, olives & tomatoes*. Nudelgerichte ab £ 8.50, Hauptgerichte £ 12–20. 12,5 % service charge. Straßenterrasse. 9–11 Bow Churchyard, EC4, ✆ 020/72485552. www.etruscarestaurants.com. Ⓤ Bank.

Thai Square City **5**, der derzeit beliebteste Thailänder in der City. Auf zwei Etagen werden im modernen Ambiente fernöstliche Köstlichkeiten zu angemessenen Preisen serviert. Hauptgerichte ab £ 7. Am Wochenende geschlossen. 136–138 The Minories, EC3, ✆ 020/76801111. www.thaisquare.net. Ⓤ Aldgate.

Immer hilfsbereit: Beafeater am Tower

Kasturi **2**, dieses indische Restaurant wurde schon mehrfach zurecht bei den British Curry Awards ausgezeichnet. Egal, ob eine der Vorspeisen oder das klassisches *Chicken Tikka* – das Niveau der Küche ist überdurchschnittlich. Hauptgerichte ab £ 10. Sonntag Ruhetag. 57 Aldgate High Street, EC3, ✆ 020/74807402. www.kasturi-restaurant.co.uk. Ⓤ Aldgate.

Shaw's Booksellers **9**, der Name verwirrt; es handelt sich hier keineswegs um eine Buchhandlung, sondern um einen der angenehmsten Pubs in der Londoner City, mit schönen, großen Fenstern. Gute Küche, Hauptgerichte rund £ 14, auch deftige Sachen wie Lammleber mit Artischocken. Am Wochenende geschlossen. 31–34 St Andrews Hill, EC4, ✆ 020/74897999. Ⓤ Blackfriars.

Lamb Tavern **10**, mitten im Leadenhall Market gelegen, erfreut sich der Pub seit mehr als 200 Jahren großer Beliebtheit. Am Wochenende geschlossen. 10–12 Grand Avenue, EC3, ✆ 020/76262454. www.thelambtavern.co.uk. Ⓤ Bank oder Monument.

Simpson's Tavern **6**, kleiner, alteingesessener Pub in einem 300 Jahre alten Haus, etwas versteckt in einem Hinterhof. Restaurant im ersten Stock. Nur werktags 8–15.30 Uhr geöffnet. Off Ball Court, 38 Cornhill, EC3, ✆ 020/76269985. www.simpsonstavern.co.uk. Ⓤ Bank oder Monument.

Shopping

Leadenhall Market **8**, eigentlich eine viktorianische Einkaufsarkade und daher schon von der Architektur her interessant. Unter den gusseisernen Bögen werden inzwischen vor allem edle Klamotten angeboten (besonders geschäftig geht es in den Mittagsstunden zu, wenn von Mittwoch bis Freitag warme Gerichte inmitten des Marktes zubereitet werden). Wer will, kann sich auch vor dem Restaurantbesuch meisterlich die Schuhe putzen lassen. Werktags 7–16 Uhr. Whittington Avenue, EC3. www.leadenhallmarket.co.uk. Ⓤ Bank oder Monument.

Somerset House

Tour 2: Strand, Fleet Street und Holborn

Da London ursprünglich aus zwei Städten, der City of London und der City of Westminster, bestand, kann man die Law Courts guten Gewissens als Nahtstelle bezeichnen. Die Gerichtshöfe liegen direkt an der Fleet Street, die als „Straße der Tinte" weltberühmt geworden ist.

Die Geburtsstunde der Inns of Court schlug gegen Ende des 13. Jahrhunderts, als König *Eduard I.* einen großen Teil der Rechtsprechung auf einige vom Gericht bestimmte Personen übertrug, um den Kirchenfürsten die Gerichtsbarkeit zu entziehen. Um diesen Einstieg in das *English Common Law* zu ermöglichen, wurden auf einem Areal, das einst dem Orden der Tempelritter gehört hatte, die ersten Rechtsschulen gegründet. Im Laufe des 15. und 16. Jahrhunderts entstand dann eine beschauliche Anlage mit Höfen, Gärten und Kirchen. In unmittelbarer Nachbarschaft, in der Fleet Street, eröffnete *Wynkyn de Worde* im Jahre 1491 eine Druckerwerkstatt. Mit einiger Verzögerung zogen auch die Zeitungsverleger in die Fleet Street. Den Anfang machte der *Daily Courant*, der am 11. März 1702 erstmals erschien. Zahllose weitere renommierte Tageszeitungen, darunter die *Times*, sollten folgen. Ein Standortvorteil war die Nähe zu den Gerichten und zur Börse, so dass die Journalisten noch kurz vor Redaktionsschluss die neuesten Urteile kommentieren konnten. Zusätzliche Hintergrundinformationen erhielt man in den umliegenden Pubs. Bis in die achtziger Jahre war die „Straße der Tinte", wie die Fleet Street liebevoll genannt wurde, das Zentrum der britischen Zeitungsindustrie. In den Untergeschossen der Bürohäuser wurden alle großen Zeitungen,

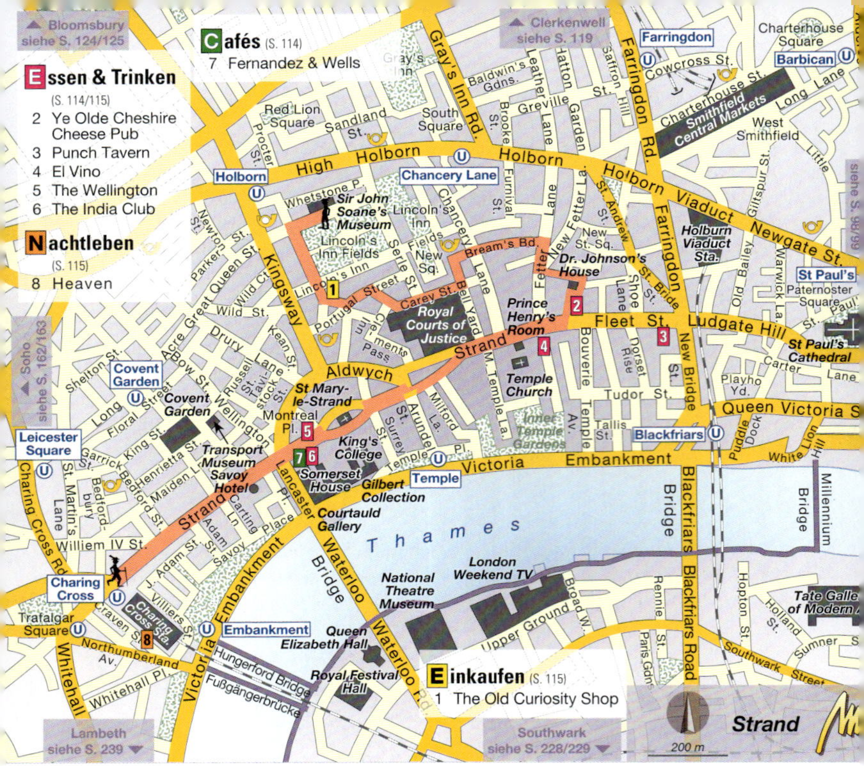

wie der *Daily Telegraph*, die *Financial Times* und der *Daily Express*, gedruckt. Da es durch die Entwicklung neuer Redaktions- und Produktionstechnologien nicht mehr länger notwendig war, dass Journalisten, Setzer und Drucker gemeinsam unter einem Dach arbeiten, lagerten viele Zeitungen ihr Druckhaus in die Docklands aus.

Spaziergang

Charing Cross war einst der geographische Mittelpunkt Londons und ist noch heute ein wichtiger Verkehrsknotenpunkt. Als 1290 die Gemahlin von Eduard I. verstarb, ließ er sie in der Westminster Abbey beisetzen. Wo immer der Leichenzug eine Rast einlegte, errichtete der König später ein Kreuz. Das dreizehnte Kreuz war das Charing Cross (frz. chère reine = geliebte Königin). Mitte des 17. Jahrhunderts wurde das steinerne Kreuz abgerissen. Eine Nachbildung stellten die Stadtväter 1865 auf den Vorplatz der *Charing Cross Station*. Der laute und hektische Strand – der Name erinnert daran, dass das Themseufer hier einst verlief – führt am **Savoy Hotel** vorbei zum **Somerset House**, das ab 1776 von William Chambers im Stil eines Pariser Hôtels errichtet wurde. Es beherbergt die **Courtauld Gallery** mit ihrer berühmten Impressionistensammlung sowie die **Hermitage Rooms**. Beim Verlassen des Somerset House fällt der Blick auf die klassizistische **St Mary-le-Strand**. Ein Stück weiter, genau an der Stelle, an welcher der Strand in die Fleet Street übergeht, erhebt sich das neugotische Gebäude der **Royal Courts of Justice**. Die imposante Eingangshalle wurde einem gotischen Kirchenschiff nachempfunden. Direkt neben dem nicht mehr zugänglichen **Prince Henry's Room** führt ein schmaler Durchgang (*Inner Temple Gateway*) zu den **Inns of Court**. In dem Labyrinth der Gassen und Höfe liegt auch die *Temple Church*, der bedeutendste mittelalterliche Rundbau in England. Wie der Name bereits andeutet, wurde die Kirche von den Tempelrittern nach dem Vorbild der Grabeskirche von Jerusalem errichtet. Wieder zurück auf der Fleet Street zweigt eine unscheinbare Gasse ab, die zu dem in einer Art Hinterhof gelegenen **Dr Johnson's House** führt. Literaturfreunde verharren andächtig vor dem nahen *Old Curiosity Shop* in der Portsmouth Street, den Charles Dickens literarisch verewigt hat. Das windschiefe Haus ist nur einen Steinwurf weit von *Lincoln's Inn Fields* entfernt, einem der größten Plätze Londons. An seiner Nordseite lockt das **Sir John Soane's Museum** mit seiner ungewöhnlichen Sammlung.

Sehenswertes

Savoy Hotel: Das 1889 eröffnete Savoy Hotel zählt neben dem Ritz zu den Londoner Hotellegenden. In das Gästebuch haben sich so bekannte Namen wie Enrico Caruso, Maria Callas, Charlie Chaplin, Marlene Dietrich und Harry Truman eingetragen. Und der berühmte Koch Georges Auguste Escoffier hat hier sein berühmtes, nach der Opernsängerin Nelie Melba benanntes Dessert „Pfirsich Melba“ erstmals serviert.

Wer nicht mindestens 350 Pfund für eine Nacht ausgeben will, kann dennoch gern einen Blick in die Lobby werfen. Linker Hand vor der American Bar wurde ein kleines Museum eingerichtet, das hauptsächlich mit Fotografien an die berühmtesten Gäste erinnert.

Savoy Hotel, Strand, WC2R. Ⓤ Charing Cross. Eintritt frei. www.fairmont.com/savoy.

Prunkvoll: Die Lobby des Savoy Hotels

Somerset House: Das klassizistische Somerset House ist einer der imposantesten Stadtpaläste Londons. Als Architekt zeichnete sich der Schotte *William Chambers* (1723–1796) verantwortlich. Früher reihten sich am Strand mehrere weitläufige Paläste aneinander, doch fielen sie alle der Abrissbirne zum Opfer. Das Somerset House wurde unlängst für 50 Millionen Pfund renoviert und präsentiert sich in seiner alten Pracht. Dadurch wurde der Innenhof mit seinem Springbrunnen wieder für die Öffentlichkeit frei zugänglich. Das Gebäude beherbergt mit der Courtauld Gallery ein bedeutendes Museum. Im Sommer finden im Hof Konzerte mit klassischer Musik statt. Neben einem Restaurant wurde auch ein Sommercafé mit wunderschönem Blick auf die Themse eingerichtet. Nicht nur zur Freude der Kinder sprudeln im Sommer jede halbe Stunde die 55 Fontänen einer unterirdisch verlegten Brunnenanlage.

Somerset House, Strand, WC2R. Ⓤ Temple. www.somerset-house.org.uk.

Courtauld Gallery: Obwohl die Courtauld Gallery nur über eine bescheidene Ausstellungsfläche verfügt, besitzt sie eine der hochkarätigsten Kunstsammlungen von ganz England. Gegründet wurde die Galerie 1932 von *Samuel Courtauld*, einem kunstinteressierten Textilfabrikanten, der es Studenten der Kunstgeschichte ermöglichen wollte, sich über längere Zeit mit einem Gemälde auseinanderzusetzen. Lange Zeit war die einzigartige Sammlung über mehrere Universitätsgebäude verstreut, bis sie 1990 im Somerset House zusammengeführt wurde.

Zum Fundus der Courtauld Gallery gehören alte Meister wie Rubens, Tiepolo, Tintoretto, Botticelli, van Dyck, Pieter Breughel d. Ä. sowie Lucas Cranach und vor allem französische Impressionisten und Postimpressionisten. Zu sehen sind so berühmte Gemälde wie *Die Kartenspieler* von Paul Cézanne, *Adam und Eva* von Lucas Cranach d. Ä, Auguste Renoirs *La Loge* sowie Vincent van Goghs *Selbstporträt mit abgeschnittenem Ohr*. Ergänzt durch zahlreiche Werke von Édouard Manet, Edgar Degas, Claude Monet, Camille Pissarro, Henri Rousseau, Paul Gaugin, Georges-Pierre Seurat, Amedeo Modigliani und Henri Toulouse-Lautrec. Das 20. Jahrhundert ist mit Matisse, Derain, Oskar Kokoschka sowie Raoul Dufy vertreten. Fazit: Eine Sammlung, die man sich ansehen muss!

Somerset House, Strand, WC2R. Ⓤ Temple. Tgl. 10–18 Uhr Eintritt £ 6, erm. £ 4.50. Mo 10–14 Uhr: Eintritt frei! www.courtauld.ac.uk.

Hermitage Rooms: Die „Freunde der Eremitage" informieren in zwei Räumen des Somerset House über die mit drei Millionen Exponaten größte Kunstsammlung in Sankt Petersburg.

Somerset House, Strand, WC2R. Ⓤ Temple. Tgl. 10–18 Uhr. Eintritt frei! www.hermitagerooms.com.

St Mary-le-Strand: Die 1714–1717 von *James Gibbs* im klassizistischen Stil errichtete Kirche erhebt sich auf einer Verkehrsinsel inmitten des Strand. Durch einen halbrunden Säulenportikus gelangt man in das zweigeschossige Kirchenschiff, das von einem wohlproportionierten Glockenturm gekrönt wird.

Royal Courts of Justice: Seit Ende des 19. Jahrhunderts hat der oberste Gerichtshof von England hier seinen Sitz. 1874 begannen die Arbeiten unter Anleitung des Architekten G. E. Street, doch es dauerte acht Jahre, bis Queen Victoria den neogotischen Bau einweihen konnte. Über tausend Räume und mehr als 5,5 Kilometer lange Korridore findet man im Inneren. Von der riesigen Eingangshalle mit ihrem eindrucksvollen Mosaikfußboden kommt man in einen kleineren Nebenraum, in dem einige Roben ausgestellt sind. Während der Öffnungszeiten darf man auf allen *Public Galleries* den Verhandlungen beiwohnen.

Adresse: Strand, WC2. Ⓤ Temple. Geöffnet: Mo–Fr 9.30–16.30 Uhr.

Inns of Court: In der unmittelbaren Umgebung der Royal Courts of Justice befinden sich die vier *Inns of Court* (Lincoln's Inn, Inner Temple, Middle Temple und Gray's Inn). Hier werden die *Barristers*, jene Rechtsanwälte, die vor Gericht plädieren dürfen, ausgebildet. Ihr besonderer Status – im Vergleich zu den übrigen Advokaten – ist allein an ihrer kleinen Zahl zu erkennen, denn in England und Wales gibt es gerade einmal 6000 *Barristers* (alle anderen Juristen heißen *Solicitors*). Und nur ein *Barrister* kann in den Richterstand erhoben werden. Wer allerdings ein solcher Elitejurist werden will, muss zunächst den mühevollen Weg durch die altehrwürdigen Rechtsschulen gehen. Alle vier Rechtsgelehrtenschulen besitzen einen großen Speisesaal, eine Bibliothek und eine Kapelle. Für die Öffentlichkeit sind lediglich die ruhigen

Charing Cross

Innenhöfe zugänglich. Ab und zu kann man hier die Gelehrten in ihren schwarzen Roben und weißen Perücken beobachten.

Strand, WC2. Achtung: Zugang nur werktags möglich. Ⓤ Temple (für die beiden Temple Inns), Holborn oder Chancery (für Lincoln's Inn) und Chancery (für Gray's Inn).

Prince Henry's Room: Das 1611 errichtete Haus ist eines der wenigen Gebäude, die 1666 vom Großen Feuer verschont geblieben sind. Benannt nach dem ältesten Sohn von König James I. – die Stuckdecke im ersten Stock zieren seine Initialen.

17 Fleet Street, EC4. Ⓤ Temple.

Dr Johnson's House: Der Kritiker *Samuel Johnson* (1709–1784) gilt als der herausragende Gelehrte der englischen Spätaufklärung. Außer Shakespeare wird kein englischer Schriftsteller so häufig zitiert wie Samuel Johnson. Von 1748 bis 1759 lebte Johnson in diesem Haus und arbeitete zusammen mit

Strand, Fleet Street und Holborn → Karte S. 110

Gestylt: Fernandez & Wells

sechs Sekretären an seinem berühmten *Dictionary of the English Language*.

17 Gough Square, EC4. Ⓤ Chancery Lane. Mo–Sa 11–17.30 Uhr, im Winter bis 17 Uhr. www.drjohnsonshouse.org. Eintritt £ 4.50, erm. £ 3.50 bzw. £ 1.50.

Sir John Soane's Museum: Das Sir John Soane's Museum ist das wahrscheinlich ungewöhnlichste Museum in ganz London. Mit seinen verwinkelten, ineinander verschachtelten Räumlichkeiten erinnert es stark an ein frühneuzeitliches Kuriositätenkabinett. Der Architekt *Sir John Soane* (1753–1837) hat hier 24 Jahre seines Lebens verbracht und das Haus sukzessive in ein Museum umgewandelt. Seither steht das im nahezu unveränderten Zustand erhaltene Museum allen interessierten Besuchern offen. Zu den wertvollsten Exponaten zählt ein ägyptischer Sarkophag des Herrschers Seti I.; im Picture Room und anderen Zimmern hängen Bilder von Hogarth, Turner und Watteau. Um die Eingangssituation zu verbessern, erfolgte 2012 ein Durchbruch zum Nachbarhaus, dem bis zum Jahr 2014 auch eine Erweiterung und Renovierung des Museums folgen.

12 Lincoln's Inn Fields, WC2. Ⓤ Holborn. Di–Sa 10–17 Uhr sowie am 1ersten Di im Monat von 18–21 Uhr bei Kerzenlicht. Eintritt frei! Sonderausstellungen: £ 3. www.soane.org.

Praktische Infos

→ Karte S. 110

Essen und Trinken

The India Club **6**, seit nunmehr über 60 Jahren befindet sich der India Club im zweiten Stock dieses Gebäudes. Das Ambiente mit dem Linoleumboden wirkt heute etwas antiquiert, während die Küche unverändert gut ist. Serviert werden Köstlichkeiten aus dem Süden wie aus dem Norden des Subkontinents zu günstigen Preisen. Lecker ist das *Bhuna Lamb* (£ 7.50), vor den höllisch scharfen *Chillie Bhajias* (£ 2.60) sollte man sich allerdings vorsehen. Sonntag Ruhetag. 143 Strand, WC2, ✆ 020/78360650. Ⓤ Temple oder Covent Garden.

››› Mein Tipp: **Fernandez & Wells** **7**, eine kleine Oase der Ruhe ist das im Hof des Somerset House untergebrachte Café. Während auf dem Strand der Verkehr rauscht, herrscht hier klösterliche Ruhe. Doch auch das Ambiente begeistert ebenso wie die stets leckeren Kuchen und belegten Brötchen, belegt mit Ibericoschinken oder Chorizo. Straßenterrasse. Mo–Fr 8–22 Uhr, Sa 10–22 Uhr, So 10–20 Uhr. Somerset House, Strand, WC2R. www.fernandezandwells.com. Ⓤ Temple. «

Punch Tavern **3**, stilvolles viktorianisches Pub, in dem einst Journalisten, Reporter und andere Zeitungsleute verkehrten. Mittags gibt es auch Salate und Sandwiches für £ 5.50. Am Wochenende abends geschlossen. 99 Fleet Street, EC4, ✆ 020/73536658. www.punchtavern.com. Ⓤ Blackfriars.

Ye Olde Cheshire Cheese Pub **2**, eine Alternative zur Punch Tavern ist das 1667 erbaute Pub an der Fleet Street gleich neben der Nummer 143 in einer kleinen Passage, die zum Dr Johnson's House führt. Früher verkehrten hier Berühmtheiten wie Pope, Dickens, Voltaire und Doyle. Wer ein Jurastudium erfolgreich absolviert hat, wird sich unter seinen Standesgenossen sichtlich wohl fühlen. Serviert wird recht gutes englisches Essen. 145 Fleet Street, EC4. Ⓤ Blackfriars.

The Wellington **5**, klassisches Pub mit Mahagoniholz und Messingausstattung unweit des Somerset House. Ein paar Stühle stehen auf der Straße. Im Obergeschoss Restaurant mit viel englischem Publikum, aufmerksames Personal. 351 The Strand, WC2R. ✆ 020/75579881. Ⓤ Covent Garden oder Temple.

El Vino **4**, das Pub wirkt wie ein vornehmer Herrenclub, Konvention wird groß geschrieben. Und wer schon immer einmal *steak and kidney pie* (£ 13.45) versuchen wollte, ist hier an der richtigen Adresse. Nur werktags bis 22 Uhr geöffnet. 47 Fleet Street, EC4. ✆ 020/73536786. www.elvino.co.uk. Ⓤ Temple.

Heaven **8**, Europas größte Gay-Disco mit drei Tanzflächen und mehreren Bars liegt unter den Arkaden beim Bahnhof Charing Cross. Auch Hetero-Publikum. Mo, Do, Fr und Sa ab 22.30 Uhr geöffnet. Under The Arches, Craven Street, WC2. www.heavennightclublondon.com. ✆ 020/79302020. Ⓤ Farringdon.

Shopping

The Old Curiosity Shop **1**, das wahrscheinlich älteste Geschäft im Zentrum von London stammt sogar noch aus der Zeit vor dem großen Brand. Von Dickens in seiner gleichnamigen Novelle verewigt, werden hier heute hauptsächlich Schuhe und Designerklamotten verkauft. Mo–Sa 10.30–19 Uhr. 13 Portsmouth Street, WC2. www.curiosityuk.com. Ⓤ Holborn.

Strand, Fleet Street und Holborn → Karte S. 110

Fast wie zu Dickens' Zeiten

Exmouth Market ist das informelle Zentrum von Clerkenwell

Tour 3: Clerkenwell

Clerkenwell gehört zu jenen Stadtteilen, die derzeit voll im Trend liegen. In den letzten Jahren wurden leer stehende Fabrikgebäude zu schicken Lofts umgebaut, zahlreiche Szenerestaurants eröffnet, Architekturbüros und Werbeagenturen gegründet.

Die Keimzelle von Clerkenwell war eine im 12. Jahrhundert gegründete Priorei des Johanniterordens. Der Name des Stadtteils leitet sich von der *Clerk's Well* ab; einer Quelle, die 1174 erstmals erwähnt und 1924 bei Bauarbeiten wiederentdeckt wurde. Mit dem dörflichen Flair war es seit 1666 vorbei, da sich nach dem Großen Feuer im Norden der niedergebrannten City viele Handwerker, vor allem Schreiner, Uhrmacher und Juweliere, ansiedelten. Durch den Zuzug französischer Hugenotten, die 1685 aufgrund des Edikts von Fontainebleau ihre Heimat verlassen mussten und in der Londoner City kein Gewerbe ausüben durften, erlebte Clerkenwell einen weiteren wirtschaftlichen Aufschwung. Im 19. Jahrhundert ließen sich erst irische, dann italienische Immigranten in den vergleichsweise günstigen Wohnquartieren nieder. Die italienische Gemeinde von Clerkenwell zählte in ihrer „Blütezeit" über 10.000 Mitglieder, die teilweise auf engstem Raum zusammenlebten. Mit anderen Worten: Clerkenwell war ein typisches Arbeiterquartier, in dem 1902 auch ein gewisser Mr. Jacob Richter zusammen mit seiner Frau Unterschlupf fand. Eifrig strickte „Mr. Richter" an seinen revolutionären Träumen, doch sollten noch mehrere Jahre ins Land gehen, bis diese in Erfüllung gehen konnten: Nach der Oktoberrevolution von 1917 übernahm „Mr. Richter" – besser bekannt

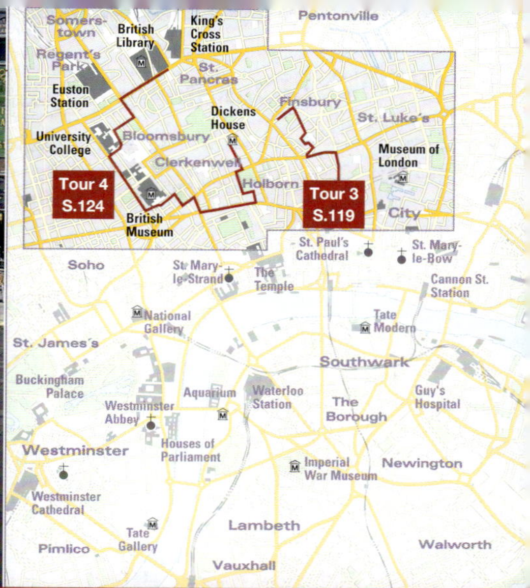

als Lenin – in der sowjetischen Regierung den Vorsitz des Rates der Volkskommissare.

Clerkenwell ist aber auch für die englische Arbeiterbewegung von Bedeutung gewesen: Die kommunistische Partei hatte lange Jahre ihre Zentrale in der St John Street und die heutige Labour Party wurde in der Farringdon Road bei einem Treffen zwischen Sozialisten und Gewerkschaftern gegründet.

Nach dem Ende des Zweiten Weltkrieges verkam Clerkenwell zunehmend, bis das durch verlassene Industriebauten geprägte Viertel zu Beginn der neunziger Jahre unerwartet vom Schmuddelkind zum Geheimtipp mutierte. Aufgrund der günstigen Mieten und der vorteilhaften Nähe zur City und nach Soho richteten sich Künstler ihre Ateliers ein, Galerien und Szenekneipen folgten nach. Quasi über Nacht war Clerkenwell en vogue. Der urbane Charakter, gepaart mit verwinkelten Gassen und kleinen Plätzen, gefiel auch den Fotografen, Graphikern und Architekten. Es wird nicht mehr lange dauern, bis sich die Künstler die Mieten für ihre Ateliers nicht mehr leisten können, da es in Yuppiekreisen als chic gilt, ein Loft in Clerkenwell zu besitzen.

Spaziergang

Zugegebenermaßen, eine Tour, die am Smithfield Market beginnt, ist eine Zumutung für jeden überzeugten Vegetarier: Auf dem Londoner Fleischgroßmarkt werden jährlich rund 500 Millionen Kilo Fleisch, und damit rund ein Zwölftel des britischen Bedarfs, umgeschlagen. Am späten Vormittag ist das blutige Treiben bereits vorbei, da die Rinder- und Schweinehälften nachts angeliefert, zerlegt und in den frühen Morgenstunden weiterverkauft werden.

Nichtsdestotrotz beeindruckt der von 1866 bis 1868 errichtete Smithfield Market allein durch seine Monumentalität. Der Architekt *Sir Horace Jones* verband gusseiserne Bögen mit einer gotisierenden Holzkonstruktion. Erst vor wenigen Jahren wurde das Ensemble für 70 Millionen Pfund renoviert, wobei die Fassade wieder in ihren ursprünglichen Zustand zurückversetzt wurde. Geographisch wird Clerkenwell im Süden vom Smithfield Market begrenzt, der aus einem mittelalterlichen Pferde- und Rindermarkt auf dem „smooth field" hervorging. Nordöstlich der Rosebery Avenue geht Clerkenwell in den Stadtteil Finsbury über, die westliche Grenze wird von der Gray's Inn Road markiert. Die St John Street führt in das Zentrum von Clerkenwell, rund um die Kreuzung zur Clerkenwell Road finden sich zahlreiche Restaurants, so das durchgestylte *Giant Robot.* Gleich ums Eck spannt sich das **St John's Gate**, das südliche Torhaus zur einstigen Johanniterpriorei, über die St John's Lane. Wir überqueren den St John's Square und gehen am Restaurant Modern Pantry vorbei durch eine Gasse. Mitten in dem sich nach Norden hin erstreckenden Straßengewirr trifft man auf die 1792 errichtete St James Church. In der benachbarten Bowling Green Lane Nr. 9 befindet sich in einer ehemaligen Schule das Büro von *Zarah Hadid,* die derzeit weltweit als weibliche Stararchitektin gehandelt wird. Vorbei an einem Spielplatz findet der geruhsame Stadtspaziergang auf dem Exmouth Market einen schönen Abschluss. Letzterer hat sich innerhalb von zehn Jahren von einer heruntergekommenen Einkaufsstraße in eine einladende Fußgängerzone mit Restaurants und Cafés verwandelt. Alteingesessene Geschäfte haben in den letzten Jahren schon mehrfach Läden weichen müssen, die dem modernen Zeitgeist mehr entsprechen. Und auch Starbucks ist schon eingezogen ...

Oliver Twist auf dem Smithfield Market

Charles Dickens, der in Deutschland leider oft nur als Autor von Jugendliteratur eingestuft wird, hat in seinem Roman *Oliver Twist,* erschienen zwischen 1837 und 1839, auch die faszinierende Atmosphäre des Smithfield Market eingefangen: „Es war Markttag. Man watete bis an die Knöchel im Schlamm; das Vieh dampfte und die weißen Schwaden mischten sich mit dem Nebel, der schwer über den Schornsteinen zu hängen schien. Alle Pferche in der Mitte des weiten Platzes und ebenso viele, die man für den Augenblicksbedarf an den freien Stellen aufgeschlagen hatte, waren voll Schafe und an den Pfählen um sie herum standen in langen Reihen Ochsen und Kühe angebunden, drei bis vier hintereinander. Bauern, Fleischer, Fuhrleute, Hausierer, Jungen, Diebe, Müßiggänger und Vagabunden der niedrigsten Klasse drängten sich in dichten Massen. Das Pfeifen der Fuhrleute, das Bellen der Hunde, das Brüllen und das Ausschlagen der Rinder, das Blöken der Schafe, das Grunzen und Quieken der Schweine, das Geplärr der Hausierer, das Schreien, Fluchen und Zanken auf allen Seiten, der Ton der Klingel und der Tumult der Stimmen in den Wirtshäusern, das Drängen, Stoßen, Treiben, Schlagen, Rufen und Grölen, der abscheulich misstönende Lärm an der Ecke des Marktes und die ungewaschenen, unrasierten, schmutzigen und unflätigen Gestalten, die ohne Unterlass hin und her liefen, bald ins Gedränge hinein, bald wieder heraus – all das ergab ein betäubendes Schauspiel, das die Sinne gänzlich verwirrte."

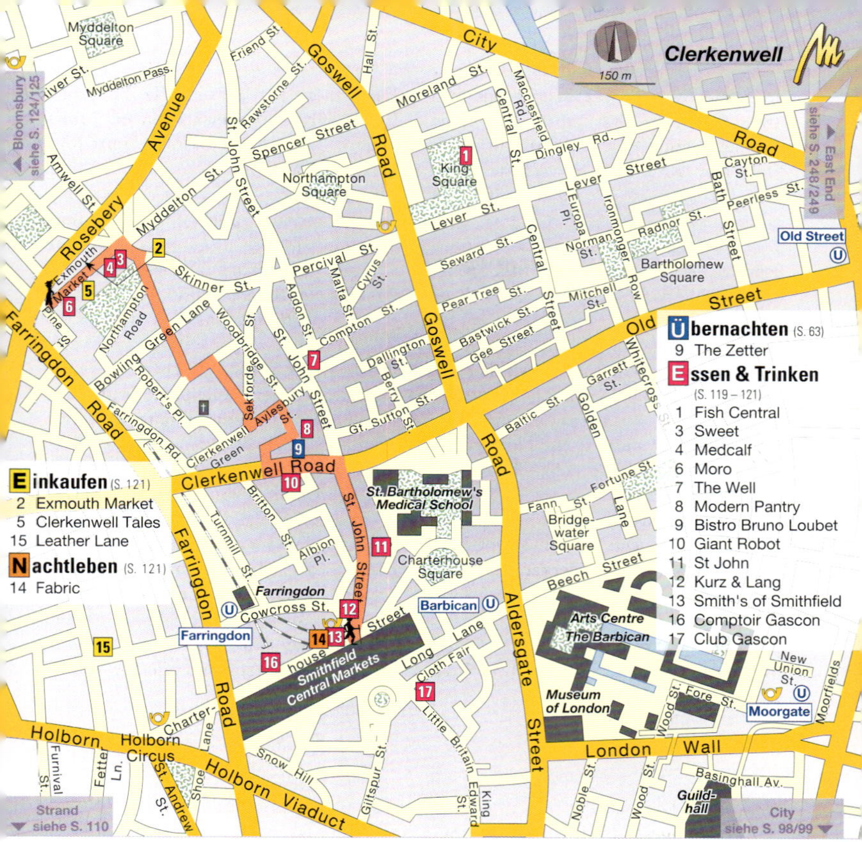

Sehenswertes

St John's Gate (Museum of the Order of St John): Das im Torhaus der ehemaligen Priorei untergebrachte Museum des Johanniterordens bietet mit Bildern und Uniformen einen kurzen, aber anschaulichen Einblick in die Geschichte des Ordens, der sich nach der Reformation nach Malta zurückgezogen hatte. Zudem verfügt das Museum über sehr gepflegte Toiletten …

St John's Lane, EC1. Ⓤ St Paul's. Mo–Sa 9–17 Uhr, Eintritt frei! www.museumstjohn.org.uk.

Praktische Infos

Essen, Trinken & Nachtleben

››› Mein Tipp: St John **11**, eine der empfehlenswertesten Adressen in London, um sich intensiv mit der traditionellen englischen Küche zu beschäftigen (ein Michelin-Stern). Das St John mit seinem wohltuend unterkühlten Ambiente gilt als eines der einflussreichsten englischen Restaurants der letzten Jahre und hat einen neuen

Kochstil geprägt. Es gibt zwar auch vegetarische Gerichte, doch genau genommen geht es hier recht herzhaft zur Sache, schließlich befindet sich das Restaurant in Sichtweite vom Londoner Fleischgroßmarkt. Allerdings werden hier nicht nur Lende und Steaks serviert, sondern auch viele Innereien und andere, auf den ersten Blick gewöhnungsbedürftige Kreationen, so beispielsweise geröstetes Knochenmark auf Vollkornbrot mit Petersiliensalat, Lammherzen mit Kohlrüben, Schweinekutteln mit Löwenzahn oder ein lauwarmer Schweinskopfsalat. Der Besitzer Fergus Henderson hat Kochbücher mit so viel sagenden Titeln wie *Nose to Tail Eating* oder *The Whole Beast* geschrieben, die für den Verzehr des ganzen Tieres plädieren und im Restaurant erworben werden können. Gehobenes Preisniveau, Hauptgerichte £ 15–25. Samstagmittag und Sonntag geschlossen. 26 St John Street, EC1, ✆ 020/72510848. www.stjohnrestaurant.co.uk. Ⓤ Farringdon. «‹

Smiths of Smithfield **13**, auf drei Etagen verteilt, findet sich in dem ehemaligen Lagerhaus für jeden Geschmack etwas. Im Erdgeschoss sitzt man bequem in einem Tagescafé im Stil eines Industrielofts unter gusseisernen Stützen, weiter oben befindet sich eine Brasserie oder man diniert in einem ansprechenden Restaurant mit schöner Terrasse samt Blick auf die Londoner City. Das Preisniveau nimmt mit der Höhe des Stockwerks zu. Gekocht wird *modern european* mit Biokost. Das Restaurant ist sonntags geschlossen. 67–77 Charterhouse Street, EC1, ✆ 020/72517950. www.smithsofsmithfield.co.uk. Ⓤ Farringdon. ■

Eine Sitzbank als Skulptur: St John's Square

Bistrot Bruno Loubet **9**, im Erdgeschoss des Zetter-Designerhotels (→ Übernachten) trifft sich das solvente Szenepublikum Clerkenwells. Hinter den großen Panoramafenstern werden französische Köstlichkeiten zu gehobenen Preisen serviert. Große Straßenterrasse. Kein Ruhetag. 86–88 Clerkenwell Road, EC1, ✆ 020/73244455. www.bistrotbrunoloubet.com. Ⓤ Farringdon.

Modern Pantry **8**, in einem georgianischen Townhouse wird im ersten Stock eine ansprechende Küche serviert, während das Erdgeschoss als Café dient. Sonnige Straßenterrasse. Sonntag Ruhetag. 47-48 St John's Square, EC1, ✆ 020/72500833. www.themodernpnatry.co.uk. Ⓤ Farringdon.

Giant Robot **10**, nette Bar im Retrostyle samt offenem Mauerwerk, schräg gegenüber dem Zetter Hotel. Serviert wird italienische Küche, von Crostini über Burger bis zu Seafood. Tgl. 11–24 Uhr, Do–Sa bis 2 Uhr, Sonntag Ruhetag. 45–47 Clerkenwell Road, EC1M, ✆ 020/70656810. www.gntrbt.com. Ⓤ Farringdon.

Moro **6**, inmitten des beliebten Exmouth Market gelegen, ist das Speisenangebot des recht spartanisch eingerichteten Restaurants deutlich von der Küche Spaniens und Nordafrikas beeinflusst. Im Sommer werden ein paar Tische auf die Straße gestellt. Gehobenes Preisniveau, Hauptgerichte £ 18–21, zzgl. 12,5 % *service charge*. Sonntag geschlossen. 36 Exmouth Market, EC1, ✆ 020/78338336. www.moro.co.uk. Ⓤ Farringdon oder Angel.

Medcalf **4**, dieses in der ehemaligen Medcalf-Metzgerei untergebrachte Restaurant mit seinen blankpolierten Holztischen bietet eine moderne englische Küche, die sich stark am saisonalen Angebot orientiert. Exzellente Fischgerichte! Main Courses £ 13–15. Freitag- und Sonntagabend geschlossen. 40 Exmouth Market, EC1, ✆ 020/

78333533. www.medcalfbar.co.uk. Ⓤ Farringdon oder Angel.

»» Mein Tipp: **Sweet** **3**, nette Mischung aus Boulangerie, Patisserie und Café. Das Angebot des Imbiss ist so lecker wie es ausschaut, egal, ob Pizza, Gebäck oder Salate. Mehr als lobenswerte Alternative zum benachbarten Starbucks. 64 Exmouth Market, EC1. Ⓤ Farringdon oder Angel. ««

Fish Central **1**, das 1968 eröffnete Restaurant – unlängst renoviert – gilt unter Kennern als eines der besten Fish-and-Chips-Restaurants von ganz London. Man sollte sich daher von der Plattenbauatmosphäre des kleinen Platzes im Osten von Clerkenwell nicht abschrecken lassen. Der Fisch ist frisch und uneingeschränkt zu empfehlen, egal, ob Heilbutt oder Scholle (ab £ 7.95), je nach Wunsch gegrillt oder frittiert. Sonntag geschlossen. 151 King Square, EC1, ✆ 020/72534970. www.fishcentral.co.uk. Ⓤ Barbican.

Club Gascon **17**, perfekte südwestfranzösische Küche, zubereitet von einem Meister der Kochkunst (ein Michelin-Stern). Sehenswert ist auch das durchgestylte Ambiente. Die Gerichte im Cellar werden in Tapaportionsgröße serviert (£ 4.50–8), nebenan im Club Mittagsmenü zu £ 25. Reservierung unbedingt notwendig. Samstagmittag und Sonntag geschlossen. 57 West Smithfield, EC1, ✆ 020/77960600. www.clubgascon.com. Ⓤ Farringdon.

Comptoir Gascon **16**, auf der anderen Seite des Smithfield Market befindet sich ein günstiger „Ableger" des Club Gascon. Das Ambiente ist lockerer, die Küche aber dennoch anspruchsvoll und den kulinarischen Traditionen Frankreichs verpflichtet. Lecker ist der Kaninchenrücken für £ 13.50. Gute Käseauswahl und ein herrliches Angebot an verschiedenen Brotsorten! 61–33 Charterhouse Street, WC1, ✆ 020/76080851. www.comptoirgascon.com. Ⓤ Farringdon.

The Well **7**, recht nüchternes Pub mit unverputztem Mauerwerk und blank polierten Tischen. Gute, abwechslungsreiche Küche mit internationalen Einflüssen. Tgl. 11–24 Uhr, am Wochenende bis 1 Uhr geöffnet. 180 St John Street, EC1, ✆ 020/72519363. www.downthewell.co.uk. Ⓤ Farringdon.

Kurz & Lang **12**, diese von Deutschen geführte „Bratwurst Company" bietet beispielsweise ein Classic Wurst-Meal mit Sauerkraut für £ 6.30, dazu gibt es stilecht ein Paulaner Hell für £ 5. 1 St. John Street, EC1, ✆ 020/79932923. www.kurzandlang.com. Ⓤ Farringdon.

St John's Gate

Fabric **14**, Riesendisco in einer unterirdischen Fabrikhalle. Aufgelegt wird viel Hip-Hop und Drum & Bass. Auf drei Dancefloors tummeln sich bis zu 2500 Gäste. Ungewöhnlich ist die 24-Stunden-Lizenz für Alkoholausschank. 77a Charterhouse Street, WC1. www.fabriclondon.com. Ⓤ Farringdon.

Shopping

Leather Lane **15**, kleiner, netter Straßenmarkt, an dessen Ständen wochentags von 10.30–14.30 Uhr Waren feilgeboten werden. Im Angebot sind Klamotten, Haushaltsgeräte, Videos sowie Obst und Gemüse. Leather Lane, EC1. www.leatherlanemarket.co.uk. Ⓤ Farringdon oder Chancery Lane.

Clerkenwell Tales **5**, sympathische, kleine Stadtteilbuchhandlung. 30 Exmouth Market. www.clerkenwell-tales.co.uk. Ⓤ Farringdon oder Angel.

Exmouth Market **2**, jeden Freitag (11–18 Uhr) und Samstag (9–16 Uhr) sind zahlreiche Essenstände auf dem Exmouth Market aufgebaut. www.exmouthmarket.co.uk. Ⓤ Farringdon oder Angel.

Clerkenwell → Karte S. 119

St Pancras Station

Tour 4: Bloomsbury

Bloomsbury ist traditionell das Viertel der Dichter und Intellektuellen, der Universitäten und Bibliotheken. Mit dem British Museum besitzt Bloomsbury zudem einen der größten Londoner Publikumsmagneten, der unlängst sein 250. Jubiläum gefeiert hat.

Der Name Bloomsbury geht auf ein Rittergut zurück, das im frühen 13. Jahrhundert einem Mann namens William Blemond gehörte und deshalb *Blemondisberi* bezeichnet wurde. Eine erste planmäßige Erschließung des Areals datiert in die zweite Hälfte des 17. Jahrhunderts, als sich der Graf von Southampton am heutigen Bloomsbury Square einen Palast errichten ließ. Diesem Beispiel folgend, entstanden in den nächsten Jahrzehnten zahlreiche Squares, denen Bloomsbury heute seinen geruhsamen Charme verdankt. Die vielen Studenten machen auf die 1836 am Gordon Square, im Herzen von Bloomsbury, eröffnete *University of London* aufmerksam. Nach einem Campus sucht man allerdings vergeblich, denn die Universität ist auf mehr als hundert Gebäude von Bloomsbury verteilt. Obwohl in der imaginären Rangfolge der englischen Universitäten hinter Oxford und Cambridge nur an dritter Stelle stehend, genießt das „Cockney College" seit jeher einen fortschrittlichen Ruf. Dies gründet sich darauf, dass hier auch Studenten aufgenommen wurden, die nicht der anglikanischen Kirche angehörten, zudem beschritt man mit der Einrichtung von naturwissenschaftlichen und neusprachlichen Lehrstühlen akademisches Neuland. Teil der University of London ist auch das Warburg Institute, das sich lange Zeit am Woburn Square befand.

Intellektuelles Bloomsbury

Seinen besonderen Ruf verdankt Bloomsbury den Schriftstellern, die hier einst wohnten. Darunter so bekannte Namen wie Oscar Wilde, Charles Dickens, George Bernhard Shaw, Gertrude Stein, T. S. Eliot und Virginia Woolf (1882–1941). Letztere unterhielt am Gordon Square einen literarischen Salon, aus dem zwischen den beiden Weltkriegen die „Bloomsbury Group hervorging. Zu der losen Vereinigung avantgardistischer Schriftsteller, Künstler, Wissenschaftler und Philosophen, die jeden Donnerstagabend am Gordon Square, später dann an der Adelphi Terrace (Hausnummer 10) sowie am Tavistock Square zusammentrafen, gehörten neben Virginia und Leonard Woolf auch Clive und Vanessa Bell Lytton Strachey, Duncan Grant, E.M. Forster, Bertrand Russell sowie John Maynard Keynes. Mit anderen Worten: Sehr unterschiedliche Charaktere, die jedoch in der Ablehnung der viktorianischen Moral einen gemeinsamen Nenner fanden und ein für die damalige Zeit ausschweifendes Sexualleben führten. Obwohl die „Bloomsberries" von ihren Kritikern als eine Clique mittelmäßiger Künstler geschmäht wurden, ist es ihr bleibendes Verdienst, dass sich das britische Kulturleben für die Moderne geöffnet und sein puritanisches Korsett abgelegt hat.

Ein auffälliges Merkmal für den Bloomsbury-Kreis war der bisexuelle Lebensstil. Virginia Woolf und Vita Sackvill-West waren beide verheiratet und hatten sexuelle Beziehungen zu Frauen. Harold Nicolson hatte Zeit seines Ehelebens Affären mit Männern. Der Maler Duncan Grant war mehr als sechs Jahre der Liebhaber des Ökonomen John Maynard Keynes, später hatte er eine Liebesaffäre mit Virginia Woolfs Bruder Adrian und verbrachte den Rest seines Lebens in einer ménage à trois mit Woolfs Malerschwester Vanessa Bell und dem Schriftsteller David Garnett, der wiederum Duncan und Vanessas Tochter Angelica heiratete. Und Keynes ging später eine Ehe mit der Tänzerin Lydia Lopokova ein. Selbst Lytton Strachey machte einmal Virginia Stephen vor deren Ehe mit Leonard Woolf einen Heiratsantrag und lebte etliche Jahre mit Dora Carrington zusammen, die sich heftig in ihn verliebt hatte.

Spaziergang

Die viel befahrene Euston Road markierte bis Mitte des 19. Jahrhunderts die nördliche Grenze der Stadt. Drei, miteinander konkurrierende Eisenbahngesellschaften errichteten hier jeweils einen eigenen Bahnhof, um London mit den Industriezentren im Norden Englands zu verbinden: Im Jahre 1837 wurde Euston Station mit damals zwei Bahnsteigen eröffnet, dann folgten King's Cross und **St Pancras Station**. Letztere ist gewissermaßen eine neugotische Kathedrale des Industriezeitalters. Direkt nebenan wurde in den neunziger Jahren die neue **British Library** errichtet, deren gewöhnungsbedürftiger Bau gerne als Multiplexkino verspottet wird. Folgt man der viel befahrenen Euston Road noch etwa 200 Meter, so stößt man an der Ecke zum Upper Woburn Place auf die hell leuchtende St Pancras Church, die von

Bloomsbury → Karte S. 124/125

Übernachten

(S. 63–67, 70)

1 Clink 261
2 Megaro
3 St Pancras
4 Clink 78
5 Ibis Euston
9 The Generator
10 Ambassadors Bloomsbury
11 County Hotel
12 Harlingford Hotel
19 Celtic Hotel
24 Astor's Museum Inn
29 Myhotel Bloomsbury
33 Morgan Hotel
35 Charlotte Street Hotel

Essen & Trinken

(S. 132–134)

6 Raavi Kebab Halaal Tandoori
7 The Norfolk Arms
8 Ravi Shankar
14 Lamb
17 Sardo
20 Indian YMCA Canteen
21 Cigala
26 Icco
27 busaba eathai
28 The Salt Yard
30 Roka
31 Pied a Terre
36 Wagamama
37 Princess Louise
40 Union Jacks

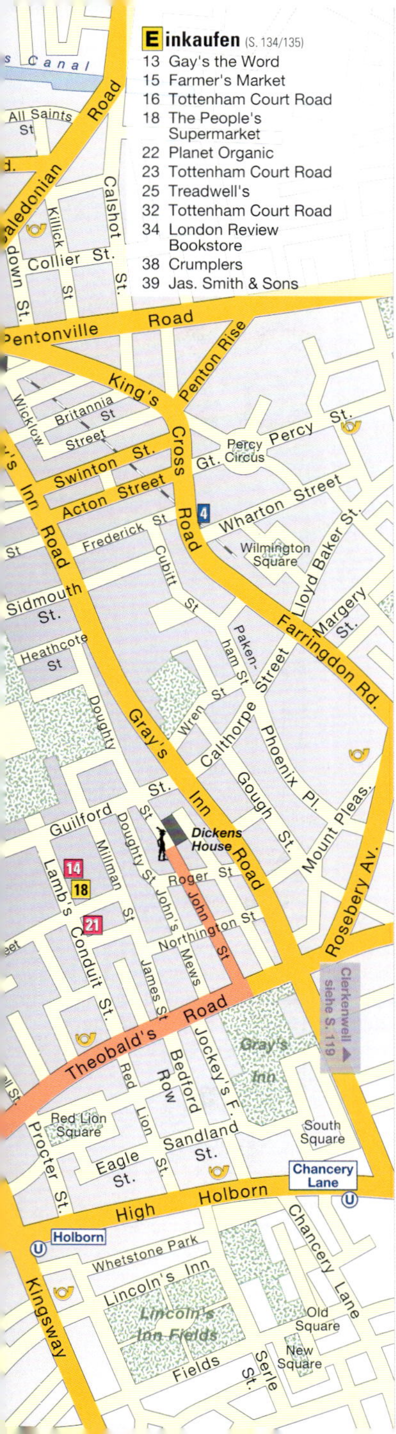

1819 bis 1822 im klassizistischen Stil mit ionischem Portikus erbaut wurde. Die Architekten William und Henry Inwood arbeiteten mit griechischen Versatzstücken und kopierten ein Stück des Erechteions der Akropolis. Der Name der Kirche und des Stadtteils leitet sich von den griechischen Wörtern *pan* (alles) und *kratos* (Macht) ab.

Hier im Nordwesten von Bloomsbury befinden sich die meisten Institute der *University of London*, die schon seit Jahrzehnten den Titel der größten Hochschule Großbritanniens führen darf. Am Gordon Square können Wirtschaftswissenschaftler eine Gedenkminute vor dem einstigen Haus (Nr. 46) von John Maynard Keynes einlegen. Wer sich für chinesisches Porzellan und Keramik interessiert, dem sei im Haus Nr. 53 die renommierte *Percival David Foundation of Chinese Art* empfohlen. Von den anderen Universitätsgebäuden, die diese Straßen der Gelehrsamkeit bilden, hebt sich das hoch aufragende *Senate House* in der Malet Street ab; es diente George Orwell als Modell für das „Wahrheitsministerium" in seinem makabren Zukunftsroman *1984*: „Es sah verblüffend verschieden von allem aus, was der Gesichtskreis umfasste. Es war ein riesiger, pyramidenartiger, weiß schimmernder Betonbau, der sich terrassenförmig dreihundert Meter hoch in die Luft reckte." Wer an altem Spielzeug interessiert ist, sollte noch einen Abstecher zum **Pollock's Toy Museum** in Fitzrovia einplanen.

Angesichts der im georgianischen Stil errichteten Häuser am Bedford Square wird man daran erinnert, dass noch heute der größte Teil von Bloomsbury einer Privatperson, nämlich dem namensgebenden Earl of Bedford, gehört. Das nun nicht mehr zu übersehende **British Museum** wird alljährlich von rund sechs Millionen Menschen besucht. Der Name ist allerdings eher irreführend, da hier hochkarätige Kunst-

Bloomsbury → Karte S. 124/125

Keine Universität ohne Kirche?

schätze aus der ganzen Welt zusammengetragen worden sind. Das Museum kann durch zwei Eingänge – der Haupteingang befindet sich in der Great Russell Street, der Nebeneingang am Montague Place – betreten werden. Auf die Anfänge des Stadtviertels trifft man am Bloomsbury Square, dessen Gestaltung für die Londoner Architekten und Städteplaner richtungsweisend wurde. Die kurze, nur ein paar Fußminuten entfernte *Sicilian Avenue* gefällt mit ihrem kontinentalen Flair. Erst 1910 angelegt, finden sich hier mehrere Cafés mit Straßenterrassen. Nach einem kurzen Zwischenstopp geht es weiter zur abschließenden Station des Stadtspaziergangs, dem **Dickens Museum**. Über einen regen Besuch dieses Museums braucht man sich nicht zu wundern, denn Dickens ist nach Shakespeare der bekannteste englische Autor.

Für Familien bietet sich noch ein Abstecher zu den *Coram's Fields* an, in deren Mitte sich einst das größte Londoner Findelheim befand. Zwar sind die Gebäude längst abgerissen, ein sehr schöner Spielplatz für Kinder bis fünf Jahre (Eingang Guilfords Street 93) hält aber noch die Erinnerung an das von dem Schiffsmakler Thomas Coram begründete Heim wach. Erwachsene haben übrigens nur in Begleitung eines Kindes Zutritt!

Sehenswertes

St Pancras Station: Im 19. Jahrhundert waren die Bahnhöfe der sichtbare Einbruch des industriellen Zeitalters in die festgefügte Ordnung der Städte. Zur Milderung dieses Gegensatzes wurden die Fronten der Bahnhöfe, deren Bahnsteige und Rückseiten technisch-rational gegliedert waren, mit historischen Kulissen versehen, die den Übergang von der industriellen Welt zu den Lebensräumen der Städte fließend erscheinen lassen. Dennoch blieben die Bahnhöfe Bauwerke, die einen ganz anderen Charakter hatten als die herkömmlichen Gebäude.

Bahnhöfe werden nicht betreten, um sie auf demselben Weg wieder zu verlassen; sie richten sich an Reisende, die durch das Bahnhofsportal den Zugang zur Ferne, zur Welt suchen. Nicht zufällig wurden daher Bahnhofsfassaden wie Kirchen gestaltet, schufen sie doch einen Zugang zur Weite des Raums, der mit den herkömmlichen Transportmitteln des 19. Jahrhunderts kaum zu bewältigen schien.

St Pancras ist ein wunderschönes Beispiel für ein einer Kathedrale nachempfundenes Bahnhofsgebäude im neugotischen Stil. Hierzu fügt sich, dass es *Sir George Gilbert Scott*, der Architekt des 1868 eröffneten Bahnhofs und des daran angrenzenden Midland Grand Hotels, vor allem als Kirchenbaumeister zu Ruhm und Ansehen gebracht hat: Scott hat mehr als 500 (!) Kirchen und Kathedralen im „Gothic Revival Stil" entworfen. Beeindruckend ist übrigens auch das gewölbte Glasdach über den Bahnsteigen: Mit einer Länge von 210 Metern und einer Höhe von 70 Metern galt es lange Zeit als größte Glaskonstruktion der Welt! Die imponierende Stahlarmatur wird weder durch Stützen noch durch Pfeiler getragen. Stattdessen verlegte der Ingenieur *William Barlow* die Träger für die Fundamentplatte ins Untergeschoss, wo sie die Belastung aufnehmen konnte und den Bau einer höheren Stahlkonstruktion möglich machte.

Bis 1979 stand der Bau leer und drohte mehr und mehr zu verfallen. Erst Ende der 90er Jahre wurde das Gebäude mit seiner denkmalgeschützten Fassade im Zusammenhang mit dem Eurotunnel und der *St Pancras International Railway Station* aufwändig restauriert. Knapp 800 Millionen Pfund ließ man

Bloomsbury → Karte S. 124/125

Platform 9 ¾

Aufatmen bei allen Harry-Potter-Fans: Den geheimen Bahnsteig 9 ¾, an dem am 1. September um 11 Uhr der von einer scharlachroten Lokomotive gezogenen Hogwarts-Express abfährt, gibt es wirklich. Im Roman liegt der Bahnsteig hinter einem geheimen Portal in einer Wand zwischen den Gleisen 9 und 10 am Bahnhof King's Cross. Wer sich zwischen all den pendelnden Muggels auf Spurensuche begibt, der kann an einer Ziegelwand ein Schild „Platform 9 ¾" entdecken, unter dem ein abgesägter Gepäckwagen steht. Die Gleise 9 und 10 befinden sich in zwei verschiedenen Gebäuden.

Übrigens bemerkte J. K. Rowling erst nach der Publikation ihrer ersten Bücher, dass sie King's Cross mit Euston Station verwechselt hatte ... Und auch die Außenaufnahmen im zweiten Harry-Potter-Film zeigen nicht King's Cross, sondern St Pancras, da dessen neugotische Fassade beeindruckender ist.

Wo geht es nach Hogwarts?

British Library – auf der Suche nach der Wahrheit …

sich die Renovierung kosten, wobei man renommierte Architekten und Designer (Norman Foster, Philippe Starck etc.) verpflichtete und einen futuristischen Erweiterungsbau anfügte. Die alte, metallene Dachkonstruktion wurde durch ein Glasdach ersetzt, so dass jetzt natürliches Licht in den Innenraum fällt. Neben den üblichen Geschäften und Boutiquen gibt es die mit 90 Metern längste Champagnerbar Europas sowie eine gigantische Skulptur (*The Meeting Place*) von Paul Day, die ein sich zärtlich umarmendes Paar zeigt. Als Vorbild diente David Lean's Filmklassiker *Brief Encounter* (1947).

Seit 2007 halten die Eurostar-Züge hier, die die Fahrzeit nach Brüssel auf knapp zwei Stunden verkürzt haben. Zudem plant die Marriot-Hotelkette, das einstige Midland Grand Hotel – es diente schon als Kulisse für einen Batman-Film – im Jahre 2011 als Luxushotel mit 245 Zimmern wiederzueröffnen.

Euston Road. Ⓤ King's Cross/St Pancras.

British Library: Aus Platzmangel musste die British Library mit ihren über 20 Millionen Büchern, Handschriften, Notenblättern und Schallplatten vom British Museum getrennt und in einem 511 Millionen Pfund teuren Neubau aus roten Ziegelsteinen an der Euston Road untergebracht werden. Die meisten Bibliotheksbenutzer trauern zwar der Atmosphäre des alten Reading Room nach, doch war ein Umzug notwendig, sollte der Betrieb aufrechterhalten werden. Allerdings ist die British Library architektonisch alles andere als anspruchsvoll, so dass leider versäumt wurde, im Londoner Norden einen städtebaulichen Akzent zu setzen.

Bis auf den Lesesaal ist die British Library für das interessierte Publikum geöffnet, Ausstellungsräume, eine Buchhandlung und ein Café runden das „Angebot" ab. Sehenswert ist vor allem die John Ritblat Gallery, die ein faszinierendes Flair aus Gelehrsamkeit, Anmut und Bücherstaub ausstrahlt. Ausgestellt sind Originalausgaben von Shakespeare und die Gutenberg-Bibel, die *Magna Carta* aus dem Jahre 1215, die berühmte Beowulf-Handschrift und sogar Originalmanuskripte von den Beatles (mit Hörbeispielen).

Euston Road. Ⓤ King's Cross. Mo, Mi–Fr 9.30–18 Uhr, Di 9.30–20 Uhr, Sa 9.30–17 Uhr, So 11–17 Uhr. Eintritt frei! Führungen Mo, Mi, Fr und So um 15 Uhr, Sa um 10.30 und 15 Uhr. Teilnahmegebühr £ 3. www.bl.uk.

Pollock's Toy Museum: Genau betrachtet, vereint Pollock's Toy Museum drei verschiedene Einrichtungen unter einem Dach: einen Spielzeugladen, ein Bastelgeschäft und das namengebende Spielzeugmuseum. Über eine schmale Wendeltreppe gelangt man in das eigentliche Museum, zu dessen Fundus zahlreiche Teddybären, Holz- und Wachspuppen, Puppenhäuser, Bleisoldaten und Schaukelpferde gehören.

1 Scala Street, W1. Ⓤ Goodge Street. Tgl. außer So 10–17 Uhr. Eintritt £ 3, erm. £ 1.50. www.pollockstoymuseum.com.

British Museum: Das British Museum ist das kulturhistorisch bedeutendste Museum Großbritanniens und lockt mit seiner geradezu unüberschaubaren Vielfalt von archäologischen und ethnographischen Schätzen jedes Jahr sechs Millionen Besucher an. Doch auch als Bauwerk ist das British Museum sehenswert, vor allem dank seinem Great Court, den Lord Norman Foster mit einer spektakulären Glaskonstruktion überdacht hat.

Den Grundstock für das 1759 gegründete British Museum bildete die Sammlung des irischen Arztes Hans Sloane, die der englische Staat wenige Jahre zuvor erworben hatte. In der Anfangsphase fungierte diese nationale Institution nur als Bibliothek und naturwissenschaftliche Sammlung, die von den Zeitgenossen als „the old curiosity shop" verspottet wurde; Fürst Pückler-Muskau stufte die im Geist der Aufklärung zusammengetragene Sammlung gar als „Mischmasch" ein. Erst infolge der napoleonischen Kriege und Beutezüge stieg das British Museum im frühen 19. Jahrhundert, dem Vorbild des Pariser Louvre nacheifernd, zur ersten Adresse unter den Antikensammlungen auf. Hatte das Museum bis dato im alten Montague House Platz gefunden, legte John Smirke 1823 einen Entwurf für einen Neubau vor, den sein Bruder Robert 1857 vollendete: Der mächtige Bau im Stil des Greek Revival mit ionischem Portikus wies demonstrativ auf die Kostbarkeiten der Sammlung hin. Ganz im Geiste der Aufklärung war man darum bemüht, alle Ausdrucksformen der menschlichen Kultur wie eine

Modern: der Innenhof des British Museum

lebendige Enzyklopädie unter einem Dach zu versammeln.

Um sich einen ersten Überblick über die einzelnen Sammlungen zu verschaffen, empfiehlt es sich, am Eingang des „BM" einen der kostenlosen Übersichtspläne sowie aktuelles Informationsmaterial mitzunehmen. In vielen Sälen enttäuscht jedoch die antiquierte Darbietung der Kunstschätze; mit Hilfe einer modernen museumsdidaktischen Präsentation würde das British Museum sicher an Attraktivität gewinnen. Nichtsdestotrotz können Kunstliebhaber problemlos mehrere Tage in diesem musealen Labyrinth verbringen.

Von herausragender Bedeutung ist fraglos die im Westflügel untergebrachte Sammlung griechischer und römischer Altertümer mit den *Elgin Marbles* in Raum 18. Die kostbaren Marmorreliefs gehörten zu einem Fries, der die Cella des Parthenon umgab und den Festzug der Panathenäen zu Ehren der Athena darstellt. Großer Beliebtheit erfreuen sich die ägyptische Abteilung mit ihren Mumien (Raum 61 bis 66) und der in Raum 4 stehende Rosetta Stone, mit dessen Hilfe Jean-François Champollion 1822 die Entzifferung der ägyptischen Hieroglyphen glückte. Ebenfalls im Westflügel befinden sich die Altertümer aus dem Nahen Osten mit vielen sehenswerten assyrischen Skulpturen. Einblicke in die prähistorische und römische Vergangenheit Großbritanniens bieten die Exponate in den Räumen 41, 49 und 50; neben dem *Mildenhall Treasure* (ein reich verziertes römisches Tafelsilber aus dem vierten Jahrhundert unserer Zeitrechnung) ist dort auch der *Lindow Man* (eine Moorleiche, über deren ungeklärte Todesumstände gerne spekuliert wird) zu bewundern. Die orientalischen Sammlungen umfassen seltene Keramiken aus Japan, China und Persien (Raum 33a, 33b, 35 sowie 56 bis 94). Für Kinder ist sicherlich die ethnographische Abteilung (Raum 26 und 27) mit ihren Exponaten zur Geschichte und Kultur der Indianer in Nordamerika und Mexiko besonders interessant.

An die ursprünglich dem British Museum angeschlossene British Library er-

Raub oder Kauf?

Die berühmtesten Exponate aus der Sammlung griechischer und römischer Altertümer sind die vom Athener Parthenon stammenden *Elgin Marbles.* Als Athen im frühen 19. Jahrhundert von den Türken besetzt war, kaufte der namensgebende Lord Thomas Elgin die Reliefs und rettete sie vor dem Verfall – so die englische Version; für die Griechen stellt der „Kauf" einen klassischen Kunstraub dar, weshalb sie nicht müde werden, die *Elgin Marbles* zurückzufordern. Und sie haben Recht: Lord Elgin hat nämlich nicht nur eine der Koren des Erechtheion abtransportiert, sondern auch fast die Hälfte des Frieses vom Parthenon sowie die Giebelfiguren und Metopen abreißen lassen, weshalb ihn schon ein Zeitgenosse, der bayerische König Ludwig I., der „Barbarei" bezichtigte. Die Bemühungen um die Rückgabe der *Elgin Marbles* sind aber fast zwangsläufig vergeblich, denn ein großer Teil der Exponate des British Museum ist das Ergebnis eines einzigartigen Kunstimperialismus. Wo auch immer in der Welt Vertreter des Empires auftauchten, klauten – respektive kauften – sie, soviel sie nur konnten. Würde man nun die griechischen Forderungen als rechtmäßig anerkennen, müssten die Engländer sich von einem beachtlichen Teil der im British Museum ausgestellten Exponate trennen ...

British Museum: Ein Tempel für die Kunst

Bloomsbury → Karte S. 124/125

innert nur noch der kreisrunde Lesesaal, die kostbaren Bücher und Handschriften sind vor einigen Jahren in einen Neubau an der Euston Road gebracht worden. Dieser weltberühmte *Reading Room*, in dem schon Karl Marx jahrzehntelang am Desk O7 an seinem „Kapital“ gearbeitet hat, bildet auch das Herz des von *Lord Norman Foster* konzipierten und durchgeführten Umbaus des British Museum (Gesamtkosten: 100 Millionen Pfund). Im Rahmen der im Dezember 2000 abgeschlossenen Arbeiten wurde der gesamte Innenhof mit einem grazilen Glasdach mit 3312 einzelnen Fensterscheiben überzogen, um so neue Ausstellungsflächen für die ethnographischen Sammlungen sowie Platz für Seminarräume, Shops und Restaurants zu schaffen. Unter der 800 Tonnen schweren Konstruktion ist der größte überdachte Platz Europas entstanden. Der *Reading Room* selbst beherbergt das kultursoziologische Annenberg Centre mit der Paul Hamlyn Library und ist (bis das World Conservation and Exhibitions Centre voraussichtlich im Jahre 2014 seine Pforten öffnet) nicht zugänglich, da er für Ausstellungen genutzt wird.

Tipp: Wegen des stets großen Andrangs empfiehlt es sich, das Museum in den Vormittagsstunden zu besuchen; Sonntage gilt es, wenn möglich, zu meiden. Wer will, kann sich für £ 5 einen Audioguide leihen, der die *Elgin Marbles* ausführlich kommentiert.

Great Russell Street, WC1, Ⓤ Tottenham Court Road (ein zweiter Eingang befindet sich am Montague Place). Tgl. 10–17.30 Uhr, Do bis 20.30 Uhr, Fr 12–20.30 Uhr (nur Teile des Museums sind abends geöffnet). Der Great Court ist tgl. 9–18 Uhr sowie Do–Sa bis 23 Uhr geöffnet. Eintritt frei! www.british-museum.co.uk.

Dickens Museum (Dickens House): Nach der auch in finanzieller Hinsicht sehr erfolgreichen Veröffentlichung der „Pickwick Papers“ bezog Charles Dickens (1812–1870) ein Haus in der Doughty Street. Zwischen 1837 und 1839 lebte er in dem georgianischen Reihenhaus und schrieb große Teile von „Oliver Twist“ und „Nicholas Nickelby“. Da das Haus als einziges von Di-

Andächtig verharrt im hehren Kunstgenuss

ckens zahlreichen Wohnsitzen erhalten geblieben ist, lag es nahe, hier ein Museum einzurichten. Die Räume des *Dickens Museum* wurden weitgehend in den damaligen Zustand versetzt, um die Atmosphäre des viktorianischen Zeitalters heraufzubeschwören. Neben einer umfangreichen Dickens-Bibliothek sind vor allem Portraits, Fotos, Manuskripte, Briefe und weitere Gegenstände aus Dickens persönlichem Besitz zu sehen. Ein Raum ist seiner Schwägerin und heimlichen Liebe Mary Hogarth gewidmet, die hier im zarten Alter von 16 Jahren verstarb, im Keller ist die Küche von Digley Dell, die in den „Pickwick Papers" beschrieben wird, nachgebildet.

Adresse: 48 Dougthy Street, WC1, Ⓤ Chancery Lane oder Russell Square. Tgl. 10–17 Uhr. Eintritt £ 7, erm. £ 5 bzw. £ 3. www.dickensmuseum.com.

Praktische Infos

→ Karte S. 124/125

Essen und Trinken

Wagamama 36, in unmittelbarer Nähe des British Museum befindet sich das „Stammhaus" von Wagamama, der derzeit wohl beliebtesten Londoner Restaurantkette. Die Begeisterung für das Wagamama hat gleich mehrere Gründe: Die japanisch inspirierte Küche der Noodle Bar ist ausgezeichnet (Motto: *positive eating is positive living*) und für Londoner Verhältnisse nicht teuer (Hauptgerichte £ 6–10); zudem liegt die minimalistische Einrichtung des Kellerrestaurants voll im Trend. Die Gäste sitzen nebeneinander auf lang gestreckten Bänken, trinken überwiegend Rohkostsäfte und erfreuen sich beispielsweise an einem *Chilli chicken ramen*. Ab 12 Uhr durchgehend warme Küche. 4 Streatham Street, W1, ✆ 020/73239223. www.wagamama.com. Ⓤ Tottenham Court Road.

busaba eathai 27, dieses Restaurant ist gewissermaßen die thailändische Antwort auf das Wagamama. Im dunkelbraunen Kolonialstil eingerichtet, werden hier würzige Thaigerichte serviert (Hauptgerichte £ 7–10.50). Man sitzt an großen Tischen zusammen mit anderen Gästen, daher auch für Alleinreisende gut geeignet. Straßenterrasse. Tgl. durchgehend ab 12 Uhr geöffnet. 22 Store Street, W1, ✆ 020/72997900. www.busaba.com. Ⓤ Tottenham Court Road.

Union Jacks 40, es ist fast unglaublich, auf wie vielen gastronomischen Hochzeiten Jamie Oliver tanzt. Im Jahr 2012 hat der geschäftstüchtige Fernsehkoch in Holborn ein neues Restaurant im Retrostyle eröffnet, das sich der eher traditionellen englischen Küche mit Puddings & Co. verschrieben hat. Zudem werden vor allem Flatbreads (eine Art Pizza, ab £ 8) im Holzofen zubereitet. Straßenterrasse. 4 Central St Giles Piazza, WC2, ✆ 0203/5977888. www.unionjacksrestaurants.com. Ⓤ Tottenham Court Road.

The Salt Yard 28, leckeres Tapas-Restaurant mit moderatem Preisniveau, Tapas für £ 5–9. Weitere Sitzplätze im Untergeschoss. Samstagmittag und Sonntag geschlossen.

54 Goodge Street, W1, ✆ 020/76370657. www.saltyard.co.uk. Ⓤ Goodge Street.

»» **Mein Tipp:** **Icco** 26, London ist teuer, aber diese Pizzeria bietet ein hervorragendes Preis-Leistungs-Verhältnis. Im modernen, coolen Ambiente kann man sich hier an frisch gebackenen Pizzen ab £ 4 erfreuen. Kleine Straßenterrasse. 46 Goodge Street; W1, ✆ 020/75809688. www.saltyard.co.uk. Ⓤ Goodge Street. ««

»» **Mein Tipp:** **Roka** 30, stilvoller und moderner kann sich ein japanisches Restaurant nicht präsentieren. Selbst Sohos Medienwelt trifft sich hier zum Lunch. Das Zentrum des durchgestylten Lokals ist die einsehbare Robata-Grill-Küche, wo Lammkoteletts mit koreanischen Gewürzen und andere Köstlichkeiten auf dem offenen Feuer zubereitet werden. Straßenterrasse. Gehobenes Preisniveau, Sonntagmittag geschlossen. 37 Charlotte Street, W1, ✆ 020/75 806464. www.rokarestaurant.com. Ⓤ Goodge Street. ««

Pied a Terre 31, dieses französische Restaurant gehört zu den besten Londons, selbst den Michelin-Testern waren die Kreationen des Küchenchefs zwei Sterne wert. Egal, ob Zander mit Linsenragout oder ein auf den Punkt gegrillter Kaninchenrücken – hier wird man nicht enttäuscht. Geradezu phantastisch ist das zweigängige Mittagsmenü für £ 27.50, abends öffnet sich der kulinarische Himmel erst für stolze £ 99 bei einem 10-Gang-Menü (korrespondierende Weine £ 58). Samstagmittag und So geschlossen. 34 Charlotte Street, W1T, ✆ 020/76361178. www.pied-a-terre.co.uk. Ⓤ Goodge Street.

Sardo 17, es gibt viele einfallslose italienische Restaurants in London, aber hier wird sardische Küche auf höchstem Niveau zelebriert. Nudelgerichte £ 13 (als Hausspezialität gelten die *Spaghetti bottariga*, wobei die Nudeln mit dem getrockneten und geriebenen Rogen der Meeräsche vermischt werden). Hauptgerichte um die £ 17, darunter viele gegrillte Fischgerichte. Samstagmittag und Sonntag geschlossen. 45 Grafton Way, W1T, ✆ 020/73872521. www.sardo-restaurant.com. Ⓤ Warren Street.

Indian YMCA Canteen 20, zugegebenermaßen eine recht ungewöhnliche „Restaurantadresse", aber die Kantine des indischen YMCA bietet ein überaus preiswertes und delikates Speisenangebot. Also keine Hemmungen zeigen – die indische Mensa wurde sogar in einem Londoner Restaurantführer empfohlen – und hineingehen. Achtung: Wer nicht im Haus wohnt, muss

Bloomsbury → Karte S. 124/125

Hier gibt es Regenschirme mit Stil

Der „Meeting Place" in St Pancras

beim Pförtner im Voraus bezahlen und mit der Quittung zur Essensausgabe gehen. Das täglich wechselnde Menü kostet zwischen £ 4 und £ 5, am Wochenende gibt es ein Buffet für £ 6. Geöffnet ist jeden Tag von 19–20.30 Uhr sowie Mo–Fr von 12–14 Uhr, Sa und So 12.30–13.30 Uhr. 41 Fitzroy Square, W1. www.indianymca.org. Ⓤ Warren Street.

Raavi Kebab Halaal Tandoori 6, die direkt beim Euston-Bahnhof gelegene Drummond Street hat sich seit mehr als zwei Jahrzehnten als „Curry-Zentrum" etabliert. Dem kleinen, unscheinbaren Restaurant (1973 gegründet und seither nahezu unverändert) mit dem Holzkohlengrill kam dabei eine Vorreiterrolle zu. Die Einrichtung wirkt auf den ersten Blick nicht gerade einladend, doch die Küche ist ausgezeichnet, so z. B. das delikate, mit Mandeln garnierte *Chicken quorma* für £ 6.45. Das Restaurant hat keinen Ruhetag und keine Lizenz zum Alkoholausschank. 10 % *Service charge*. 125 Drummond Street, NW1, ✆ 020/73881780. Ⓤ Euston.

Ravi Shankar 8, wer die indische Küche lieber von ihrer vegetarischen Seite kennen lernen will, muss ein paar Häuser weiter auf gehen. Das Ravi Shankar ist bekannt für seine pikant gewürzten, äußerst einfallsreichen Currys. Ein Tipp: Wer die gesamte Bandbreite kennen lernen will, wählt das Mittagsbuffet für £ 6.95. 10 % *Service charge*. 133 Drummond Street, NW1, ✆ 020/73886458. Ⓤ Euston.

The Norfolk Arms 7, ein herrliches Gastropub mit ausgezeichnetem Essen und toller Atmosphäre. Man sitzt unter gusseisernen Säulen und Stuckdecken und lässt sich die mediterrane Küche schmecken. Tapas ab £ 3.50, Hauptgerichte rund £ 13, darunter auch Biogerichte wie *Roast organic black mountain beef*. Straßenterrasse. 28 Leigh Street, WC1, ✆ 020/73883937. www.norfolkarms.co.uk. Ⓤ Russell Square. ■

Lamb 14, traditionsreiches viktorianisches Pub mit mehreren kleinen Räumen, in dem bereits die Mitglieder der Bloomsbury Group ihre Abende verbrachten. Zum Pint bestellt man sich kleine Gerichte und genießt die zünftige Atmosphäre. Sonntag nur bis 22.30 Uhr geöffnet. 94 Lamb's Conduit Street, WC1, ✆ 020/74050713. Ⓤ Russell Square.

Cigala 21, spanisches Tapas-Restaurant im skandinavischen Design. Leckere Tapas (£ 3–9), unser Tipp: *Pinchito moruno*, mariniertes gegrilltes Schweinefleisch mit Tomaten, Zwiebeln und Petersilie. Zweigängiges Mittagsmenü £ 17.50, drei Gänge £ 19.50. Hervorragende Weinauswahl, Straßenterrasse. So Ruhetag. 54 Lamb's Conduit Street, WC1, ✆ 020/74051717. www.cigala.co.uk. Ⓤ Holborn.

Princess Louise 37, ein gut besuchtes Pub mit original viktorianischem Interieur, sogar die Herrentoiletten sind denkmalgeschützt. Man steht an der ovalen Bar und freut sich an dem Ambiente mit Stuck, Spiegeln und reich verzierten Säulen. An der Ecke High Holborn zur Newton Street. Sonntag geschlossen. 208 High Holborn, WC1, ✆ 020/74058816. Ⓤ Holborn.

Shopping

Tottenham Court Road (16, 23 & 32), die Straße ist in ihrem nördlichen Teil ein Eldorado für Liebhaber von Unterhaltungselektronik. Neben Geschäften für Computer, Kameras und Stereoanlagen finden sich auch zahlreiche Möbelgeschäfte (eine große Auswahl an Designmöbeln führen Habitat, Purves & Purves sowie Heal's). Ⓤ Goodge Street oder Warren Street.

»» Mein Tipp: **London Review Bookstore** 34, die *London Review of Books* ist für ihre Buchbesprechungen weit über England hinaus bekannt. So verwundert es auch nicht, dass die zur Zeitschrift gehörende Buchhandlung sich vor allem auf Literatur und hochwertige Sachbücher spezialisiert hat. Angegliedert ist auch ein sympathisches Café. Auch am Sonntag von 12–18 Uhr geöffnet. 14 Bury Place, WC1. www.lrbshop.co.uk. Ⓤ Holborn. ««

Gay's the Word 13, der beliebteste schwule Buchladen in der englischen Metropole. Auch sonntags von 14–18 Uhr geöffnet. 66 Marchmont Street, WC1. www.gaystheword.co.uk. Ⓤ Russell Square.

Jas. Smith & Sons 39, bekanntlich ist es mit dem Londoner Wetter nicht immer gut bestellt. In diesem 1830 (!) eröffneten Regenschirmgeschäft findet man aber sicherlich den richtigen Schutz. 53 New Oxford Street, WC1. Ⓤ Holborn oder Tottenham Court Road.

Crumplers 38, die bunten Taschen und Rucksäcke sind zu Recht längst Kult. 37 New Oxford Street, WC1. Ⓤ Holborn oder Tottenham Court Road.

Treadwell's 25, mit Räucherstäbchenduft präsentiert sich Englands führendes Geschäft für Esoterik und Paganismus. Für alle Freunde von Tarot & Co. 33 Store Street. WC2. www.treadwells-london.com. Ⓤ Goodge Street.

The People's Supermarket 18, ideal für alle, die keine Lebensmittelketten und -konzerne unterstützen wollen. Der Supermarkt ist eine Kooperative. Jedes Mitglied zahlt einen Jahresbeitrag und verpflichtet sich monatlich vier Stunden zu helfen, dafür bekommen die Mitglieder Rabatt auf alle Produkte. Keine Sorge: Auch Touristen dürfen hier einkaufen. Der Schwerpunkt des Sortiments liegt auf regionalen Produkten. Tgl. 8–22 Uhr, So 10–21 Uhr. 72–78 Lamb's Conduit Street, WC 1. www.thepeoplessupermarket.org. Ⓤ Russel Square. ■

Planet Organic 22, als die Biosupermarktkette 1995 ihren ersten Shop in London eröffnete, war dies ein Novum in der Themsestadt. Bis heute sind zahlreiche Geschäfte nachgezogen, doch gibt es hier immer noch Obst, Gemüse, Backwaren und andere Produkte mit Ökosiegel. Mittags wird ein Biolunch angeboten. 22 Torrington Place, WC 1. www.planetorganic.com. Ⓤ Goodge Street. ■

Farmer's Market 15, jeden Donnerstag von 9–14 Uhr wird auf dem Torrington Square ein bunter Wochenmarkt abgehalten. www.lfm.org.uk. Ⓤ Goodge Street. ■

Bloomsbury → Karte S. 124/125

Wie eine gotische Kathedrale – St Pancras International

Beliebt und bunt: Camden Market

Tour 5: Camden Town und Primrose Hill

Camden gilt als Stadtteil mit kosmopolitischem Flair. Am Wochenende strömen die Londoner zu Zigtausenden auf den Camden Market, während das benachbarte Primrose Hill mit einer geradezu dörflichen Atmosphäre überrascht.

Bis ins 18. Jahrhundert hinein bestand Camden nur aus wenigen Bauernhöfen, die um ein herrschaftliches Anwesen gruppiert waren. Dies änderte sich, als der namensgebende Charles Pratt Earl Camden 1791 begann, seinen Landsitz planmäßig zu erweitern und in der Nähe der heutigen Tubestation Kentish Town 1400 Häuser errichten ließ. Relativ zügig wuchs das prosperierende Camden mit London zusammen, wobei der Aufschwung zum großen Teil auf den 1806 begonnenen Bau des Regent's Canal und den Eisenbahnboom zurückzuführen ist. In den vierziger Jahren des 19. Jahrhunderts kam es, ausgelöst durch eine verheerende Hungersnot in Irland, zu einer regelrechten irischen Einwanderungswelle. Die hauptsächlich beim Eisenbahnbau beschäftigten Immigranten lebten meist in den Armenquartieren nahe der großen Kopfbahnhöfe, so beispielsweise auch in Camden. Der Unmut über die schlechten Lebens- und Arbeitsbedingungen eskalierte 1846 bei den *Camden Town Riots*, als sich irische Eisenbahn- und Kanalarbeiter am Parkway eine blutige Straßenschlacht mit der Polizei lieferten. Zu den Iren stießen nach dem Ende des Zweiten Weltkrieges viele griechische Zyprioten, die sich ebenfalls vorzugs-

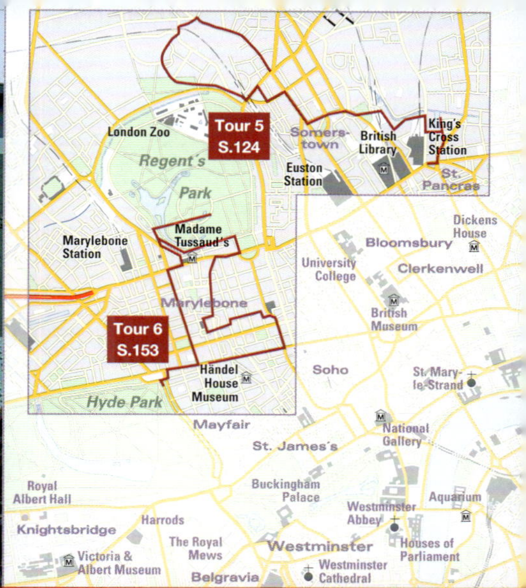

Tour 5 & Tour 6

weise in Camden niederließen. Die Mieten waren billig, viele Künstler und Musiker lebten und arbeiteten hier: Pink Floyd gaben 1966 im Roundhouse eines ihrer ersten Konzerte und auch die Rolling Stones und die Doors standen in dem ehemaligen Lokschuppen auf der Bühne. Ein Konzert der Ramones im Juli 1976 gilt als die Geburtsstunde der englischen Punk-Bewegung, später hatten The Clash ihr Studio in Camden.

Das damals noch relativ heruntergekommene Stadtviertel erlebte in den achtziger Jahren einen verstärkten Zuzug der Londoner Mittelschicht und somit einen erneuten Aufschwung. Ärzte, Rechtsanwälte und Journalisten, denen die Hauspreise im Westen der Stadt zu teuer waren, entdeckten ihre Liebe zu Camden und dem nahen Primrose Hill, wo sich ein „Blick hinunter auf das kränklich orangegelbe Leuchten der Stadt" bietet, wie die Schriftstellerin Zadie Smith befand. Durch die neuen Bewohner veränderte sich die „Infrastruktur", Restaurants, Coffeebars und Buchläden wurden eröffnet. Zu den bekanntesten Bewohnern von Camden Town gehören das Supermodel Kate Moss und die Schauspielerin Kirstin Dunst. Auch die im Juli 2011 tot in ihrer Wohnung am Camden Square aufgefundene Amy Winehouse hatte sich in den heruntergekommenen Pubs des Viertels wohlgefühlt.

Spaziergang

Der beste Zeitpunkt für einen Spaziergang durch Camden ist natürlich ein Samstag oder Sonntag. Dann pilgern zwar bis zu 100.000 Besucher zum Camden Market, dafür haben aber auch alle Stände und Shops geöffnet. Am besten ist es, man lässt sich von der Tubestation einfach die Camden High

Street zum Camden Lock hinuntertreiben; die Straße wird von Schuhgeschäften, Army-and-Navy-Läden und Tattoo-Studios gesäumt. Rechter Hand zweigt eine überdachte Passage ab, in der Second-Hand-Klamotten verkauft werden. Kurz darauf überquert die Camden High Street den Regent's Canal; an der Schleuse kann man mit dem Boot einen Ausflug bis nach *Little Venice* unternehmen. Auf der anderen Seite des Kanals wird im Camden Lock Market, einer dreistöckigen viktorianischen Markthalle, Kunsthandwerk von unterschiedlicher Qualität feilgeboten. In den ehemaligen Kohlengewölben unter den Bahngleisen sowie im orientalisch anmutenden Stables Market, einem uralten Güterbahnhof, werden an den Ständen Uhren, Möbel und natürlich immer wieder Klamotten verkauft. Wer Appetit verspürt, kann sich an einer der zahlreichen Imbissbuden stärken, bevor es noch ein paar Minuten die langweiliger werdende Chalk Farm Road entlang geht.

Die Regent's Park Road führt über eine Eisenbahnbrücke und dann direkt in das Zentrum von Primrose Hill, wo einst nicht nur die Dichterin Sylvia Plath und ihr Ehemann Ted Hughes lebten, sondern wo auch Friedrich Engels, der Philosoph und Gesellschaftstheoretiker, von 1870 bis 1894 im Haus Nummer 122 wohnte. Der 63 Meter hohe Primrose Hill („Frühlingshügel“) war einst ein bevorzugter Platz, um sich im frühen Morgengrauen zu duellieren. Heute joggen die Londoner lieber durch den Park oder genießen die herrliche Aussicht, die sich von einer kleinen Anhöhe auf die Stadt bietet. Wer will, kann auch einen Abstecher zum nahen London Zoo (→ Marylebone) unternehmen. Über die Regent's Park Road und den Parkway gelangt man wieder zurück ins Zentrum von Camden; einen Besuch lohnt aber das in einer Seitenstraße gelegene **Jewish Museum**. Anschließend steht man vor der Entscheidung, sich noch einmal in das Marktgeschehen zu stürzen oder Camden auf unbekannteren Pfaden zu entdecken. Im letzteren Fall geht es über die Camden High Street und die Crowndale Road am St Pancras Hospital – durch den Park – vorbei und unter einer Bahnunterführung hindurch zum **Camley Street Natural Park**, der wie eine friedvolle Oase in der Großstadthektik anmutet. Der Park grenzt direkt an den Grand Union Canal. Wer mehr über die Londoner Kanäle erfahren möchte, ist im **London Canal Museum** an der rich-

Camden Market

Der „Aufstieg“ Camdens lag und liegt größtenteils in der Beliebtheit des *Camden Market* begründet, der mittlerweile als die viertgrößte Touristenattraktion von London gilt. Die Anfänge waren noch bescheiden: In den siebziger Jahren entdeckten ein paar Trödler in Camden mehrere alte Eisenbahnschuppen und leer stehende Lagerhallen der Kanalschiffer, in denen sie ihren Krimskrams verkaufen konnten. Heute herrscht am Sonntag oft ein so starker Trubel, dass die Tubestation Camden Town manchmal geschlossen wird, um Unfällen vorzubeugen. Vor allem unter den trendbewussten Modefreaks genießt der Markt einen hervorragenden Ruf. Auf der Camden High Street sind schrille Shops für Boots, Jeans, Lederjacken und Modeschmuck wie auf einer Perlenschnur aufgereiht. „Street Fashion“ ist angesagt. Bekannte Modemacher wie Jean-Paul Gaultier und Christian Lacroix sollen den Camden Market sogar als Inspirationsquelle nutzen.

tigen Adresse. Die Gegend östlich der King's Cross Station ist abends ein schlecht beleumundetes Viertel mit Prostitution und Drogenhandel, tagsüber muss man sich jedoch keinerlei Sorgen machen.

Sehenswertes

Jewish Museum: Das in einem äußerlich unscheinbaren Reihenhaus untergebrachte Museum dokumentiert in sehr ansprechender Form die Geschichte, Religion und Kultur der britischen Juden von 1066 bis zur Gegenwart. Bereits im Eingangsbereich ist eine Mikwe aus dem 13. Jahrhundert zu sehen, die in London gefunden wurde und eins von nur zwei erhaltenen mittelalterlichen jüdischen Ritualbädern in England ist. Neben der Geschichte des Judentums in Großbritannien liegt der zweite Schwerpunkt auf dem religiösen Aspekt (Kultgegenstände wie Hanukkah-Lampen oder silberne Torah-Glocken sind ausgestellt), besonders eindrucksvoll ist aber die *Holocaust Gallery*, die diese Leidensgeschichte anhand des Schicksals von Leon Greenman erzählt, einem britischen Juden, der in Holland arbeitete und seine Deportation nach Auschwitz überlebte.

Wechselausstellungen, ein Museumsshop sowie ein koscheres Café ergänzen das Angebot.

129–131 Albert Street, NW1, Ⓤ Camden Town. So–Do 10–17 Uhr, Fr 10–14 Uhr. Eintritt £ 7.50, erm. £ 6.50 bzw. £ 3.50. www.jewishmuseum.org.uk.

Camley Street Natural Park: Mitten in einem wenig verlockenden alten Industrieviertel gelegen, ist die verborgene, vom London Wildlife Trust betreute Parkanlage ein echter Geheimtipp. Inmitten einer üppigen Vegetation mit Sumpf- und Wiesenpflanzen leben Schildkröten und Frösche in einem Teich. Ideal für Kinder!

12 Camley Street, NW1, Ⓤ King's Cross. Do–So 10–17 Uhr. Eintritt frei! www.wildlondon.org.uk.

London Canal Museum: Das London Canal Museum befindet sich im ehemaligen Geschäftshaus von *Carlo Gatti*, der im 19. Jahrhundert vom armen italienischen Einwanderer zum Londoner Eiskönig aufstieg. Einer seiner Enkel brachte es gar zum Lord Mayor der Londoner City. Nachdem Gatti in London Fuß gefasst hatte, besaß er ein paar Cafés und Restaurants, in denen er Schokolade und Eis verkaufte. Um sich

Ländliche Idylle: Primrose Hill

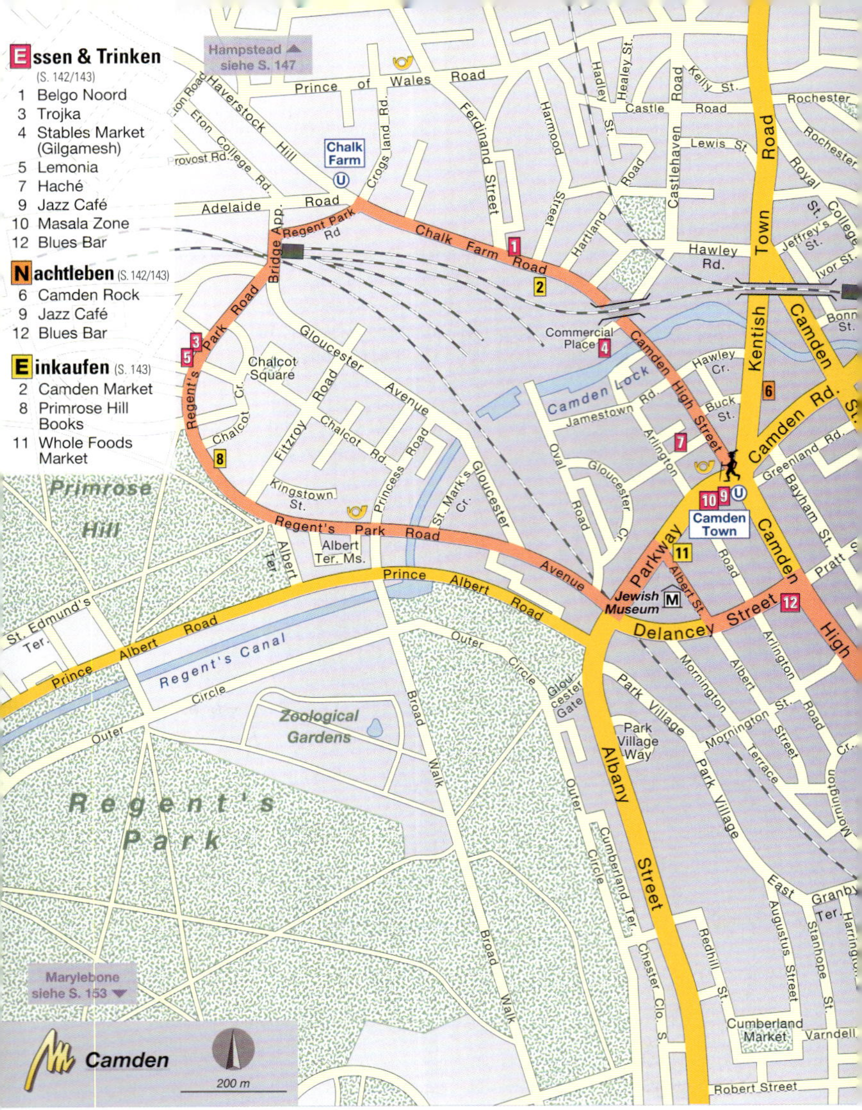

mit dem nötigen Kühleis zu versorgen, erhielt er die Genehmigung, Eis aus dem gefrorenen Regent's Canal zu sägen. Die Nachfrage wuchs, so dass Gatti Eistransporte aus Norwegen organisieren musste. Gewissermaßen als Nebeneffekt wurde er zum Londoner „Eiskönig", der Metzgereien, Fischhändler und wohlhabende Privathaushalte belieferte. Seine schwarz-gelben Eiskarren waren aus dem damaligen Straßenbild nicht wegzudenken. Wer sich jetzt wundert, was dies mit den Londoner Kanälen zu tun hat, dem sei gesagt, dass das Kühleis auf dem Regent's Canal in Gattis Lagerhaus gelangte. Ein ehemaliger

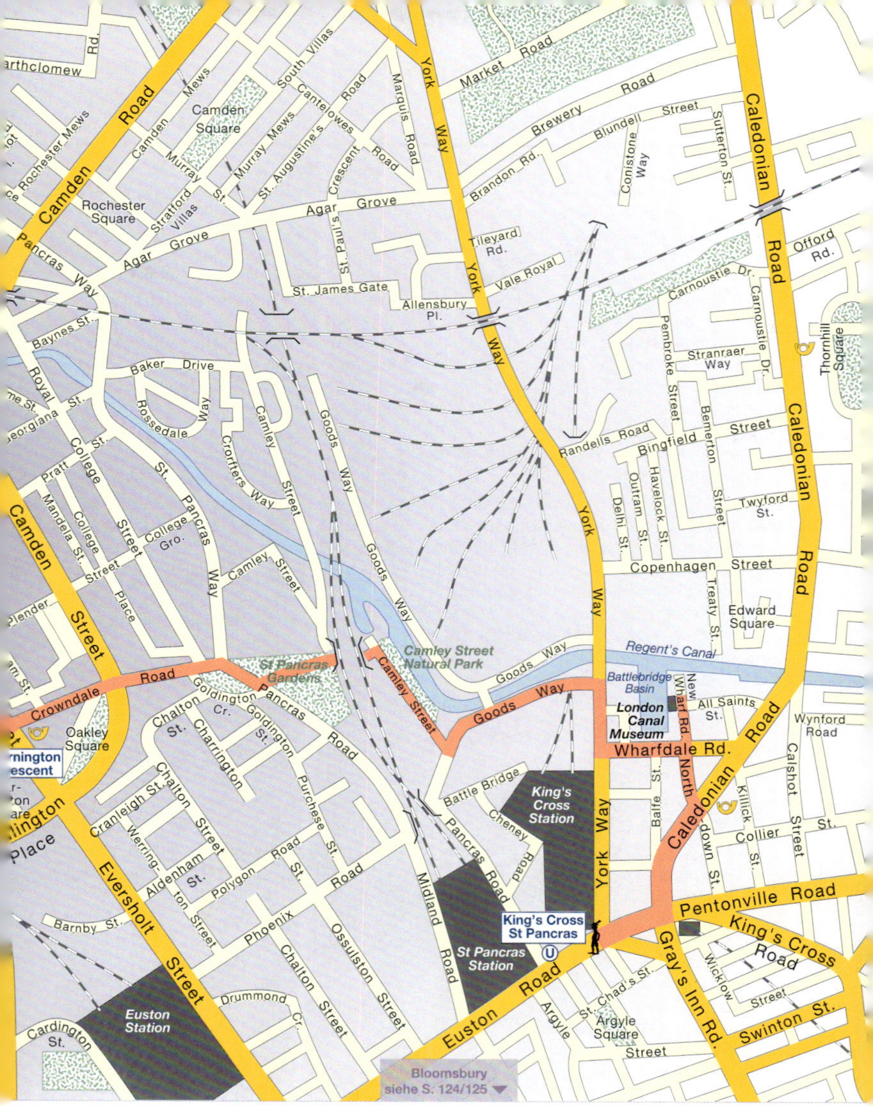

Lastkahn – wegen seiner schmalen Ausmaße „Narrow Boat" genannt – ist im Museum ausgestellt, weitere liegen in dem Hafenbecken hinter dem Museum vor Anker. Informationen über das Leben und die Arbeitswelt der Bootsbesitzer, die das ganze Jahr mit ihren Familien auf den Lastkähnen lebten, runden die Ausstellung ab.

12–13 New Wharf Road, N1, Ⓤ King's Cross. Tgl. außer Mo 10–16.30 Uhr, jeden 1. Do im Monat bis 19.30 Uhr. Eintritt £ 4, erm. £ 3 bzw. £ 2. www.canalmuseum.org.uk.

Praktische Infos

→ Karte S. 140/141

Essen, Trinken & Nachtleben

Trojka 3, russisches Restaurant im Herzen von Primrose Hill. Glücklicherweise stehen die Leistungen des Kochs nicht hinter der einladenden Atmosphäre zurück. Der Schwerpunkt liegt auf der osteuropäischen Küche, wobei auch polnische und jüdische Köstlichkeiten serviert werden. Lecker ist das *Ukrainian Beef Goulash* für £ 9.95. Mittagsmenü ebenfalls £ 9.95. Wer will, kann aber auch nur einfach einen Kaffee trinken. Freitag- und Samstagabend Livemusik. 101 Regent's Park Road, NW1, ✆ 020/74833765. www.trojka.co.uk. Ⓤ Chalk Farm.

Lemonia 5, ein paar Häuser weiter kann man sich an den schönen Holztischen den Freuden der griechischen Küche widmen. Der griechische Salat ist frisch, die gegrillten Kalamari sind mit £ 14 hingegen nicht gerade günstig. Das dreigängige Mittagsmenü (£ 9.75, jeweils Mo–Fr) schont die Reisekasse. Samstagmittag und Sonntagabend geschlossen. 89 Regent's Park Road, NW1, ✆ 020/75867454. Ⓤ Chalk Farm.

Masala Zone 10, hochwertige indische Küche in zeitlosem Ambiente. Empfehlenswert ist ein aus verschiedenen kleinen Gerichten bestehendes *Thali*, das es mit Lamm, Hühnchen oder Prawns genauso gibt wie für Vegetarier (ab £ 9.35). Serviert werden die Köstlichkeiten mit *Rice* und *Dhal* auf einem großen Tablett. Günstige Mittagsmenüs, 10 % *Service charge*, Straßenterrasse. 25 Parkway, NW1, ✆ 020/72674422. www.masalazone.com. Ⓤ Camden Town.

Belgo Noord 1, frittierte Muscheln, Pommes frites und Bier: Auf diesen drei Standbeinen der belgischen Küchenkultur basiert auch dieses ansprechende und viel besuchte Restaurant. 72 Chalk Farm Road, NW1, ✆ 020/72670718. Ⓤ Chalk Farm.

Blues Bar 12, lockere Musikkneipe mit einem dominierenden Tresen, jeden Abend ab 21.30 Uhr spielen Livebands. Serviert werden Salate und Soul food. Tgl. ab 12 Uhr geöffnet, abends ab 22.30 Uhr £ 3 Eintritt. 111–113 Camden High Street, NW1, ✆ 020/3875277. www.theblueskitchen.com. Ⓤ Camden Town.

Camden High Street – so bunt wie die Häuserfassaden

Haché 7, die anspruchsvolle Alternative zu McDonalds. Insider behaupten, hier gibt es die besten Burger (ab £ 6.95) von ganz London. Angenehmes Ambiente und auch optisch wissen die Burger zu begeistern. Tgl. 12–22 Uhr. 24 Iverness Street, NW1, ✆ 020/74859100. www.hacheburgers.com. Ⓤ Camden Town.

Stables Market (Gilgamesh) 4, der Stables Market ist bekannt für seine günstigen Essenstände, an denen man für £ 3–5 ein leckeres Hauptgericht in einer Aluschale serviert bekommt – egal, ob indisch, mexikanisch oder chinesisch. Anspruchsvoller ist das Angebot im Restaurant Gilgamesh, das ebenfalls einen bunten Querschnitt durch die asiatische Küche bietet und zudem mit seiner Bar-Atmosphäre begeistert. Tgl. 18–24 Uhr, Fr–So ab 12 Uhr. Chalk Farm Road, NW1, ✆ 020/74825757. www.gilgameshbar.com. Ⓤ Camden Town.

Jazz Café 9, derzeit eine der angesagtesten Adressen für anspruchsvolle Jazz-Livemusik, auch Courtney Pine und Gil Scott Heron standen hier schon auf der Bühne. Den besten Blick hat man vom Balkonrestaurant (zweigängiges Menü £ 26.50) aus. Achtung: Das musikalische Angebot beschränkt sich nicht auf Jazz, es wird auch Reggae oder Irish gespielt. Tgl. 19–2 Uhr. Eintritt ab £ 10. 5 Parkway, NW1, ✆ 020/73440044. www.jazzcafe.co.uk. Ⓤ Camden Town.

Camden Rock 6, beliebteste Disco in Camden. Bis 3 Uhr nachts kann man sich hier bei Rock, Soul, Funk oder House amüsieren. 18 Kentish Town Road, NW1, ✆ 020/72842131. Ⓤ Camden Town.

Shopping

Camden Market 2, in der Camden High Street und der Chalk Farm Road findet vor allem am Wochenende (ab 10 Uhr) einer der buntesten Londoner Straßenmärkte statt, der in mehrere Sektionen aufgeteilt ist und am Wochenende von bis zu 500.000 Menschen besucht wird. Das vielfältige Angebot reicht von Klamotten über diversen Nippes bis hin zu exotischen Schrumpfköpfen. Dutzende von Imbissbuden sorgen für das leibliche Wohl. Sonntags herrscht Hochbetrieb! Die Geschäfte im überdachten, auf Kunsthandwerk spezialisierten *Camden Lock* sowie der zum Stöbern am besten geeignete *Stables Market* mit seinen vielen Essensständen haben täglich von 10 bis 18 Uhr geöffnet. Der überdachte *Camden (Buck Street) Market* ist nur Do–So, der *Camden Canal Market* nur Sa und So von 10 bis 18 Uhr geöffnet. www.camdenmarkets.org. bzw. www.stablesmarket.com. Ⓤ Camden Town.

Kunsthandwerk im Camden Lock

Primrose Hill Books 8, liebevoll geführte Stadtteilbuchhandlung inmitten von Primrose Hill. auch Antiquariat. 134 Regent's Park Road, NW. www.primrosehillbooks.com. Ⓤ Chalk Farm.

Whole Foods Market 11, beeindruckender Ökosupermarkt, für den Sofortverzehr gibt es kleine Snacks, Suppen, Salate, Kaffee und Kuchen. Straßenterrasse. Tgl. 8–21 Uhr, So erst ab 10 Uhr geöffnet. 49 Parkway, NW1, ✆ 020/73871985. www.wholefoodsmarket.com. Ⓤ Camden Town. ■

Viktorianisch: Hampstead High Street

Hampstead

Zwei Kilometer nördlich von Camden erstreckt sich der Stadtteil Hampstead. Abseits vom Trubel gelegen, gilt Hampstead seit dem 18. Jahrhundert als Nobelviertel, in dem sich vor allem Reiche, Künstler und Intellektuelle wohl fühlen. Kulturelle Highlights sind das Freud Museum und das Kenwood House.

Allein durch seine Lage – 180 Meter über der Themse – hebt sich das vom (Mikro-) Klima verwöhnte Hampstead von den anderen Stadtteilen Londons ab. Bis der Frauen mordende Heinrich VIII. Hampstead Heath der Kirche entzog, gehörte die Anhöhe zur Westminster Abbey. Nach dem Großen Feuer entwickelte sich Hampstead zu einem beliebten Villenvorort mit Cottages und gepflegten Vorgärten. Für kurze Zeit machte Hampstead auch als Heilbad Furore, woran heute noch der Wells Walk erinnert. Schriftsteller, Maler und Gelehrte liebten die dörfliche Atmosphäre („Montmartre Londons"), in den dreißiger Jahren des 20. Jahrhunderts kamen auch noch zahlreiche deutsche Emigranten wie *Oskar Kokoschka*, *Sigmund Freud* und *Elias Canetti* hinzu. Einem zeitgenössischen Witz zufolge wurde einem an einer schweren Krankheit leidenden Engländer ein Spezialist aus Wien empfohlen. Als er, da das beschriebene Haus keine Klingelschilder besaß, im Hinterhof kurz entschlossen „Herr Professor" rief, öffneten sich alle Fenster des Mietshauses ... Ein Pflichtbesuch führt alle Psychologen in die Maresfields Gardens, wo *Sigmund Freud* seine letzte Praxis – jetzt *Freud Museum* – betrieb. Die einzigartige Lage von Hampstead hat stets die Literaten und Künstler angezogen. Der Lyriker *Erich Fried* lebte genauso in Hampstead wie *Robert Louis Stevenson* und *John Galsworthy*. Galsworthy erhielt 1932 für seine „Forsyte Saga" den

Literaturnobelpreis, der noch zweimal nach Hampstead vergeben wurde: 1981 an *Elias Canetti* und 2007 an *Doris Lessing*, die in West Hampstead lebt und die Glückwünsche zur Preisverleihung auf den Stufen vor ihrem Reihenhaus sitzend entgegennahm.

Attraktiv ist auch die Hampstead High Street mit ihren zahlreichen Boutiquen, Cafés und Restaurants, getreu dem Motto: Shopping in gepflegter Atmosphäre, für all jene, denen die Oxford und Regent's Street zu laut und hektisch sind.

Nicht versäumen sollte man einen Abstecher zur Hampstead Heath, einer 325 Hektar großen Grünanlage mit Weihern, Grashügeln und Wald; sie bietet viel Platz sich fern vom Lärm der Metropole zu erholen. Das ländliche Flair, das schon den Maler John Constable faszinierte, zieht ungebrochen die Londoner in seinen Bann. Doris Lessing fühlt sich an windigen Tagen hier an ihre Kindheit im afrikanischen Busch erinnert. Lohnend ist ein Besuch des *Kenwood House*. Es gibt auch drei Badeseen (*Bathing Ponds*), einen besonders schönen nur für Frauen, einen nur für Männer – viel Gay-Publikum – und einen für beiderlei Geschlechter. In der südöstlichen Ecke des Parks befindet sich zudem der *Lido*, ein ursprünglich aus den späten dreißiger Jahren stammendes Freibad, das nach seiner 2005 abgeschlossenen Renovierung mit einem Edelstahlbecken lockt.

Sehenswertes

Kenwood House: Das im letzten Drittel des 18. Jahrhunderts von Robert Adam für den Earl of Mansfield errichtete Herrenhaus liegt in exponierter Lage am Nordrand von Hampstead Heath und ist von einem herrlichen Park umgeben, in dem im Sommer Freiluftkonzerte stattfinden (www.picnicconcerts.com). Edward Guinness, seines Zeichens Earl of Iveagh, erwarb 1925 das verlassene Anwesen, um darin seine Kunstsammlung auszustellen. Testamentarisch vermachte er Kenwood House dem Staat, mit der Auflage, es mit seiner Sammlung der Öffentlichkeit zugänglich zu machen. Nicht nur, weil der Eintritt kostenlos ist, lohnt ein Besuch des neoklassizistischen Herrenhauses, besonders prächtig ist die Bibliothek. An den Wänden hängen Gemälde alter Meister, darunter Werke von Rembrandt, Franz Hals, Vermeer, Gainsborough und Turner. Nicht versäumen sollte man einen abschließenden Besuch im herrlichen Gartencafé!

Hampstead Lane, NW3, Ⓤ Hampstead. Tgl. 11.30–16 Uhr (Achtung bis Herbst 2013 wegen Renovierung geschlossen!). Der Garten ist tgl. ab 7 Uhr geöffnet. Eintritt frei!

Mister Goldfinger

Goldfinger ist noch heute einer der berühmtesten James-Bond-Filme, vor allem dank Gert Fröbe in seiner Rolle als goldgieriger Bösewicht. Weniger bekannt ist hingegen, dass Bond-Autor Ian Flemming, der in der Willow Road wohnte, den Namen seines Bösewichts von seinem Nachbarn Ernö Goldfinger „entliehen“ haben soll, da er Goldfinger wegen seiner modernen Bauten nicht sonderlich gemocht hat.

Freud Museum: *Sigmund Freud* (1856–1939), der Begründer der Psychoanalyse, emigrierte 1938 von Wien nach London, wo er in Hampstead seine letzte Bleibe fand, bevor er sich, schwer vom Zungenkrebs gezeichnet, am 23. September 1939 das Leben nahm. Seine Tochter Anna ließ mehrere Räume (Arbeitszimmer, Bibliothek etc.) unverändert, selbst die berühmte Couch kann man bewundern.

20 Maresfields Gardens, NW3, Ⓤ Finchley Road. Mi–So 12–17 Uhr. Eintritt £ 6, erm. £ 4.50 bzw. £ 3. www.freud.org.uk.

Keats' House: Zu den berühmten Schriftstellern, die in Hampstead gelebt hatten, gehört auch der Romantiker *John Keats*, der 1818 in dieses Haus in Hampstead zog und hier seine berühmte „ode to a Nightingale“ schrieb. Selbst wenn man bis dato noch nie etwas von Keats gehört hat, bietet sich hier eine gute Möglichkeit, einen Einblick in die Londoner Wohnkultur vor 200 Jahren zu gewinnen.

Wentworth Place, Keats Grove, NW3, Ⓤ Hampstead. Von April bis Nov. Di–So 13–17 Uhr, im Winter nur Fr–So 13–17 Uhr. Eintritt £ 5, erm. £ 3. www.keatshouse.cityoflondon.gov.uk.

Burgh House: Das lokalhistorische Museum beschäftigt sich mit den bekannten Persönlichkeiten von Hampstead, allen voran mit Keats und Constable. Wechselausstellungen und ein kleines Café im Garten runden das Angebot ab.

New End Square, NW3, Ⓤ Hampstead. Mi–So 12–17 Uhr. Eintritt frei! www.burghhouse.org.uk.

2 Willow Road: Das von *Ernö Goldfinger* 1937 errichtete Wohnhaus ist eines der wenigen Londoner Gebäude, die den Geist des Modernismus atmen. Mehr als 40 Jahre hat Goldfinger (1902–1987) hier zusammen mit seiner Familie gelebt. Der Architekt Goldfinger war mit vielen Künstlern befreundet und hat eine wertvolle Sammlung moderner Kunst mit Werken von Henry Moore, Max Ernst, Roland Penrose und Bridget Riley zusammengetragen.

2 Willow Road, NW3, Ⓤ Hampstead. Von April bis Okt. Mi–So Führungen um 11, 12, 13 und 14 Uhr, freie Besichtigung 15–17 Uhr. Eintritt £ 6, erm. £ 3 (NT).

Praktische Infos

Essen, Trinken & Nachtleben

Holly Bush Pub **1**, mit viel Holz, Patina und Atmosphäre, eben so, wie man sich ein Pub vorstellt. Hauptgerichte um die £ 15. Zu Essen gibt auch günstige Sandwiches und Pies. Leicht zu finden: Von der Underground Station einfach geradeaus den Berg hoch und nach 50 Metern rechts. Am Wochenende ist es meistens ziemlich voll. 22 Holly Mount, NW3, ✆ 020/74352892. Ⓤ Hampstead.

Base **2**, unweit der Tube Station im Stil eines modernen französischen Bistros mit kleiner Straßenterrasse. Leckere Salate, Nu-

delgerichte £ 11.95. Sonntagabend geschlossen. 71 Hampstead High Street, NW3, ✆ 020/74312224. Ⓤ Hampstead.

Coffee Cup **3**, traditionsreiches Café im Herzen von Hampstead, das schon Elias Canetti gerne besuchte. Heute trifft sich hier eher jüngeres Publikum in den holzgetäfelten Räumen. Tgl. 9–24 Uhr. 74 Hampstead High Street, NW3, ✆ 020/74357565. Ⓤ Hampstead.

The Freemans Arms **4**, viel besuchtes Gastro-Pub mit einem großen Garten direkt neben der Hampstead Heath. Tgl. ab 12 Uhr geöffnet. 32 Downshire Hill, NW3, ✆ 020/74336811. www.freemasonsarms.co.uk. Ⓤ Hampstead.

Im Reich des Todes: Highgate Cemetery

Der im Nordosten von Hampstead gelegene Highgate Cemetery ist der bekannteste Friedhof Londons. Im Jahre 1839 eröffnet, wurde er schon bald zur beliebten letzten Ruhestätte für wohlhabende viktorianische Familien, zu denen beispielsweise auch der Physiker Michael Faraday gehörte. Faradays Grab liegt im West Cemetery, der nur im Rahmen einer Führung zugänglich ist. Der West Cemetery mit seinen mit Efeu und Farnen überzogenen Wegen ist der älteste und stimmungsvollste Teil von Highgate; er ist von hohen Mauern umgeben und präsentiert sich als ein verwunschenes Reich des Todes mit Engelstatuen, Obelisken, Mausoleen und Katakomben. Ein eindrucksvolles Denkmal britischer Friedhofskultur!

Den East Cemetery darf man hingegen auf eigene Faust erkunden, wobei die meisten Besucher vor allem das monumentale Grab von Karl Marx ansteuern, der hier zusammen mit seiner Frau Jenny von Westfalen, der gemeinsamen Tochter Eleanor und weiteren Familienmitgliedern ruht wie der ehemaligen Haushälterin Helene Demuth, mit der Marx 1851 einen Sohn zeugte. „Workers Of All Lands Unite" steht auf dem klobigen Granitsockel mit dem überdimensionalen Bronzekopf, vor dem sich schon Chruschtschow, Breschnew und Dutzende anderer kommunistischer Führer verneigten. Unweit von Marx ruhen die Schriftstellerin George Eliot und der Philosoph Herbert Spencer, der als Begründer des Sozialdarwinismus bekannt wurde.

Swain's Lane, NW3, Ⓤ Archway. Tgl. 10–17 Uhr, am Wochenende am 11Uhr, im Winter von 10–16 Uhr, am Wochenende ab 11 Uhr. Eintritt £ 3, erm. £ 2. Führungen über den West Cemetery finden am Wochenende um 11, 12, 13, 14 und 15 Uhr, im Sommer auch um 16 Uhr statt. Kosten £ 7. erm. £ 5 oder £ 3. www.highgate-cemetery.org.

Oase der Ruhe mitten in der Stadt – Regent's Park

Tour 6: Marylebone

Zwischen Hyde Park und Regent's Park gelegen, gefällt Marylebone mit seinen beschaulichen Straßenzügen. Madame Tussaud's ist die Hauptattraktion des Viertels; im Vergleich dazu führt die hochkarätig bestückte Wallace Collection ein regelrechtes Schattendasein.

Noch vor weniger als 300 Jahren war Marylebone ein unbedeutendes Dorf am nördlichen Rand von London, dem die Kirche *St Mary by the Bourne* ihren Namen gab; der nördliche Teil – der heutige Regent's Park – diente als königliches Jagdgebiet. Mit anderen Worten: Eine ländliche Idylle, in der die Londoner wie beispielsweise *Samuel Pepys* gerne spazieren gingen. Im Laufe des 18. Jahrhunderts erfolgte dann durch Edward Harley, den 2. Earl of Oxford, eine planmäßige Bebauung im georgianischen Stil. Das Viertel wuchs schnell zu einem Stadtteil heran, in dem sich vor allem Prostituierte niederließen. *Johann Wilhelm von Archenholtz* schrieb 1787: „Man schätzt die Anzahl der Freudenmädchen in London auf über 50.000, die Mätressen nicht mitgerechnet. Allein im Kirchspiel Marylebone zählte man vor einigen Jahren nicht weniger als 13.000 solcher Weiber, von denen 1700 ganze Häuser für sich allein bewohnten. Diese Gattung der Freudenmädchen hat Kammerzofen und Livree-Bediente, manche sogar eigene Equipagen." Diese Schätzung von Archenholtz dürfte weitestgehend der Realität entsprochen haben; London zog im 18. Jahrhundert Zuwanderer aus allen Teilen Englands und Irlands an und für Frauen stellte die Prostitution oftmals die einzige Möglichkeit dar, sich ihren Lebensunterhalt zu verdienen. In den siebziger Jahren des 20. Jahrhunderts stand die Gegend erneut in dem Ruf, dass sich hier reiche Geschäftsleute von jungen Frauen in gepflegtem Ambiente verwöhnen lassen konnten.

Trotz dieses zeitweise schlechten Leumunds gehörte Marylebone stets zu den beliebtesten Wohnadressen des Londoner Großbürgertums. Besonders die Luxuswohnungen in den so genannten Nash Terraces am Regent's Park sind schier unerschwinglich. Positiv zu vermerken ist, dass sich Marylebone trotz seiner Nähe zur Oxford Street bis heute ein kleinstädtisches Flair bewahren konnte. Statt billigem Moderamsch gibt es in der Marylebone High Street vor allem ausgesuchte Feinkost und gute Restaurants.

Little Venice

Mit der *Bakerloo Line* sind es von Marylebone nur ein paar Stationen zur Warwick Avenue. In unmittelbarer Nähe der Tubestation eröffnet sich dem Besucher eine andere Welt: Little Venice. Dort, wo der Grand Union Canal, der Paddington Zweig und der Regent's Canal zusammentreffen und ein kleines Hafenbecken bilden, liegen bunte Hausboote vor Anker, einige wurden zum Café oder Restaurant umfunktioniert. Eine absolut malerische Kulisse! Vor allem in den sechziger und siebziger Jahren war es in Hippiekreisen sehr beliebt, auf einem Hausboot in Little Venice zu wohnen. *Richard Branson*, der Gründer des Virgin Imperiums, gehörte in seinen jungen Jahren zur eingeschworenen Gemeinde der Hausbootbesitzer. Wer will, kann mit dem Boot einen Ausflug bis zum Camden Lock unternehmen oder am Kanal entlang bis zum London Zoo wandern.

Spaziergang

Als markanter Ausgangspunkt dieses Rundgangs dient der *Marble Arch*, ein Triumphbogen aus Servezza-Marmor. Ursprünglich als Torbogen für den Buckingham Palace errichtet, wurde er 1851 an die nordöstliche Ecke des Hyde Park versetzt. Heute steht er inmitten einer Verkehrsinsel, auf welche die aus

Osten kommende Oxford Street stößt. Die Oxford Street, die angeblich bereits den Römern als Handelsstraße nach Oxford gedient haben soll, ist eine der beliebtesten (aber keinesfalls schönsten) Einkaufsstraßen Londons, in der neben den vielen Filialen diverser Kaufhaus- und Klamottenketten auch das renommierte *Selfridges* zu finden ist. Über die Baker Street geht es zu **Madame Tussaud's** Wachsfigurenkabinett, das alljährlich rund drei Millionen Besucher anlockt. Verehrer von Conan Doyle bietet sich ein Besuch des **Sherlock Holmes Museum** an. Wer nun noch ausgiebig durch den **Regent's Park** spazieren möchte, wird an dessen nordöstlichem Rand auf den **London Zoo** und den malerischen Regent's Canal stoßen. Ein beispielhaftes klassizistisches Ensemble, das es verdient, ausgiebig bewundert zu werden, ist die von John Nash entworfene Häuserfassade am Park Crescent. Die Marylebone Highstreet strahlt noch etwas von der einst dörflichen Atmosphäre des Viertels aus. Mit ihren kleinen Geschäften, Cafés und Restaurants verführt sie geradezu zum gemütlichen Schlendern und Einkaufen. Weitere gute Restaurants finden sich in der Blandford Street. Im Hertford House, einem georgianischen Palast am geruhsamen Manchester Square, residiert die renommierte **Wallace Collection**, die eine der wertvollsten Kunstsammlungen Londons besitzt. Leichtere Unterhaltungskost bietet das Gebäude der *BBC* am Langham Place, von dem aus 1936 die weltweit erste Fernsehsendung ausgestrahlt wurde. Schließlich kehrt man zurück in die Oxford Street, wo wieder die Niederungen des Kommerz locken. Wer nach einem Einkaufsbummel noch Lust hat, kann abschließend einen Abstecher zur berühmt-berüchtigten **Speaker's Corner** am Hyde Park unternehmen, die man durch eine schreckliche Unterführung erreicht. An der nordöstlichen Ecke des Hyde Park befanden sich bis zum Jahre 1783 die *Tyburn Gallows*. In den knapp fünf Jahrhunderten ihres Bestehens mussten rund 50.000 Menschen ihr Leben auf der am meisten „frequentierten“ Hinrichtungsstätte Londons lassen.

Marylebone → Karte S. 153

Sehenswertes

Madame Tussaud's: Madame Tussaud's Wachsfigurenkabinett gehört zu den bekanntesten und beliebtesten Attraktionen in London. Geduldig stellen sich jeden Tag zigtausende Besucher in die Schlange, um endlich einmal ihren Idolen ganz tief in die Augen sehen zu können. Es herrscht ein wenig Rummelplatzatmosphäre, ganz so, wie es vielleicht in den Anfangsjahren gewesen sein mag.

Das Wachsfigurenkabinett von Madame Tussaud ging aus einer 1770 in Paris begründeten Wanderausstellung hervor, die im Jahre 1802, als die Einnahmen aufgrund der napoleonischen Kriege zurückgingen, erstmals nach England kam und dort von Stadt zu Stadt tourte. Die anfangs 36 Figuren umfassende Ausstellung (die Wachsre-

Wachsfigurenpropaganda

Ein Wachsfigurenkabinett war ursprünglich keine harmlose, neutrale Darstellung berühmter Persönlichkeiten, sondern diente vor allem der politischen Propaganda. Mit hohen Eintrittspreisen zielte die Ausstellung hauptsächlich auf die wohlhabenden Gesellschaftsschichten. In den Zeiten, als es weder Fotos noch Filme gab, konnte man durch die Wiedergabe der Wachscharaktere die öffentliche Meinungsbildung stark beeinflussen. Aus diesem Grund stand 1803 auch Napoleon im Mittelpunkt der Sammlung, als sich das englische Bürgertum von der Revolution und einer möglichen Invasion bedroht fühlte. Während Napoleon, den die Engländer für seine militärische Brillanz bewunderten, optisch recht gut wegkam, wurden beispielsweise Robespierre und Carrier mit ihren guillotinierten Köpfen zu Bösewichten der Revolution stilisiert.

Die Wachsbildnerei stand aber noch aus einem anderen Grund hoch im Kurs: Mit Hilfe phrenologischer und physiognomischer Theorien versuchte man, von der Kopf- und Schädelform lehrreiche Schlüsse auf Charakter und Verhalten einer Person zu ziehen. So seltsam es heute klingt, es handelte sich um ein wissenschaftliches Genre, das sich auf die Thesen des Züricher Theologen *Johann Kaspar Lavater* berief. Lavater hatte in seinen „Physiognomischen Fragmenten zur Beförderung der Menschenkenntnis und Menschenliebe" die Behauptung aufgestellt, dass das Wesen eines Menschen an der Gesichtsbildung ablesbar sei. In diesem Sinne war ein Besuch von Madame Tussaud's Wachsfigurenkabinett eine Weiterbildungsmaßnahme, konnte man doch die Gesichtszüge berühmter Persönlichkeiten studieren und mit ihrem Verhalten vergleichen.

pliken von Robespierre und Marat gehören noch immer zum Bestand!) wuchs so schnell an, dass sich die als Madame Tussaud bekannt gewordene Marie Grosholtz 1835 dauerhaft in London niederließ. Nach ihrem Tod im Jahre 1850 zog die Sammlung 1884 von der Baker Street in die benachbarte Marylebone Road um, wo sie noch heute untergebracht ist. Um stets auf der Höhe der Zeit zu sein, werden beständig berühmte Persönlichkeiten in den erlesenen Wachsfigurenzirkel aufgenommen beziehungsweise in ihrem jeweiligen Alterungsprozess wiedergegeben. Wer also schon immer einmal der Royal Family die Hand auf die Schultern legen wollte, dem bietet sich bei Madame Tussaud's die einmalige Gelegenheit.

Zuerst geht es mit dem Aufzug nach oben, wo man im fiktiven Blitzgewitter der Fotografen zu den Stars und Starlets dieser Welt wandert. Alles, was im Pop- und Filmbusiness Rang und Namen hat, ist hier mit seinem wächsernen Abbild vertreten, angefangen bei Leonardo DiCaprio, Nicole Kidman und Orlando Bloom bis hin zu Arnold Schwarzenegger. Auch die Fans von Mel Gibson und Pierce Brosnan kommen selbstverständlich nicht zu kurz. In der *Music Zone* stehen Elvis, Freddie Mercury, Jimi Hendrix, die Beatles und andere Popgrößen, während in der *Sport Zone* David Beckham, Tiger Woods, Lance Armstrong, aber auch Boris Becker und Mohammed Ali versammelt sind. Eine kleine Inszenierung der „Pirates of the Caribbean" mit Captain Jack Sparrow gibt es auch, in der *Royal Zone* warten dann einige illustre Persönlichkeiten aus der Königsfamilie wie beispielsweise

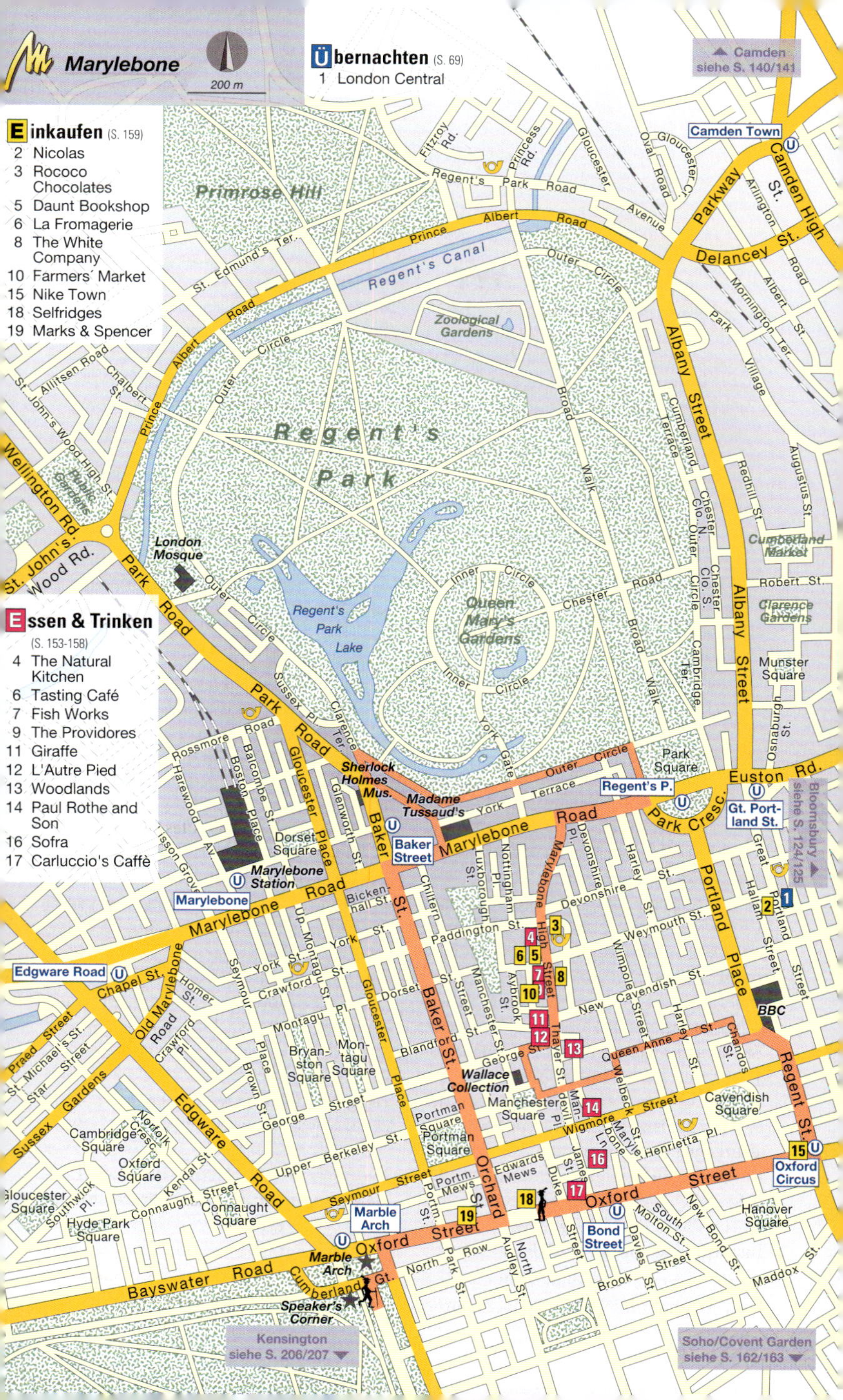
Marylebone
200 m
Übernachten (S. 69)
1 London Central
Einkaufen (S. 159)
2 Nicolas
3 Rococo Chocolates
5 Daunt Bookshop
6 La Fromagerie
8 The White Company
10 Farmers´ Market
15 Nike Town
18 Selfridges
19 Marks & Spencer
Essen & Trinken (S. 153-158)
4 The Natural Kitchen
6 Tasting Café
7 Fish Works
9 The Providores
11 Giraffe
12 L'Autre Pied
13 Woodlands
14 Paul Rothe and Son
16 Sofra
17 Carluccio's Caffè
Camden siehe S. 140/141
Bloomsbury siehe S. 124/125
Kensington siehe S. 206/207
Soho/Covent Garden siehe S. 162/163
Camden Town
Primrose Hill
Regent's Park
Regent's Canal
Zoological Gardens
Regent's Park Lake
Queen Mary's Gardens
London Mosque
Sherlock Holmes Mus.
Madame Tussaud's
Baker Street
Regent's P.
Gt. Portland St.
Marylebone Station
Marylebone
Edgware Road
Wallace Collection
BBC
Oxford Circus
Bond Street
Marble Arch
Speaker's Corner
Cumberland Market
Clarence Gardens
Munster Square
Park Square
Cavendish Square
Hanover Square
Manchester Square
Portman Square
Dorset Square
Bryanston Square
Montagu Square
Cambridge Square
Oxford Square
Connaught Square
Hyde Park Square
Gloucester Square
Prince Albert Road
Albany Street
Euston Rd.
Park Road
Marylebone Road
Baker St.
Oxford Street
Bayswater Road
Edgware Road
Regent St.
Portland Place
Marylebone High Street
Wigmore Street
Parkway
Camden High St.
Delancey St.
Wellington Rd.
St. John's Wood Rd.

Henry VIII oder Queen Elizabeth I. Wer will, stellt sich neben Diana und lächelt ihr freundlich zu. Glaubensfeste Katholiken können sich kurz darauf vor dem Papst verbeugen.

Geradezu geschmacklos und politisch borniert ist die Abteilung mit den *World Leaders*. Da stehen Mahatma Gandhi und Nelson Mandela einträchtig in einem Raum mit Fidel Castro, Saddam Hussein und Adolf Hitler. Und wenn man nur fünf Minuten wartet, stellt sich irgendein dämlich grinsender Besucher neben den „Führer" und lässt sich mit einem zum Hitlergruß erhobenen Arm fotografieren. Die Wachsfigur von Adolf Hitler stammt übrigens aus den 1930er Jahren und „überlebte" im Jahre 1940 ironischerweise einen deutschen Bombenangriff, durch den damals ein Großteil der Sammlung zerstört wurde. Selbstverständlich rahmen George Bush und Tony Blair einträchtig ein Podium mit der UN-Flagge ein, denn schließlich verkörpern sie ja das Reich des Guten. Kritische Anmerkungen oder weitere Informationen zu den dargestellten Personen fehlen vollkommen, stattdessen wird man aufgefordert, sich für einen Tag als „King of the World" zu fühlen. Ein wahrlich erhabenes Gefühl. Die Tour führt danach noch zu der auf Gruseleffekte setzenden *Chamber of Horrors* (Schreckenszimmer). Den Besucher erwartet ein schaurig-kitschiges Szenario, das von einer französischen Guillotine bis hin zu verschiedenen Massenmördern ein breites Spektrum zeigt und durch ein paar „lebendige" Geister aufgepeppt wird. Die erst unlängst eröffnete Abteilung *Spirit of London* lädt zu einer effekthaschenden Zeitreise in einem Pseudotaxi durch die Londoner Geschichte ein. Insgesamt erinnert das Spektakel mit Great Fire und Swinging London eher an eine langweilige Kinderkarussellfahrt, einzig das Pseudosteuer fehlt, denn dann könnten sich wenigstens die kleinsten Besucher vorstellen, sie würden das Taxi selber lenken. Und wenn sich die Türen von Madame Tussaud's hinter einem geschlossen haben, dann zweifelt man daran, ob man den Eintrittspreis nicht vielleicht in ein leckeres Menü hätte investieren sollen ...

Ein Tipp: Wer keine Lust hat, sich in die schier endlose Schlange vor der Kasse einzureihen (im Sommer bis zu zwei Stunden Wartezeit) und eine Kreditkarte besitzt, kann sich vorab telefonisch oder im Internet ein Ticket bestellen (✆ 0870/4003000 oder www.madame-tussauds.co.uk).

Marylebone Road, NW1. Ⓤ Baker Street. Tgl. 9.30–19 Uhr, am Wochenende und in den britischen Schulferien ab 9 Uhr. Eintritt Bis 15 Jahre £ 19.35–25.80, Erwachsene £ 22.50–30. www.madame-tussauds.co.uk.

Sherlock Holmes Museum: Bereits an der Tube-Station Baker Street betreibt ein als Sherlock Holmes kostümierter Mann Werbung für das Museum. Diese verheißungsvolle Werbeaktion hat das dem berühmten Detektiv gewidmete Museum gewiss nötig: Das kleine Haus mit Kaminzimmer und diversem viktorianischem Nippes besitzt zwar fraglos eine gewisse Atmosphäre, ob diese allerdings den happigen Eintrittspreis rechtfertigt, ist zu bezweifeln. Hintergründiges, beispielsweise über den Schriftsteller *Sir Arthur Conan Doyle*, erfährt der Besucher jedenfalls nicht. Und der fiktive Meisterdetektiv lebte sowieso in der Baker Street 221b ...

239 Baker Street, NW1. Ⓤ Baker Street. Tgl. 9.30–18 Uhr. Eintritt £ 6, erm. £ 4. www.sherlock-holmes.co.uk.

Regent's Park: Der Regent's Park ist eine der größten und schönsten Londoner Grünanlagen. Sein besonderes Flair verdankt der Park vor allem den ihn umrahmenden Wohnpalästen, die im frühen 19. Jahrhundert nach Plänen von *John Nash* (1752–1835) errichtet wurden. Die Grundidee für die Anlage des Regent's Park war, ein aristokratisches Wohnquartier zu schaffen, in dem an-

Mr. Holmes hilft auch bei schwierigen Fällen

spruchsvolle Baukunst und gepflegte Natur zu einer harmonischen Einheit finden. Nash war der Lieblingsarchitekt von *Georg IV.*, der bereits als *Prince Regent* bemüht war, London von seinem provinziellen Touch zu befreien. Um seinen Auftraggeber zufrieden zu stellen, entschied sich Nash für weiß leuchtende Stuckfassaden, wohl wissend, dass diese schwer zu pflegen sind. Die den Park einrahmenden Luxusbauten werden Terraces genannt. Beeindruckend sind beispielsweise die mit korinthischen Säulen verzierten Häuser der *Chester Terrace* sowie die rund 260 Meter lange *Cumberland Terrace* mit ihren prachtvollen Portalvorbauten an der Ostseite des Parks. Ursprünglich war sogar vorgesehen, im Park 56 schlossartige Villen und einen Palast für den Prinzregenten zu errichten, um den ländlichen Charakter zu betonen. Aufgrund finanzieller Engpässe blieben von diesen hochtrabenden Plänen nur sechs Villen übrig, die tatsächlich gebaut wurden. Die Fähigkeiten des Architekten waren allerdings umstritten. Unmittelbar nach dem Tod seines Mentors wurde Nash wegen „unentschuldbarer Unregelmäßigkeiten und Fahrlässigkeit" entlassen.

Es gibt zwei Möglichkeiten, den Regent's Park zu erkunden. Entweder folgt man dem rund 3,2 Kilometer langen *Outer Circle*, der das gesamte Areal samt des *London Zoo* einschließt, oder man strebt direkt dem kreisrunden *Inner Circle* zu. Letzterer beherbergt die *Queen Mary's Gardens*, deren größter Teil von einem traumhaften Rosengarten eingenommen wird, sowie das *Open Air Theatre*. Wasserfreunde können am künstlichen, ypsilonförmigen *Boating Lake* zu einer Bootsfahrt aufbrechen oder am *Regent's Canal* entlangspazieren. Am Westrand des Parks befindet sich auch die Londoner Zentralmoschee (*London Central Mosque*) mit ihrem auffälligen Kuppelmosaik.

London Zoo: Im Jahre 1828 gegründet, ist der Londoner Zoo der älteste zoologische Garten Europas, allerdings ist das Areal relativ klein, so dass der Eintrittspreis unangemessen hoch erscheint. Zu den spektakulärsten Tierarten gehören Giraffen, Löwen, Tiger und ein erst

London Zoo, Penguin Pool

kürzlich eröffnetes Gorilla Kingdom. Die jüngsten Besucher können im attraktiven Children's Zoo herumtollen. Sehenswert ist auch das Aquarium.

Auf dem Areal des Tiergartens kann man auch anspruchsvolle moderne Architektur bewundern, so das Pinguinbecken aus den dreißiger Jahren; es stammt von dem Architekten *Berthold Lubetkin*, der ein ellipsenförmiges Bassin mit spiralförmigen Rampen entworfen hat, das allerdings für die Haltung der Pinguine wenig geeignet war.

Regent's Park, NW1. Ⓤ Baker Street oder Camden Town. Tgl. 10–17.30 Uhr, im Winter nur bis 16.30 Uhr. Eintritt £ 21–23, erm. £ 16-17. www.londonzoo.co.uk.

The Wallace Collection: Die Familie des Marquess of Hertford hat über mehrere Generationen eine außergewöhnliche Kunstsammlung zusammengetragen.

Besonders *Sir Richard Wallace*, der Sohn des vierten Marquess, hat sich um die Gemäldesammlung verdient gemacht und diese durch gezielte Zukäufe erweitert. Seine Witwe überließ die Kunstwerke 1897 dem Staat mit der Auflage, dass diese für immer in London verbleiben müssen. Die Wallace Collection ist seither im ehemaligen Stadtpalast der Hertfords untergebracht und bietet einen guten Einblick in die europäische Malerei. Ausgestellt sind Werke von Rembrandt, Rubens, Tizian, Fragonard, Boucher, Watteau, Delacroix, Velázquez, Murillo und Turner. Abgerundet wird die Sammlung durch wertvolle Möbel, Porzellan, Keramik, Medaillen und Uhren. Für Kinder ist sicherlich die Waffensammlung mit zahlreichen Rüstungen aus dem Orient und Okzident am interessantesten.

Von 1998 bis Juni 2000 verschlang der Umbau des Museums 10,5 Millionen Pfund. Die Ausstellungsfläche wurde vergrößert, der Innenhof von dem Architekten Rick Mather mit einem Glasdach geschlossen, wodurch Platz für einen Skulpturengarten, eine Buchhandlung und einen Vortragssaal entstand. Besonders reizvoll ist das Café Bagatelle, das sich im überdachten Innenhof befindet.

Manchester Square, NW1. Ⓤ Bond Street. Tgl. 10–17 Uhr. www.wallacecollection.org. Eintritt frei!

Speaker's Corner: Speaker's Corner ist in der ganzen Welt bekannt. Bei einem Brainstorming zum Thema London denkt wahrscheinlich jeder Zweite innerhalb von einer Minute an Speaker's Corner. Wie so oft, ist aber der Ruf besser als die Realität. Seit 1872 hat zwar jeder Bürger das Recht, hier öffentlich seine Meinung vorzutragen, wovon schon Karl Marx, Lenin und George Orwell Gebrauch machten. Hitzige Debatten und kontroverse politische Diskussion gehören großteils der Vergangenheit an; schon seit langem beherrschen religiöse Fanatiker die Szenerie. Statt Gedankenfreiheit wird heute oft Intoleranz gepredigt. „Hochbetrieb" herrscht besonders an den Sonntagen (es gibt aber auch Tage, da ist gar nichts los). Wer des Englischen ein bisschen mächtig ist, wird an den teilweise sehr schlagfertigen Zwischenrufen, mit denen die Zuhörer die dargebotenen Heilsbotschaften kommentieren, seinen Spaß haben.

Praktische Infos

→ Karte S. 153

Essen und Trinken

Giraffe **11**, interessant designtes „Ethno-Restaurant". Passend zur musikalischen Berieselung mit World Music werden an den lang gestreckten Tischen Delikatessen aus der ganzen Welt serviert. Das Spektrum reicht von Wok-Gerichten bis zu Risotto. Auf der kleinen, netten Straßenterrasse kann man aber auch einfach nur einen Cappuccino genießen. Zu loben sind die Salate, das ausgezeichnete Brunchangebot (bis 16 Uhr), der zuvorkommende Service und die nicht überteuerten Preise. Sehr kinderfreundlich! Der Renner auf der Karte für „Young adults" ist *Pasta Pomodoro* für £ 4.95. 6–8 Blandford Street, W1, ✆ 020/779352333. www.giraffe.net. Ⓤ Bond Street oder Baker Street.

L'Autre Pied **12**, gehobene Küche, Modern European in einem stilvollen Ambiente, so beispielsweise *Loin of Roe Deer cooked in Cocoa*. Was will man mehr? Mittagsmenü £ 22 bzw. £ 25.50, abends £ 70 für das 9-Gang-Menü plus £ 49 für 6 korrespondierende Weine. 12,5 % *Service charge*. Samstagmit-

Paul Rothe & Son – täglich frische Suppen

Marylebone → Karte S. 153

The Natural Kitchen: Biosupermarkt mit Cafébetrieb

tag und Sonntag geschlossen. 5–7 Blandford Street, W1, ✆ 020/74869696. www.lautrepied.co.uk. Ⓤ Bond Street oder Baker Street.

FishWorks 7, eine wunderbare Adresse für Liebhaber von frischem Fisch und Meeresfrüchten, die hier auch verkauft werden. Unser Tipp ist die Fischsuppe (*Zuppa del Pescatore*) für £ 19.50. 12,5 % *Service charge*. 89 Marylebone High Street, W1, ✆ 020/79359796. www.fishworks.co.uk. Ⓤ Bond Street.

The Providores 9, im Erdgeschoss präsentiert sich eine wunderbare neuseeländische „Tapa-Bar" (Tapas ab £ 6), in der es Frühstück und am Wochenende auch Brunch gibt. Im ersten Stock befindet sich ein teures Restaurant (Hauptgerichte £ 18–25 plus 12,5 % *Service charge*), das sich der anspruchsvollen internationalen Küche verschrieben hat. Phantastisch mundete die Entenbrust auf einem Beet von Chorizo und Linsen. 109 Marylebone High Street, W1, ✆ 020/79356175. www.theprovidores.co.uk. Ⓤ Baker Street oder Great Portland Street.

Woodlands 13, vegetarische Köstlichkeiten aus Südindien. Freundliches Ambiente. Hauptgerichte um zwischen £ 5 und £ 7.50. Eine gute Auswahl bietet das *Woodlands Thali* für £ 18.55. 77 Marylebone Lane, W1, ✆ 020/74863862. www.woodlandsrestaurant.co.uk. Ⓤ Bond Street.

Sofra 16, direkt am kleinen St. Christopher's Place, der etwas versteckt hinter der Oxford Street liegt, haben sich viele Restaurants angesiedelt. Dieses türkische Lokal bietet gute arabische Küche zu akzeptablen Preise. Zu empfehlen ist die *Albanian Liver* oder das *Moussakka* (£ 11.95). Mittags gibt es mehrere Hauptgerichte zur Auswahl für £ 10 inkl. einem Glas Wein. Straßenterrasse. Tgl. 12–24 Uhr. 1 St. Christopher's Place, W1U, ✆ 020/72244080. www.sofra.co.uk. Ⓤ Bond Steet.

Carluccio's Caffè 17, direkt nebenan findet sich dieses Restaurant-Café mit ansprechend modernem Interieur und einem Touch von Feinkostgeschäft. Serviert wird italienische Küche. Hauptgerichte zwischen £ 8 und £ 12. Straßenterrasse. Von 11.30 bis 23.30 Uhr durchgehend geöffnet. 3–5 Barrett Street, St Christopher's Place, W1, ✆ 020/79355927. Ⓤ Bond Street.

The Natural Kitchen 4, die attraktive Kombination eines Biosupermarktes mit einem schönen Café im ersten Stock. Absolut ansprechende Präsentation der Waren mit einen gewissen Marktflair. Im Café kann man frühstücken oder auch zu Mittag essen – selbstverständlich stammt alles aus ökologischem Anbau. Tgl. 8–20 Uhr, Sa bis 18 Uhr, So 11–17 Uhr. 77–78 Marylebone High Street, W1, ✆ 020/74868065. www.thenaturalkitchen.com. Ⓤ Bond Street. ■

››› Mein Tipp: **Paul Rothe & Son 14**, ein herrliches Feinkostgeschäft mit dem Flair der 1970er Jahre. Gegründet wurde es im Jahr 1900 von einem deutschen Einwanderer und wird jetzt in der vierten Generation als Familienbetrieb geführt. Wer will, kann nur einen Café trinken oder sich ein Sandwich bestellen. Lecker und günstig sind die beiden täglich frisch zubereiteten Suppen, darunter eine vegetarische. Eine Hausspezialität ist der Thunfischsalat, der nur mit Rotweinessig und Pfeffer gewürzt auf Roggenbrot serviert wird. Der *Coleslaw* ist phantastisch, es gibt aber auch Wiener Würstchen, die hier „Frankfurter" genannt werden. Mo–Fr 8–18 Uhr, Sa 11.30–17.30 Uhr. Zwei Wochen Anfang Juli Betriebsferien. 35 Marylebone Lane, W1, ✆ 020/79356783. Ⓤ Bond Street. «‹

Shopping

Selfridges 18, eines der großen, alteingesessenen Kaufhäuser von London. Umfassendes Warenangebot mit verlockenden Food Halls. Es gibt (fast) keinen Wunsch, der unerfüllt bleibt. Die Parfümabteilung ist angeblich die größte der Welt. Auch Sonntag von 12–18 Uhr geöffnet. 400 Oxford Street, W1A. Ⓤ Bond Street.

Marks & Spencer 19, die Filiale in der Oxford Street ist das Flaggschiff der größten britischen Warenhauskette. Das umgangssprachlich „Marks n' Sparks" genannte Kaufhaus gilt als das Harrods des kleinen Mannes. Textilien wie Pullover, Socken und Kinderkleidung sind hier immer noch günstig. Bekannt ist M & S für seine Food- und die Wäscheabteilung. Auch Sonntag von 12–18 Uhr geöffnet. 458 Oxford Street, W1. Ⓤ Marble Arch.

Nike Town 15, der ultimative Shop für alle Nike-Fans. Zahlreiche Animationen lassen einen Besuch in der weltweit größten Filiale des Sportartikelherstellers zum Einkaufserlebnis werden. 236 Oxford Street, W1. Ⓤ Oxford Circus.

Nicolas 2, die bekannte französische Weinkette betreibt auch in der Metropole Englands 30 Filialen. Gut sortiert ist das Geschäft nördlich vom Oxford Circus. 157 Great Portland Street, W1W. Ⓤ Oxford Circus.

›» Mein Tipp: **Daunt Bookshop 5**, die Buchhandlung aus eduardinischer Zeit mit ihrem großen Glasdach gilt als die schönste Londons. Der Schwerpunkt liegt auf der Reiseliteratur, wobei die Reiseführer zusammen mit der entsprechenden Literatur und Sachbüchern nach Ländern sortiert sind. Auf den Holzgalerien findet man auch eine gute Auswahl gebrauchter Bücher. Tgl. 9–19.30 Uhr, So 11–18 Uhr geöffnet. 83 Marylebone High Street. W1U. www.dauntbooks.co.uk. Ⓤ Baker Street. «‹

›» Mein Tipp: **La Fromagerie 6**, ein echter Tempel für Käseliebhaber. Egal ob von Kuh, Schaf oder Ziege, hier finden sich veredelte Käsesorten aus ganz Europa, darunter selbst seltene Sorten wie Banon oder einen Bio-Roquefort. Im zugehörigen Feinkostladen gibt es auch Weine, Wurst, Obst oder frische Backwaren. Lohnend ist auch eine Einkehr ins **Tasting Café 6**. Man sitzt an einem kommunikativen Zwölfer-Tisch oder an einem der drei kleineren Tische und erfreut sich beispielsweise an einer leckeren Käseplatte. Mo 10.30–19.30, Di–Fr 8–19.30, Sa 9–19 Uhr, So 10–18 Uhr. www.lafromagerie.co.uk. 2–4 Moxon Street. W1U. Ⓤ Baker Street. «‹

Rococo Chocolates 3, ein Paradies für Schokoladenliebhaber und andere Naschkatzen. 45 Marylebone High Street. W1U. Ⓤ Bond Street.

The White Company 8, hier gibt es von Klamotten über Haushaltswaren bis hin zur Bettwäsche alles nur in Weiß. Tgl. 10–19 Uhr, So 11–17 Uhr. www.thewhitecompany.com. 12 Marylebone High Street. W1U. Ⓤ Bond Street.

Farmers' Market 10, auf dem Parkplatz in der Cramer Street findet sonntags von 10–14 Uhr einer der größten Bauernmärkte Londons statt. Cramer Street. W1U. Ⓤ Bond Street. ■

Daunt Bookshop: ein Buchladen mit großer Auswahl und viel Flair

Marylebone → Karte S. 153

Soho und Covent Garden sind das gefühlte Zentrum Londons

Tour 7: Soho und Covent Garden

Soho und Covent Garden – das ist Shopping und Nachtleben pur. Auf einer Quadratmeile drängen sich Kinos, Kneipen, Theater und Restaurants. Bis in den frühen Morgen hinein stehen Menschentrauben auf der Straße; es wird gelacht, getrunken und musiziert, gerade so, als befände man sich in Florenz oder Siena.

Angeblich leitet sich der Name Soho von einem Jagdruf ab. Mit *so ho!* soll man ehedem in den königlichen Waidgründen, die hier lagen, die Hunde angetrieben haben. Nach einer anderen Version wurde damit nur prosaisch der Ort beschrieben: *So*uth of *Ho*lborn. Wie dem auch immer sei: Nachdem Charles II. 1675 Soho zur Bebauung freigegeben hatte, entwickelte sich das Areal schnell zu einer beliebten, nicht allzu vornehmen Wohngegend, in der sich auch viele Hugenotten niederließen. Als 1816 nach Plänen von John Nash die Regent Street gebaut wurde, vermuteten einige zynische Zeitgenossen, die prunkvolle Geschäftsstraße sei wohl ein Schutzwall des vornehmen Bürgertums, damit sich Mayfair besser gegen die Armut und die Krankheiten des East End abschotten könne. In der Mitte des 19. Jahrhunderts war Soho der am dichtesten besiedelte Stadtteil Londons. John Galsworthy beschrieb Soho in seiner „Forsyte Saga" als „untidy, full of Greeks, Ishmaelites, cats, Italians, tomatoes, restaurants, organs, coloured stuff, queer names, people looking out of upper windows". Prostitution und Kleinkriminalität hielten ihren Einzug und schufen ein Klima, das Literaten und Bohemiens magisch anzog. Rimbaud und Verlain lebten und amüsierten sich genauso in Soho wie Francis Bacon. Wer

Tour 7, Tour 8 & Tour 9

mit offenen Augen durch Soho spaziert, kann an den Häusern überall die *blue plaques* entdecken, die das Viertel zu einer einzigen Erinnerungsstätte machen – hier hat Casanova, da Karl Marx und dort Giovanni Canaletto gewohnt.

In den siebziger Jahren drohte Soho zu einer wahren Lasterhöhle zu verkommen, doch konnte die Prostitution glücklicherweise eingedämmt werden. Im Sommer 2000 waren laut polizeilichen Angaben nur noch 64 „working girls" ansässig. Der *Red Light District* beschränkt sich heute nur noch auf wenige Straßen mit ein paar Stripteaselokalen, Peep Shows und Sexshops, die ihren Umsatz mit Softpornomagazinen und diversen „Spielgeräten" bestreiten. Während der Thatcher-Jahre entwickelte sich Soho zu einem Brennpunkt der Medien-, Film- und Modewelt. Viele Yuppies sind der *Sohoitis* verfallen, einer Art Krankheit, bei der sich der Infizierte regelmäßig in dem Gewirr von Sohos Straßen und Kneipen verliert. Sich zu infizieren ist nicht schwer: Manche Coffeebars haben rund um die Uhr geöffnet. Angesichts der pulsierenden Glitzerwelt übersieht man allzu leicht, dass neben den Musicalpalästen die Obdachlosen unter Pappkartons liegen.

Spaziergang

Die Erkundung von Soho und Covent Garden startet am Leicester Square; der Platz liegt hundert Meter westlich der gleichnamigen Tubestation. Die bunt leuchtenden Fassaden der Diskotheken, Kinos und Spielhöllen wirken zwar eher abschreckend, doch lohnt es, sich über das Angebot des *Half Price Ticket Booth* zu informieren, um eventuell Theaterkarten zum halben Preis zu erstehen. Allerdings sollte man sich vor Taschendieben, Dealern und anderen verlore-

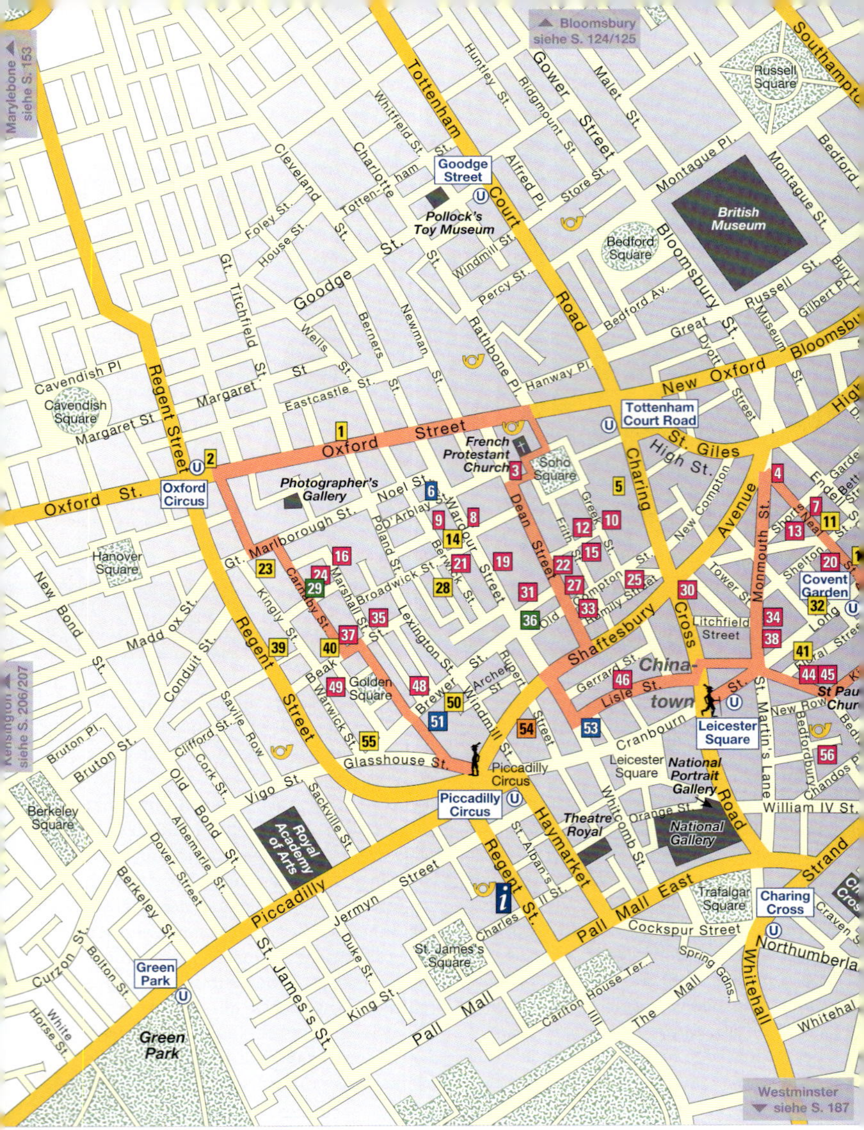

nen Seelen in Acht nehmen, denn der Leicester Square ist der am übelsten beleumundete Platz Londons.

Über die Garrick Street geht es zum **Covent Garden**, vor dem Feuerschlucker und andere Aktionskünstler eine Kostprobe ihres Könnens geben – die Londoner nennen diese Form des Straßentheaters *Busking*. Nachdem die restaurierten Marktgebäude 1971 wieder ihre Pforten öffneten, hat sich Covent Garden in kurzer Zeit zu einer beliebten Touristenattraktion entwickelt. Mittelpunkt ist die Piazza mit einem großen Gebäudekomplex, in dem sich zahlrei-

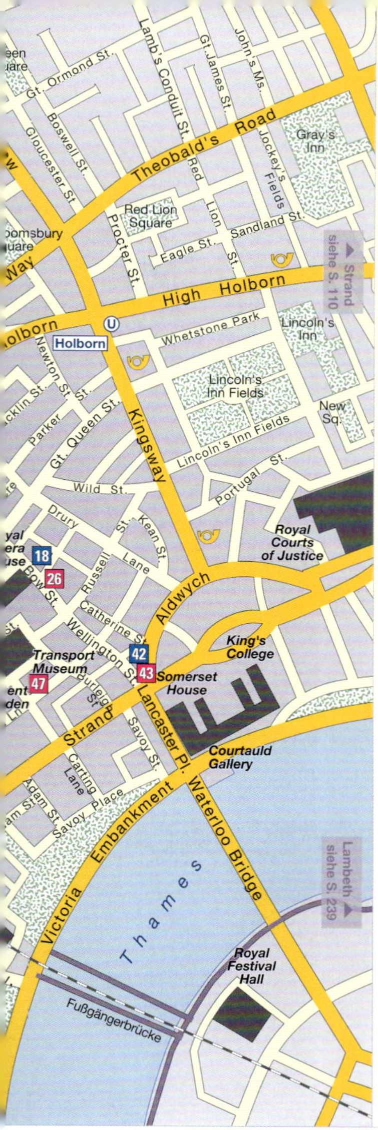

Übernachten

6 Oxford Street (S. 70)
18 Fielding Hotel (S. 64)
42 One Aldwych (S. 62)
51 Piccadilly Backpackers (S. 70)
53 St John Hotel (S. 62)

Essen & Trinken (S. 167-171)

3 The Toucan
4 Punjab
7 The Rock and Sole Plaice
8 busaba eathai
9 Imli
10 Gay Hussar
12 Dog & Duck
13 Belgo Centraal
15 Bar Italia
16 Masala Zone
19 Côte
20 Food for Thought
21 Princi
22 Ronnie Scott's
24 Antidote Winebar
25 Coach and Horses
26 The Marquess of Anglesey
27 Tuk Tuk
30 L´Atelier de Joel Robuchon
31 Freedom
33 Rosa's
34 Bill's
35 Fernandez and Wells
37 Polpo
38 Jamies Italien
43 Axis
44 Lamb & Flag
45 Carluccio's Caffè
46 Mr Kong
47 Wagamama
48 Scoop
49 Nopi
52 Fire and Stone
56 Wahaca

Nachtleben

15 Bar Italia (S. 168)
22 Ronnie Scott's (S. 171)
31 Freedom (S. 171)
54 Bar Rumba (S. 171)

Einkaufen (S. 171/172)

1 HMV
2 Topman
5 Foyles
11 Birkenstock
14 Agent Provocateur
17 Dr Martens Department Store
23 Liberty
28 Berwick Street Market
32 Reiss
39 Hamleys
40 Puma
41 Stanfords
50 Whole Foods Market
55 European Bookstore

Cafés (S. 171)

29 Speakeasy
36 Vitao

200 m

Soho/ Covent Garden

che Boutiquen, Geschäfte und Restaurants niedergelassen haben. Die auf den Covent Garden blickende *St Paul's Church* ist der erste Kirchenbau, der in London nach der Reformation errichtet wurde. Architekt war – wie beim Covent Garden – Inigo Jones, der die Pfarrkirche mit einem pompösen Portikus versah. Auf der anderen Seite des Platzes bietet das **London Transport Museum** einen Einblick in die Geschichte der Londoner Verkehrsbetriebe. Mitten in diesem traditionellen Viertel der Schauspieler liegt an der Bow Street auch die Königliche Oper (*Royal Opera House*), die für 220 Millionen Pfund renoviert und im Dezember 1999 mit Verdis „Falstaff" wiedereröffnet wurde. Wer gerne einkaufen geht, findet in Long Acre und der Neal Street zahlreiche Boutiquen, rund um den Neal's Yard, einem kleinen Hinterhof, behaupten sich mehrere Ökoläden und Cafés. Auf der anderen Seite der Charing Cross Road liegt *Chinatown*. In der Lisle Street kann man sich kunstvoll unter freiem Himmel massieren oder in einem der chinesischen Restaurants kulinarisch verwöhnen lassen. Nördlich der Shaftesbury Avenue beginnt jener Teil von Soho, der sich sein ursprüngliches Erscheinungsbild noch weitgehend bewahrt hat. Bedingt durch dieses besondere Flair zwischen Halbwelt, Kultur und Exotik hat sich in den letzten Jahrzehnten ein sehr Lifestyle orientiertes Milieu herausgebildet, in dem auch die Londoner Schwulenszene fest verwurzelt ist. Das Zentrum von *Gay London* ist die Old Compton Street, wo im Frühjahr 1999 ein psychisch kranker Student als Zeichen seines Hasses gegen Schwule eine Bombe vor dem Admiral Duncan Pub explodieren ließ, wobei drei Menschen ums Leben kamen und weitere 70 teilweise schwer verletzt wurden.

Die Dean Street – Karl Marx wohnte von 1851 bis 1856 in zwei kleinen Räumen über dem Restaurant Quo Vadis im Haus Nr. 28 – führt zum Soho Square, auf dem sonntagmorgens Tai-Chi zelebriert wird. In der Mitte des Platzes steht ein kleines Hexenhäuschen, an der Nordwestseite erinnert die *French Protestant Church* als einzige von ehedem 23 Kirchen an die französischen Hugenotten, die sich nach 1685 in Soho niedergelassen hatten. Sohos Reiz liegt auch in seiner Geschichte als Viertel der Einwanderer. Nicht nur die Hugenotten, sondern auch Russen, Ungarn, Italiener und Griechen haben hier diese Tradition begründet. Im Nordwesten von Soho locken die großen Kaufhäuser entlang der Oxford und der Regent Street, die sich eines regen Zuspruchs erfreuen. Für Liebhaber zeitge-

Eine stille Oase: Neal's Yard

nössischer Fotokunst empfiehlt sich ein Besuch der **Photographer's Gallery**. Für nostalgische Zeitgenossen bietet sich anschließend noch ein Abstecher zur Carnaby Street an. Das einstige Zentrum von *Swinging London* hat nur noch wenig mit seinem legendären Ruf gemein, aber immerhin ist die Straße verkehrsberuhigt und wird von einigen trendigen Geschäften wie G-Star, Hilfiger und Boss orange gesäumt.

Chinatown

Londons Chinatown ist eine eigene Welt, die man durch drei, mit viel Gold und Rot dekorierte Torbögen betritt. In den Schaufenstern der Restaurants glänzen lackierte Enten, zweisprachige Straßenschilder und Telefonzellen mit asiatischen Plastikdächern lassen keinen Zweifel daran, dass man sich auf chinesischem „Territorium" befindet. Bereits im 19. Jahrhundert gab es in London eine kleine chinesische Gemeinde. Chinatown entstand jedoch erst in den fünfziger Jahren des 20. Jahrhunderts, als sich zahlreiche Hong-Kong-Chinesen in der Lisle Street und der Gerrard Street niederließen. Die Neuankömmlinge eröffneten Restaurants, Einzelhandelsgeschäfte, kleine Supermärkte und – so wird jedenfalls behauptet – mehrere illegale Spielhöllen in dunklen Kellergewölben. Ein weiterer gut florierender „Gewerbezweig" ist der Menschenhandel mit illegalen Einwanderern.

Selbstverständlich wohnt in Chinatown nur ein Bruchteil der 60.000 Londoner Chinesen, doch sind die Straßenzüge am Südrand von London der Mittelpunkt der *Chinese community*. Die meisten Besucher kommen aus kulinarischen Gründen nach Chinatown. Allerdings ist Vorsicht geboten: Die *All-you-can-eat* Angebote der Restaurants sind für Londoner Verhältnisse mit £ 5 oder £ 8 zwar erstaunlich günstig, doch lässt die Qualität der Selbstbedienungsbuffets meist sehr zu wünschen übrig. Wer chinesisch essen möchte, sollte daher besser nicht an der falschen Stelle sparen.

Sehenswertes

Covent Garden: Bis in das 16. Jahrhundert hinein wurde diese Gegend als Convent Garden („Klostergarten") von den Mönchen der Westminster Abbey genutzt. Nach der Auflösung der Klöster durch Heinrich VIII. gelangte der Besitz in die Hände der Earls of Bedford. Im 17. Jahrhundert verwandelte der Architekt *Inigo Jones* den Garten in eine Piazza nach italienischem Vorbild.

Soho und Covent Garden →Karte S. 162/163

Covent Garden

Es entstand der berühmte Covent Garden Market, ein Obst-, Gemüse- und Blumenmarkt. Im frühen 19. Jahrhundert wurde dann ein klassizistisches Gebäude errichtet, um die einzelnen Marktstände unterzubringen. Das *Central Market Building* erhielt 1889 eine Dachkonstruktion aus Glas und Eisen. Sorgfältig erneuert und in eine obere und untere Passage unterteilt, erstrahlt das Herzstück des Covent Garden Market heute wieder in seinem alten Glanz. Draußen sorgen Clowns, Akrobaten und Artisten für Abwechslung, im Inneren geben Musiker Kostproben ihres Könnens. Der Gemüsemarkt zog übrigens schon 1974 in die Nine Elms Lane (Battersea) und erhielt den Namen *New Covent Garden Market*.

London Transport Museum: Ein Lob vorweg: Das erst 2007 nach umfangreichen Renovierungsmaßnahmen wieder geöffnete London Transport Museum setzt sich in geradezu mustergültiger Weise mit der Geschichte des öffentlichen Nahverkehrs auseinander. Von den ersten Pferdebahnen bis zu den roten Doppeldeckerbussen verschiedener Modellreihen und der unterirdischen Tube ist nicht nur alles vertreten, sondern kann auch von innen besichtigt werden. Interessant sind neben den vielen multimedialen Präsentationen auch die Werbeplakate, anhand derer sich die Weiterentwicklung und Veränderung der Plakatkunst anschaulich nachvollziehen lässt. Selbstverständlich wird auch Harry Beck als Erfinder des Tube-Plans ausführlich gewürdigt. Für Kinder wurden spezielle „KidZones" eingerichtet.

Covent Garden Piazza, WC2. Ⓤ Covent Garden. Tgl. 10–18 Uhr, Fr 11–18 Uhr. Eintritt £ 15, erm. £ 13.50 oder £ 10, Kinder unter 16 Jahren frei! www.ltmuseum.co.uk.

Photographer's Gallery: Seit Jahrzehnten ist Photographer's Gallery die allererste Londoner Adresse für Freunde anspruchsvoller Fotokunst und sozialkritischer Fotoreportagen. Im Jahre 2009 erfolgte der Umzug in ein neues Gebäude nahe des Oxford Circus. Gezeigt werden absolut hochkarätige Wechselausstellungen, in den letzten Jahren beispielsweise von Robert Capa, Jürgen Teller, Andreas Gursky oder

Martin Parr. Zur Galerie gehören noch ein gut sortierter Bookshop und ein sehr ansprechendes Café. 16–18 Ramilies Street, W1. Ⓤ Oxford Circus. Tgl. 10–18 Uhr, Do bis 20 Uhr, So erst ab 11.30 Uhr. Eintritt frei! www.photonet.org.uk.

Praktische Infos

→ Karte S. 162/163

Essen, Trinken & Nachtleben

L'Atelier de Joel Robuchon 30, der als „Koch des Jahrhunderts" gerühmte Joel Robuchon eröffnet seit ein paar Jahren weltweit Filialen, die er „Ateliers" nennt, da man den Köchen beim Zubereiten der Speisen weitgehend zusehen kann. In den dunkel gehaltenen Räumlichkeiten wird französische Küche mit italienischen und spanischen Einflüssen geboten, wobei die meisten Gerichte in Tapasgröße serviert werden. Selbstverständlich gibt es als Beilage auch Robuchons famosen Kartoffelbrei. Zweigängiges Mittagsmenü £ 28, dreigängiges Mittagsmenü £ 32, abends £ 125 für ein 10-Gang-Menü bzw. £ 180 inkl. korrespondierender Weinen. 12,5 % *Service charge*. 13–15 West Street, W1, ✆ 020/70108600. www.joel-robuchon.com. Ⓤ Piccadilly Circus.

››› Mein Tipp: **busaba eathai** 8, in einem trendigen, in dunklem Holz gehaltenen Ambiente wird hervorragende moderne Thaiküche serviert. Man sitzt in lockerer Atmosphäre auf Bänken an großen, quadratischen Tischen zusammen mit anderen Gästen, so dass sich oft eine spontane Konversation mit den Tischnachbarn ergibt. Störend ist einzig der daraus resultierende hohe Geräuschpegel. Hervorragend munden das rote Lammcurry und die gegrillten Tintenfische, Hauptgerichte (ohne Reis) zwischen £ 6 und £ 10. By the way: In Thailand isst man eigentlich ohne Stäbchen ... Durchgehend ab 12 Uhr geöffnet. 106 Wardour Street, W1, ✆ 020/72558686. www.busaba.com. Ⓤ Piccadilly Circus. ‹‹‹

Imli 9, der neue Trend in London sind moderne indische Restaurants mit beeindruckendem Design und perfektem Service. Das Imli gehört dazu und ist alles andere als eine teure oder gar schlechte Wahl. Pretheatre Menu für nur £ 12.95! Die meisten Gerichte werden als Tapas (£ 3–8) angeboten, wobei man je nach Hunger zwei oder drei ordern sollte. Tgl. 12–23 Uhr. 167 Wardour Street, W1, ✆ 020/72874243. www.imli.co.uk. Ⓤ Piccadilly Circus.

Jamies Italien 38, als Hansdampf in allen kulinarischen Gassen hat Fernsehkoch Jamie Oliver inzwischen auch in der Nähe von Covent Garden ein Restaurant seiner Italian-Kette eröffnet. In bester italienischer Tradition werden einfache, frische Zutaten verwendet, um traditionelle und trotzdem phantasievolle Gerichte zu zaubern, die den Geldbeutel nicht überfordern. Das moderne Gebäude hat ein geschickter Innenarchitekt in ein Restaurant mit Marktatmosphäre verwandelt. Unaufgefordert bekommt man eine Karaffe Wasser auf den Tisch gestellt, dann wird aus der reichen Auswahl an Vorspeisen, Nudeln und Hauptgerichten geordert. Ein Tipp sind die würzigen *Monachelle Putanesca* für £ 10.75, dazu trinkt man den Öko-Hauswein. Straßenterrasse. 10 % *Service charge*. Tgl. ab

Verkehrsknotenpunkt Oxford Circus

Bar Italia: Ein Klassiker im Londoner Nachtleben

11.30 Uhr geöffnet. 11 Upper St Martin Lane, WC2, ✆ 020/33266390. www.jamieoliver.com/italien. Ⓤ Covent Garden oder Leicester Square. ■

Bill's 34, in modernem Ambiente wird hier in der Atmosphäre eines Gemüse- und Feinkostladens mit viel Engagement frische und abwechslungsreiche Küche geboten. Als Spezialität gilt Bill's Hamburger für £ 9.95. Wer will, kann hier auch ein Full Englisch Breakfast ordern, das es auch in einer vegetarische Version gibt. Tgl. 8–23 Uhr, Sa und So ab 9 Uhr. 13 Slingsby Place, St Martin's Courtyard, WC2, ✆ 020/72408183. www.bills-website.co.uk. Ⓤ Covent Garden oder Leicester Square.

››› Mein Tipp: **Bar Italia** 15, die rund um die Uhr geöffnete Coffee Bar ist längst eine Institution in Soho. Angeblich wird hier der beste Cappuccino von London zubereitet, nachts trifft sich ein zumeist recht buntes Publikum. Mehr als eine Alternative zu den Caféketten à la Starbucks! Zu essen gibt es leckere Panini. Heizstrahler sorgen dafür, dass man sich auch im Winter auf der Straßenterrasse wohlfühlt. 22 Frith Street, W1, ✆ 020/74374520. www.baritaliasoho.co.uk. Ⓤ Oxford Circus oder Piccadilly. ‹‹‹

Nopi 49, Yotam Ottolenghi, der ungekrönte Londoner König der Gemüseküche, hat inzwischen auch in Soho ein trendiges Brasserie-Restaurant eröffnet, wobei die Küche stark mediterran und asiatisch inspiriert ist. Lecker sind die kleinen Gerichte (£ 8–12), die man wie Tapas bestellt, so die gerösteten Auberginen mit Koriander und Feta oder der Kabeljau mit Polenta und Chorizo. Hauptgerichte £ 15–20. Wer will, kann auch frühstücken. Mo–Fr ab 8 Uhr, Sa und So ab 10 Uhr, Sonntagabend geschlossen. 22-23 Warwick Street, W1B, ✆ 020/74949584. www.nopi-restaurant.com. Ⓤ Piccadilly Circus. ■

Polpo 37, einst wohnte der venezianische Maler Canaletto in diesem Stadthaus aus dem 18. Jahrhundert, jetzt werden in der von Bruchsteinmauern und einem dominierenden Tresen geprägten Bar italienische Köstlichkeiten in Tapas-Größe (£ 6–8) aufgetischt. Passend dazu werden norditalienische Weine angeboten. Kein Ruhetag. 41 Beak Street, W1. www.polpo.co.uk. Ⓤ Piccadilly.

Fernandez & Wells 35, wer in Soho Lust auf einen kleinen Imbiss hat, hat die Qual der Wahl. Wer zu Fernandez & Wells geht, hat sich richtig entschieden. Egal, ob Ciabatta oder *Bocadillo* (so heißen die unterschiedlich belegten, im Steinofen gebackenen Baguettes) – hier wird man nicht enttäuscht. Frische und erlesene Zutaten bilden die Grundlage, und das Ganze für erschwingliche £ 4–8. Tgl. 11–22 Uhr, Sa und So ab 12 Uhr. So Ruhetag. 43 Lexington Street, W1. www.fernandezandwells.com. Hinweis: Gleich um die Ecke in der Beak Street 73 gibt es noch ein ansprechendes Café mit dem gleichen Namen. Ⓤ Leicester Square, Tottenham Court Road oder Piccadilly. ■

Fire and Stone 52, in einem hypermodernen Ambiente werden hier Pizzen in zahlreichen ungewöhnlichen Variationen angeboten (ab £ 7.50). www.fireandstone.com. 31/32 Maiden Lane, WC2E, ✆ 020/72578625. Ⓤ Covent Garden.

Wahaca 56, ein günstiges mexikanisches Restaurant im modernen Kellerambiente. Für alle Liebhaber von Tacos, Tostadas, Enchiladas und Burritos. Hauptgerichte £ 8–10. Kein Ruhetag. 66 Chandos Place, WC2, ✆ 020/72401883. www.wahaca.co.uk. Ⓤ Covent Garden.

Axis 43, nur ein paar Häuser weiter trifft man auf den nächsten gelungenen Design-Tempel. Zudem ist die Küche des im Untergeschoss des One Aldwych Hotels gelegenen Restaurants exzellent. Lecker ist beispielsweise die gegrillte Seebrasse mit Brokkoli. Gehobenes Preisniveau. Sonntag geschlossen. 1 Aldwych, WC2, ✆ 020/73000400. Ⓤ Covent Garden.

Wagamama 47, die derzeit populärste Noodle-Bar Londons hat auch am Covent Garden eine Filiale eröffnet. Die japanischen Köstlichkeiten werden absolut frisch zubereitet. Kühl designtes Flair. Hauptgerichte £ 6–10. Das Restaurant befindet sich im Untergeschoss. Southampton Street, WC2, ✆ 020/78364545, Ⓤ Covent Garden.

Gay Hussar 10, dieses ungarische Restaurant gehört seit Jahrzehnten zu den beliebtesten Politikertreffpunkten, weshalb an den Wänden zahlreiche Karikaturen hängen. Herzhafte ungarische Küche wird geboten. Wie wäre es mit einem Gulasch oder einem Wiener Schnitzel für £ 16.95? 2 Greek Street. W1, ✆ 020/74370973. www.gayhussar.co.uk. Ⓤ Tottenham Court Road.

Punjab 4, das 1951 gegründete Restaurant rühmt sich, eines der ältesten Londoner Curry-Restaurants zu sein. Der 1962 installierte Tandoor-Ofen soll zu den ersten in Großbritannien gehört haben. Wie dem auch sei, die Küche verdient noch immer ein Lob, vor allem, weil man bemüht ist, den Gast jenseits der klassischen Gerichte für die indische Küche zu begeistern. Zu empfehlen ist das mit Lamm zubereitete *Acharri Gosht* für £ 9.85, Reis kostet extra (£ 3.15). 10 % *Service charge*. www.punjab.co.uk. 80/82 Neal Street, WC2, ✆ 020/78369787. Ⓤ Leicester Square.

Belgo Centraal 13, hinter der rot angestrichenen Ziegelsteinfassade werden belgische Spezialitäten serviert. Das Ambiente ist zeitlos modern. Wer will, kann sich mit einem Blick durch den gläsernen Boden davon überzeugen, dass die Köche im Untergeschoss mit viel Geschick zu Werke gehen. Das Mittagsmenü zu £ 7.95 ist zwar günstig, aber wenig einfallsreich. Ein *Christal lager* ist dafür inklusive. Die Spezialität des Hauses sind Muscheln in zahlreichen Variationen ab £ 11.95. 50 Earlham Street, WC2, ✆ 020/78132233. Ⓤ Covent Garden.

Food for Thought 20, zur Mittagszeit bilden sich lange Schlangen vor diesem ebenso beliebten wie günstigen vegetarischen Restaurant (im Untergeschoss), das seine Speisen (Hauptgerichte £ 5) auch als Takeaway anbietet. Tgl. 12–20.30 Uhr, am So bis 17.30 Uhr. 32 Neal Street, WC2, ✆ 020/78369072. www.foodforthought-london.co.uk. Ⓤ Covent Garden. ■

The Rock and Sole Plaice 7, bereits 1871 eröffnet, behauptet das Restaurant, der älteste Fish & Chips-Shop in London zu sein. Positiv: die günstigen Preise und die große Straßenterrasse. 47 Endell Street, WC2, ✆ 020/78363785. Ⓤ Covent Garden.

Mr Kong 46, eine der empfehlenswertesten Adressen in Chinatown: Weniger wegen der langweiligen Einrichtung als wegen der vorzüglichen chinesischen Küche. Mehrere Hauptgerichte zwischen £ 7 und £ 14 stehen zur Auswahl, Menüs ab £ 10.50. 10 % *Service charge*. Täglich von 12 bis 3 Uhr nachts geöffnet. 21 Lisle Street, WC2, ✆ 020/74377341. www.mrkongrestaurant.com. Ⓤ Leicester Square.

Antidote Winebar 24, die Engländer lieben die französische Küche und hier findet man diese auf hohem Niveau. Viele Grillgerichte. Gefällig ist die intime Bistroatmosphäre. Straßenterrasse. 12a Newburgh Street, W1, ✆ 020/72878488. www.antidotewinebar.com.uk Ⓤ Oxford Circus.

The Toucan 3, eigentlich steht in dem irischen Pub das Bier im Vordergrund – Guinness, what else? Zur Stärkung gibt es Sand-

Soho und Covent Garden →Karte S. 162/163

Princi: Italienisches Fast Food in hippem Ambiente

wiches, Jacket Potatoes und irische Austern. Tgl. außer So 11–23 Uhr. 19 Carlisle Street, W1, ✆ 020/74374123. Ⓤ Leicester Square.

Coach and Horses 25, rühmt sich Londons erster vegetarischer Pub zu sein, früher verkehrten hier Soho-Legenden wie Peter O'Toole, Francis Bacon und Lucien Freud. 29 Greek Street, W1, ✆ 020/74374123. www.coachandhorsessoho.co.uk. Ⓤ Tottenham Court Road. ■

Rosa's 33, hinter der roten Fassade verbirgt sich ein kleines, modernes Thairestaurant mit innovativer Küche (Lammgerichte, Lachs, Barsch etc.). Ausgesprochen große Salatauswahl, leckere Currys, so das *Thick Red Chicken Curry*. Hauptgerichte £ 7–13. Kein Ruhetag, So erst ab 13 Uhr. 48 Dean Street, W1D, ✆ 020/74941638. www.rosaslondon.com. Ⓤ Piccadilly Circus.

››› **Lesertipp: Tuk Tuk** 27, ein günstiger Asiate in Soho, den uns Leserin Claudia Schindler ans Herz legte. Die Küche ist thailändisch und vietnamesisch. Suppen £ 4–6. 56 Old Compton Street, W1D, ✆ 020/77345951. Ⓤ Piccadilly Circus. ‹‹‹

Princi 21, was auf den ersten Blick wie ein cooler Designerladen aussieht, entpuppt sich als eine Art Brasserie mit italienischer Küche, von Pizza bis zu erlesenen Süßwaren. Ideal nicht nur für einen kleinen Imbiss. Tgl. 7–24 Uhr, So 9–22 Uhr. 135 Wardour Street, W1, ✆ 020/724788888. www.princi.co.uk. Ⓤ Piccadilly Circus.

››› **Mein Tipp: Masala Zone** 16, keine Frage: dieses indische Restaurant liegt voll im Trend. Erstklassige Küche zu passablen Preisen (Hauptgerichte ab £ 8.60), serviert in einem sehr schönen Designambiente. Im Hintergrund läuft Loungemusik, während man die Köche werkeln sieht. Wer sich mit der indischen Küche nicht auskennt, bestellt am besten ein aus verschiedenen kleinen Gerichten bestehendes *Thali*, das es mit Lamm, Hühnchen oder Prawns genauso gibt wie als vegetarische Variante (ab £ 9.35). Serviert werden die Köstlichkeiten mit *Rice* und *Dhal* auf einem großen Tablett. Bis 18 Uhr günstige Menüs. 12,5 % *Service charge*. 9 Marshall Street, W1, ✆ 020/72879966. www.masalazone.com. Ⓤ Oxford Circus. ‹‹‹

Carluccio's Caffè 45, eine Filiale der beliebten italienischen Restaurant- und Feinkostkette. Helle, moderne Räume mit langen Tischen und bunten Stühlen. Leckere Pasta zu zivilen Preisen. *Spaghetti Carbonara* zu £ 8.25. 2 Garrick Street, WC2, ✆ 020/78360990. www.carluccios.com. Ⓤ Covent Garden.

Côte 19, im typischen Brasserieambiente werden hier französischen Klassiker wie

Steak tartare oder Entenbrust mit Kartoffelgratin serviert. Zweigängiges Menü £ 11.70, drei Gänge £ 13.65. 124–126 Wardour Street, W1, ✆ 020/72879280. www.cote-restaurants.co.uk. Ⓤ Piccadilly Circus.

Scoop 48, gilt zurecht als die beste Eisdiele Londons, zudem wird das Eis nur aus natürlichen Zutaten zubereitet. Rund 20 Variationen stehen zur Auswahl, darunter auch „Tè Verde". Zudem gibt es Milkshakes und Waffeln. Tgl. 12–22.30 Uhr. 53 Brewer Street, ✆ 020/74943082. www.scoopgelato.com. Ⓤ Piccadilly Circus.

The Marquess of Anglesey 26, nettes Pub beim Covent Garden, die Küche pendelt zwischen typisch englisch (Fish'n Chips) und international (hervorragend die Platte mit Pita, Humus, Tsatsiki und Tarama). Hauptgerichte £ 9–15. Gute Weinauswahl, im Obergeschoss ein Restaurant mit table service. 39 Bow Street, WC2E, ✆ 020/72403216. www.themarquess.co.uk. Ⓤ Covent Garden.

Dog & Duck 12, das 1734 eröffnete Pub besitzt viel Flair und Atmosphäre. 18 Bateman Street, W1, ✆ 020/74940697. Ⓤ Leicester Square oder Tottenham Court Road.

Lamb & Flag 44, in dem traditionsreichen Pub wurden früher Boxkämpfe veranstaltet. Sonntags gibt es Jazzmusik. 33 Rose Street, WC2, ✆ 020/74979504. Ⓤ Covent Garden oder Leicester Square.

Vitao 36, eine ökologische Alternative zu Starbucks, Nero & Co., denn in dem kleinen Kaffee stammen nicht nur Kaffee oder Smoothies aus biologischem Anbau. Tgl. ab 12 Uhr. 74 Wardour Street, W1, ✆ 020/77348986. www.vitao.co.uk. Ⓤ Piccadilly Circus oder Leicester Square.

Speakeasy 29, kleiner, liebevoll geführter Coffee-Shop in einer Seitengasse der Carnaby Street. Leckere Sandwiches und Salate gibt es auch noch. Straßenterrasse. Tgl. 7.30–19 Uhr, Sa und So ab 10 Uhr. 3 Londes Court, W1R. www.speakeasycoffee.co.uk. Ⓤ Oxford Circus.

Freedom 31, trendige Bar mit viel Gay Publikum und lockerer Atmosphäre. Tgl. 17–3 Uhr, So nur bis 23.30 Uhr geöffnet. Abends ab 2 Uhr Eintritt £ 5. 60–66 Wardour Street, W1. www.freedombarsoho.com. Ⓤ Piccadilly Circus oder Leicester Square.

»»» Mein Tipp: **Ronnie Scott's** 22, im ältesten und wohl renommiertesten Jazz-Club Londons treten immer wieder absolute Topstars auf. Eine Vorausbuchung ist ratsam. 47 Frith Street, W1, ✆ 020/74390747. www.ronniescotts.co.uk. Ⓤ Leicester Square. «««

Bar Rumba 54, die derzeit beliebteste Party-Bar in Soho, im Untergeschoss eines Kinokomplexes. Eintritt ab £ 5, vor 21 Uhr Eintritt frei! Tgl. bis 3 Uhr morgens geöffnet. 36 Shaftesbury Avenue, W1, 020/74343820. www.barrumba.co.uk. Ⓤ Piccadilly Circus.

Shopping

Liberty 23, das mit Pseudofachwerk verkleidete Kaufhaus wurde 1924 als Reminiszenz an die Tudor-Epoche konzipiert. Im holzgetäfelten Interieur werden anspruchsvolle Waren, darunter auch Haushaltswaren, feilgeboten. Berühmt ist das Liberty für seine hochwertigen Baumwoll- und Seidenstoffe. Sonntag 12–18 Uhr geöffnet. 210–220 Regent Street, W1R. www.liberty.co.uk. Ⓤ Oxford Circus.

Begehrtes Sonnenplätzchen

Hamleys 39, ein riesiges Spielwarengeschäft, von dem nicht nur Kinder begeistert sind. 188–196 Regent Street, W1B. www.hamleys.com. Ⓤ Oxford Circus.

Whole Foods Market 50, dies ist eines jener Geschäfte, das man betritt und sich sogleich fragt, warum es so etwas nicht in der eigenen Stadt gibt? Dabei ist die Idee so genial wie banal: Man muss nur einen Supermarkt eröffnen, der wie ein bunter Markt konzipiert ist und kleine Snacks, Suppen, Salate, Kaffee oder Kuchen anbietet, die man mitnehmen kann. Über zwei Etagen verteilt, wird hier niemand enttäuscht, der Wert auf weitgehend ökologische Produkte legt, und auch die Atmosphäre stimmt. Straßenterrasse. Tgl. 7.30–21.30 Uhr, Sa 9–21.30 Uhr, So 12–18 Uhr geöffnet. 12–20 Glasshouse Street, W1, ✆ 020/74343179. www.wholefoodsmarket.com. Ⓤ Piccadilly. ■

Birkenstock 11, all jene, die bisher davon überzeugt waren, dass Birkenstock-Schuhe nur an den Füßen von bärtigen Sozialkundelehrern zu finden sind, können sich hier überzeugen, dass Birkenstock „cool" ist. Gesundheitsschuhe in zahlreichen Formen und Farben. Außerdem gibt es in der Neal Street noch mehr als ein halbes Dutzend weiterer Schuhgeschäfte. 70 Neal Street, WC2H. Ⓤ Covent Garden.

Dr Martens Department Store 17, ein Eldorado für alle Liebhaber von Dr Martens Schuhen, die auch in Deutschland längst ein Klassiker sind. In der Nähe des Covent Garden wird allerhand Schuhwerk in den Farben Schwarz, Braun, Burgund und in Pastelltönen verkauft. 21 Neal Street, WC2. Ⓤ Covent Garden.

Reiss 32, die anspruchsvolle Boutique – mehr als 30 Filialen in London – für Männer und Frauen wurde berühmt, weil Kate Middletons blaues Verlobungskleid von Reiss stammte. Auch sonntags von 12–18 Uhr geöffnet. 116 Long Acre, WC2. www.reissonline.com. Ⓤ Covent Garden.

Topman 2, große Bekleidungsboutique mit Friseurabteilung. Vergleichsweise günstiges Angebot an hochmodischen Klamotten, die nicht nur bei jungen Londonern beliebt sind. Auch Sonntag 12–18 Uhr geöffnet. 214 Oxford Street, WR1. Ⓤ Oxford Circus.

Agent Provocateur 14, phantasievoll-erotische Dessous von namhaften Modemachern. Die beeindruckende Wirkung sollte frau schon mindestens £ 35 wert sein, schließlich gehört auch Kate Moss zu den Kundinnen. 6 Broadwick Street, W1. www.agentprovocateur.com. Ⓤ Oxford Circus oder Tottenham Court Road.

Stanfords 41, laut Eigenwerbung „das weltgrößte Karten- und Reisebuchgeschäft". Und das stimmt: Allein mehr als 500 französische Wanderkarten gibt es hier zur Auswahl, kein Land der Welt bleibt unberücksichtigt! Im Erdgeschoss gibt es zudem noch ein kleines Café. 12 Long Acre, WC2. www.stanfords.co.uk. Ⓤ Leicester Square.

HMV 1, das größte Musikgeschäft Londons! Hardrock, Pop, Blues, Jazz, Klassik. Auch sonntags von 12 bis 18 Uhr geöffnet. 150 Oxford Street, W1N. Ⓤ Oxford Circus oder Tottenham Court Road.

››› Mein Tipp: Foyles 5 die 1903 gegründete Buchhandlung ist eine Londoner Institution, die sich allerdings in den letzten Jahren stark verändert hat. Einst war Foyles als wahre Bücherfundgrube bekannt, selbst Titel, die schon lange vergriffen sind, standen hier noch in den Regalen, wenn man wusste, wo ... Nach dem Tod der Tochter von William Foyle, einem der beiden Gründer, wurde das Geschäft von ihrem Neffen übernommen und modernisiert. Es ähnelt jetzt auch den anderen modernen Buchketten, wenngleich Foyles noch immer unabhängig ist und einen etwas alternativen Touch pflegt. In der dritten Etage gibt es eine sehr gut sortierte Gay- und Lesbian-Abteilung. 113–119 Charing Cross Road, WC2H. www.foyles.co.uk. Ⓤ Leicester Square. ‹‹‹

European Bookstore 55, hervorragende Auswahl an fremdsprachiger Literatur (vor allem in französischer und deutscher Sprache). Wer noch eine anspruchsvolle Urlaubslektüre sucht, wird hier garantiert fündig. 5 Warwick Street, W1. Ⓤ Piccadilly Circus.

Puma 40, kein Sportgeschäft, sondern eine Modeboutique, schließlich gehört Puma auch in London zu den Trendsettern. Carnaby Street, W1. Ⓤ Oxford Circus.

Berwick Street Market 28, mitten in Soho gelegen, bietet der kleine Obst- und Gemüsemarkt in der Berwick Street erstaunlich günstige Preise (sonntags geschlossen). Die Musikgeschäfte direkt neben dem Markt führen eine gute Auswahl an Schallplatten und CDs. Ⓤ Leicester Square oder Piccadilly.

LIVERPOOL St
BRITISH MADE
BRYMAY
SAFETY MATCHES
11 VIA
HAMMERSMITH Bdy WALHAM
KINGS Rd SLOANE SQUARE
VICTORIA St WHITEHALL
CHARING + STRAND
LUDGATE CIRCUS CANNON St
BRYMAY
SAFETY
GENERAL
BUSES
STOP HERE
11
LGOC
B 340
LA 9928

Piccadilly Circus – der Mittelpunkt des Empire

Tour 8: Mayfair und St James's

In Mayfair und St James's zeigt sich London von seiner vornehmsten Seite. Die Herren der Londoner „High Society" treffen sich in den distinguierten Clubs, während sich ihre Ehefrauen in den edlen Geschäften der Bond Street wie im Paradies fühlen.

Mayfair verdankt seinen Namen einer Frühjahrsmesse, die über Jahrhunderte hinweg stets im Mai abgehalten wurde. Als das Stadtviertel aber im 17. Jahrhundert zu einem adeligen Wohnquartier aufstieg, mehrten sich die Klagen über die Lärmbelästigung während der Messe; 1764 fand dann letztmals eine Mayfair statt.

Seit mehr als drei Jahrhunderten gehören Mayfair und das benachbarte St James's zu den exklusivsten Wohngegenden Londons. Hier findet man die teuersten und luxuriösesten Hotels der Stadt, darunter die Hotellegende Ritz, die Auktionshäuser Sotheby's und Christie's sowie mehrere Botschaften, zahlreiche Bürohäuser und verschiedene Vertretungen der großen Fluggesellschaften. Während Erholungssuchende nur einen Katzensprung vom St James's Park sowie vom Hyde Park entfernt sind, reihen sich links und rechts der Old Bond Street und der New Bond Street, die die Oxford Street mit Piccadilly verbindet, teure Antiquitäten-, Möbel- und Modegeschäfte aneinander. Als sich der Bruder des Sultans von Brunei in Mayfair niederließ, behaupteten Spötter, dies sei ohne Ortskenntnis geschehen: Der Bruder eines der reichsten Männer der Welt habe zu oft Monopoly gespielt und beschlossen, sich die beiden teuersten Straßen der englischsprachigen Version zu kaufen: „Mayfair" und „Park Lane".

Spaziergang

Geographisch gesehen, werden Mayfair und St James's von der Oxford Street und dem St James's Park sowie vom Hyde Park und der Regent Street begrenzt; den südöstlichen Eckpunkt bildet der **Trafalgar Square**. Als Ausgangspunkt eines Spaziergangs den Trafalgar Square zu wählen, ist, als ob man ein Konzert mit einem Paukenschlag beginnen lässt, denn der Trafalgar Square ist der urbane Mittelpunkt Londons. Mehrere wichtige Straßen laufen sternförmig auf den Platz zu, der täglich von zahllosen Reisebussen – angeblich mehr als 500 pro Stunde – frequentiert wird. An der Ostseite des Trafalgar Square steht die Kirche **St Martin-in-the-Fields**; die Nordseite des Trafalgar Square wird von der **National Gallery** beherrscht (geplant ist, die Galerie durch eine Treppe mit dem Platz zu verbinden). Da der Eintritt zu der faszinierenden Gemäldegalerie kostenlos ist, kann man den Besuch je nach Lust und Laune abbrechen und an einem anderen Tag fortsetzen. In der benachbarten **National Portrait Gallery** sind Porträts bedeutender englischer Persönlichkeiten ausgestellt. Der leicht ansteigende *Haymarket*, auf dessen Bürgersteigen noch vor hundert Jahren allabendlich die leichten Mädchen auf Kundschaft warteten, führt hinauf zum *Piccadilly Circus*, der „Radnabe des britischen Weltreichs". Der Name Piccadilly geht auf den Schneider *Robert Baker* zurück, der hier Ende des 17. Jahrhunderts den Londoner Dandys Hemdkragen, so genannte „Pickadills", verkaufte. Steife Hemdkragen wird man heute vergeblich suchen, dafür ist der Platz mit seinem markanten bronzenen Brunnen und der darauf thronenden Erosstatue rund um die Uhr von Touristen umlagert, nur der ehedem dominierende Autoverkehr ist nach einer Umgestaltung im Jahre 2012 nicht mehr so präsent.

Von seiner schönsten Seite zeigt sich der Piccadilly Circus nach Einbruch der Dunkelheit, wenn die vielen Neonreklamen leuchten. Ein paar Häuser weiter in Richtung Westen zeigt sich London von seiner vornehmeren Seite: Die

Blackballing

Ein „Wahrzeichen" von St James's sind die vornehmen Herrenclubs, in deren erlauchten Kreis nur wenige Normalbürger aufgenommen werden. Die bekanntesten Clubs heißen „Athenaeum", „Traveller's" oder „White's". Letzterer gilt als der älteste und aristokratischste unter den Clubs, sicherlich nicht grundlos hat Prince Charles dort seinen Abschied vom Junggesellenleben gefeiert. Obwohl die in den Statuten festgelegten Aufnahmebedingungen an sich leicht zu erfüllen sind – im „Reform Club" muss man sich einfach als „Reformer" verstehen –, scheiterten viele Aufnahmeanträge, da man letztlich die eigene Exklusivität am besten dadurch wahrt, indem man sich vom „Rest der Welt" abgrenzt. Über die Aufnahme eines neuen Mitglieds entscheidet das Ritual des *Blackballing*. Wirft nur ein einziges Mitglied eine schwarze Kugel in einen Korb, gilt der Kandidat als nicht *clubable*. Diese Schmach kann auch ganz berühmte Zeitgenossen treffen: Als der Philosoph *Bertrand Russell* 1916 um seine Aufnahme im „Athenaeum" ersuchte, wurde er wegen seiner pazifistischen Einstellung abgelehnt. Erst 36 Jahre später war sein zweiter Versuch mit Erfolg gekrönt.

Mayfair und St James's → Karte. S.177

Buchhandlung *Hatchard's* und der Feinkosthändler *Fortnum & Mason* sind seit Jahrhunderten stadtbekannte Institutionen. In der nahen, durch einen Hof zu erreichenden **Royal Academy of Arts** werden immer wieder anspruchsvolle Wechselausstellungen moderner Kunst gezeigt. Die benachbarte *Burlington Arcade* ist Londons längste Einkaufsarkade.

Nach Süden hin erstreckt sich das vornehme St James's mit dem **St James's Palace**. In der unmittelbaren Nähe des Palastes liegen ansehnliche Stadtpaläste wie das von Christopher Wren entworfene *Marlborough House* oder das *Spencer House*; der Londoner Stammsitz von Prinzessin Dianas Familie kann sonntags sogar besichtigt werden. *Pall Mall* – der Name der Straße erinnert an „Paille Maille", eine Art Krocketspiel – gehört seit jeher zu den nobelsten Straßenzügen Londons. Da verwundert es auch nicht, dass Pall Mall die erste Straße der Welt war, die nachts mit Gas beleuchtet wurde. Am Ende der Straße haben der *Reform Club*, der *Travellers Club* und das *Athenaeum* ihren Sitz; letzteres ist an der vergoldeten Statue der Weisheit zu erkennen, die das Portal ziert. In vielerlei Hinsicht haben sich die *Gentlemen clubs* selbst überlebt. Von den rund 900 *Gentlemen clubs*, die es im viktorianischen London gab, existieren nicht einmal mehr vierzig. Wer Lust hat, kann in den angrenzenden **St James's Park** gehen, wo die Liegestühle im Sommer förmlich zu einem kurzen Sonnenbad einladen. Zuvor sollte man sich vielleicht in der *Crown Passage* mit etwas Verpflegung eindecken. Die schmale Passage mit ihren Sandwichbars sowie den altertümlichen Lebensmittel- und Friseurgeschäften ist allerdings leicht zu übersehen.

St-Martin-in-the-Fields

Weiter geht es in westlicher Richtung entlang der Straße Piccadilly, bis die White Horse Street rechter Hand zum *Shepherd Market* abzweigt. Der von engen Gassen umgebene Markt mit seinen zahlreichen Cafés, Pubs und Restaurants strahlt ein einladendes Flair aus. Bevor der Spaziergang nun in das „Designerland" von Mayfair führt, gehört für Physiker noch ein Besuch des **Faraday Museum** zum Pflichtprogramm. Alle anderen können direkt zur Bond Street „vorrücken", wo Chanel, Calvin Klein, Gucci, Ralph Lauren, Versace und Yves Saint-Laurent mit eigenen Boutiquen vertreten sind; Juwelen kauft man entweder bei Cartier oder Tiffany. Die in Old und New Bond Street unterteilte Nobelmeile erstreckt sich bis hinauf zur Oxford Street (linker Hand das **Händel House Museum**). Preisschilder wird man in den meisten

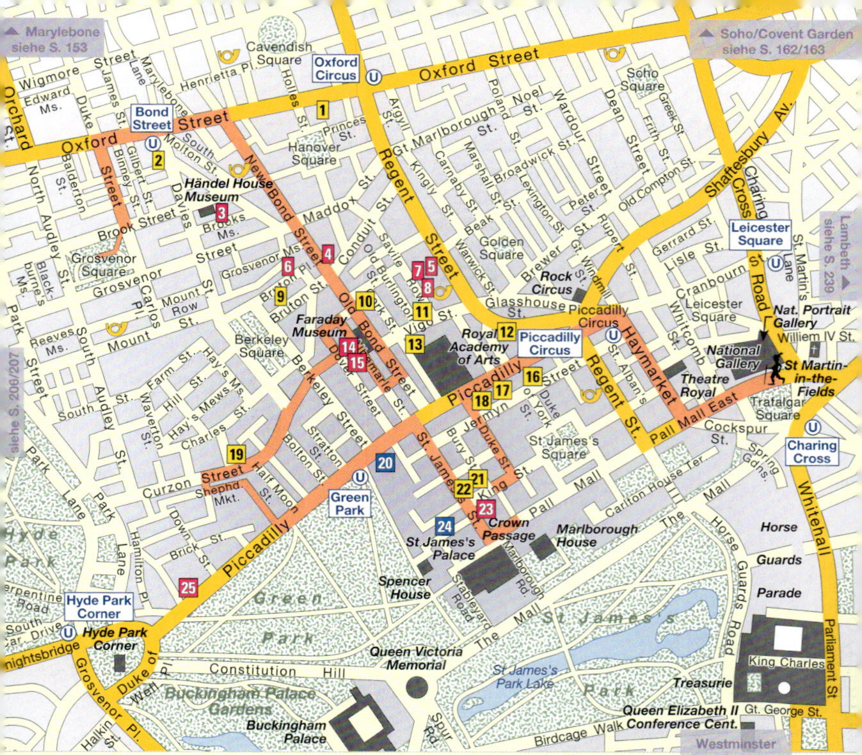

Essen & Trinken (S. 181/182)
3 Hush
4 Sotheby's Café
5 Tibitis
6 Umu
7 Below Zero
8 Momo
14 Sumosan
15 Chor Bizarre
16 5th View
23 The Avenue
25 The Hard Rock Café

Übernachten (S. 61/62)
20 The Ritz
24 Dukes Hotel

Einkaufen (S. 182/183)
1 The Swatch Store
2 Vivienne Westwood
9 Stella McCartney
10 Sotheby's
11 Abercrombie & Fitch
12 Hollister
13 Burlington Arcade
16 Waterstone
17 Hatchard's
18 Fortnum & Mason
19 Heywood Hill Books
21 John Lobb
22 Lock & Co Hatters

200 m

Mayfair und St James's

Schaufenstern vergeblich suchen. Wer Lust hat, kann auch eine Versteigerung im weltberühmten Auktionshaus *Sotheby's* besuchen. Nach einem kurzen Bummel durch die Oxford Street geht es zum Abschluss noch zum größten Platz von London, dem *Grosvenor Square*. Um ihn herum standen bis in das frühe 20. Jahrhundert zahlreiche Patrizierhäuser, von denen nur noch zwei erhalten geblieben sind. Die Hausnummer 9 war von 1785 bis 1788 die Adresse von John Adams, dem Botschafter und späteren Präsidenten der USA. Weiter südlich (Nr. 38) ist heute die indonesische Botschaft in einem Gebäude untergebracht, das Adams 1776 verschönern ließ. Während des Zweiten Weltkrieges wurde der Grosvenor Square „Eisenhowerplatz" genannt, da sich hier das militärische Hauptquartier der Amerikaner befand. Eine Gedenkplakette am Haus mit der Nummer 20 erinnert an General Eisenhowers Quartier im Jahre 1942.

Sehenswertes

Trafalgar Square: Jahrzehntelang wurden unzählige Tauben am Trafalgar Square von Touristen gefüttert – doch damit hat es seit dem Sommer 2001 vorerst ein Ende. Der damalige Londoner Bürgermeister Ken Livingstone hat die Tauben von dem zentralen Platz verbannen lassen, damit dort Gaukler und Musiker die Besucher und Touristen unterhalten können.

Auf einer 56 Meter hohen Granitsäule (so hoch wie die Masthöhe von Nelsons Flaggschiff HMS Victory) thront die Bronzestatue von *Lord Horatio Nelson*, der am 21. Oktober 1805 in der Schlacht von Trafalgar Napoleons Flotte vernichtend geschlagen und dabei sein Leben verloren hatte. Wenige Jahrzehnte nach Nelsons Tod dankten die Engländer ihrem Nationalhelden mit dem Denkmal für seine glorreiche Tat, die eine drohende Invasion der Franzosen verhinderte. Flankiert wird die Säule von vier überdimensionalen Bronzelöwen, die scheinbar den Kletterinstinkt aller Kinder und Jugendlichen dieser Welt herausfordern. Interessant ist die Geschichte der vier Reliefs am Sockel der Statue. Aus dem Metall der eroberten französischen Kanonen wurden hier vier bedeutende Seeschlachten verewigt. Das Denkmal zieht den Betrachter so sehr in den Bann, dass die mit Tritonen verzierten Brunnen von *Sir Edwin Lutyen* fast übersehen werden.

Die Löwen wurden aus erbeuteten Waffen gegossen

St Martin-in-the-Fields: Als der Architekt *James Gibbs* den Auftrag zu einem Kirchenneubau erhielt, bekundete er, er wolle „das Beste bauen, was London Gott bieten kann". Zwischen 1722 und 1726 entstand ein klassizistischer Bau mit korinthischem Portikus und Kirchturm, der schnell zum Vorbild für zahlreiche Kirchenbauten in England und Nordamerika wurde. Doch erst durch den luftigen Trafalgar Square konnte die Fassade ihre Wirkung ganz entfalten. Als sehr gelungen darf man die 2008 abgeschlossenen Restaurierungsarbeiten bezeichnen. Für rund 36 Millionen Pfund wurde die Kirche komplett renoviert, wodurch der hochbarocke Innenraum ein neues lichtes Ostfenster erhielt und die Krypta zu einer unterirdischen Piazza mit Café und Ausstellungsflächen erweitert wurde.

www.smitf.org

National Gallery: Gewissermaßen als Ergänzung zum British Museum planten kunstinteressierte Kreise an der Wende zum 19. Jahrhundert die Einrichtung einer nationalen Gemäldegalerie. Doch erst als Österreich seine während der napoleonischen Kriege zur Verfügung gestellten Kredite zurückzahlte, konnte mit diesen Geldern 1823 die renommierte Angerstein-Sammlung erworben werden. Der Grundstock für die National Gallery war gelegt. Noch ein paar Jahre vergingen, bis 1832 mitten im Londoner Zentrum mit dem Bau der National Gallery begonnen werden konnte. Der Architekt *William Wilkens* entwarf direkt am Trafalgar Square einen lang gestreckten klassizistischen Bau, der seither mehrere Erweiterungen erfuhr. Architektonisch besonders gelungen ist der so genannte „Sainsbury Wing", ein Anbau, der von 1989 bis 1991 errichtet wurde und seither die Gemälde der italienischen Frührenaissance sowie ein Restaurant und einen Vortragssaal beherbergt; zudem finden hier Wechselausstellungen statt.

Zum Fundus der National Gallery gehören mehr als 2000 Gemälde aus der Zeit von 1260 bis 1900, darunter Werke von Leonardo da Vinci, Giotto, van Eyck, Bellini, Michelangelo, Botticelli, Raphael, Holbein, Cranach, Breughel, El Greco, Tintoretto, Tizian, Veronese, Rembrandt, Vermeer, Rubens, Bosch, Memling, Dürer, Poussin, Claude, Velázquez, Caravaggio, Lorrain, Constable, Turner, Caspar David Friedrich, Tiepolo, Hogarth, Goya, Renoir, Monet, Manet, Seurat, Degas, van Gogh, Cézanne und Picasso. Mit anderen Worten: Es gibt kaum einen bedeutenden westeuropäischen Maler, der hier nicht mit mindestens einem Bild vertreten wäre.

Trafalgar Square, WC2, Ⓤ Charing Cross. Tgl. 10–18 Uhr, Fr bis 21 Uhr. Eintritt Normale Sammlung frei! Sonderausstellungen ab £ 9, erm. £ 4.50. www.nationalgallery.org.uk.

Hinweis: Es empfiehlt sich, einen Audio-Guide auszuleihen, der für £ 4 die Kunstwerke sehr ausführlich kommentiert. Wer

Klassizistische Fassade: National Gallery

des Englischen mächtig ist, sollte unbedingt die englischsprachige Version wählen, da diese – im Gegensatz zur deutschen Version – alle Kunstwerke vorstellt. Ein genauer Lageplan ist am Eingang erhältlich.

National Portrait Gallery: In unmittelbarer Nähe der National Gallery gelegen, spiegelt sich in der 1856 gegründeten Galerie die englische Geschichte in bedeutenden Portraitstudien wider. Von den Tudors – sehenswert ist Hans Holbeins Porträt Heinrich VIII. – über Elisabeth I. und Shakespeare bis hin zu Oliver Cromwell und Horatio Nelson sind hier die wichtigsten Persönlichkeiten des Königreichs vereint. Besonders wertvoll ist das Porträt von Shakespeare, da es als das einzige authentische Bildzeugnis des großen Schriftstellers gilt. Was das 20. Jahrhundert betrifft, dürfen Elisabeth II., Margaret Thatcher und Lady Diana selbstverständlich auch nicht fehlen. Ende der sechziger Jahre wurden auch Fotografien bekannter

Mayfair und St James's → Karte. S.177

zeitgenössischer Persönlichkeiten aufgenommen. Als das Archiv auf einen Fundus von mehr als 250.000 Bildern und Fotografien angewachsen war, entschied man sich, einen neuen Flügel (Ondaatje-Wing) zu errichten, um die Sammlung besser präsentieren zu können. Der im Sommer 2000 eröffnete Anbau kostete zwölf Millionen Pfund und wird von einem Restaurant mit herrlichem Blick über den Trafalgar Square bis hin zum Big Ben gekrönt.

Ein Tipp: Lohnend ist meist auch ein Besuch der (Foto-) Wechselausstellungen.

St Martin's Place, Trafalgar Square, WC2, Ⓤ Charing Cross oder Leicester Square. Tgl. 10–18 Uhr, Do und Fr bis 21 Uhr. Eintritt frei! (Gilt nicht für Sonderausstellungen). www.npg.org.uk.

Royal Academy of Arts: Die im imposanten Burlington House untergebrachte Königliche Kunstakademie widmet sich seit ihrer Gründung im Jahre 1768 der Förderung junger bildender Künstler. Einen ausgezeichneten Ruf genießt die alljährlich im Juni eröffnete *Summer Exhibition*, bei der Werke zeitgenössischer englischer Künstler präsentiert werden (alle Werke können auch erworben werden). Für viele Maler diente die Ausstellung als Sprungbrett auf das internationale Kunstparkett. Die Academy selbst hat 50 Mitglieder, darunter finden sich derzeit so bekannte Namen wie David Hockney und Lord Norman Foster. Für die jeweiligen Mitglieder bedeutet eine Ernennung zum „Royal Academician“ eine Steigerung des eigenen Renommees, während die Academy ihre Sammlung „kostenlos“ erweitern kann, denn jedes Mitglied ist verpflichtet, eines seiner Werke zu „spenden“. Das berühmteste Exponat der Kunstsammlung stammt dennoch von Michelangelo, obwohl dieser sicherlich nie Mitglied der Academy war.

Burlington House, Piccadilly, W1, Ⓤ Piccadilly Circus. Tgl. 10–18 Uhr, Fr bis 22 Uhr. Eintritt frei! Sonderausstellungen: £ 10, erm. ab £ 4. www.royalacademy.org.uk.

St James's Palace: Im Mittelalter stand hier noch ein Spital für Leprakranke, das Heinrich VIII. abreißen ließ, um sich stattdessen eine neue prachtvolle Residenz errichten zu lassen. Der Ziegelbau im Tudor-Stil wurde 1698 zur offiziellen Hauptresidenz, nachdem der Whitehall Palace einem Brand zum Opfer gefallen war. Dies änderte sich erst, als es Königin Victoria 1837 vorzog, im nahen Buckingham Palace zu residieren. Der St James's Palace wurde aber dennoch weiterhin von Mitgliedern der Königsfamilie bewohnt, derzeit beispielsweise von Prince Charles, der sich seit seiner Trennung von Diana hier häuslich eingerichtet hatte.

W1, Ⓤ Piccadilly Circus.

St James's Park: Der St James's Park ist der älteste und zugleich kleinste der königlichen Parks in London. Heinrich VIII. veranlasste die Trockenlegung des einstigen Sumpfgebietes sowie die Umgestaltung zu einem Park, den James I. um eine Menagerie und Vogelvolieren erweiterte. Der Aufklärer *Karl Philipp Moritz* war auf seiner 1782 unternommenen Reise durch England von der Gartenanlage sehr enttäuscht: „Dieser Park ist weiter nichts als ein halber Cirkel von einer Allee von Bäumen, der einen großen grünen Rasenplatz einschließt, in dessen Mitte ein sumpfiger Teich befindlich ist. Auf dem grünen Rasen weiden Kühe, deren Milch man hier, so frisch, wie sie gemolken wird, verkauft.

Da die Downing Street No 10 in unmittelbarer Nähe liegt, versammeln sich auch gelegentlich hochrangige Staatsgäste zum Fototermin im St James's Park. Zusammen mit dem angrenzenden Green Park ist der St James's Park für die Angestellten aus den umliegenden Büros im Sommer ein beliebtes Ziel, um die Mittagspause zu verbringen.

Faraday Museum: Das kleine Museum im Untergeschoss der Royal Institution ist *Michael Faraday* (1791–1867), dem

„Vater der Elektrizität", gewidmet, der vor allem durch den Faradayschen Käfig bekannt wurde. Seine wohl bedeutendsten Entdeckungen waren außerdem der Nachweis der elektromagnetischen Induktion und die Konstruktion des ersten Dynamos. Ausgestellt sind Notizbücher, Versuchsgeräte und persönliche Dokumente sowie eine Rekonstruktion von Faradays Labor.

21 Albemarle Street, W1, Ⓤ Piccadilly Circus oder Green Park. Mo–Fr 9–21 Uhr. Eintritt frei! www.rigb.org.

Händel House Museum: Der Komponist Georg Friedrich Händel (1685–1759) verbrachte einen großen Teil seines Lebens in London, wo er seine berühmtesten Werke verfasste. Für Klassikfreunde ein Muss! Die Einrichtung seines einstiges Wohnhaus ist von der Tapete bis zum Vorhang zum größten Teil im georgianischen Stil rekonstruiert. Im ersten Stock empfing Händel seine Gäste. Das Vorderzimmer, wo einst eine kleine Hausorgel und ein Cembalo standen, diente ihm als Musikzimmer.

Tipp: Häufig finden am Donnerstagabend um 18.30 Uhr Konzerte statt.

25 Brook Street, W1, Ⓤ Bond Street. Di–Sa 10–18 Uhr, Do bis 20 Uhr, So 12–18 Uhr. Eintritt £ 6, erm. £ 5 oder £ 2, Konzerte £ 9. www.handelhouse.org.

Praktische Infos

→ Karte S. 177

Essen und Trinken

Umu 6, japanische Küche auf höchstem Niveau (ein Michelin-Stern) bietet Londons einziges Restaurant im Kyoto Style. Ein achtgängiges Kaiseki-Menü kostet £ 100 (auch als Sushi-Variante). Glücklicherweise kann man sich mittags an *Shokado bento* bereits für £ 35 satt essen. 12,5 % *Service charge*. Samstagmittag und Sonntag geschlossen. 14–16 Bruton Place, W1, ✆ 020/74998881. www.umurestaurant.com. Ⓤ Green Park.

The Avenue 23, das mitten in St James's gelegene Szenerestaurant wird von einem lang gestreckten Tresen dominiert. Die Küche wandelt auf englischen und italienischen Pfaden. Hauptgerichte um die £ 18, so beispielsweise ein delikater Kaninchenschlegel. Günstig sind die Menüs zu £ 19.50 oder £ 23.50, zuzügl. 12,5 % *Service charge*. Abends ist eine Reservierung ratsam. Samstagmittag geschlossen. 7 St James's Street, W1, ✆ 020/73212111. www.theavenue-restaurant.co.uk. Ⓤ Green Park.

Chor Bizarre 15, hinter dem etwas seltsam anmutenden Namen verbirgt sich ein hervorragendes indisches Restaurant mit Anspruch und Stil. Hauptgerichte zwischen £ 10 und £ 16, Mittagsmenü £ 14.50. Sonntagmittag geschlossen. 16 Albemarle Street, W1, ✆ 020/76299802. www.chorbizarre.com. Ⓤ Green Park.

Sumosan 14, das Sumosan trägt eindeutig die Handschrift eines Designers, die Küche hat sich der japanischen Kochkunst verschrieben, wobei sich auch leichte europäische Einflüsse ausmachen lassen. Gehobenes Preisniveau, das Mittagsmenü für stolze £ 42.90 zuzügl. *Service charge*. Am Wochenende nur abends geöffnet. 26B Albemarle Street, W1, ✆ 020/74955999. www.sumosan.com. Ⓤ Green Park.

Sotheby's Café 4, warum nicht einmal bei Sotheby's Tee trinken? Das Café im Erdgeschoss des weltberühmten Auktionshauses vermittelt ein authentisches englisches Flair. Für echte Snobs gibt es das *Lobster club sandwich* für £ 19.50. Mo–Fr 9.30–17 Uhr. 34–35 Bond Street, W1, ✆ 020/74085077. www.sothebys.com/cafe. Ⓤ Bond Street.

Momo 8, in einer kleinen Nebenstraße öffnet sich das Tor zum Orient. Gehobene marokkanische Küche in feinstem Dekor. Menüs zu £ 15 und £ 19. Übrigens sollte man den Gang auf die Toilette keinesfalls versäumen ... Sonntagmittag geschlossen. 25 Heddon Street, W1, ✆ 020/74344040. www.momorestaurant.com. Ⓤ Piccadilly Circus oder Oxford Circus.

››› Lesertipp: **Tibitis 5**, dieses moderne vegetarische Restaurant empfiehlt Evi Hofmeister, die auch von der entspannten Atmosphäre begeistert war: „Es gibt ein gaaanz vielfältiges (und abwechslungsreiches!) vegetarisches Buffet mit warmen und kalten Speisen sowie Desserts, mit seinem gefüllten Teller geht man zur Kasse, dort wird nach Gewicht bezahlt." Eine Mahlzeit kommt auf rund £ 10. WLAN. 12–14 Heddon Street, W1, ✆ 020/77584110. www.tibits.co.uk. Ⓤ Piccadilly Circus oder Oxford Circus. «

Hush 3, vor allem die Straßenterrasse dieser Brasserie ist eine wahre Oase. Direkt hinter dem Händel-Museum gelegen, ist man hier den ganzen Tag vollkommen von der Großstadthektik entfernt. In einem privaten Innenhof werden leckere Mittagsgerichte (£ 13–25) serviert. Wer will, kann den Abend auch mit einem Cocktail ausklingen lassen. Mo–Sa 11–24 Uhr geöffnet. Lancashire Court, W1, ✆ 020/76591500. www.hush.co.uk. Ⓤ Bond Street.

The Hard Rock Café 25, in den siebziger Jahren eröffnet, ist das Original Hard Rock Café längst zum Klassiker avanciert. Die Schlange am Eingang reicht manchmal sogar bis um die Ecke. Ein Rätsel bleibt allerdings, warum das Hard Rock Café im noblen Mayfair eröffnet wurde. Das Speisenangebot lässt sich auf die Kurzformel Tex-Mex and Burgers bringen. Es gibt auch vegetarische Burger. Reservierungen werden nicht angenommen. 150 Old Park Lane, W1, ✆ 020/76290382. Ⓤ Hyde Park Corner.

Frau trägt Hut

5th View 16, dieses im fünften Stock der Waterstone-Buchhandlung gelegene Lokal besitzt eine phantastische Aussicht über die Dächer Londons bis hin zu Westminster und Big Ben. Neben Café und Kuchen gibt es leckere Salate und andere Snacks. Sonntags nur von 12 bis 18 Uhr geöffnet. 203–206 Piccadilly, W1V, ✆ 020/78512433. www.5thview.co.uk. Ⓤ Piccadilly Circus.

Below Zero 7, eine auf den ersten Blick ganz normale Mischung aus Bar und Restaurant, die Überraschung wartet im Untergeschoss: Die *Absolut Icebar* ist komplett aus Eis errichtet und daher cool in jeder Hinsicht! Allerdings sollte man sich bei –5 °C warm anziehen. Für den Preis von £ 14 bekommt man aber auch Handschuhe und eine Thermojacke geliehen. Die Bar ist tgl. ab 15 Uhr, Sa. ab 12.30 Uhr, die angegliederte Icebar am Wochenende bis 1 Uhr geöffnet. 31–33 Heddon Street, W1B, ✆ 020/74788910. www.belowzerolondon.com. Ⓤ Piccadilly Circus.

Shopping

Fortnum & Mason 18, F & M ist weniger ein Kaufhaus denn eine Londoner Institution. Schon vor der Schlacht von Waterloo labten sich die englischen Offiziere an den Köstlichkeiten des zum Hoflieferanten geadelten Delikatessenhändlers. Bedient wird im Frack. Sehenswert ist vor allem die Lebensmittelabteilung im Erdgeschoss samt Café. Antiquitäten und erlesene Möbel gibt es im vierten Stock. Auch wenn man nur ein kleines Glas Orangenmarmelade erstanden hat, eine Tüte von Fortnum & Mason macht sich einfach gut. 181 Piccadilly, W1. www.fortnumandmason.com. Ⓤ Green Park oder Piccadilly Circus.

» Mein Tipp: **Waterstone 16**, Bibliophile sollten unbedingt Europas größte Buchhandlung besuchen. Auf sechs Stockwerken findet sich (fast) alles, was derzeit auf dem angelsächsischen Buchmarkt lieferbar ist. Auch das aus den 1930er Jahren stammende Gebäude mit seinem historischen Treppenhaus ist sehenswert. Wer Durst hat, kann sich im zugehörigen Restaurant oder Café verwöhnen lassen. Sonntags von 12–18 Uhr geöffnet. 203–206 Piccadilly, W1V. Ⓤ Piccadilly Circus. «

Hatchard's 17, zurückhaltend vornehm präsentiert sich die älteste noch bestehende

Buchhandlung Londons. Hier deckten sich schon Oscar Wilde und Lord Byron mit Literatur ein. Genau besehen, gehört Hatchard's allerdings schon längst zum Waterstone-Imperium. Auch sonntags von 12 bis 18 Uhr geöffnet. 187 Piccadilly, W1V. www.hatchards.co.uk. Ⓤ Piccadilly Circus.

The Swatch Store **1**, ein Eldorado für die Fans des Schweizer Uhrenherstellers. Die Zeit messenden Kultobjekte gibt es hier in zahllosen Variationen. 313 Oxford Street, W1R. Ⓤ Bond Street.

Burlington Arcade **13**, die vornehme, 1819 eröffnete Einkaufspassage war für den „Verkauf von Kurzwaren, Kleidungsstücken und Gegenständen, die weder durch ihr Aussehen noch ihren Geruch Anstoß erregen". Den einstigen Vorgaben ist man bis heute treu geblieben. In der fast 200 Meter langen Arkade findet man Juweliere, Antiquitätenhändler, Modeboutiquen und edle Schuhgeschäfte. www.burlington-arcade.co.uk. W1. Ⓤ Piccadilly Circus.

Vivienne Westwood **2**, die Queen unter den englischen Modemachern bietet in ihrem *Flagship Store* ausgefallene Kreationen feil. Sonntag geschlossen. 44 Conduit Street, W1S. www.viviennewestwood.com. Ⓤ Bond Street.

Stella McCartney **9**, in einem georgianischen Gebäude bietet die Tochter von Paul McCartney auf mehreren Stockwerken exklusive Mode bis zum Schuhwerk. Stella McCartney produziert übrigens nur „vegane" Produkte, da sie die Verarbeitung tierischer Materialien wie Schurwolle, Seide, Leder oder Pelz völlig ablehnt. 30 Bruton Street. W1J. www.stellamccartney.com. Ⓤ Bond Street oder Green Park.

Abercrombie & Fitch **11**, die erste englische Filiale der amerikanischen Kultmarke ist ein Muss für Modefreaks. Eigentlich gibt es hier gar keine Klamotten, sondern ein Lebensgefühl mit dem Elch im Logo zu kaufen. Bei Abercrombie & Fitch arbeiten übrigens keine Verkäufer, sondern „Store Models" – alle maximal 25 Jahre alt, schlank, schön, durchtrainiert, wohlgelaunt und im Firmeneinheitslook. 42 Savile Row (Eingang Burlington Gardens). W1S. Ⓤ Piccadilly Circus.

John Lobb **21**, wer bei Londons berühmtestem Schuhmacher Schuhe kaufen möchte, muss mindestens ein halbes Jahr warten. Schließlich wird exakt Maß genom-

Königlicher Hoflieferant: Fortnum & Mason

men und ein Holzmodell des Fußes gefertigt, bevor der Schuh nach den Wünschen des Kunden in reiner Handarbeit hergestellt wird. Das Endprodukt kostet dann ab £ 1200 aufwärts und hält ein Leben lang. Das zweite Paar ist dann aber billiger … 9 St James's Street, SW1. Ⓤ Green Park.

Lock & Co Hatters **22**, nicht nur für einen Londoner Gentleman ist es wichtig, „gut gehütet" durchs Leben zu schreiten … In diesem Geschäft versteht man sich seit 1676 auf die Kunst des Hütemachens – selbstverständlich auch für feine Damen. Mo–Fr 9–17.30 Uhr, Sa 9.30–17 Uhr. 6 St James's Street, SW1. www.lockhatters.co.uk. Ⓤ Green Park.

Hollister **12**, flankiert von durchtrainierten Store-Models wird man in den beliebten Concept-Store mit der Seemöwe geleitet. Mo–Sa 10–20 Uhr, So 12–18 Uhr. 83–87 Regent Street, W1B. www.hollisterco.com. Ⓤ Piccadilly Circus.

Sotheby's **10**, das 1745 gegründete Auktionshaus ist zwar bekannt für die Versteigerungen von sündhaft teuren Kunstschätzen, doch ist vieles, was täglich unter den Hammer kommt, auch für den Normalbürger erschwinglich. Also keine Hemmungen! Die Öffnungszeiten variieren je nach den anstehenden Versteigerungen. 34–35 Bond Street, ✆ 020/74938080. www.sothebys.com. Ⓤ Bond Street.

Heywood Hill Books **19**, alteingessener Buchladen, in dem schon die Schriftstellerin Nancy Mitford gearbeitet hat. Auch antiquarische Bücher. Mo–Fr 9–17.30 Uhr, Sa 9–16.30 Uhr. 10 Curzon Street, W1J. Ⓤ Green Park.

Mayfair und St James's → Karte. S.177

Houses of Parliament: Hier tagt das britische Parliament

Tour 9: Westminster

So wie sich in der City of London alles um das Geld dreht, so steht in Westminster die hohe Politik im Mittelpunkt des Geschehens: Die Ministerien haben an der Whitehall ihren Sitz, der Premierminister wohnt in der Downing Street No 10, die Queen im Buckingham Palace und das Ober- sowie das Unterhaus tagen in den Houses of Parliament.

Die Keimzelle von Westminster ist die gleichnamige Abtei, die Benediktinermönche auf einer ehemals sumpfigen Insel im Westen von London errichteten. Eduard der Bekenner, der große Förderer des Benediktinerklosters, verlegte im 11. Jahrhundert seine Hauptresidenz aus der City in die Nähe des „westlichen Münsters" direkt an die Themse, um den Baufortschritt besser mitverfolgen zu können. Als Residenz ließ er sich einen Palast erbauen, der Ende des 12. Jahrhunderts unter Wilhelm II. erweitert wurde und heute als Westminster Hall bekannt ist. Sie gehört heute zu den Houses of Parliament, also zum Sitz des englischen Ober- und Unterhauses. Westminster Abbey, Big Ben und die Houses of Parliament bilden ein Dreieck, das Besucher aus aller Welt geradezu magisch anzuziehen scheint. Nördlich von Westminster erstreckt sich entlang der Whitehall das Londoner Regierungsviertel. Verwaltungstechnisch umfasst der Stadtteil Westminster einen großen Teil des West End. Die Grenzen der City of Westminster bilden die Themse und die Chelsea Bridge im Süden, Kensington im Westen, Regent's Park im Norden und Soho beziehungsweise Covent Garden im Nordosten.

Spaziergang

Direkt vom Trafalgar Square führt die *Whitehall*, eine breite Allee, nach Süden in Richtung der Houses of Parliament. Auf der kleinen Verkehrsinsel steht das *Denkmal Charles I.*, des Königs, den Oliver Cromwell am 30. Januar 1649 vor dem Banqueting House enthaupten ließ. Geköpft wird glücklicherweise schon längst niemand mehr, ganz human stimmen die Wähler heute darüber ab, wer in die verschiedenen Ministerien der englischen Regierung, die sich entlang der Whitehall aneinanderreihen, einziehen darf. Von dem einstigen Royal Palace of Whitehall, der 1698 einem Brand zum Opfer fiel, ist nur ein einziges Gebäude übrig geblieben: das zwischen 1619 und 1622 von Inigo Jones erbaute **Banqueting House**. Gleich gegenüber findet die berühmte Wachablösung der *Horse Guards* statt. Die berittene königliche Garde hält mit stoischer Ruhe täglich von 10 bis 16 Uhr vor der Kaserne der Horse Guards Wache. Fanfarenstöße begleiten die tägliche Wachablösung (Mo–Sa 11 Uhr, So 10 Uhr). Es empfiehlt sich, schon frühzeitig einzutreffen, denn sonst sieht man – eingekeilt in der Menschentraube – nur sehr wenig. In einer Seitengasse der Whitehall hat auch der Premierminister seinen Amtssitz – **Downing Street No. 10**. Die eine Querstraße weiter rechts abzweigende King Charles Street führt zum **Churchill Museum** und den **Cabinet War Rooms**, von denen aus Churchill mit dem amerikanischen Präsidenten per rotem Telefon verbunden war. Vorbei an Regierungsgebäuden spaziert man nun wieder Richtung Westminster Abbey. Auf der linken Seite führt eine kleine Straße mit dem Namen Derby Gate zum ehemaligen Hauptquartier von *Scotland Yard*. Der Architekt *Norman Shaw* entwarf dieses burgähnliche Gebäude in den siebziger Jahren des 19. Jahrhunderts. Der für den Bau verwendete Granit wurde in den Steinbrüchen des berüchtigten Dartmoor-Gefängnisses abgebaut. Schließlich zog hier 1890 die *Metropolitan Police* ein. Ursprünglich hatte die Londoner Kriminalpolizei ihren Sitz auf dem Gelände des Whitehall Palace und zwar genau dort, wo vor langer Zeit die schottischen Könige bei ihren Besuchen untergebracht waren (daher auch die Bezeichnung Scotland Yard). Seit 1967 befindet sich das neue Büro (New Scotland Yard) an der Kreuzung Victoria Street und Broadway. Am Parliament Square herrscht Tag für Tag

Durchblick – Horse Guard Ihrer Majestät

ein riesiger Andrang von Schulklassen und Touristen, dass das Denkmal von Winston Churchill kaum wahrgenommen wird. Die neugotischen **Houses of Parliament** und der berühmte **Big Ben** sind indes nicht zu übersehen. Das nachts leuchtende Zifferblatt der Uhr hat einen Durchmesser von sieben Metern! Den schönsten Postkartenblick auf den Big Ben und die Houses of Parliament hat man von der *Westminster Bridge*, die 1749 als zweite Londoner Themsebrücke eröffnet worden ist. Die heutige Brücke mit ihren Eisenbögen stammt aus dem Jahre 1862. Gegenüber der Houses of Parliament steht der mittelalterliche **Jewel Tower**, in dem einst die Kronjuwelen untergebracht waren. An der *St Margaret's Church*, einem spätmittelalterlichen Sakralbau, vorbei geht es nun zur mächtigen **Westminster Abbey**, die alljährlich vier Millionen Besucher anzieht. Interessierte können, bevor sie sich in die Besucherschlangen einreihen, noch einen Blick in die *Central Hall* der Londoner Methodisten werfen. Der Eingang zur Westminster Abbey befindet sich nicht am Hauptportal, sondern am nördlichen Seitenschiff.

Ein Blick auf den in der Abtei bereitliegenden Prospekt mit der Aufforderung: „Denken Sie in ihren Gebeten an die heutigen führenden Politiker aller Nationen," lässt uns sogleich in die Knie sinken, um für das Seelenheil von Merkel, Putin und Obama zu beten ...

Auf dem Weg zur Tate Gallery beeindrucken in der Nähe des Smith Square die vornehmen georgianischen Häuser; sie sind seit jeher eine beliebte Wohngegend konservativer Politiker von Churchill über Thatcher bis hin zu Michael Portillo und Jonathan Aitken. Obwohl die moderne Kunst in die neue Tate Gallery am Südufer der Themse umgezogen ist, gehört die **Tate Gallery of British Art** weiterhin zum Pflichtprogramm eines Londonaufenthalts. Um sich einen langweiligen Weg zu ersparen, empfiehlt es sich, mit dem Bus die Vauxhall Bridge Road zur Victoria Station hinaufzufahren oder die Tube von Pimlico nach Victoria zu nehmen. Die *Victoria Station*, „The Gateway to the Kontinent", wie der traditionelle Bahnhof für die Züge in Richtung Süden genannt wird, liegt nur fünf Fußminuten von der **Westminster Cathedral** mit ihrer byzantinisch inspirierten Architektur entfernt. Über die Palace Street ist es nur ein Katzensprung zum **Buckingham Palace**, der Residenz der Queen. Umgeben ist der Palast von einer riesigen Parkanlage aus *St James's* und *Green Park* sowie den *Palace Gardens*. Auf dem Platz vor dem Palast steht das 250.000 Pfund teure *Queen Victoria Memorial*, das *Sir Aston Webb* 1910 als Hommage an die legendäre Königin schuf, die 64 Jahre auf dem englischen Thron saß. Es lohnt sich, zur stark besuchten Wachablösung *(Changing of the Guard)* zum Buckingham Palace zu kommen, die jeden Vormittag von Juli bis August gegen 11.30 Uhr (in den übrigen Monaten nur jeden zweiten Tag) stattfindet und 45 Minuten dauert. Kunstfreunden ist zudem ein Besuch der **Queen's Gallery** zu empfehlen.

Sehenswertes

Banqueting House: Das 1619 von Inigo Jones errichtete Banqueting House war das erste Gebäude Englands im so genannten *Palladian Style*. Die Deckenmalereien im Inneren des von der italienischen Renaissance geprägten Gebäudes stammen von Peter Paul Rubens, der dafür 1634 mit £ 3000 Honorar bedacht und zum Ritter geschlagen wurde. Von 1654 bis zu seinem Tod lebte der Lord Protector *Oliver Cromwell* in dem Palast. Achtung: Da oft Staats-

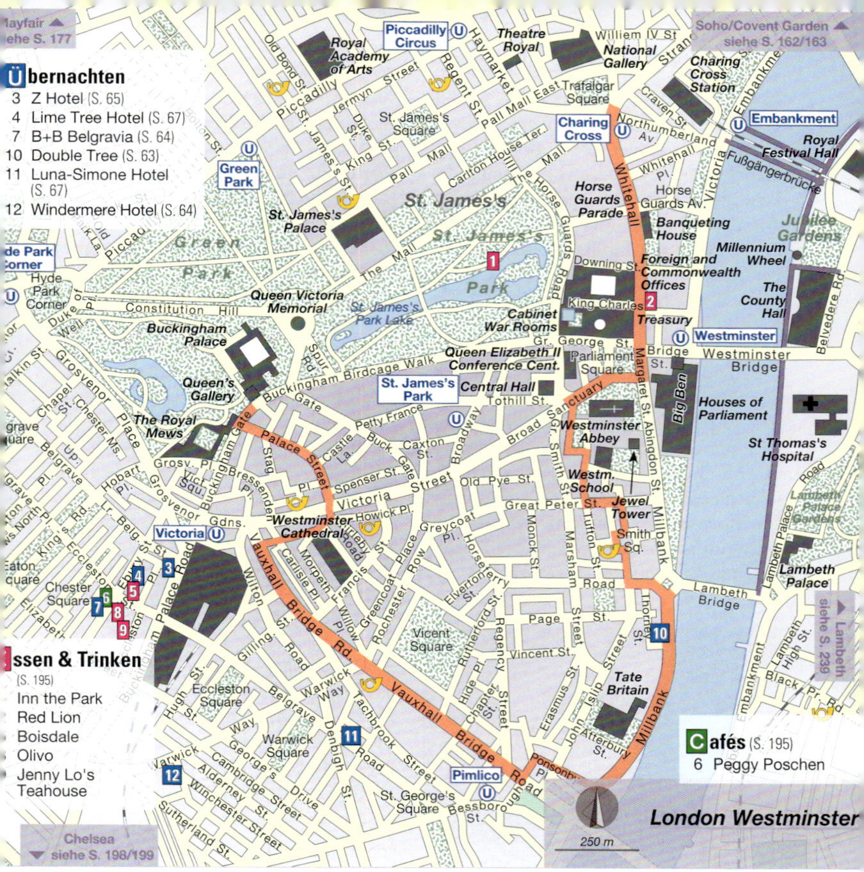

gäste zu offiziellen Banketten hierher geladen werden, ist das Banqueting House an einigen Tagen ohne Ankündigung geschlossen.

Whitehall, SW1. Ⓤ Charing Cross oder Westminster. Tgl. außer So 10–17 Uhr. Eintritt £ 5, erm. £ 4.50, Kinder unter 16 Jahren frei! www.hrp.org.uk/banquetingHouse.

Downing Street No. 10: Downing Street No. 10 – wer kennt die Dienstwohnung des englischen Premierministers (*Prime Minister*), ein von außen unscheinbares Häuschen, nicht. Die Straße selbst wurde von *Sir Georg Downing* im späten 17. Jahrhundert entworfen. Im Jahre 1732 schenkte König George II. das Haus mit der Nummer 10 dem damaligen Premierminister *Sir Robert Walpole*, der es wiederum an seinen Nachfolger abtrat. Dem aktuellen englischen Premier *Gordon Brown* kommt man allerdings nicht nahe, da die Straße nur von dem 1989 angebrachten Eisengatter eingesehen werden kann.

Downing Street, SW1. Ⓤ Westminster.

Churchill Museum and Cabinet War Rooms: Die „Kabinettsräume“, von denen aus Winston Churchills Regierung im Zweiten Weltkrieg den Kampf gegen Deutschland aufnahm, sind im Originalzustand erhalten und ein Besuch dank einer informativen Audio Tour sehr zu empfehlen. Wer jetzt an üppig ausgestattete Konferenzräume denkt, wird sich verwundert die Augen reiben, denn die Cabinet War Rooms sind nichts anderes als eine zur Kommandozentrale ausgebaute Bunkeranlage. Die unterirdischen Räume vermitteln einen hervorragenden Eindruck von der Zeit des Zweiten Weltkrieges, auch wenn man sich den Lärm, die Enge und die Hektik, die damals geherrscht haben müssen, nur schwer vorstellen kann. Die beiden wichtigsten Räume waren das Sitzungszimmer des Kabinetts und der Kartenraum, in dem die exakten Truppenbewegungen vermerkt wurden, obwohl sich die meisten Besucher für Churchills Schlafzimmer inklusive Nachttopf interessieren. Das Churchill Museum zeigt eine interessante Dauerausstellung über das Leben von Sir Winston Churchill (1874–1965), den seine Landsleute für den „größten Briten“ aller Zeiten halten. Die Besucher schreiten eine fünfzehn Meter lange „Lebenslinie“ ab, die mit interaktiven Touchscreen-Funktionen versehen ist. Anhand von Film- und Tondokumenten sowie persönlichen Gegenständen, wie einem Taufkleid und einer abgekauten Zigarre, kann man sich ein eindrucksvolles Bild über das Leben und Wirken Churchills verschaffen.

King Charles Street, SW1. Ⓤ Westminster. Tgl. 9.30–18 Uhr. Eintritt £ 16.50, erm. £ 13.20, Kinder unter 16 Jahren frei! www.iwm.org.uk.

Ein Denkmal für den Großvater von Queen Elizabeth II.

Houses of Parliament: Am Anfang der Baugeschichte stand die *Westminster Hall*, ursprünglich von Eduard dem Bekenner errichtet und von Wilhelm II. erweitert. Hier residierten bis zur Ära Heinrich VIII. die Könige von England. Ab 1550 tagte das *House of Commons* in der *St Stephen's Chapel* und das *House of Lords* in einem heute nicht mehr vorhandenen Gebäudeteil, der den *Old Palace Yard* umgab. Im Jahre 1605 planten der konvertierte Katholik *Guy Fawkes* und seine Komplizen den *Gunpowder Plot*. Dabei sollte das Parlament samt König James I. in die Luft gesprengt werden. Der Plan wurde jedoch vereitelt und die Übeltäter zum Tode verurteilt. Seither werden vor jeder neuen Sitzungsperiode die Kellerräume nach Sprengstoff durchsucht. Ein großes Feuer zerstörte am 16. Oktober 1834 fast den gesamten Palace of Westminster. Den Brand überstanden nur die *Westminster Hall* und die Kellergewölbe der *St Stephen's Chapel*. Ein Wettbewerb für den Wiederaufbau wurde ausgeschrieben, der sich zu einem heftigen Ringen zwischen den Vertretern der neugotischen und der neoklassizistischen Stilrichtung entwickelte. Aus rund 1400 Entwürfen von 97 Architekten fiel die Wahl auf *Charles Barry*, dessen Houses of Parliament dem neugotischen Stil in ganz England zum Durchbruch verhalfen. Die neugotischen Elemente sind für die Konstruktion eines Bauwerks jedoch bedeutungslos, sie sind nur noch dekorativer Schmuck. Die Innenausstattung stammt von *Augustus Welby Pugin*, der alle Details bis hin zu den Tintenfässern, Türbeschlägen und Schirmständern entworfen hat. Schon 1837 begannen die Arbeiten; 1860 wurde der neue Palace of Westminster vollendet, und das Parlament konnte wieder einziehen. Allein die nüchternen Daten des Gebäudes sind beeindruckend: 1100 Räume, hundert Treppenhäuser, elf Innenhöfe und knapp fünf Kilometer lange Korridore!

Nach einem Attentat Ende der siebziger Jahre sind die Houses of Parliament und die Westminster Hall nicht mehr für die Öffentlichkeit zugänglich. Dennoch gibt es zwei Möglichkeiten hineinzukommen: Entweder nach Vereinbarung mit einem Abgeordneten (höchst unwahrscheinlich), oder man beantragt bei der deutschen Botschaft eine Eintrittskarte. Wer keine Eintrittskarte hat und gerne eine Sitzung des House of Lords miterleben möchte, stellt sich am Eingang der St Stephen's Hall an. Für das House of Commons wartet man ebenfalls vor der St Stephen's Hall. Generell ist es etwas einfacher, in eine Sitzung des Oberhauses zu gelangen. Die besten Chancen auf einen Platz hat man am späten Nachmittag ab 17 Uhr.

Westminster, SW1. Ⓤ Westminster. Nur im Sommer (9.30–16.30 Uhr ca. Ende Juli bis Ende Sept.) gibt es Führungen (auch auf deutsch) für £ 15, erm. £ 10 oder £ 6, die allerdings im Voraus unter der Rufnummer ✆ 0870/9063773 oder im Internet www.parliament.uk/visiting gebucht werden können. Zudem gibt es bei Verfügbarkeit Tickets für die nächste freie Führungen beim Juwel Tower zu kaufen.

Big Ben (Elizabeth Tower): Die Silhouette der Houses of Parliament (auch Palace of Westminster genannt) mit ihrem 96 Meter hohen Clock Tower ist das Wahrzeichen Londons. In diesem Turm

Der Glockenschlag von Big Ben gilt als *The Voice of Britain*

befindet sich die 13,5 Tonnen schwere Glocke *Big Ben*, die jede volle Stunde mit 16 Schlägen einläutet. Das berühmte Läuten, das eine Arie aus Händels „Messias" interpretiert, wird übrigens von der BBC in die ganze Welt übertragen. Der Glockenturm ist für die Öffentlichkeit leider nicht zugänglich, dabei wäre es wirklich eine Herausforderung, die 344 Stufen hinaufzusteigen. Der Minutenzeiger hat übrigens die stolze Länge von 4,27 Metern! Anlässlich des 60. Thronjubiläums von Queen Elizabeth II. wurde der Big Ben 2012 offiziell in „Elizabeth Tower" umbenannt. Allerdings wird es wohl lange dauern, bis die Bezeichnung in den Alltagssprachgebrauch übergehen wird.

Westminster, SW1. Ⓤ Westminster.

Jewel Tower: Der Jewel Tower ist noch ein Teil des mittelalterlichen Westminster Palace; von mächtigen Wassergräben geschützt, wurde er 1365 als Tresor für die Kronjuwelen errichtet. Nach-

Mittelalterlicher Jewel Tower

dem die Juwelen in den Tower verlagert worden waren, nutzte man die alten Gemäuer, um die Akten und Protokolle des House of Lords zu archivieren. Heute findet man im Jewel Tower ein Museum zur Geschichte des Parlaments vor, das allerdings eher langweilig ist.

Abingdon Street, SW1. Ⓤ Westminster. April bis September 10–17 Uhr, Oktober bis März 10–16 Uhr. Eintritt £ 3.50, erm. £ 3.20 bzw. £2.15 (EH).

Westminster Abbey: Gleich neben den Houses of Parliament steht die Westminster Abbey. Wie kein anderes Bauwerk erinnert das altehrwürdige Gotteshaus an die Königshäuser und den Glanz der englischen Nation. Westminster Abbey ist mehr als ein Gotteshaus, Westminster Abbey ist ein steinernes Monument der englischen Geschichte und ein Symbol für die anglikanische Kirche. Bis auf wenige Ausnahmen wurden hier alle englischen Könige und Königinnen gekrönt, zuletzt Elizabeth II. am 2. Juni 1953. Mehr als hundert Mitglieder des englischen Königshauses liegen in der Abbey begraben.

Eduard der Bekenner ließ hier in der Mitte des 11. Jahrhunderts eine Abtei und eine Kirche nach den normannischen Vorbildern erbauen, die er während seines Exils in der Heimat seiner Mutter kennen gelernt hatte. Die Abtei erhielt den Namen „West Minster", da sie westlich des alten Stadtkerns lag. Nur wenige Reste dieser Bauten sind heute noch zu sehen. Als Eduard am 28. Dezember 1065 starb, wurde er direkt vor dem Hochaltar beigesetzt. Seither haben sich – mit wenigen Ausnahmen – die englischen Könige hier krönen lassen. Den Anfang machte Harold I., und wenige Monate später folgte Wilhelm der Eroberer seinem Beispiel. Heinrich III. entschied sich im Jahre 1145, dem Gotteshaus ein neues, imposanteres Aussehen zu verleihen. Die Architekten *Henry de Reynes*, *John of Gloucester* und *Robert of Beverley* entwarfen die heutige Abbey im Stil der englischen Frühgotik, wobei die großen französischen Kathedralen als Vorbilder dienten. Nachdem Heinrich VIII. alle englischen Klöster aufgelöst hatte, verstärkte sich der Einfluss der Krone auf Westminster Abbey: Da bereits Heinrich VII. seine letzte Ruhestätte in Westminster gefunden hatte – seine prachtvolle Grabkapelle wird von einem wunderschön gearbeiteten Fächergewölbe gekrönt –, wurde die Kirche zur königlichen Begräbnisstätte erklärt. Insgesamt befinden sich die Gräber von

16 Königen, darunter auch das von Elizabeth I., in dem Gotteshaus; der letzte König, der in Westminster beigesetzt wurde, war Georg II. (gestorben 1760).

Im 18. Jahrhundert legte dann der berühmte Architekt *Christopher Wren* Hand an die Abtei. Er renovierte das gesamte Äußere und konstruierte die beiden Westtürme. Um 1730 beendete Wrens Schüler *Nicholas Hawksmoor* die Arbeiten. Bei einer Besichtigung sollte man auf keinen Fall die *Poets' Corner* versäumen. Hier liegen die führenden britischen Dichter begraben. *Geoffrey Chaucer* war der erste seiner Zunft, der seine letzte Ruhe im südlichen Querschiff fand (1400). Ihm folgten literarische Größen wie *Edmund Spenser, Ben Jonson, John Dryden, Samuel Johnson, Robert Browning, Tennyson, Rudyard Kipling* und *Charles Dickens.* Anderen wiederum wurde eine Gedenktafel gewidmet (z. B. *Shakespeare, Epstein, Shelley, Jane Austen, Walter Scott, Coleridge, Wordsworth, John Ruskin, T. C. Eliot* und *Henry James*), obwohl sie hier nicht begraben liegen. Die Gräber von *Newton, Rutherford, Kelvin, Stephenson, Telford* und *Darwin* sind ebenfalls in der Kirche zu finden. Alle auf den Schlachtfeldern Gefallenen werden stellvertretend durch das Grab des Unbekannten Soldaten geehrt. Überhaupt ist die Kirche so mit Gräbern und Sarkophagen angefüllt, dass man sich fast wie auf einem Friedhof fühlt. Ständig läuft man über und zwischen Grabplatten hindurch. Nachdenklich befand der französische Schriftsteller Chateaubriand: „In diesem Labyrinth von Grabstätten muss ich daran denken, dass auch die meine sich bald öffnen könnte."

Sehenswert ist außerdem der *Coronation Chair* (Krönungsstuhl) aus dem 13. Jahrhundert, der bis 1996 den *Stone of Scone* enthielt. Auf diesem roten Sandstein wurden seit jeher die schottischen Könige gekrönt, und er galt daher als Symbol der schottischen Unabhängigkeit. Durch James I. kam er 1603 nach London. Es entbrannte ein heftiger Streit, der bis in unser Jahrhundert seine Auswirkungen zeigt. 1950 stahlen ihn schottische Nationalisten, doch im

Westminster Abbey: Königlicher Hochzeitssaal und Grabstätte

darauf folgenden Jahr befand er sich schon wieder in der Westminster Abbey. Erst infolge des neuen politischen Klimas gelangte der Stone of Scone 1996 wieder nach Schottland zurück.

Eine Besichtigung der Abtei ist nur auf einem festgelegten Rundgang möglich, der vorbei an den zahlreichen Kapellen führt. Sehenswert sind vor allem die Chapel of St Edward the Confessor mit dem Krönungsstuhl und die spätgotische Henry VII. Chapel.

Treppenhauskunst der Tate Britain

Einen Besuch sollte man auch dem angrenzenden Undercroft Museum und den beiden Kreuzgängen abstatten. Besonders wohltuend ist es, dass sich nur sehr wenige Besucher hierher verirren. Der Eintritt zum *Great Cloister* ist frei (Eingang über den Dean's Yard); der älteste Teil des Kreuzgangs ist der hochgotische Ostflügel, der in der Mitte des 13. Jahrhunderts gebaut wurde. Sehenswert ist das achteckige *Chapter House* (Kapitelsaal) mit seinem Mosaikfußboden und Wandmalereien sowie die unmittelbar nach der normannischen Eroberung Englands errichtete *Pyx Chamber* (einstige Schatzkammer); in der Krypta werden im *Undercroft Museum* Bildnisse und Totenmasken (*Funeral Effigies*) von zahlreichen Monarchen aus Holz, Gips und Wachs sowie eine Ausstellung zur Geschichte der Westminster Abbey gezeigt. Im Kreuzgang befindet sich zudem ein nettes Café.

Broad Sanctuary, SW1. Ⓤ St James's Park. Mo–Fr 9.30–16.30 Uhr, Sa 9.30–14.30 Uhr, Mi bis 19 Uhr (letzter Zugang jeweils eine Stunde vor Schließung). Eintritt £ 16, erm. £ 13 bzw. £ 6, Family ab £ 32. Der Eintritt ins Kloster und zum College Garden ist frei! Führung durch die Abbey zusätzlich £ 3. www.westminster-abbey.org.

Tate Gallery of British Art: Die direkt an der Themse gelegene Tate Gallery gibt einen Gesamtüberblick über die britische Malerei der letzten fünf Jahrhunderte, mit Ausnahme der Kunst des 20. Jahrhunderts, die seit dem Mai 2000 größtenteils in der Tate Gallery of Modern Art im Stadtteil Southwark präsentiert wird. In den angestammten Räumen an der Millbank sind Werke der bekanntesten englischen Maler wie Joshua Reynolds, Thomas Gainsborough, William Blake, George Stubbs, John Constable, William Hogarth und Lawrence sowie von renommierten internationalen Künstlern ausgestellt. Durch die Eröffnung der Tate Gallery of Modern Art wurden im Jahr 2001 sechs neue Galerien eingerichtet und mehrere bestehende Galerien neu konzipiert. Begründet wurde die Tate Gallery 1897 von dem namensgebenden *Sir Henry Tate*, der es im Zuckerhandel zum mehrfachen Millionär gebracht hatte.

Tate übereignete seine Sammlung zeitgenössischer Kunst der Öffentlichkeit und versprach, ein Museum zu stiften, falls die britische Regierung hierfür ein Grundstück zur Verfügung stellen sollte. Im Jahre 1917 erweiterte man die Sammlung „rückwärts" ins 16. Jahrhundert und durch die Aufnahme internationaler Kunst des 20. Jahrhunderts.

Zum Fundus der Tate Gallery gehörten auch knapp 300 Ölgemälde und 20.000 Zeichnungen des 1851 verstorbenen Malers *Johann Malford William Turner*. Durch Wasser- und Kriegsschäden ging ein großer Teil dieser Sammlung leider verloren, der Rest war jahrelang im British Museum untergebracht. Die Tochter von Sir Charles Clore gab den Anstoß zum Bau eines neuen Flügels, der so genannten „Clore Gallery". Der von den Architekten Wilford und Stirling entworfene, 1985 eingeweihte Neubau bietet einen gelungenen Rahmen für die Präsentation der Turner Collection.

Im Museumsshop werden neben zahlreichen Katalogen, Plakaten, Drucken und Postkarten auch Kaffeetassen, T-Shirts und andere Mitbringsel verkauft. Ein ansprechendes Selbstbedienungscafé sowie ein ausgezeichnetes Restaurant befinden sich im Kellergeschoss.

Millbank, SW1. Ⓤ Pimlico. Tgl. 10–18 Uhr, jeden 1. Fr im Monat bis 22 Uhr. Eintritt frei! Es empfiehlt sich aber, einen Audio Guide für £ 3.50 auszuleihen. Eintritt bei Sonderausstellungen £ 10, erm. £ 9 bzw. £ 8. www.tate.org.uk.

Westminster Cathedral: John Francis Bentley, der Architekt der Westminster Cathedral, orientierte sich beim Bau für die Kathedrale der Londoner Katholiken an der Hagia Sophia. Die Fassade besteht aus terracottafarbenen Ziegelsteinen, die durch Bänder aus hellem Portland Stein akzentuiert wird, das 120 Meter lange Kirchenschiff ist relativ düster, der geplante Mosaikschmuck im neo-byzantinischen Stil kam aus Geldmangel nur in den Ostteilen und den Kapellen zur Ausführung. Von dem 83 Meter hohen Glockenturm – als Vorbild dienten die Campanile von Venedig und

Ein Hauch von Orient: Westminster Cathedral

Siena – kann man einen Blick auf das Londoner Architektur-Potpourri werfen.

Tgl. 9.30–18 Uhr. Nur die Fahrt mit dem Aufzug auf den Glockenturm kostet £ 5, erm. £ 2.50. Ⓤ Victoria.

Im Schatten der Büropaläste

Buckingham Palace: Für überzeugte Royalisten gehört ein Besuch zum Pflichtprogramm. Der Palast hatte in der ersten Hälfte des 18. Jahrhunderts dem Duke of Buckingham gehört, ehe er 1762 an Georg III. verkauft wurde.

Der berühmte Architekt *John Nash* leitete die Umbauarbeiten zur königlichen Residenz; erst 1837 wurde der Palast fertig gestellt, so dass Queen Victoria die Erste war, die hier residierte. Ihr Denkmal steht direkt vor dem Eingangstor, wo sich heute die Touristenmassen versammeln, in der Hoffnung, ein Mitglied der königlichen Familie zu sehen. Doch das passiert höchst selten. Ragt die königliche Standarte nicht über dem Gebäude, ist die Queen erst gar nicht zu Hause. Insgesamt zählt der Buckingham Palace über 600 Räume, aber nur zwölf werden von der Queen und ihrem Gemahl genutzt.

Nach dem Feuer im Windsor Castle hatte die Queen entschieden, die teuren Reparaturen durch die Öffnung des Buckingham Palace für die Allgemeinheit zu finanzieren – allerdings nur für zwei Monate im Jahr. Nach mehr als zwei Stunden Schlangestehen können die Besucher nur 18 Zimmer besichtigen, die Einblicke über die gekonnte Repräsentation vermitteln. Der kostenlose Audioguide beschreibt die Vorgänge im Palast. Die meisten Besucher warten auf die königliche Zeremonie der Wachablösung; sie beginnt um 11.30 Uhr vor dem Buckingham Palace und endet nach rund 45 Minuten. Von April bis Juli findet die Wachablösung tgl. statt, im Herbst und Winter jeden zweiten Tag, doch kann sie bei Regen ausfallen.

Buckingham Palace Road, SW1. Ⓤ Victoria. Ende Juli/Anfang Aug. bis Ende Sept. (jedes Jahr um ein paar Tage leicht schwankend), tgl. 9.45–18.30 Uhr. Eintritt £ 18, erm. £ 16.50 bzw. £ 10.25. www.royalcollection.org.uk.

Queen's Gallery: Rund 100 Meter links neben dem Eingangstor zum Buckingham Palace ist die Queen's Gallery untergebracht. Das Museum, das auf den Ruinen der im Zweiten Weltkrieg zerstörten Kapelle von Königin Victoria errichtete wurde, zeigt Bilder aus der königlichen Gemäldesammlung. Aus dem riesigen Fundus, zu dem Werke von Michelangelo, Rembrandt, Vermeer, Gainsborough, Reynolds und Canaletto gehören, werden wechselnde Ausstellungen gezeigt.

Die Renovierung der Galerie wurde im Sommer 2002 abgeschlossen. Vor allem die Präsentation hat von diesen Maßnahmen profitiert.

Buckingham Palace Road, SW1. Ⓤ Victoria. Tgl. 10–17.30 Uhr (letzter Zugang 16.30 Uhr). Eintritt £ 8.25, erm. £ 7.50 bzw. £ 5.20. www.royalcollection.org.uk.

Praktische Infos

→ Karte S. 187

Essen und Trinken

Jenny Lo's Teahouse 9, das ansprechend nüchtern gestylte Ambiente ist ein lobenswerter Kontrast zu dem kitschigen Stil der meisten chinesischen Restaurants. Glücklicherweise enttäuscht auch die Küche nicht, denn schließlich gehört das Restaurant der Tochter von Englands bekanntestem Autor über chinesische Kochkunst. Hauptgerichte £ 7.50–9.50. Samstag und Sonntag geschlossen. 14 Ecclestone Street, SW1, ✆ 020/72590399. www.jennylo.co.uk. Ⓤ Victoria.

Boisdale 5, von Geschäftsleuten gerne besuchtes schottisches Restaurant mit Clubatmosphäre. Selbstverständlich gibt es auch Lachs und Malt Whiskey. 2-Gang-Menü zu £ 19.75. Samstagmittag und Sonntag geschlossen. 15 Ecclestone Street, SW1, ✆ 020/77306922. www.boisdale.co.uk. Ⓤ Victoria.

Olivo 8, ein paar Häuser weiter lockt die Küche Sardiniens in gelb-blauen Gasträumen. Unter den mit zuvorkommendem Service servierten Köstlichkeiten finden sich beispielsweise delikate Ravioli mit einer Füllung aus Auberginen, Ricotta und Walnüssen. Zweigängiges Menü £ 23.50, drei Gänge £ 28, die Flasche Wein ab £ 19.80. 12,5 % *Service charge*. Am Wochenende nur abends geöffnet. Reservierung empfohlen. 21 Ecclestone Street, SW1, ✆ 020/7730 2505. www.olivorestaurants.com. Ⓤ Victoria.

Red Lion 2, das Pub in unmittelbarer Nähe zum Parlament wird seit jeher gern von Politikern aller Fraktionen besucht. Charles Dickens hat es in *David Copperfield* verewigt. 48 Parliament Street, SW1, ✆ 020/79305826. Ⓤ Westminster.

Inn the Park 1, eine wundervolle Adresse inmitten des St James's Park. Wer will, kann hier entweder frühstücken, zu Mittag essen oder für ein anspruchsvolles Dinner reservieren – und zwischendrin ist für Snacks und Tee geöffnet. Nur ganz billig ist es nicht ... Tgl. 8–23 Uhr. St James's Park, SW1, ✆ 020/74519999. www.innthepark.com. Ⓤ Charing Cross.

››› Lesertipp: **Peggy Porschen 6**, „in dem Eckhaus hinter der rosa Fassade gibt es die frischesten, besten Cup Cakes von London. Es riecht so lecker, wenn man die pinke Türe öffnet..." Einladendes, verspieltes Ambiente, nette Straßenterrasse. Tgl. 10–18 Uhr, Fr und Sa bis 19 Uhr. 116 Ebury Street, ✆ 020/77301316. www.peggyporschen.com. Ⓤ Victoria. ‹‹‹

Queen Victoria Memorial

Chelsea: Kunst und Kommerz

Tour 10: Chelsea

Die Swinging Sixties und die punkigen achtziger Jahre sind längst Geschichte, doch Chelsea und die King's Road haben noch immer einen klangvollen Namen.

Chelsea ist ein uraltes Fischerdorf, dessen Bewohner trotz unmittelbarer Nähe zur Londoner City von der hohen Politik unbeeindruckt in den Tag hineinlebten, bis der Humanist *Thomas Morus* im Jahre 1520 hier ein Landhaus bezog. Sowohl der Hochadel als auch König Heinrich VIII. ließen sich, seinem Beispiel folgend, prächtige Herrenhäuser errichten und Chelsea stieg somit zum „Village of Palaces" auf. Die berühmte King's Road ging beispielsweise aus einer dem König und seinem Gefolge vorbehaltenen Privatstraße hervor, die erst 1820 für die Öffentlichkeit freigegeben wurde. Der französische Schriftsteller *Stendhal* zeigte sich bei einem Besuch vom dörflichen Flair begeistert: „London rührte mich durch seine Promenade an der Themse nach Little Chelsea sehr. Dort standen Häuschen zwischen Rosensträuchern versteckt; sie wirkten auf mich wie eine wahre Elegie." Chelsea war damals eine Hochburg der Intellektuellen. Im 18. Jahrhundert trafen sich berühmte Schriftsteller wie Jonathan Swift und John Gay sowie William Congreve und Alexander Pope regelmäßig zum gemeinsamen Gedankenaustausch. Aber auch die Maler William Turner, Joseph Mallord, Dante Gabriel Rossetti, John Singer Sargent und Steer nannten Chelsea ihre Heimat. Langsam entwickelte sich Chelsea zu einem Künstlerviertel. Eine Vorreiterrolle kam dem Dichter Percy Bysshe Shelley zu; auch George Eliot, Oscar Wilde, Henry James und Jack

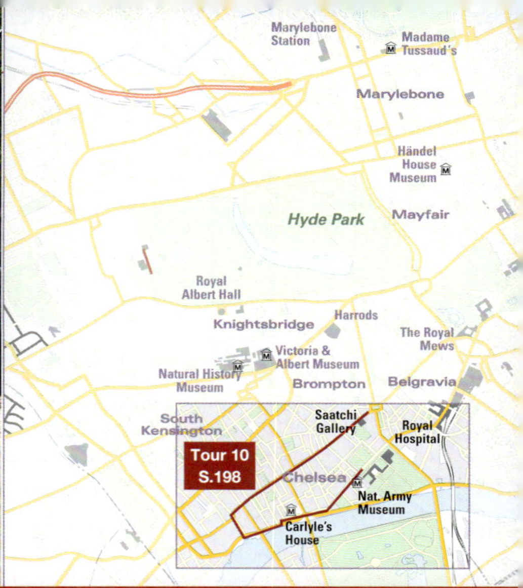

London wohnten – zumindest zeitweise – in der Nähe des Cheyne Walk. *Oscar Wilde* schrieb in der Tite Street seinen berühmten Roman „Das Bildnis des Dorian Gray“, bevor er wegen Homosexualität zu zwei Jahren Zuchthaus verurteilt wurde, die er im Gefängnis von Reading verbüßte, und anschließend als gebrochener Mann nach Paris übersiedelte, wo er drei Jahre später starb. Wer mit offenen Augen durch Chelsea schlendert, wird zahlreiche blaue Gedenktafeln entdecken, die an die berühmten Bewohner des Stadtteils erinnern.

Bekannt ist der Stadtteil auch für die alljährlich Ende Mai stattfindende *Chelsea Flower Show*. Fünf Tage lang verwandelt sich ein Areal am Royal Hospital in einen bunten Blumenteppich. Gartenfachgeschäfte, Saatgutfirmen und Pflanzenzüchter nutzen die Veranstaltung, um ihre neuesten „Produkte“ einem breiten Publikum vorzustellen.

Spaziergang

Der belebte Sloane Square eignet sich ideal als Ausgangspunkt für die Erkundung von Chelsea: Am Royal Court Theatre inszenierte in den fünfziger Jahren beispielsweise auch Harold Pinter verschiedene Stücke und das in den dreißiger Jahren mit viel Glas errichtete Kaufhaus *Peter Jones* galt einst als architektonischer Meilenstein, besaß es doch die erste Glasfassade von London. Zudem ist im Herbst 2008 auch die berühmte **Saatchi Gallery** hierher gezogen. Direkt am Sloane Square beginnt Chelseas pulsierende Hauptschlagader, die King's Road, mit ihren Designerläden, Coffee Shops, asiatischen Noodle Bars und Kunstgalerien. Im Haus Nr. 120 lebte übrigens *Thomas Crapper*, der Erfinder des Wasserklosetts. Dort, wo die King's Road einen Knick macht und sich Vivienne Westwoods *World's End* befindet, geht es durch die Milman's Street hinunter zur Themse; hier liegen neben der Battersea Bridge einige Hausboote vor Anker. Der direkt am Ufer entlangführende Cheyne Walk (gesprochen: „Tscheini" Walk) ist seit jeher eine der beliebtesten Adressen von Chelsea: Henry James lebte in Nr. 21, George Eliot in Haus Nr. 4, *Mick Jagger* wohnte zusammen mit Bianca im Haus Nr. 48, während *Keith Richards* im Haus Nr. 3 wüste Drogenpartys feierte. Vor der Chelsea Old Church steht ein Denkmal von *Thomas Morus*, der als Autor der „Utopia" unvergessen geblieben ist. In einer Seitenstraße befindet sich **Carlyle's House**, das das Andenken an den schottischen Historiker bewahrt. Nur drei Fußminuten entfernt, stößt man auf den **Chelsea Physic Garden**, der sich hinter einer unscheinbaren, leicht zu übersehenden Tür verbirgt. Es handelt sich hier nicht etwa um einen modernen Fitnesspark, sondern um einen altehrwürdigen Heilkräutergarten.

In unmittelbarer Nachbarschaft liegen das **National Army Museum** und das von einem großen Park umgebene **Royal Hospital**, in dem die Veteranen der britischen Armee ihren Lebensabend verbringen. Am gegenüberliegenden Ufer der Themse – über die Chelsea Bridge leicht und schnell zu erreichen – lockt der **Battersea Park** mit dem **Children's Zoo** als lohnenswertes Ausflugsziel.

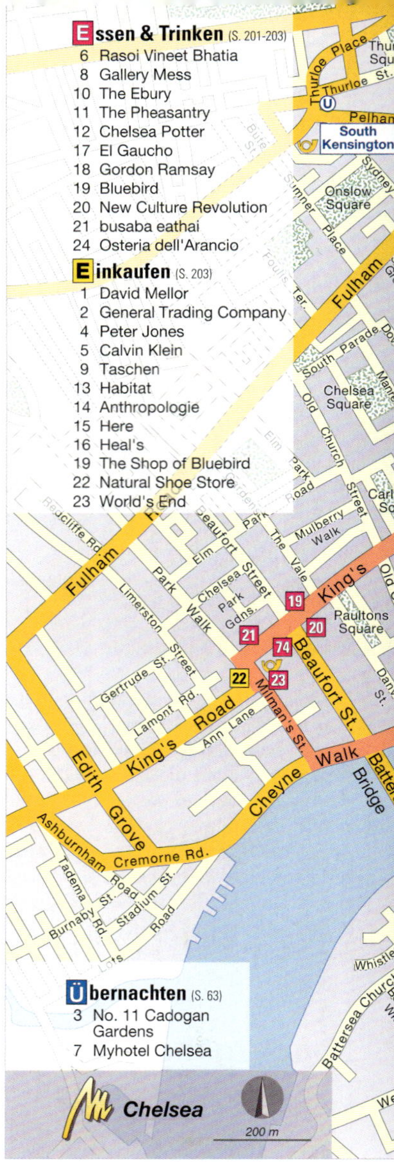

Sehenswertes

Saatchi Gallery (Museum of Contemporary Art): *Charles Saatchi* ist der wohl bekannteste Sammler zeitgenössischer Kunst in England. Seit dem Herbst 2008 präsentiert er Teile seine Kollektion in einer ehemaligen Militärbaracke in Chelsea. Auf 6500 Quadratmetern werden in 15 Räumen Installationen, Skulpturen und Bilder in ständig wechselnden Ausstellungen präsentiert. Mit anderen Worten: Ein Muss für Freunde von zeitgenössischer Kunst. Im Sommer 2010 verkündete Saatchi, seine „Gallery" sowie mehr als 200 Kunstwer-

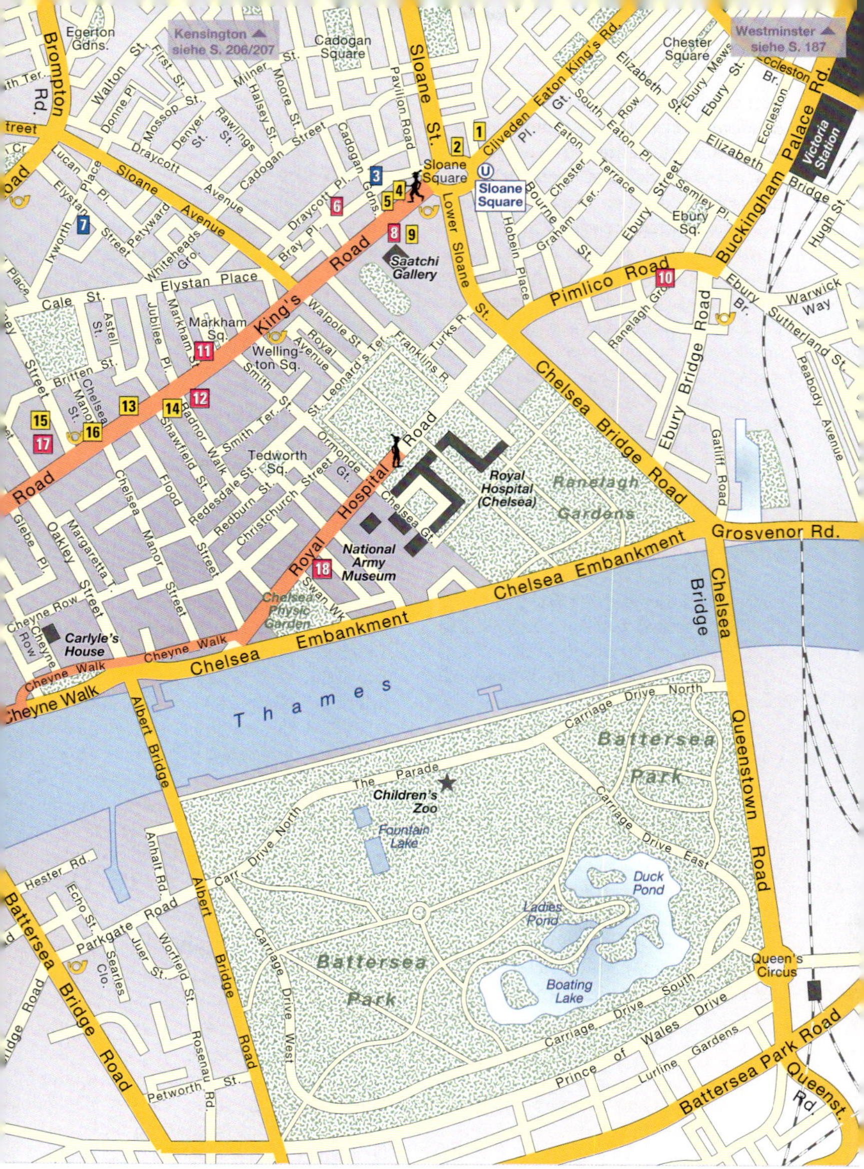

ke dem britischen Staat zu schenken.

King's Road. Ⓤ Sloane Square. Tgl. 10–18 Uhr. Eintritt frei! www.saatchi-gallery.co.uk.

Carlyle's House: Der Historiker Thomas Carlyle (1795–1881), dessen Werke über die Französische Revolution, Oliver Cromwell und Friedrich den Großen sich durch einen geradezu exaltierten Heldenkult auszeichneten, lebte von 1834 bis zu seinem Tod in Chelsea. In Carlyles Ziegelsteinhaus waren Gäste stets willkommen; zu den Besuchern gehörte neben George Eliot, Dickens, Mazzini und Tennyson auch Chopin, der auf Carlyles Flügel spielte. Das

Haus blieb nach Carlyles Tod weitgehend unverändert und vermittelt einen guten Einblick in das Leben des gebildeten Bürgertums im 19. Jahrhundert. Erholsam wirkt der kleine, durch eine hohe Mauer eingegrenzte Garten hinter dem Haus.

24 Cheyne Row, SW3. Ⓤ Sloane Square. Mitte März bis Okt. Mi–Fr 14–17Uhr, Sa und So 11–17 Uhr. Eintritt £ 5.10, erm. £ 2.60 (NT).

Thomas Carlyles Denkerstube

Chelsea Physic Garden: Hinter hohen Mauern verbirgt sich ein Heilkräutergarten, der 1673 von der *Society of Apothecaries* angelegt wurde. Neben dem ältesten Steingarten befindet sich auf dem Areal auch der älteste Olivenbaum des Inselreichs. Übrigens wurde der Baumwollanbau in den amerikanischen Südstaaten 1732 mit Setzlingen aus dem Chelsea Physic Garden begründet.

Royal Hospital Road, SW3. Ⓤ Sloane Square. April bis Okt. Di–Fr 12–17 Uhr, So 12–18 Uhr. Eintritt £ 9, erm. £ 6. www.chelseaphysicgarden.co.uk.

National Army Museum: Das 1971 eröffnete Museum widmet sich der militärischen Vergangenheit Großbritanniens von 1415 bis zum Falkland Krieg.

Allerdings bleibt die Qualität der Dauerausstellung deutlich hinter dem Imperial War Museum in Lambeth zurück. Ausgestellt ist eine bunte Sammlung an Waffen, Uniformen und Gemälden mit dokumentarischem Charakter. Anhand eines Modells wird der Verlauf der berühmten Schlacht von Waterloo ausführlich dargestellt, wobei auch die Erlebnisse aus der Sicht eines einfachen Soldaten wiedergegeben werden. Skurril wirkt allerdings ein Skelett von Marengo, dem Pferd, auf dem Napoleon in die legendäre Schlacht geritten ist.

Royal Hospital Road, SW3. Ⓤ Sloane Square. Tgl. 10–17.30 Uhr. Eintritt frei! www.national-army-museum.ac.uk.

Royal Hospital: Hier handelt es sich nicht etwa um ein Krankenhaus, sondern um ein Heim, in dem die Veteranen der königlichen Armee ihren Ruhestand genießen. Gegründet wurde das Royal Hospital 1682 von Charles II., der dem Beispiel des französischen Königs Ludwig XIV. folgend, den Invaliden seiner Armee einen gesicherten Lebensabend ermöglichen wollte. Derzeit leben hier rund 400 *Chelsea Pensioners*, die an ihren scharlachroten Ausgehuniformen und dem Dreispitz zu erkennen sind. Die Veteranen nehmen ihre Mahlzeiten gemeinsam im holzgetäfelten Speisesaal ein und verfügen nur über

King's Road – Laufsteg modischer Provokationen

In den letzten vier Jahrzehnten konnte man in den Geschäften und Boutiquen der *King's Road* den neuesten modischen Schrei erwerben. In Mary Quants „Bazaar" wurde der Minirock erfunden, während Mick Jagger, David Bailey und George Best sowie der Rest vom „Chelsea Set" wüste Partys feierten. Spätestens in den siebziger Jahren waren die letzten Metzgereien, Gemüsehändler und Bäcker von modernen Designerläden und Galerien verdrängt worden. *Vivienne Westwood*, die damals mit *Malcolm McLaren*, dem Manager der Sex Pistols zusammenlebte, eröffnete eine Boutique mit ihren avantgardistischen Kreationen. Punks aus Nah und Fern kauften in Chelsea ihre zerfetzten Klamotten, Ketten, Nieten und Nägel ein, um anschließend auf irgendeiner Treppenstufe von einer Freiheit jenseits aller bürgerlichen Konventionen zu träumen. Heute ist nur noch wenig von diesem Flair zu spüren. Ein Schaufensterbummel durch die King's Road macht zwar nach wie vor viel Spaß, die Trends von morgen wird man hier allerdings nicht mehr entdecken können.

eine neun Quadratmeter große Schlafzelle (*berth*). Wer aufgenommen werden will, muss alleinstehend sein und auf einen mindestens 20-jährigen Militärdienst zurückblicken können (dafür gibt es dann auch täglich ein kostenloses Pint Bier). Besucher können in dem von Cristopher Wren entworfenen Gebäude nur die Kapelle und ein kleines Museum besichtigen.

Royal Hospital Road, SW3. Ⓤ Sloane Square. Tgl. 10–12 und 14–16Uhr, So nur 14–16 Uhr. www.chelsea-pensioners.co.uk.

Battersea Park: Der Battersea Park ist eines der beliebtesten Naherholungsgebiete im Londoner Westen. 1853 als zweiter, nicht königlicher Park eröffnet, finden sich auf dem Areal Tennisplätze, ein Teich zum Bootfahren sowie eine buddhistische Friedenspagode. Musikfans ist vielleicht die Battersea Power Station bekannt, die auf dem Plattencover von Pink Floyds Album „Animals" zu sehen ist. Das 1983 stillgelegte Wärmekraftwerk aus den dreißiger Jahren sucht derzeit einen Investor.

Children's Zoo: Kleiner Kinderzoo, in dessen Gehegen Affen, Vögel, Reptilien und Otter zu sehen sind.

Battersea Park. Ostern bis Sept. tgl. 10–17.30 Uhr, von Okt. bis Ostern 10–16 Uhr. Eintritt £ 7.95, erm. £ 6.50. www.batterseaparkzoo.co.uk.

Chelsea → Karte S. 198/199

Praktische Infos

→ Karte S. 198/199

Essen und Trinken

Gordon Ramsay **18**, ein Name, ein Programm. Gordon Ramsay ist der bekannteste Koch Englands – auch wenn man in Deutschland eher Jamie Oliver kennt. Seit Jahrzehnten hat sich Gordon Ramsay um die englische Küche verdient gemacht, sei es mit Kochbüchern, mit Fernsehsendungen oder seinen Restaurants. Es gibt inzwischen mehrere Ableger, doch das Zentrum seines kulinarischen Imperiums befindet sich in Chelsea und wurde mehrfach mit drei Michelin-Sternen ausgezeichnet. Ein dreigängiges Lunchmenü ist für £ 45 nahezu ein Schnäppchen, abends öffnet sich der Gourmethimmel mit sieben Gängen für £ 125, zuzügl. 12,5 % *Service charge*. Eine rechtzeitige Reservierung ist dringend empfohlen, da das Restaurant oft schon lange Zeit im Voraus ausgebucht ist. Samstag und Sonntag ist geschlossen. 68–69 Royal

Das letzte Pub in der King's Road

Hospital Road, SW3, ✆ 020/73524441. www.gordonramsay.com. Ⓤ Sloane Square.

››› Mein Tipp: Bluebird 19, Terence Conrans „Filiale" in Chelsea trägt den Namen eines legendären Rennautos, schließlich befindet sich das Bluebird in einer Autowerkstatt aus den dreißiger Jahren. Neben einem anspruchsvollen Restaurant gehören auch eine Bar, ein Café sowie ein Delikatessengeschäft (Épicerie) und eine Boutique zu diesem Designertempel. Herrliche Straßenterrasse. Hauptgerichte ab £ 15 im Restaurant (Mittagsmenü £ 20 bzw. £ 25) sowie ab £ 12 im Café, wo man auch nur kurz etwas trinken kann. Große Straßenterrasse. Im Restaurant zuzügl. 12,5 % *Service charge*. 350 King's Road, SW3, ✆ 020/75591000. www.bluebird-restaurant.com. Ⓤ Sloane Square. ‹‹‹

Rasoi Vineet Bhatia 6, dies ist nicht der typische Inder, bei dem man sich für ein paar Pfund ein Curry mit nach Hause nimmt. Dieses in einem familiär wirkenden Endreihenhaus untergebrachte Restaurant ist wahrscheinlich das beste indische Restaurant in London. Der Erfolg basiert einerseits auf der perfekten Zubereitung, andererseits werden nur erlesene Zutaten verwendet – die Gerichte begeistern optisch wie auch durch das ungewöhnliche Zusammenspiel der Gewürze. Lunchmenü ab £ 22 (zwei Gänge), abends £ 59 für drei Gänge, das siebengängige Verwöhnmenü kostet stolze £ 87. Zuzügl. 12,5 % *Service charge*. Samstagmittag und Sonntag geschlossen. 10 Lincoln Street, SW3, ✆ 020/72251881. www.rasoirestaurant.co.uk. Ⓤ Sloane Square.

Osteria dell'Arancio 24, einladender Italiener mit anspruchsvoller Küche und herrlicher Straßenterrasse. Pasta ab £ 11, Hauptgerichte ab £ 17. 12,5 % *Service charge*. Montagmittag geschlossen. 383 King's Road, SW10, ✆ 020/73498111. www.osteriadellarancio.co.uk. Ⓤ Sloane Square.

The Ebury 10, eine interessante Mischung aus Gastropub und Brasserie. Vollkommen durchgestylt mit dunklen Holzmöbeln und einer großen Fensterfront, ist das Ambiente eher ungewöhnlich, dennoch fühlt man sich hier schnell wohl. Serviert wird eine Mischung aus diversen (süd-)europäischen Gerichten. WLAN. Hauptgerichte um die £ 15. Gute Desserts. 11 Pimlico Road, SW1W, ✆ 020/77306149. www.theebury.co.uk. Ⓤ Sloane Square.

El Gaucho 17, das kleine argentinische Steakhouse inmitten des Chelsea Farmers' Market ist eine empfehlenswerte Adresse (50 Meter von der King's Road entfernt). Vorspeisen und Salate ab £ 3.50, Hauptgerichte ab £ 13.95 für das *Bife angosto*. Das Rindfleisch stammt selbstverständlich aus Argentinien. Schöne Plätze im Freien. Sonntag geschlossen. 125 Sydney Street, SW3, ✆ 020/73768514. www.elgaucho.co.uk. Ⓤ South Kensington oder Sloane Square.

The Pheasantry (Pizza Express) 11, das stattliche Haus mit seinem von einer Quadriga gekrönten Portikus beherbergte einst einen bekannten Nachtclub, zu dessen Stammgästen Eric Clapton und Dylan Thomas gehörten. Heute bietet ein Restaurant mit Café – eine Filiale der Pizza-Express-Kette – seinen Gästen vergleichsweise günstige Preise, Pizza ab £ 7.50. Schöne Straßenterrasse. 152 King's Road, SW3. Ⓤ Sloane Square.

busaba eathai 21, die beliebteste Thairestaurant-Kette Londons betreibt auch in Chelsea eine Filiale. Den Gästen gefällt das modern-gestylte, in dunklem Holz verkleidete Lounge-Ambiente genauso wie die authentische Küche. Unser Tipp: *Jungle Curry* (£ 7.90 zuzügl. *Service charge*). 358

King's Road, SW3. www.basuba.com. Ⓤ Sloane Square.

New Culture Revolution 20, *Noodle Bar* mit zeitlos minimalistischem Interieur. Die Nudelsuppen und Nudelgerichte – nordchinesische Küche – kosten zwischen £ 6.90 und £ 9.50, aber auch die anderen Gerichte, wie beispielsweise die gegrillten Scampi mit Chili und Knoblauch, enttäuschen nicht. Schneller Service, zur Mittagszeit (Menü inkl. Getränk £ 7.80) muss man wegen des großen Andrangs dennoch oft Schlange stehen. 305 King's Road, SW3, ✆ 020/73529281. www.newculturerevolution.co.uk. Ⓤ Sloane Square.

Gallery Mess 8, die Brasserie der Saatchi Gallery begeistert durch ansprechende Räumlichkeiten mit einem dominierenden Tresen und einer herrlichen Terrasse, die vom Verkehrslärm der King's Road abgeschirmt ist. Internationale Küche, Afternoon Tea und Puddings. Zuvorkommender Service, moderates Preisniveau. Tgl. 10–23.30 Uhr, So und Mo bis 19 Uhr. King's Road, SW3, ✆ 020/77308135. www.saatchi-gallery.co.uk/gallerymess. Ⓤ Sloane Square.

Chelsea Potter 12, das Pub ist ein beliebter Treffpunkt in Chelsea. Durch die großen Fenster lässt sich das Treiben auf der King's Road gut beobachten, während man sich mit *Sandwiches* oder *Fish'n Chips* für £ 8.95 stärkt. 119 King's Road, SW3, ✆ 020/73529479. Ⓤ Sloane Square.

Shopping

Peter Jones 4, nach Harrods und Selfridges gilt Peter Jones als die Nummer drei unter den Londoner Kaufhäusern. Die Präsentation der Waren wirkt allerdings ziemlich antiquiert. Schön ist die Aussicht vom Selbstbedienungsrestaurant im fünften Stock. Sloane Square, SW1. Ⓤ Sloane Square.

David Mellor 1, die Topadresse für Liebhaber von anspruchsvollem Küchendesign. Hier gibt es alles vom Topf übers Besteck bis hin zur Zuckerdose. 4 Sloane Square, SW1. www.davidmellordesign.co.uk. Ⓤ Sloane Square.

Taschen 9, die opulenten Bildbände aus dem Kölner Taschen Verlag werden in diesem von Philippe Starck gestalteten Flagship-Store unweit der Saatchi-Gallery besonders eindrucksvoll präsentiert. Tgl. 10–18 Uhr, So ab 12 Uhr. 12 Duke of York Square. SW1. Ⓤ Sloane Square.

Habitat 13, das innovative Einrichtungshaus bietet schlichtes Design zu vergleichsweise moderaten Preisen. 206 King's Road, SW3. Ⓤ Sloane Square.

Heal's 16, direkt nebenan, ähnliche Produktpalette, allerdings einen Tick teurer. 228 King's Road, SW3. Ⓤ Sloane Square.

Here 15, ansprechender und gut sortierter Biosupermarkt inmitten des Chelsea Farmers' Market. Tgl. 9.30–20 Uhr, So 12–18 Uhr. 125 Sydney Street, SW3. Ⓤ South Kensington oder Sloane Square. ■

General Trading Company 2, hier trifft sich die Londoner Oberschicht zum Einkauf von anspruchsvollen Accessoires und edlen Einrichtungsdetails. 2–6 Symons Street, SW1. www.generaltradingcompany.co.uk. Ⓤ Sloane Square.

Calvin Klein 5, Unterwäsche und Dessous für alle, die ihre Haut nur einer edlen Marke anvertrauen. 68 King's Road, SW3. Ⓤ Sloane Square.

››› Mein Tipp: **Anthropologie 14**, in diesem ungewöhnliche Geschäft wird Frauenmode wie in einer Galerie präsentiert. Es gibt aber auch Bücher, Schuhe und andere Modeaccessoires. Tgl. 10–19 Uhr, So 12–18 Uhr. 131–141 King's Road, SW3. www.anthropologie.eu. Ⓤ Sloane Square. ‹‹‹

The Shop at Bluebird 19, die Reparaturwerkstätten der ehemaligen Tankstelle (hinter dem Bluebird Restaurant) präsentieren sich als cooler Concept-Store. Das Spektrum reicht von Büchern, CDs bis hin zu trendigen Modelabels und hippen Accessoires. 350 King's Road, SW3. www.theshopatbluebird.com. Ⓤ Sloane Square.

Natural Shoe Store 22, Gesundheitsschuhe von Arche, Birkenstock, Ecco und Think! sind längst Kult und nicht nur etwas für Ökofreaks. 325 King's Road, SW3. Ⓤ Sloane Square. ■

World's End 23, die Stammboutique von Vivienne Westwood, die in den siebziger Jahren den Punk-Look salonfähig gemacht hat, ist an ihrer großen Uhr mit den rückwärts laufenden Zeigern leicht zu erkennen. Mo–Sa 10–18 Uhr. 430 King's Road, SW3. www.viviennewestwood.com. Ⓤ Sloane Square.

Chelsea → Karte S. 198/199

Sommerfeeling im Hyde Park

Tour 11: Kensington

Kensington – das sind Nobelkaufhäuser, attraktive Museen und gepflegte viktorianische Häuserzeilen. Naturliebhaber lockt Londons „grüne Lunge", der Hyde Park und die angrenzenden Kensington Gardens.

Kensington, das bereits 1068 im *Domesday Book* erwähnt wurde, hat dem Pioniergeist von Prinz Albert von Sachsen-Coburg-Gotha (1819–1861) viel zu verdanken. Der deutschstämmige Gemahl von Königin Victoria initiierte nicht nur die Weltausstellung von 1851, die in einem riesigen Kristallpalast im Hyde Park stattfand, sondern finanzierte mit den dadurch erwirtschafteten Gewinnen zudem den Kauf eines 35 Hektar großen Grundstücks südlich der Kensington Road. Der Prinzgemahl, der übrigens zugleich auch Victorias Cousin war, plante nämlich dort den Bau eines der weltweit größten Museenkomplexe, der auch scherzhaft-ehrfürchtig als „Albertopolis" bezeichnet wurde. Eineinhalb Jahrhunderte später lässt sich das Resümee ziehen, dass sich mit dem auf Kunstgewerbe spezialisierten *Victoria and Albert Museum*, dem *Natural History Museum* und dem *Science Museum* die hehren Vorstellungen des Prinzgemahls mehr als erfüllt haben.

Der Kristallpalast, der nach dem Ende der Weltausstellung abgebaut und im Südosten Londons wieder errichtet wurde, fiel 1936 einem Brand zum Opfer. Das Viertel südlich des Hyde Park entwickelte sich im Zuge der königlichen Baumaßnahmen zu einem kulturellen Brennpunkt der Metropole. Zu den schon erwähnten Museen gesellten sich noch die *Royal Albert Hall*, die *Royal Geographical Society*, das *Imperial College of Science* sowie das *Royal*

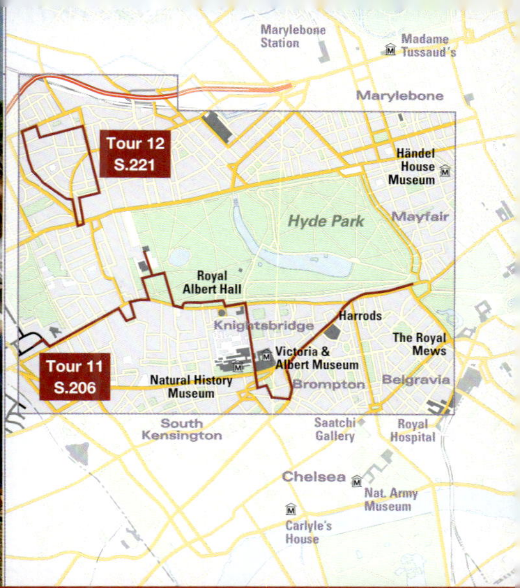

College of Art. Vor diesem bildungsschweren Hintergrund verwundert es nicht, dass auch das *Goethe Institut* und sein französisches Pendant, das *Institut Français*, in Kensington zu finden sind.

Spaziergang

Die südöstliche Ecke des Hyde Park steht ganz im Zeichen des Herzogs von Wellington. Ein monumentaler Triumphbogen, der *Wellington Arch*, sowie eine Statue erinnern an den siegreichen Feldherrn, der einst im gegenüberliegenden **Apsley House** gelebt hat. Am Rand des Hyde Parks entlang führt der Spaziergang direkt zu den erlesenen Geschäften von Knightsbridge; *Harvey Nichols* macht den Anfang, in der hier abzweigenden Sloane Street unterhalten viele renommierte Designer eine Boutique, darunter Kenzo, Versace und Gucci, ein Stück weiter die Brompton Road hinauf, öffnet sich das Wunderland von *Harrods*. Zu einem Schaufensterbummel verführen auch die Walton Street und der Beauchamp Place. Nach einem kleinen Abstecher zum *Michelin Building*, einem faszinierenden Gebäude im Art-déco-Stil, das 1905 für den Reifenhersteller gebaut wurde und nun eine Austernbar, ein edles Restaurant sowie ein Einrichtungsgeschäft beherbergt, steht Kulturgenuss auf dem Programm: Die teilweise verkehrsberuhigte Exhibition Road führt direkt ins Kensingtoner *Museumland*. Das im Zeitalter des Historismus erbaute **Victoria and Albert Museum** erinnert an eine gotische Kathedrale. Keinesfalls versäumen sollte man einen Besuch des benachbarten **Natural History Museum** sowie des **Science Museum**, wenngleich sich die meisten Besucher aus Zeitgründen oft auf ein Museum beschränken. Beschaulich ist ein Rundgang durch das

Kensington

Cafés (S. 217)
17 Luscious Organic

Einkaufen (S. 217/218)
8 Harvey Nichols
10 Whole Foods Market
12 Muji
13 Dolce and Gabbana
15 Harrods
20 The Map House
25 La Cave à Fromage
32 The Conran Shop

Hyde Park
The Serpentine
Long Water
The Fountains
Princess Diana Memorial Fountain
Serpentine Gallery
Speaker's Corner
Marble Arch
Apsley House
Wellington Arch
Hyde Park Corner
Lancaster Gate
Knightsbridge
Sloane Square
South Kensington
Bond Street
Victoria and Albert Museum
Imperial College of Science & Tecnology
Prince's Gardens
Bayswater Road
Oxford Street
Edgware Rd.
Park Lane
Kensington Road
Brompton Road
Cromwell Road
Sloane Street
Fulham Road
Exhibition Road
Piccadilly
Grosvenor Pl.
Baker Street
Green Park
Buckingham Palace Gardens
Belgrave Square
Grosvenor Square
Lowndes Square
Cadogan Square
Trevor Square
Montpelier Square
Hans Place
Onslow Square
Thurloe Square
Mayfair siehe S. 177
Westminster siehe S. 187
Chelsea siehe S. 198/199
Übernachten
1 Caring Hotel (S. 67)
2 The Hempel (S. 61)
4 The Metropolitan (S. 62)
7 Holland Park (S. 69)
23 easyHotel (S. 68)
30 Base2Stay (S. 64)
33 Number 16 (S. 63)
34 Merlyn Court Hotel (S. 67)
35 Twenty Nevern Square (S. 65)
36 Mayflower Hotel (S. 65)
37 Lord Jim Hotel (S. 67)
39 Earl's Court (S. 69)
40 Blakes Hotel (S. 62)
Essen & Trinken
(S. 215-217)
3 The Orangery
4 Nobu
5 The Lido Café
6 The Terrace
9 Zaika
11 Babylon
14 Montparnasse
16 Locanda Ottomezzo
18 The Bunch of Grapes
19 O Fado
21 Brompton Quarter Brasserie
22 Victoria & Albert Café and Restaurant
24 Kulu Kulu
26 Comptoir Libanais
27 Daquise
28 Aubaine
29 The Thai Restaurant
31 Bibendum Oyster Bar
38 Cambio de Tercio

Natural History Museum oder das Science Museum nicht: An manchen Tagen kann man sich des Eindrucks nicht erwehren, dass hier jede Londoner Schule zumindest mit einer laut tobenden Klasse vertreten ist. Im benachbarten *Imperial College of Science* ist die naturwissenschaftliche Fakultät der Londoner Universität untergebracht. Nur drei Fußminuten entfernt, erhebt sich die monumentale **Royal Albert Hall**, die in ganz England vor allem für die alljährlich stattfindende „Last Night of the Proms" bekannt ist. Das gegenüber der Royal Albert Hall am Rand des Hyde Park errichtete *Albert Memorial* erinnert an den 1861 an Typhus verstorbenen Gemahl von Queen Victoria. Da sich Albert sehr um die Förderung der schönen Künste und Wissenschaften verdient gemacht hatte, sind am Sockel des 54 Meter hohen neugotischen Denkmals zahlreiche berühmte Persönlichkeiten dargestellt. Bei schönem Wetter bietet sich ein ausgedehnter Spaziergang durch den **Hyde Park** an, an dessen westlichem Rand sich der **Kensington Palace** befindet. Wer will, findet in der Kensington High Street zahlreiche Boutiquen und Schuhgeschäfte, die das Herz jedes modernen Konsumenten höher schlagen lassen. Am Kensington Square lebten im 19. Jahrhundert mehrere Bohemiens, darunter auch William Makepeace Thackery (Nr. 16), der Autor von „Vanity Fair", und der Philosoph John Stuart Mill (Nr. 18), der hier von einer Harmonie zwischen Individuum und Gemeinschaft träumte. Direkt oberhalb der Kensington High Street befindet sich mit den **Roof Gardens** eine versteckte Gartenoase auf dem Dach eines ehemaligen Kaufhauses. Einen Besuch des verspielten **Leighton House** sollte man sich nicht entgehen lassen, bevor der Spaziergang mit einem Einkaufsbummel oder einem Abstecher zu dem hinter dem Commonwealth Institute (ab 2015 beherbergt es das **Design Museum**) gelegenen **Holland Park** ausklingt.

The Iron Duke

Wenn man einen Blick auf die Londoner Pubs wirft, so scheint der Herzog von Wellington (1769–1852) nach wie vor der angesehenste Politiker zu sein, den England je hatte: Es gibt keine historische Persönlichkeit, nach der mehr Pubs in London benannt sind. Als Arthur Wellesley in Dublin geboren, schlug er früh die militärische Laufbahn ein, die ihn bis nach Indien führte. Als Leiter des britischen Expeditionskorps siegte Wellesley in Portugal und Spanien mehrmals gegen die Truppen seines gleichaltrigen Widersachers Napoleon; 1813 wurde er zum Oberbefehlshaber des spanischen Heeres und ein Jahr später zum „Duke of Wellington" ernannt. Seinen größten Triumph feierte Wellington in der Schlacht von Waterloo mit seinem Sieg über Napoleon, wobei die Engländer – nach zwei Weltkriegen gegen Deutschland – allzu gerne die Beteiligung des preußischen Feldmarschalls Blücher vergessen.

Der erzkonservative Wellington startete später noch eine beachtliche Karriere als Politiker. Zuerst machte er als Premierminister, später als Außenminister sowie Minister ohne Geschäftsbereich seinen Einfluss geltend. Seinen Spitznamen „Iron Duke" erhielt er, weil er das Apsley House mit eisernen Jalousien versehen ließ, nachdem ihm aufgebrachte Demonstranten zweimal die Scheiben eingeworfen hatten. Seinem Ruhm tat dies keinen Abbruch: Als Wellington 1852 starb, säumten rund zwei Millionen Menschen die Londoner Straßen, um dem Helden von Waterloo das letzte Geleit zu geben!

Harrods: eine Londoner Institution

Als der Teehändler Henry Charles Harrod 1849 einen Krämerladen eröffnete, hätte er sich wohl in seinen kühnsten Träumen nicht vorstellen können, dass er damit den Grundstein zu dem wohl renommiertesten Kaufhaus der Welt gelegt hat. Seinem Sohn Charles Digby gebührt das Verdienst, das Unternehmen um eine Parfümerie, eine Drogerie- und eine Schreibwarenabteilung erweitert zu haben. Nachdem das alte Kaufhaus 1883 in Flammen aufgegangen war, wurde Harrods in seiner heutigen Form als lang gestreckter, von einer Kuppel gekrönter Terrakottabau errichtet. Selbst die ausgefallensten Wünsche werden von den rund 4000 Beschäftigten getreu des Firmenmottos *Omnia Omnibus Ubique* („Alles für alle, überall") erfüllt.

Groß war der öffentliche Aufschrei, als der Familienclan des Ägypters Mohammed Al-Fayed das berühmte Kaufhaus 1985 für 615 Millionen Pfund erwarb. Hätte die Queen ihre Kronjuwelen bei Sotheby's versteigern lassen, der Protest wäre kaum größer ausgefallen. Verziehen haben die Engländer Al-Fayed seinen „Anschlag" auf die englische Tradition noch immer nicht: Mehrfach wurde sein Anliegen abgewiesen, die britische Staatsbürgerschaft zu erwerben. Selbst als sein Sohn „Dodi" mit Prinzessin Diana liiert war, blieben die zuständigen Behörden unerbittlich. Als letzter Höhepunkt der Unstimmigkeiten entzog Prinz Philipp im Januar 2000 dem Kaufhaus das Siegel „Hoflieferant". Im Mai 2010 verkaufte Al-Fayed das Kaufhaus für 1,5 Milliarden Pfund an Investoren aus dem Emirat Katar.

Sehenswertes

Apsley House: Der am Rande des Hyde Park gelegene Stadtpalast widmet sich vor allem dem Gedenken seines berühmtesten Bewohners, des Herzogs von Wellington. Da das Haus ursprünglich zwischen 1771 und 1778 für den Grafen Bathurst, der auch den Titel eines Baron Apsley führte, errichtet worden war, führt es allerdings noch immer den Namen Apsley House. Wellington erwarb das Anwesen aus rotem Backstein im Jahre 1817, als er den Zenit seiner Karriere erreicht hatte. Durch seinen glanzvollen Sieg über Napoleon am 18. Juni 1815 bei Waterloo hatte sich Wellington einen Ehrenplatz in der britischen Geschichte gesichert. Seinem Ansehen entsprechend, ließ „The Iron Duke" – so sein Spitzname als konservativer Politiker – sein neues Haus zu einem repräsentativen Palast mit imposanten Portikus umbauen. Die vornehmen, reich verzierten Räumlichkeiten beherbergen heute das *Wellington Museum* mit einer kostbaren Gemäldegalerie, darunter Werke von Velázquez, Goya, Rubens, van Dyck, Breughel und Correggio. Die meisten der Gemälde sind übrigens Kriegsbeute, die Wellington 1813 aus Spanien mitbrachte. Neben dem Treppenaufgang steht eine von Antonio Canova geschaffene überlebensgroße Statue Napoleons, die den Imperator im Adamskostüm zeigt. Wellington erhielt die Skulptur 1816 vom Prinzregenten als Geschenk für seine Verdienste.

Hyde Park Corner, W1V. Ⓤ Hyde Park Corner. Mi–So 11–17 Uhr, im Winter nur bis 16 Uhr. Eintritt £ 6.50, erm. £ 5.90 bzw. £ 3.90 (EH). Am Waterloo Tag (18. Juni) ist der Eintritt für alle Besucher kostenlos!

Kensington → Karte S. 206/207

Lauschig: Der Innenhof des Victoria & Albert Museum

Victoria and Albert Museum: Das V & A, wie die Londoner das größte Kunstgewerbemuseum der Welt nennen, besitzt ein geradezu erschlagendes Spektrum an Kunstschätzen. Daher empfiehlt es sich, ausgerüstet mit einem der kostenlosen Übersichtspläne, das Museum je nach persönlicher Interessenlage zu erkunden. Präsentiert werden Bilder, Miniaturen, Zeichnungen, Textilien, Glas, Musikinstrumente, Juwelen, edle Gold-, Silber- und Töpferarbeiten sowie Porzellan und Wandschmuck aus nahezu allen Ecken unseres Planeten. Auffallend ist, dass von den Ausstellungsstücken aus der Zeit vor 1700 nur wenige aus England stammen; die spärlichen einheimischen Exponate aus jener Epoche sind nur von mittelmäßiger Qualität. Der Grund dafür ist, dass die durch den Textilhandel reich gewordenen Engländer seit dem Hochmittelalter kunsthandwerkliche Luxusgüter überwiegend vom Kontinent importierten.

Ein kurzer Überblick über die bedeutendsten Sammlungen erleichtert die Orientierung: Die meisten Besucher zieht es zu den *Raphael Cartoons* (Level 0, Raum 48a), die der Renaissancekünstler 1516 im Auftrag von Papst Leo X. als Vorlage für die Wandteppiche der Sixtinischen Kapelle angefertigt hat. Besonders spektakulär sind die beiden Räume mit den *Plaster Casts* (Level 0, Raum 46a und 46b), maßstabsgetreue Abgüsse weltberühmter Kulturgüter, darunter Michelangelos „David“, die römische Trajanssäule – aus Platzgründen in zwei Teile „gesägt“, wodurch man die Reliefs mit ihren 2500 Figuren besser studieren kann als am Original – sowie das Hauptportal der Kathedrale von Santiago de Compostela. Wer die europäischen Grenzen in künstlerischer Hinsicht überschreiten will, dem empfiehlt sich eine Besichtigung der *Nehru Gallery of Indian Art* (Level 0, Raum 41) sowie der benachbarten Räume, die der islamischen (Raum 42), chinesischen (Raum 44) und japanischen Kunst (Raum 45) gewidmet sind. In der *Canon Photography Gallery* (Level 0, Raum 38) sind historische Fotografien ausgestellt, einen Besuch lohnt die Gallery aber insbesondere wegen der anspruchsvollen Wechselausstellungen berühmter Fotografen (Cartier-Bresson etc.). In London fand übrigens 1850 die weltweit erste Fotoausstellung statt, das V & A selbst besitzt eine Sammlung von rund 300.000 Fotografien. Modernes Wohndesign von Bauhaus bis Alvar Aalto zeigen die *Twentieth-Century Galleries* (Level 3, Räume 72–74). Die *Frank Lloyd Wright Gallery* im Henry Cole Wing besticht durch ein in den dreißiger Jahren nach den Plänen des Avantgardearchitekten gefertigtes Bürointerieur (Level 2, Raum 202) sowie mehrere Skulpturen von August Rodin, die der Künstler dem Museum 1914 geschenkt hat (Level 6, Raum 603a). Faszinierend ist auch der 2009 vollkommen neu gestaltete Mittelalter und Renaissanceflügel, dessen epochenübergreifende Präsentationsform als zukunftsweisend gilt.

Im Innenhof begeistert der *John Madejski Garden*: Eine grüne Oase mit Wasserbecken und Mini-Bäumen, ideal zum Ausspannen. Im zugehörigen Café und Restaurant kann man im Sommer diverse Köstlichkeiten und Snacks probieren.

Cromwell Road (Haupteingang), SW7 2 RL. Ⓤ South Kensington. Tgl. 10–17.45 Uhr, Freitag bis 22 Uhr. Eintritt frei! www.vam.ac.uk.

Natural History Museum: Das Natural History Museum gehört zu den interessantesten naturhistorischen Museen der Welt. Aufgeteilt in die *Earth Galleries* und *Life Galleries*, wartet das Museum mit einem faszinierenden Einblick in die Geschichte der Erde und ihrer Bewohner auf. Ähnlich wie das British Museum ging auch das Natural History Museum aus einer Sammlung des Arztes *Sir Hans Sloane* hervor. Das im Laufe der letzten 120 Jahre mehrfach umgebaute Museum begeistert durch eine überaus ansprechende Präsentation, insbesondere in den neu gestalteten *Earth Galleries*.

Wer in der Exhibition Road das Museum *(Earth Galleries)* betritt, dringt auf einer lang gestreckten Rolltreppe

Natural History Museum

gewissermaßen in das Innere eines langsam rotierenden Globusses vor. Die Entstehungsgeschichte unseres Planeten wird mit Hilfe von Videofilmen, bedienbaren Maschinen und interaktiven Displays auch für Kinder interessant dargestellt. Neu sind die Abteilungen „The Power Within“, in der auf recht spektakuläre Weise Erdbeben und Vulkanausbrüche nachgebildet werden, und „The Restless Surface“ zu den Themen Erosion und Erwärmung der Erdatmosphäre. Im Erdgeschoss mahnt die Abteilung „The Earth Today and Tomorrow“ einen bewussteren Umgang mit den natürlichen Ressourcen unseres Planeten an und warnt vor den Folgen der globalen Umweltverschmutzung. Die meisten Besucher widmen sich dennoch den *Life Galleries*, deren große Attraktionen ein 30 Meter langes Modell eines Blauwals und mehrere Dinosaurierskelette sind. Einige Modelle dieser Urviecher sind automatisiert und können bewegt werden. Aber auch kleinere Tierarten wie Amphibien, Reptilien

Kensington → Karte S. 206/207

und Vögel werden eingehend behandelt. Von Experten hoch geschätzt wird die Paläontologische Abteilung. Beeindruckend ist eine riesige Baumscheibe eines 1300 Jahre alten Sequoia-Baumes.

Achtung: In der Hauptsaison und während der Ferien empfiehlt es sich wegen des großen Andrangs, das Museum nicht durch den Haupteingang in der Cromwell Road zu betreten, sondern den Seiteneingang in der Exhibition Road zu benutzen.

Im September 2009 wurde das *Darwin Centre* eröffnet: Auf einer interaktiven Reise präsentiert es auf acht Stockwerken mehr als 22 Millionen Spezies, die in Äthylalkohol konserviert sind. Das Spektrum reicht vom Elefantenfötus über die Giftschnecke bis zum Großen Armmolch.

Exhibition Road/Cromwell Road, SW7. Ⓤ South Kensington. Tgl. 10–17.50 Uhr. Eintritt frei! www.nhm.ac.uk.

Science Museum: Auf sieben Ebenen zeigt sich das Science Museum als wahres Eldorado für Technikfreunde; es bietet einen umfassenden Einblick in die Wissenschafts- und Technikgeschichte von ihren Anfängen bis ins 21. Jahrhundert. Zu den Exponaten gehören viele, für die industrielle Entwicklung Englands wegbereitende Erfindungen, beispielsweise Dampfmaschinen von James Watt, der erste Dieselmotor und die älteste Lokomotive der Welt („Puffing Billy"); ein alter Benz von 1888, ein Rolls Royce von 1904 sowie viele Flugzeugmodelle und ein originalgetreuer Nachbau der Apollo-11-Landekapsel fehlen ebenfalls nicht. Egal ob man sich für das Thema „Optik", „Medizin", „Fotografie", „Computer", „Telekommunikation", „Mathematik", „Chemie", „Wetter", „Papier und Druck", „Landwirtschaft", „Luftfahrt", „Schifffahrt" oder „Weltraumfahrt" interessiert, in jeweils einer eigenen Abteilung wird man darüber umfassend informiert. Nicht nur Kinder und Jugendliche sind von den zahlreichen Simulatoren und interaktiven Displays begeistert. Das Experimentieren ist ausdrücklich erwünscht!

Im Rahmen des im Sommer 2000 abgeschlossenen Erweiterungsbaus erhielt das Museum einen neuen Eingangsflügel mit einer Ausstellung zum Thema „Making the Modern World" und ein IMAX-Kino mit 450 Sitzplätzen.

Exhibition Road, SW7. Ⓤ South Kensington. Tgl. 10–18 Uhr. Eintritt frei! www.nmsi.ac.uk oder www.sciencemuseum.org.uk.

Royal Albert Hall: Die mit schönen Mosaikarbeiten und einem Terrakottafries verzierte Konzerthalle, ein mächtiger Ziegelrundbau, ist eine wahre Augenweide. Um die immensen Baukosten zu finanzieren, verfiel Sir Henry Cole, der Vorsitzende der *Society of Arts*, auf die Idee, Sitzplätze für einen Preis von £ 100 für die Dauer von 999 Jahren zu „vermieten". Insgesamt 1300 der 8000 Sitzplätze wurden so verkauft und seither von einer Generation auf die nächste vererbt, die sich über kostenlose Konzertbesuche freuen darf. Am 29. März 1871 war es soweit: Der Prince of Wales eröffnete den Prachtbau am Hyde Park. Die erwartungsvoll gestimmten Zuschauer erlebten allerdings eine herbe Enttäuschung: Um die Akustik der „Suppenschüssel" war es alles andere als gut bestellt, ein lästiger Echoeffekt störte das Konzertvergnügen. Erst 1960 konnten die unangenehmen Störungen endgültig beseitigt werden.

Kensington Road, SW7. Ⓤ Knightsbridge oder High Street Kensington. www.royalalberthall.com.

Hyde Park: Der Hyde Park, der nach Westen in die Kensington Gardens übergeht, ist Londons größte Grünfläche. Von West nach Ost misst der Park mehr

Diana-Gedenkstätte: Kensington Palace

als drei Kilometer! Berühmt ist der Hyde Park aber vor allem für die *Speaker's Corner* (→ Marylebone) an seiner nordöstlichen Ecke. Der ehemals als Jagdrevier genutzte königliche Park wurde 1640 für die Öffentlichkeit zugänglich gemacht und 1830 durch die *Serpentine*, einen künstlichen See, der sich zum Rudern und Schwimmen eignet, bereichert. Der *Lido* ist eines der wenigen Londoner Freibäder. Einkehren kann man in das frei zugängliche *Lido Café*. In unmittelbarer Nähe des Lido befindet sich der *Princess Diana Memorial Fountain*, ein überdimensionaler Brunnen, in dem man sich im Sommer herrlich die Füße abkühlen kann.

Der Hyde Park hat aber noch mehrere Attraktionen zu bieten: Mit dem *Rotton Row*, der ursprünglich als königlicher Verbindungsweg („Route de Roi") zwischen Kensington Palace und St James's Palace angelegt wurde, verfügt London sogar über einen Reitweg inmitten der Stadt. In der *Serpentine Gallery* finden immer wieder anspruchsvolle Kunstausstellungen statt, Kinder können am *Round Pond* Enten füttern oder ein Modellschiff in See stechen lassen. Im nordwestlichen Teil des Parks lockt ein schöner Spielplatz, Liegestühle werden an verschiedenen Stellen vermietet.

Hyde Park. Ⓤ Knightsbridge, Marble Arch, Hyde Park Corner oder Lancaster Gate. Tgl. von 5–24 Uhr. www.royalparks.org.uk/parks/hyde_park; www.serpentinegallery.org.

Kensington Palace: Tag für Tag pilgern noch immer zahllose Verehrer und Verehrerinnen zum letzten offiziellen Wohnsitz der im Sommer 1997 bei einem Verkehrsunfall tragisch ums Leben gekommenen Prinzessin Diana, um Blumen und Erinnerungsfotos für die „Prinzessin des Volkes" niederzulegen. Diana wohnte nicht zufällig im Kensington Palace: Seit 1689 ist der Landsitz, der von Christopher Wren zu einem Palast umgebaut wurde, im Besitz der Königsfamilie. Ursprünglich als Residenz für den asthma- und bronchitiskranken Wilhelm III. erworben, der das feuchte Klima in der Nähe der Themse nicht vertrug, haben hier zahllose Royals regiert und gelebt, Königin Victoria

Noble Karosse im Nobelviertel

erblickte beispielsweise am 24. Mai 1819 im Kensington Palace das Licht der Welt. Der größte Teil des Palastes ist öffentlich nicht zugänglich, da hier der Herzog und die Herzogin von Kent sowie der Herzog und die Herzogin von Gloucester wohnen; Besucher – der Eingang befindet sich an der Nordseite – haben nur Zutritt zu den *State Apartments*. Hierzu gehören die einst dem König und der Königin vorbehaltenen Räumlichkeiten. Ebenfalls besichtigt werden kann die *Royal Ceremonial Dress Collection*, eine Ausstellung zur Kleidung, die in den letzten 250 Jahren am englischen Hof getragen wurde.

Außerhalb des Palastes lohnen die *Kensington Gardens* einen Besuch, vor allem der *Sunken Garden*, ein abgesenkter Ziergarten, sowie die bronzene Peter-Pan-Statue und die von Nicholas Hawksmoor entworfene *Orangery* verdienen Beachtung. Letztere beherbergt heute ein einladendes Café. Absolut lohnend für Familien mit Kindern ist ein Besuch des *Diana Memorial Playground* mit Piratenschiff, Musikanlagen, Tunnels und jeder Menge Schaukeln.

Hyde Park. Ⓤ High Street Kensington oder Queensway. Tgl. 10–17 Uhr, im Winter nur bis 16 Uhr. Eintritt £ 14.50, erm. £ 12, Kinder unter 16 Jahren sind frei. www.hrp.org.uk.

Roof Gardens: Dieser Dachgarten hoch über der Kensington High Street ist ein wahrer Geheimtipp. In den 1930er Jahren auf dem Dach eines Kaufhauses angelegt, gehört der Garten heute dem Multimanager *Sir Richard Branson* und seiner Virgin Firmengruppe, die hier auch das Restaurant *Babylon* betreibt.

Der eigentliche Dachgarten ist in einen Spanish, einen Tudor und einen English Woodland Garden unterteilt. Das eineinhalb Hektar große Terrain mit Wasserspielen, Torbögen und zahlreichen Obstbäumen lädt dazu ein, eine ungewöhnliche Seite Londons zu entdecken.

99 Kensington High Street (Eingang Derry Street), W14. Ⓤ High Street Kensington. Mo–Fr 9–17 Uhr, bei Veranstaltungen ist der Garten nicht zugänglich. Infos: ✆ 020/7937994. www.roofgardens.com. Eintritt frei!

Leighton House: Wie ein Künstlerfürst lebte Frederic Lord Leighton (1830–1896) in seinem Kensingtoner Haus. Der 1878 zum Präsidenten der Royal Academy gewählte Maler gestaltete sein von dem Architekten George Aitchison entworfenes Haus als exzentrisches Gesamtkunstwerk. Das Zentrum des Bauwerks bildet die arabische Halle, die mit islamischen Mosaikkacheln – sie stellen mythologische Szenen dar – verziert ist und einen munter vor sich hin sprudelnden Brunnen besitzt.

12 Holland Park Road, W14. Ⓤ High Street Kensington. Tgl. außer Di 10–17.30 Uhr. Führungen: Mi und Do um 14.30 Uhr. Eintritt £ 5, erm. £ 3 (NT).

Design Museum: Im Laufe des Jahres 2014 wird das Design Museum in das ehemalige Commonwealth Institute einziehen und seinen zu klein gewordenen Standort in Southwark aufgeben.

Kensington High Street. W14. Ⓤ High Street Kensington. www.designmuseum.org.

Holland Park: Eingerahmt von viktorianischen gepflegten Häusern, gehört der Holland Park mit seinem japanischen Garten zu den beliebtesten Grünanlagen der englischen Metropole. Vor allem im Sommer legen die Londoner unter den zahlreichen Bäumen des Parks eine Pause ein. Der Name des Parks und des in seinem südlichen Teil gelegenen Holland House erinnern an Sir Henry, seines Zeichens Earl of Holland, der hier einst gelebt hat. Für den Schriftsteller Hanif Kureishi ist die Gegend um den Holland Park gleichbedeutend mit dem „Zuckerguss-London für die Reichen".

W8. Ⓤ Holland Park oder High Street Kensington. Tgl. 7.30 Uhr bis zum Anbruch der Dämmerung.

Praktische Infos

→ Karte S. 206/207

Essen und Trinken

Babylon 11, das zu den Roof Gardens gehörende Restaurant ist eine der ungewöhnlichsten Locations, um stilvoll und gut essen zu gehen. Die Küche zeigt sich modern european und basiert großteils auf regionalen Zutaten. Zweigängiges Lunchmenü ab £ 20, abends Hauptgerichte ab £ 20 zuzügl. 12,5% *Service charge*, der Blick über die Dächer Londons ist kostenlos ... Sonntagabends geschlossen, am Freitag- und Samstagabend können Gäste für £ 10 ab 22 Uhr in den zugehörigen Night Club wechseln. 99 Kensington High Street (Eingang Derry Street), W14, ✆ 020/73683993. www.roofgardens.com. Ⓤ High Street Kensington.

O Fado 19, das älteste portugiesische Restaurant Londons ist bekannt für seine Fischküche, hervorragend mundet der mit Weißwein und Muscheln zubereitete *Halibut à Fado* zu £ 15.95, zuzügl. 12,5% *Service charge*. Das unlängst renovierte Restaurant heißt übrigens nicht grundlos Fado: Abends wird oft ein Ständchen mit den melancholischen Balladen gegeben. Sonntag geschlossen. 45/50 Beauchamp Place, SW3, ✆ 020/75893002. www.ofado.co.uk. Ⓤ Knightsbridge.

Nobu 4, dieses japanische Restaurant östlich des Hyde Park ist längst eine Londoner „Touristenattraktion". Allerdings nicht wegen der wirklich vorzüglichen asiatischen Küche (Sushi Dinner £ 33.50, *Sushi lunch* für £ 27, jeweils plus 12,5% *Service charge*) und des minimalistischen Designs, sondern weil hier Boris Becker 1999 während des Wimbledon-Turniers eine folgenreiche Bekanntschaft machte und sich für drei Millionen Euro zehn Minuten lang in der Besenkammer des zugehörigen Metropolitan Hotels vergnügte ... Sonntagmittag geschlossen. 19 Old Park Lane, W1, ✆ 020/7447 4747. www.noburestaurants.com. Ⓤ Hyde Park Corner.

Victoria & Albert Café and Restaurant 22, das im Innenhof des Museums gelegene Café und Restaurant ist im Sommer eine traumhafte Adresse für eine Pause. Tgl. 10–17.45 Uhr, Freitag bis 22 Uhr. SW3. Ⓤ South Kensington.

The Bunch of Grapes 18, urkundlich bereits 1770 erwähnt, besitzt das Pub viel Patina. Traditionelle Fish & Chips für £ 9.45. 207 Brompton Road, SW3, ✆ 020/75894944. Ⓤ Knightsbridge oder South Kensington.

»» Mein Tipp: **Aubaine 28**, eine ansprechende Mischung aus Boulangerie, Patisserie und Restaurant mit schmaler Straßenterrasse. Egal, ob zum Frühstück oder zum Abendessen, durch die Räumlichkeiten weht französisches Flair, die Küche versteht sich auf mediterrane Kost. Mo–Fr 9–23, Sa 10–23 Uhr. 260–262 Brompton Road, SW3, ✆ 020/70520100.www.aubaine.co.uk. Ⓤ South Kensington. ««

Bibendum Oyster Bar 31, im phantastischen Michelin House, Sir Terence Conrans Lieblingslocation, warten ein Café im Foyer und ein anspruchsvolles französisches Restaurant auf Gäste (Mittagsmenüs ab £ 26), die das in London einmalige Dekor und die Qualität der Speisen zu würdigen wissen. Appetitanregend ist bereits der Fruits-de-Mer-Stand im Eingangsbereich, Meeresfrüchteteller £ 29.95 (ab 2 Pers.), zu-

Kensington → Karte S. 206/207

zügl. 12,5% *Service charge*. 81 Fulham Road, SW3, ✆ 020/75891480. www.bibendum.co.uk. Ⓤ South Kensington.

Ehemaliges Reifendepot: Michelin House

The Thai Restaurant 29, schräg gegenüber dem Michelin House werden in einem angenehm modernen Ambiente thailändische Gerichte serviert. Hauptgerichte £ 9–12. 93 Pelham Street, SW7, ✆ 020/75844788. www.thethai.co.uk. Ⓤ South Kensington.

Daquise 27, für Liebhaber der traditionellen polnischen Küche. Marinierte Heringe, Fleischbällchen in Dillsoße oder Rinderhaschee mit gebratenen Zwiebeln. Das Preis-Leistungs-Verhältnis erscheint angemessen und nicht überteuert. Günstige Mittagsmenüs. 12,5 % *Service charge*. 20 Thurloe Street, SW7, ✆ 020/75896117. www.gessler.pl. Ⓤ South Kensington.

Comptoir Libanais 26, in einem ebenso modernen wie bunten Ambiente mit leicht orientalischem Flair (schöner Fußboden!) wird hier libanesische Küche geboten. Das Spektrum reicht von Salaten über Tagines und Wraps bis hin zu Baklava. Günstiges Preisniveau. 1–5 Exhibition Road, SW7, ✆ 020/72255006. www.lecomptoir.co.uk. Ⓤ South Kensington.

The Orangery 3, das in der Orangerie des Kensington Palace untergebrachte Café ist ein angenehmer Ort, um bei Kaffee und Kuchen einige Mußestunden zu verbringen. Mittags werden auch warme Speisen serviert. Tgl. 10–18 Uhr, im Winter nur bis 16 Uhr geöffnet. Kensington Garden, W8. Ⓤ High Street Kensington oder Queensway.

››› Mein Tipp: Montparnasse 14, nettes, kleines Café mit viel französischem Flair. Zu essen gibt es Quiche und andere kleine Köstlichkeiten wie Croissants und Pain au chocolat. 22 Thakeray Street, W8, ✆ 020/73762212. Ⓤ High Street Kensington. ‹‹‹

Locanda Ottomezzo 16, ansprechendes Restaurant mit ausgezeichnetem Frühstücksangebot. Der Schwerpunkt liegt auf italienischer Küche, von der hausgemachten Lasagne (£ 8) bis zu Pasta und Risotto. Straßenterrasse. 2–4 Thakeray Street, W8, ✆ 020/79372200. www.locandaottoemezzo.co.uk. Ⓤ High Street Kensington.

Zaika 9, eines der besten indischen Restaurants in London. Auch optisch gefallen die farbenfrohen, großzügigen Räumlichkeiten mit viel Holzdekor und einem dominanten Tresen. Zweigängiges Mittagsmenü für £ 18.50, drei Gänge £ 22.50. Erlesene Weinkarte. Montagmittag geschlossen. 1 Kensington High Street, W8, ✆ 020/77956533. www.zaika-restaurant.co.uk. Ⓤ High Street Kensington.

The Terrace 6, kleines, einladendes Restaurant mit vorzüglicher Küche (modern british), gehobenes Preisniveau. Besonders schön sitzt man im Sommer auf der namengebenden Terrasse. Hauptgerichte ab £ 17. *Service charge*. Sonntagabend geschlossen. 33C Holland Street, W8, ✆ 020/79373224. www.theterracerestaurant.co.uk. Ⓤ High Street Kensington.

Kulu Kulu 24, originelles japanisches Restaurant. Man sitzt entlang eines Förderbands und schnappt sich diverse Sushi-Köstlichkeiten. Moderates Preisniveau. 39 Thurloe Place, SW7, ✆ 020/75892225. Ⓤ South Kensington.

Harrods – das berühmteste Kaufhaus Londons

Brompton Quarter Brasserie 21, eine Mischung aus Delikatessengeschäft, Café und Restaurant. Bis 12 Uhr wird English Breakfast serviert, später reicht das Spektrum von Pasta bis zu Steak – letzteres selbstverständlich vom Biorind. 12,5 % *Service charge*. 225 Brompton Road, SW3, ✆ 020/72252107. www.bqbrasserie.com. Ⓤ South Kensington. ■

Cambio de Tercio 38, anspruchsvolle spanische Küche im modernen Ambiente. Ausgezeichnete Weinauswahl. Hauptgerichte um die £ 15, Tapas ab £ 7.50. 163 Old Brompton Road, SW5, ✆ 020/72448970. www.cambiodetercio.co.uk. Ⓤ Gloucester Road.

Luscious Organic 17, ein nettes, kleines Café mit integriertem Bioladen. Egal, ob Säfte, Weine oder Café – alles aus biologischem Anbau. Zu Essen gibt es auch makrobiotische Kost. Straßenterrasse. 240–242 Kensington High Street, W8, ✆ 020/73716987. www.lusciousorganic.co.uk. Ⓤ High Street Kensington. ■

The Lido Café 5, passables Café am Südufer des Serpentine. Ideal, um während eines Hyde-Park-Spaziergangs einzukehren und auf der großen Terrasse in der Sonne zu sitzen. Tgl. 9–18 Uhr, im Winter 10–16 Uhr. SW1, ✆ 020/77067098. www.lidohydepark.co.uk. Ⓤ Knightsbridge.

Shopping

Harrods 15, das berühmteste Kaufhaus von London, wenn nicht gar das der ganzen Welt. Hier gibt es nichts, was es nicht gibt. Und auch die Queen geht bei Harrods einkaufen, allerdings zu besonderen Öffnungszeiten. Eindrucksvoll sind die Food Halls und die Egyptian Hall. Dort gibt es eine Rôtisserie, eine Oyster Bar und zahlreiche andere Möglichkeiten, an Ort und Stelle einzukehren. Faszinierend ist beispielsweise die Chocolate Bar. Kinder sind vor allem von der Spielzeugabteilung begeistert, da dort verschiedene Spiele von Mitarbeitern vorgeführt werden. Wer übrigens nur einmal schnell auf die Toilette möchte, sollte sich hierfür £ 1 einstecken ... Tgl. 10–21 Uhr, So 11.30–18 Uhr. 87–135 Brompton Road, SW1X. www.harrods.com. Ⓤ Knightsbridge.

Harvey Nichols 8, unweit von Harrods entfernt, ist das Kaufhaus vor allem für seine ausgefallenen Schaufensterdekorationen bekannt. Modebewusste Kunden finden bei „Harvey Nicks" eine breite Auswahl an bekannten Namen wie Gaultier, YSL, John Smedley, Tommy Hilfiger, Hugo Boss und Ralph Lauren. Anschließend trifft man sich im fünften Stock im *Fifth Floor Restaurant* zum Lunch. Dort gibt es auch ein Café, eine Espresso-Bar und einem Ökoimbiss. Nicht genug damit: Im Keller serviert *Wa-*

gamama japanische Nudelkreationen. Tgl. 10–21Uhr, Sa 10–20, So 11.30–18 Uhr geöffnet. 109–125 Knightsbridge, SW1X. www.harveynichols.com. Ⓤ Knightsbridge.

Dolce & Gabbana 13, wo, wenn nicht hier in Chelsea, sollte D&G einen eigenen Laden betreiben? Italienisches Modedesign und diverse Accessoires zu den entsprechenden Preisen. 175 Sloane Street, SW1. Ⓤ Knightsbridge.

Whole Foods Market 10, ein riesiger, hervorragend sortierter Ökosupermarkt mit schöner Präsentation. Im ersten Stock gibt es zudem ein Restaurant. 63–97 High Street Kensington, W8. www.wholefoodsmarket.com. Ⓤ Knightsbridge. ■

››› Mein Tipp: **La Cave à Fromage** 25, dieses Käsehöhle ist ein wahrer Traum! Ausgesuchte Käsesorten aus England sowie aus Frankreich – egal, ob von der Kuh, vom Schaf oder der Ziege. Wer will, kann sich gleich im Laden einen Käseteller zusammenstellen lassen (es gibt vier Tische) oder ein belegtes Baguette mit Käse und/oder Schinken, gewürzt mit Brunnenkresse, kaufen. 24–25 Cromwell Place, SW7, ✆ 0845/1088222. www.la-cave.co.uk. Ⓤ South Kensington. ‹‹‹

The Map House 20, für Liebhaber alter Landkarten, Stiche und Globen. 54 Beauchamp Place, SW3, ✆ 020/75893002. Ⓤ Knightsbridge.

The Conran Shop 32, im Michelin House bietet Terence Conran ausgesuchte Designmöbel und -accessoires feil. Wer will, kann sich die Möbel über eine der drei deutschen Filialen liefern lassen. 81 Fulham Road, SW3. Ⓤ South Kensington.

Muji 12, die japanische Kette unterhält in London mehrere Shops. Das Konzept setzt auf minimalistisches, funktionales Design (schlichter ist schöner), gute Qualität und günstige Preise. Von der Klobürste bis zum Fahrrad ist hier alles zu haben. Der Schwerpunkt liegt allerdings auf Kleidung und Wohnaccessoires. Das Londoner *Time Out Magazin* verlieh Muji kürzlich das Adjektiv „über-cool" (sic!). Auch am Sonntag von 12–18 Uhr geöffnet. 157 Kensington High Street, W8. Ⓤ High Street Kensington.

Wimbledon

Kein anderer Name elektrisiert Tennisfans aus aller Welt mehr als Wimbledon. Alljährlich im Sommer richtet sich das Interesse der Sportbegeisterten auf den gleichnamigen Stadtteil im Südwesten Londons, wo Boris Becker jahrelang sein „Wohnzimmer" aufgeschlagen hatte. Egal, ob Fred Perry, Rod Laver, Björn Borg, John McEnroe oder Steffi Graf – alle Tennislegenden dieser Welt haben auf dem „heiligen Rasen" von Wimbledon triumphiert. Ohne einen Wimbledonsieg ist eine Tenniskarriere unvollendet, wie nicht nur Ivan Lendl aus leidvoller Erfahrung weiß. Seit 1877 (für Ausländer erst ab 1910) werden hier die *Lawn Tennis Championships* ausgetragen, die als das älteste und prestigeträchtigste Tennisturnier der Welt gelten. Zu den erfolgreichsten Titelträgern gehören übrigens Pete Sampras mit sieben und Martina Navratilova mit neun Einzeltiteln.

Es ist schwer, Karten für das Tennisturnier zu bekommen, aber glücklicherweise kann man das Mekka der Tennissports das ganze Jahr über besuchen. Das **Wimbledon Lawn Tennis Museum** informiert ausführlich über die Geschichte des Turniers, wobei man sich zahlreicher Multimediatechniken bedient (Filme, Audioguide). Neben zahlreichen Devotionalien wird auch Tennisrüpel John McEnroe mit einer eigenen Ausstellung geehrt. Reizvoll ist es, an einer Führung teilzunehmen, denn nur dann hat man die Chance, einen Blick auf einen der Tennisplätze zu werfen.

Church Road, SW19. Ⓤ Southfields oder South Wimbledon. Tgl. 10–17 Uhr. Während der Championchips nur für Kartenbesitzer! Die Führungen finden zu sehr unterschiedlichen Zeiten statt, aber meist um 12 und 14.30 Uhr. Museum £ 11, erm. £ 9.50 bzw. £ 6.75, Museum und Führung £ 20, erm. £ 17 bzw. £ 12.50. www.wimbledon.org/museum.

Ehemalige Filmkulisse: The Notting Hill Bookshop

Notting Hill → Karte S. 221

Tour 12: Notting Hill

Notting Hill gehört seit dem gleichnamigen Film mit Julia Roberts und Hugh Grant zu den bekanntesten Londoner Stadtteilen. Zuvor war Notting Hill allerdings schon für seinen lebendigen Samstagsmarkt und den farbenprächtigen Notting Hill Carnival berühmt.

Die Geschichte von Notting Hill, das sich nördlich der Holland Park Avenue erstreckt, reicht zurück bis in das 19. Jahrhundert. Vorher existierten in diesem Teil des Londoner Nordwestens nur ein paar Töpfereien und ländliche Anwesen, die sich auf die Schweinezucht spezialisiert hatten. In dem seit 1840 allmählich anwachsenden Stadtviertel ließen sich vor allem die ärmeren Schichten der Stadt nieder. Nach Ende des Zweiten Weltkrieges fanden in den heruntergekommenen Häusern, die zum Großteil dem berühmt-berüchtigten *Peter Rachman* gehörten, zahlreiche Arbeitsimmigranten aus der Karibik ein neues Zuhause. Rachman – *Rachmanism* ist heute ein gebräuchliches Synonym für ausbeuterische Machenschaften auf dem Wohnungsmarkt – nutzte die Lage der Einwanderer schamlos aus und verlangte horrende Mieten für winzige, mit Brettern abgetrennte Räume, ohne sich um deren Erhalt zu kümmern. Gelegentlich ließ Rachman von seinen Schergen ein Haus auch mit Gewaltandrohung „entmieten". Es dauerte nicht lange, bis das Viertel zum Slum verkam. Im August 1958 brachen dann in Notting Hill die ersten Rassenunruhen von London aus. Schuld daran trugen allerdings nicht die Immigranten, die verständlicherweise gegen ihre unzumutbaren Wohnverhältnisse protestieren hätten können, sondern weiße Engländer, die Steine werfend in das Viertel einfielen und auf die Schwarzen einprügelten.

Notting Hill war damals ein übel beleumdeter Stadtteil. Prostitution und Drogenhandel gehörten zum Alltag. Die

All Saints Road, die Allerheiligenstraße, galt als einer der berüchtigtsten Drogenumschlagplätze des Hippiezeitalters. In dieses Bild fügt sich, dass sich *Jimi Hendrix* am 18. September 1970 in Notting Hill einer ausgiebigen Drogen-Session hingab und nur wenige Stunden darauf im Great Cumberland Hotel an der Oxford Street im Alter von 28 Jahren starb. Und auch *Christine Keeler*, die zu Beginn der sechziger Jahre die Hauptperson in der Profumo-Affäre war, ging in Notting Hill anschaffen. Ihren Reizen erlag der britische Kriegsminister John Profumo, was an sich nicht weiter bemerkenswert gewesen wäre, hätte nicht auch der stellvertretende sowjetischen Militärattaché die Dienste von Christine Keeler rege in Anspruch genommen ...

In den späten achtziger Jahren entwickelte sich Notting Hill zu einem Szeneviertel mit Werbeagenturen, Bars, Secondhandshops und Boutiquen. Die Mieten zogen schnell an, so dass die alteingesessene schwarze Bevölkerung langsam wieder zur Minderheit wurde. Quadratmeterpreise von umgerechnet 8000 Euro sind keine Seltenheit. Besonderer Beliebtheit erfreuen sich die Häuser, die einen *communal garden* umschließen, der nur von den angrenzenden Anwesen aus zugänglich ist. Zu den berühmtesten Bewohnern gehören beispielsweise Richard Branson, der Gründer des Virgin-Imperiums, Madonna und das Supermodel Kate Moss. Dem britischen Politiker *Peter Mandelson*, lange Zeit die rechte Hand von Premierminister Tony Blair, kostete seine Liebe zu Notting Hill gar sein Ministeramt. Um sich ein repräsentatives Haus kaufen zu können, nahm Mandelson bei einem Ministerkollegen einen millionenschweren Kredit auf. Entgegen den gesetzlichen Bestimmungen für Abgeordnete verschwieg er jedoch die Kreditaufnahme. Nach einem dezenten Hinweis kam die Geschichte an die Öffentlichkeit und Mandelson musste seinen Hut nehmen.

Ebenfalls in Notting Hill wohnte der Drehbuchautor Robert Curtis, der, nachdem er mit „Vier Hochzeiten und ein Todesfall" seinen ersten großen Erfolg gelandet hatte, sein Wohnviertel mit dem romantischen Kassenschlager „Notting Hill" in der ganzen Welt populär machte. Seit dem Sommer 1999 kommen unzählige Kinofreunde nach Notting Hill, um auf den Spuren von Julia Roberts und Hugh Grant zu wandeln. Sehr zum Ärger vieler Londoner bewohnen das Zelluloid-Notting-Hill nur schöne weiße Menschen ... Im Januar 2000 ist noch eine weitere blonde Schönheit hinzugekommen: Das Supermodel *Claudia Schiffer* hat sich für umgerechnet 1,1 Millionen Euro ein Appartement in Notting Hill gekauft.

Notting Hill Carnival

Der Notting Hill Carnival war gewissermaßen die friedliche Antwort auf die Unruhen von 1958. Sieben Jahre später fand Ende August am *August Bank Holiday* erstmals ein Straßenfest statt, das sich seither zum weltweit zweitgrößten Karneval nach Rio de Janeiro entwickelt hat. Drei Tage dauert das Spektakel, bei dem mehr als eine Million Menschen tanzend und feiernd auf den Straßen zusammenkommen. Der Rhythmus des Soca, ein Mix aus Soul und Calypso, heizt die Menge an. Der sonntäglichen Kostümparade der Kinder folgen am Montag die Umzüge der Erwachsenen, begleitet von prächtig geschmückten Wagen und Livemusik. Der rund fünf Kilometer lange Rundkurs beginnt am Ladbroke Grove und führt durch die Westbourne Grove, die Chepstow Road und die Great Western Road.

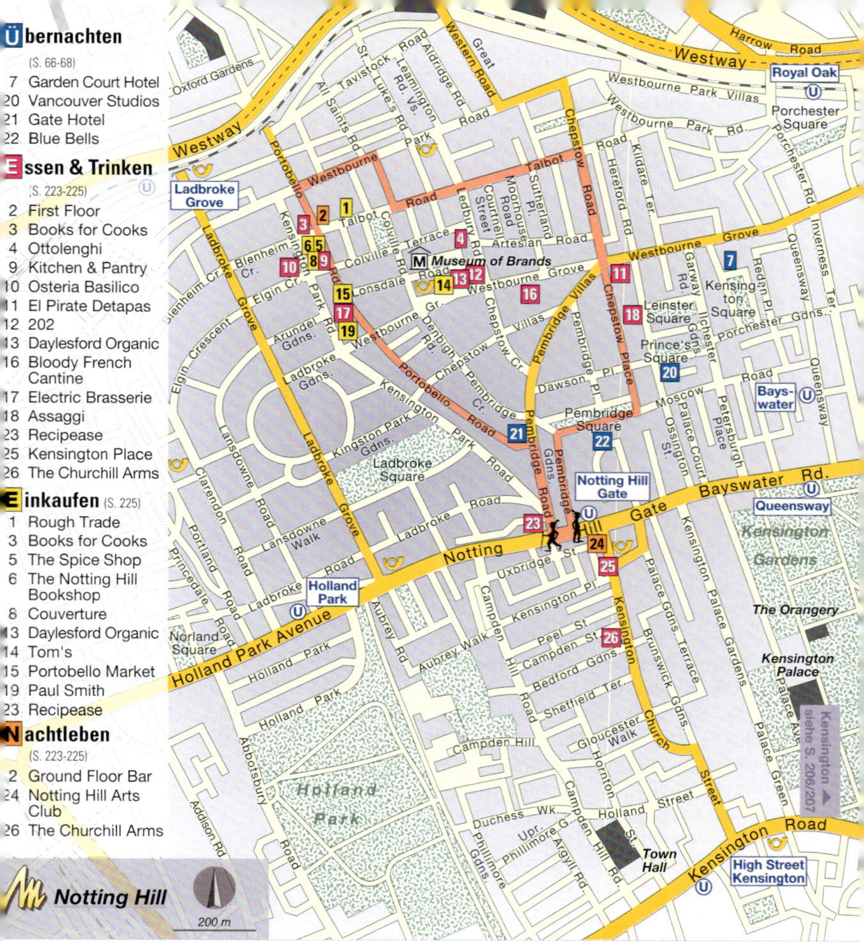

Spaziergang

Von der Tube-Station Notting Hill Gate gelangt man in zwei Minuten zur Portobello Road. Der Name der Straße erinnert an einen Hafen namens Porto Bello im Golf von Mexiko, den der englische Admiral Vernon im 18. Jahrhundert erobert hatte. Wer am Samstag unterwegs ist, kann sich einfach von den zum Portobello Market strömenden Massen mittreiben lassen. Im unscheinbaren Haus Nummer 22 in der Portobello Road wohnte übrigens *George Orwell*; ob er sich im heute so lieblichen Notting Hill zu seiner düsteren Zukunftsprophezeiung „1984" inspirieren ließ, sei dahingestellt. Der südliche Teil der Portobello Road mit dem berühmten Markt ist seit mehreren Jahrzehnten fest in der Hand von Antiquitätenhändlern, im nördlichen Teil geht sie in einen Gemüse- und Obstmarkt über. Rechter Hand zweigt die Lonsdale Road ab, die zum **Museum of Brands** führt. Ein Stück weiter in der Portobello Road

Hauptsache der Rhythmus stimmt

kommt man zum unter Denkmalschutz stehenden Electric Cinema, das seit 1911 einen guten Ruf in Londoner Cineasten-Kreisen genießt. Der Reisebuchladen, der dem Film „Notting Hill" als Modell diente, liegt ums Eck im Blenheim Cresent. Sarah Anderson, die freundliche Besitzerin des Travel Bookshop, ist durch den Kinohit unverhofft zu einer der prominentesten Buchhändlerinnen Londons geworden. Das Haus mit der auffälligen blauen Tür aus dem Film „Notting Hill", in dem der Drehbuchautor Robert Curtis einst selbst gewohnt hat, befindet sich nur unweit entfernt in der Westbourne Park Road Nummer 280. Curtis nutzte den Wirbel um den Film geschäftstüchtig aus und bot sein Haus – mit Erfolg – für schlappe 1,3 Millionen Pfund auf dem Immobilienmarkt an. Die Talbot Road, in der sich neben mehreren Szenekneipen auch eine zum Kulturzentrum umfunktionierte Backsteinkirche befindet, führt in den nobleren Teil des Viertels. Wunderschöne viktorianische Fassaden lassen sich entlang des Chepstow Place bewundern. Wer will, kann sich in den Kensington Gardens oder im beschaulichen Holland Park noch ein wenig die Zeit vertreiben oder eines der vielen trendigen Restaurants des Viertels aufsuchen, von denen einige längst einen Kultstatus besitzen.

Sehenswertes

Museum of Brands: Das kleine, liebevoll geführte Museum lädt zu einer Zeitreise durch die Geschichte der Werbung, Marken und Verpackungen ein. Beginnend mit dem späten 19. Jahrhundert bewegt sich der Besucher durch Vitrinen mit bunten Schachteln und Flaschen bis in die Gegenwart. Kellogg's, Heinz Baked Beans und Coca Cola dürfen selbstverständlich nicht fehlen.

2 Colville Mews, Lonsdale Road, W11 2AR. Ⓤ Notting Hill Gate. Tgl. 10–18 Uhr, So 11–17 Uhr. Eintritt £ 6.50, erm. £ 4 bzw. £ 2.25. www.museumofbrands.com.

Praktische Infos

→ Karte S. 221

Essen und Trinken

››› **Mein Tipp: Books for Cooks 3**, eigentlich eine gut sortierte, auf Kochbücher spezialisierte Buchhandlung (angeblich gibt es mehr als 8000 Exemplare). Im hinteren Teil des Geschäfts, dem „Kochstudio", werden die besten Rezepte gleich vor Ort ausprobiert und von den lesenden Feinschmeckern mit Begeisterung „verkostet". Serviert werden täglich wechselnde Mittagsgerichte zu günstigen Preisen, aber auch Kaffee und leckere Kuchen. 4 Blenheim Crescent, W11, ✆ 020/72211992. www.booksforcooks.com. Ⓤ Ladbroke Grove oder Notting Hill Gate. ‹‹‹

Ground Floor Bar 2, freundliche Eckkneipe mit Patina und schlichtem Interieur. Die leicht zerschlissenen Sofas und die Straßenterrasse laden ein, sich durch den Tag treiben (ab 12 Uhr geöffnet) zu lassen und das illustre Publikum zu beobachten. Gegen Abend wird die Stimmung relaxter und das Publikum immer hipper. Von Donnerstag bis Samstag legen abends DJs auf. Im ersten Stock befindet sich zudem ein ansprechendes Restaurant namens **First Floor 2** mit intimer Atmosphäre, das Zwei-Gang-Mittagsmenü kostet £ 15, drei Gänge £ 20. 12,5 % *Service charge*. 186 Portobello Road, W11, ✆ 020/72438701. www.firstfloorportobello.co.uk. Ⓤ Ladbroke Grove oder Notting Hill Gate.

Daylesford Organic 13, eine der Hot-Spots in Notting Hill für Liebhaber von Ökokost. Eine durchgestylte Brasserie mit integriertem Biosupermarkt. Straßenterrasse. Tgl. 8–18 Uhr, Sa 10–15 Uhr. 210 Westbourne Grove, W11, ✆ 020/73138050. www.daylesfordorganic.com. Ⓤ Notting Hill Gate. ■

202 12, eine der besten Brunchadressen in London, integriert in einer Boutique. Kein Wunder, dass sich die coolsten Typen von Notting Hill hier versammeln und sich an leckeren *Blueberry Pancakes* laben. Tgl. 8.30–22.30 Uhr, So und Mo 10–17 Uhr geöffnet. 202 Westbourne Grove, W11, ✆ 020/77272722. Ⓤ Notting Hill Gate.

Bloody French Cantine 16, an geschmirgelten Holztischen wird hier die französische Küche gepflegt, getreu dem Motto, das Fleisch ist blutig oder schlecht durchgebraten. Mittagsgerichte £ 7. Und zum Nachtisch gibt es eine *Crème brûlée*. 149 Westbourne Grove, W11, ✆ 020/77277770. www.bloodyfrench.com. Ⓤ Notting Hill Gate.

El Pirate Detapas 11, unterkühlt modern gestyltes Restaurant mit ausgezeichneten spanischen Tapas, von Michelin empfohlen. Die rund 50 zur Auswahl stehenden Tapas lassen sich auch bequem mit Freunden teilen. Günstig ist das Lunchmenü für £ 9.95 inkl. einem Glas Wein, Menü zu £ 21, 12,5 % *Service charge*. Kein Ruhetag. 115 Westbourne Grove, W11. ✆ 020/77275000. www.elpiratadetapas.co.uk. Ⓤ Notting Hill Gate.

Assaggi 18, wer bei diesem Szene-Italiener zu Abend essen will, sollte wahrscheinlich besser schon ein paar Wochen im Voraus einen Tisch reservieren. Dementsprechend

Trödelzentrum Portobello Road

ist das Preisniveau auch relativ hoch. Ausgezeichnet sind die *Burrata con melanzane* (£ 12.90) und *Fegato di Vitello* (£ 19.80). Im ersten Stock über dem Colchis Restaurant gelegen. Sonntag geschlossen. 39 Chepstow Place, W11, ✆ 020/77925501. Ⓤ Notting Hill Gate.

››› Mein Tipp: **Ottolenghi 4**, das Restaurant präsentiert sich in grellem Weiß, so dass der Verdacht nahe liegt, der Innenarchitekt sei Spezialist für Zahnarztpraxen. Täglich wechselnde Gerichte sowie Salate und außergewöhnliche Croissants. Alles wird absolut frisch zubereitet! Yotam Ottolenghi hat übrigens ein hervorragendes Kochbuch geschrieben, das im deutschen Buchhandel unter dem Titel „Genussvoll vegetarisch" erhältlich ist. Hauptgericht und Salat £ 13.70, drei verschiedene Salate £ 11. Tgl. 8–20 Uhr, Sa bis 19 Uhr, So 8.30–18 Uhr. 63 Ledbury Road, W11, ✆ 020/77271121. www.ottolenghi.co.uk. Ⓤ Notting Hill Gate. ‹‹‹

Osteria Basilico 10, die preisgünstige italienische Variante mitten in Notting Hill und dies trotz des tollen Ambientes mit den blank gescheuerten Holztischen. An der Küche gibt es ebenfalls nichts auszusetzen. Lecker ist das Lamm mit Tomaten und Auberginen. Nudelgerichte und Pizzen ab £ 11, Hauptgerichte ab £ 17.50. 12,5 % *Service charge*. 29 Kensington Park Road, ✆ 020/772 79372. www.osteriabasilico.co.uk. Ⓤ Notting Hill Gate.

Ethno-Kunst auf dem Portobello Market

Kitchen & Pantry 9, ein wunderbarer Coffee Shop in einem Eckhaus, an den Holztischen treffen sich Touristen und Londoner, lesen Zeitung, trinken Kaffee und surfen im Internet. 14 Elgin Crescent, ✆ 020/77278888. www.kitchenandpantry.co.uk Ⓤ Notting Hill Gate.

Electric Brasserie 17, die Brasserie vom Electric Cinema ist einer der beliebten Anlaufpunkte in der Portobello Road. Egal, ob zum Frühstück, Brunch oder Dinner. Zweigängiges Mittagsmenü £ 13.50. Tgl. ab 8 Uhr geöffnet. 191 Portobello Road, W11, ✆ 020/79089696. www.electricbrasserie.com. Ⓤ Ladbroke Grove oder Notting Hill Gate.

Kensington Place 25, trotz der nicht zu übersehenden Designerhandschrift liegt ein gewisses Kantinenflair über dem Restaurant (vielleicht liegt es auch daran, dass es zu laut ist). Die Küche ist ausgezeichnet, saisonal wechselnde Menüs, Modern-European-Style mit Schwerpunkt auf Fisch und Krustentieren, die nebenan im Fish Shop auch verkauft werden. Zweigängiges Mittagsmenü £ 17, abends £ 23. 2 Farmer Street, W8, ✆ 020/77273184. www.kensingtonplace-restaurant.co.uk. Ⓤ Notting Hill Gate.

››› Mein Tipp: **The Churchill Arms 26**, das Churchill sieht von außen aus wie ein ganz gewöhnliches Pub, doch wird im grün bepflanzten Hinterzimmer (wie auch im Pub) überraschenderweise eine hervorragende Thaiküche serviert. Und der Clou: Jedes der üppig bemessenen Hauptgerichte – stets frisch zubereitet – kostet nur £ 7.50. Schneller Service, das einzige Manko: Es gibt weder Salate noch Suppen – stattdessen Currys, gebratenen Reis und Nudelgerichte in verschiedenen Variationen. Und selbst wer nur Pub-Atmosphäre schnuppern will, wird nicht enttäuscht sein, der Laden ist abends immer voll. Kinder sind willkommen. Bis 23 Uhr geöffnet, Fr und Sa bis 24 Uhr. 119 Kensington Church Street, W8, ✆ 020/779212 46. Ⓤ Notting Hill Gate. ‹‹‹

››› Mein Tipp: **Recipease 23**, seinen Versuchen, die englische Küche umzukrempeln, hat Jamie Oliver im August 2012 ein neues Kapitel hinzugefügt: Im Concept Store Recipease kann man nicht nur einen Café trinken oder Küchenutensilien einkaufen, sondern hier werden auch Sushi- und Kochkurse (ab £ 30 für eine Stunde) angeboten. Tgl. 7.30–21, So 8–19 Uhr. 92–94

Rough Trade: Musikgeschäft mit Kultcharakter

Notting Hill Gate, W11, www.recipease.com. Ⓤ Notting Hill Gate. «<

Notting Hill Arts Club 24, die beste Adresse im Nachtleben: Gute Bands oder DJs und viel Szenepublikum treffen sich in diesem *Basement club*. Vor 20 Uhr Eintritt frei, danach ab £ 5. 21 Notting Hill Gate, W11, www.nottinghillartsclub.com. Ⓤ Notting Hill Gate.

Shopping

>>> Mein Tipp: **Portobello Market 15**, der samstägliche Markt auf der Portobello Road wird als der schönste der Stadt gerühmt. Mehr als tausend Händler säumen den sich über eine Meile hinziehenden Markt. Neben viel Ramsch lässt sich dennoch das eine oder andere Schnäppchen machen. Unter der Woche werden hingegen vor allem Obst und Gemüse feilgeboten. W11. Ⓤ Notting Hill Gate. «<

Paul Smith 19, ausgefallenes „Modekaufhaus", dessen Kreationen auch bei Harrods und Selfridges verkauft werden. 122 Kensington Park Road, W11. Ⓤ Notting Hill Gate.

>>> Mein Tipp: **The Notting Hill Bookshop 6**, der zu Filmehren gekommene Reisebuchladen (allerdings wurde der Film nicht hier, sondern in einem Nachbau um die Ecke gedreht) besitzt ein umfassendes Sortiment an englischsprachigen Reiseführern, Bildbänden, Reiseliteratur – auch antiquarisch – und Landkarten. 13 Blenheim Crescent, W11. www.thenottinghillbookshop.co.uk. Ⓤ Ladbroke Grove oder Notting Hill Gate. «<

Couverture 8, hier werden Designermoden ebenso wie Vintagemöbel, Keramik und Bettwäsche verkauft, und zwar so ungewöhnlich, dass die „Times" den Laden zum „Cult Shop of the Year 2008" erklärte. 188 Kensington Park Road, W11. www.couverture.co.uk. Ⓤ Ladbroke Grove oder Notting Hill Gate.

Tom's 14, ausgesuchte Delikatessen, das Angebot reicht von Olivenöl über Pasta bis hin zu Biskuits und Sandwiches. 226 Westbourne Grove, W11. Ⓤ Ladbroke Grove oder Notting Hill Gate.

The Spice Shop 5, ein Eldorado für Liebhaber ausgefallener Gewürzmischungen. Wer es scharf liebt, kann zwischen 20 verschiedenen Chilisorten und mehr als zehn Paprikasorten wählen. 1 Blenheim Cresent, W11. Ⓤ Notting Hill Gate.

>>> Mein Tipp: **Rough Trade 1**, dieses kleine, gemütliche Musikgeschäft (Vinyl und CDs) in Notting Hill ist bekannt für die außerordentlich gute Beratung. Übrigens sollen auch Madonna, David Bowie, Adele, Robert Plant und Morrissey hier einkaufen. Auch So von 12 bis 17 Uhr geöffnet. 130 Talbot Road, W11. www.roughtrade.com. Ⓤ Notting Hill Gate. «<

Notting Hill → Karte S. 221

Der gläserne Shard überragt das Südufer der Themse

Tour 13: Southwark und The Borough

Das schlecht beleumundete Südufer der Themse, die South Bank, wurde jahrhundertelang auch in städtebaulicher Hinsicht vollkommen vernachlässigt. Erst unlängst fand ein Umdenken statt: Mit der Tate Gallery of Modern Art und dem Thames Path besitzt Southwark seit einigen Jahren zwei Publikumsmagnete.

Da die London Bridge bis 1750 die einzige Brücke über die Themse war, bildete die Borough High Street den wichtigsten Verkehrsknotenpunkt im Süden der Stadt. Um den Ruf der Vorstadt war es allerdings schlecht bestellt: In den vielen Gasthöfen, Schenken und Bordellen waren vor allem Vagabunden und andere zwielichtige Gestalten anzutreffen, da Southwark nicht der Londoner Gerichtsbarkeit unterstand. Eine zweischneidige Rolle spielten lange Zeit die Bischöfe von Winchester; sie tolerierten in ihrem Hoheitsgebiet nicht nur die Prostitution, sondern erteilten den Bordellen – gegen eine angemessene finanzielle Entschädigung – auch freizügig Lizenzen. Die im Bischofsdistrikt anschaffenden Damen waren als „Winchester-Gänse" in ganz England bekannt. Um dem allzu wüsten Treiben Einhalt zu gebieten, betrieben die Bischöfe „sinnvollerweise" auch ein eigenes Gefängnis auf dem Südufer der Themse. Da die Schauspielkunst im 16. Jahrhundert nur wenig öffentliches Ansehen genoss, hatte auch Shakespeares *Globe* wie die anderen frühen Theater, darunter das *Rose* und das *Swan,* seinen Sitz in Southwark. Wer lieber aufregendere Spektakel bevorzugte, konnte auch die in unmittelbarer Nachbarschaft ver-

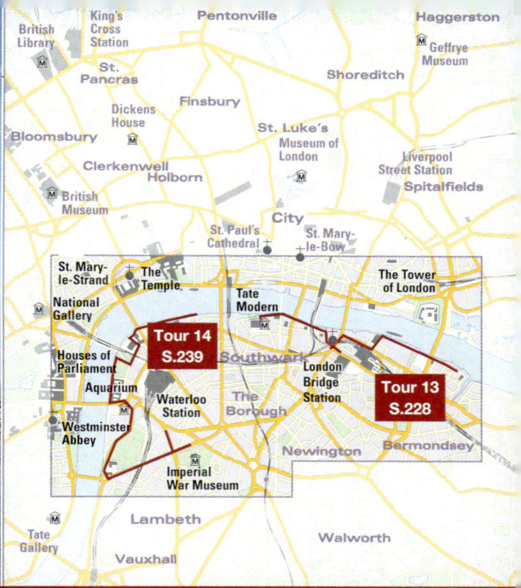

Tour 13 & Tour 14

anstalteten Bärenhatzen und Hahnenkämpfe besuchen. Oliver Cromwells Puritaner setzten dem gottlosen Treiben schließlich ein Ende; selbst das *Globe Theater* erschien ihnen als eine Lasterhöhle, weswegen es 1642 geschlossen und zwei Jahre später sogar abgerissen wurde.

Eine Aufwertung des Viertels erfolgte erst in den letzten Jahrzehnten. Mehrere ansprechende Museen, darunter die *Tate Gallery of Modern Art*, machen das Südufer für viele Reisende und Kulturfreunde interessant. Durch die Verlängerung der *Jubilee Line* bis nach North Greenwich und den Bau einer Fußgängerbrücke über die Themse verbesserte sich die Infrastruktur des Südufers erheblich. Verwaiste Dockanlagen wurden in moderne Büros und Einkaufszentren verwandelt, citynahe Luxuswohnungen mit Themseblick erzielen auf dem Immobilienmarkt ausgezeichnete Preise. Zuletzt wurde mit dem 310 Meter hohen Shard London Bridge das höchste Gebäude Londons errichtet, dessen an eine Glasscherbe erinnernde gläserne Silhouette nicht nur Southwark, sondern ganz London dominiert. Doch nur ein paar Fußminuten von der Themse und dem Shard entfernt, präsentiert sich Southwark immer noch als ein typisches Arbeiter- und Kleinbürgerviertel.

Spaziergang

Direkt neben der Tower Bridge steht das *Butlers Wharf*, ein luxussaniertes Areal aus denkmalgeschützten Speicherhöfen, an dessen östlichem Ende das **Design Museum** liegt (es zieht 2014 um). Nach diesem kurzen Abstecher geht man unterhalb der Tower Bridge Road hindurch, um dann auf dem Thames Path vorbei an der futuristischen **City Hall** entlang der Themse zu schlendern, bis man zu der am Themseufer verankerten **HMS Belfast** gelangt. Vom Deck des Kriegsschiffes sieht man bereits *Hay's Galleria*, eine ehemalige Werftanlage, deren Hafenbecken in ein tonnengewölbtes Atrium verwandelt wurde. An die Vergangenheit des Gebäudes mahnt die von *David Kemp* aus Schrottteilen zusammengeschweißte Galeonen-Skulptur „The Navigators". Über die Tooley Street gelangt man zu zwei viel besuchten Sehenswürdigkeiten: In die leidvolle Epoche des Zweiten Weltkrieges entführt das auf Betreiben von Margaret Thatcher eingerichtete **Winston Churchill's Britain at War Museum**, während der **London Dungeon** mit seinen wohl inszenierten Effekten Grauen und Horror verbreitet. Beachtung verdient auch das St Olaf's House,

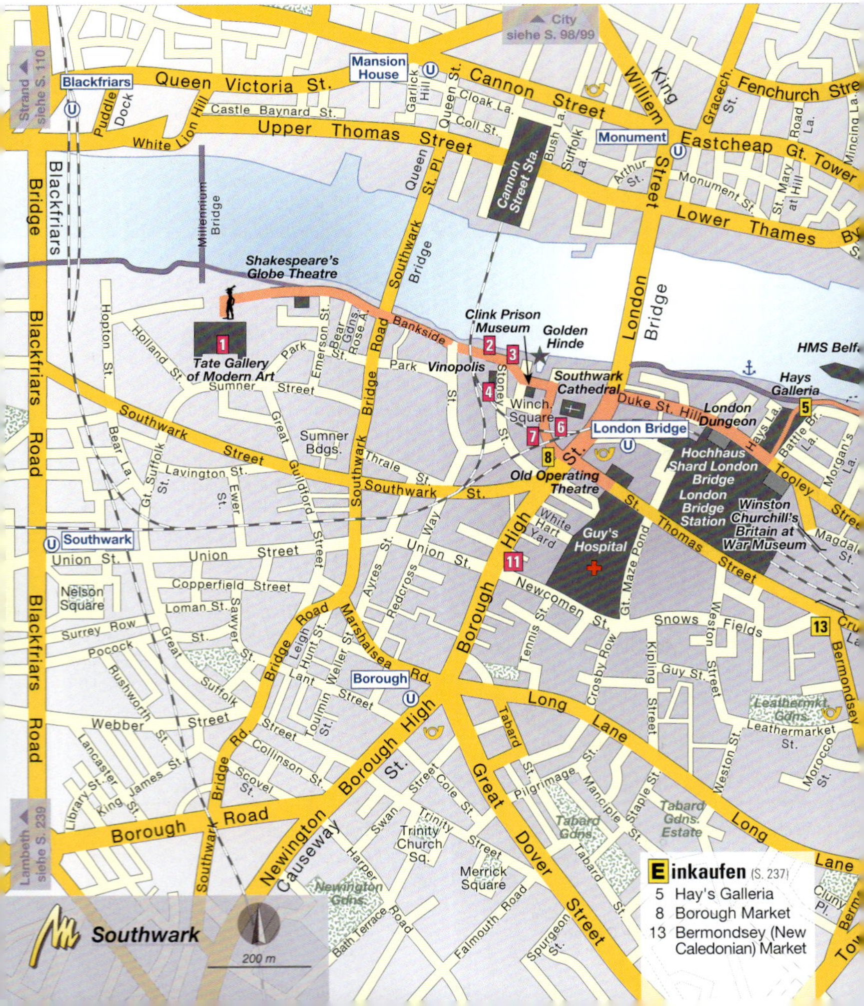

ein im Art-déco-Stil errichtetes ehemaliges Kaufhaus. Nachdem das „Hindernis“ der London-Bridge-Station überwunden ist, gewährt das auf dem Dach der St-Thomas-Kirche untergebrachte **Old Operating Theatre** Einblicke in die Medizinkunst früherer Zeiten. Allerdings liegt der ehemalige „Operationssaal“ nicht nur sprichwörtlich im Schatten des mächtigen **Shard London Bridge**. Die **Southwark Cathedral**, die übrigens eine Zeitlang gar als Bäckerei und Schweinestall zweckentfremdet wurde, erinnert daran, dass Southwark der älteste Londoner Vorort ist, dessen Geschichte bis in das Mittelalter zurückreicht. Direkt an ihre Südseite angrenzend befindet sich der *Borough Market*, dessen Besuch man nicht versäumen sollte. Nur einen Steinwurf weit entfernt liegt, eingekeilt zwischen modernen Bauten, eine maßstabsgetreue Rekonstruktion von Sir Francis Drakes Flaggschiff **Golden Hinde** vor „Anker“. Neben den Ruinen des Winchester Palace lädt das **Clink Prison Museum** zu einem schaurigen Gefängnisbesuch ein. Noch ein paar Häuser weiter widmen sich der *Anchor Pub* und das **Vinopolis** angenehmeren, bier- bzw. weinseligeren Facetten des Lebens. Weiter geht es auf dem Thames Path: Auf der anderen Seite der Southwark Bridge kann man sich in dem originalgetreu wieder aufgebauten **Shakespeare's Globe Theatre** über das Schaffen des großen Dramatikers informieren. Ein Eldorado für Kunstfreunde ist die **Tate Gallery of Modern Art**, die ihre Schätze in einem riesigen, 1981 stillgelegten Kraftwerk präsentiert, das an seinem hundert Meter hohen Schornstein schon von Weitem zu erkennen ist. Wer abschließend noch in Richtung St Paul's Cathedral schlendern will, kann das nördliche Themseufer über die von Lord Norman Forster entworfene *Millennium Bridge* erreichen. Für 14 Millionen Pfund entwarf das renommierte Architektenbüro nach mehr als hundert Jahren erstmals wieder eine neue Brücke über die Themse, die sich zudem rühmen darf, nur für Fußgänger zugänglich zu sein. Die technischen Probleme, die aufgrund starker Schwankungen zu einer Schließung der Brücke führten, sind inzwischen glücklicherweise behoben. Wer will, kann anschließend auch mit dem *Tate Boat* auf der Themse zur Tate Britain fahren.

Southwark und The Borough → Karte S. 228/229

Sehenswertes

Design Museum: Seit 1989 befindet sich das weltweit erste Design Museum in einem einstigen Lagerhaus mit einer hell leuchtenden Fassade. In der Dauerausstellung wird die Bedeutung des Design für die industrielle Massenfertigung vom Kinderstuhl über Rollstühle bis hin zur Waschmaschine und Kaffeekanne veranschaulicht. Wechselausstellungen ergänzen das Konzept. Manche Entwürfe können im Museumsshop, dem ein Café angegliedert ist, erworben werden. Im gleichen Gebäude befindet sich zudem das Blueprint Café – designed by Museumsgründer Sir Terence Conran –, das einen tollen Blick auf die Tower Bridge bietet. Hinweis: Im Laufe des Jahres 2015 zieht das Design Museum in den Stadtteil Kensignton.

Butlers Wharf, Shad Thames, SE1 2 YD. Ⓤ Tower Hill. Tgl. 10–17.45 Uhr. Eintritt £ 11, erm. £ 10 bzw. £ 7. www.designmuseum.org.

City Hall: Das 2002 von Lord Norman Foster (von wem auch sonst?) entworfene Rathaus von London ist ein elliptischer Glasbau, der je nach Phantasie und Blickwinkel ein wenig an Darth Vaders Helm oder einen gläsernen, ins Rutschen geratenen Wackelpudding erinnert. Die futuristische Form soll dazu dienen, die Gebäudeoberfläche zu verkleinern und dadurch die Energieeffizienz zu erhöhen. Sehenswert ist vor allem die 500 Meter lange Wendeltreppe, die sich im Inneren zum Ratssaal hinaufwindet.

Tooley Street, SE1. Ⓤ Tower Hill. Mo–Fr 8–17.30 Uhr. Eintritt frei! www.london.gov.uk/gla/city_hall.

HMS Belfast: Direkt neben der Tower Bridge liegt Europas einziger, noch existierender Zerstörer aus dem Zweiten Weltkrieg vor Anker. Die 1938 gebaute „HMS Belfast“ war beim Kampf um das deutsche Schlachtschiff Scharnhorst beteiligt und bis zum Ende des Korea-Krieges aktiv im Einsatz. Das 187 Meter lange schwimmende Museum mit neun Decks kann von der Admiralsbrücke bis hinunter in den Maschinenraum erkundet werden und vermittelt einen authentischen Eindruck vom Leben auf einem Kriegsschiff, der durch Filmvorführungen und Tondokumente ergänzt wird.

Wenn der Doktor mit der Säge kommt

Denkt man an die hygienischen und technischen Rahmenbedingungen, die im Old Operating Theatre herrschten, läuft einem noch immer ein Schauer über den Rücken. Und dies, obwohl der Operationssaal sicherlich den Anforderungen der damaligen Zeit entsprach. Bis zu seiner Schließung im Jahre 1862 wurden alle Operationen ohne jegliche Betäubung durchgeführt. Stand eine Beinamputation bevor, so wurde das Blut des Patienten in einer bereitstehenden Sägemehlkiste aufgefangen. Durchschnittlich benötigten die Ärzte für eine Amputation eine Minute. Da die Patienten die Schmerzen kaum aushielten, wurden sie vorsichtshalber auf dem Operationstisch mit Lederriemen festgeschnallt und von kräftigen Helfern niedergedrückt. Um die anderen Patienten des St Thomas's Hospital nicht durch die Schreie der Operierten zu verschrecken, richtete man den OP in dem benachbarten Kirchturm ein. Die Erfolgsquote war übrigens beachtlich: Rund 70 Prozent aller Patienten überlebten die Operation, die meisten Todesfälle traten infolge einer bakteriellen Infektion ein.

Einst Kriegsschiff, heute Museum – HMS Belfast

Morgan's Lane, Tooley Street, SE1. Ⓤ Tower Hill. Tgl. 10–18 Uhr, im Winter nur bis 17 Uhr. Eintritt £ 14, erm. £ 11.20, Kinder unter 16 Jahre frei! www.iwm.org.uk.

Winston Churchill's Britain at War Museum: Die Nächte, als Hitlers Flugzeuge ihre Bombenteppiche über der englischen Hauptstadt abwarfen, sind vielen Londonern als traumatisches Erlebnis in Erinnerung geblieben. In Winston Churchill's Britain at War Museum wird die düstere Atmosphäre der Kriegsjahre anschaulich zum Leben erweckt. Eingestimmt von zeitgenössischer Musik und Radioshows, reist der Besucher mit dem „Aufzug" in die vierziger Jahre, wo er sich durch Gasmasken, Notunterkünfte und Bombenangriffe den Weg in die rettende Freiheit bahnen muss.

66 Tooley Street, SE1. Ⓤ London Bridge. Tgl. 10–17 Uhr, im Winter bis 16.30 Uhr. Eintritt £ 14, erm. £ 7.50 bzw. £ 5.50. www.britainatwar.co.uk.

London Dungeon: Unter dem Bogen einer Eisenbahnbrücke hat sich der London Dungeon, ein modernes Horrorkabinett, als beliebte Touristenattraktion etabliert. Die Glorifizierung von Folter, Schmerz und Tod mutet allerdings recht seltsam an. Die mittelalterliche Geschichte Englands wird mit all ihren schlimmen Ereignissen in Lebensgröße dargestellt: Thomas Becket liegt in einer Blutlache vor dem Altar, eine Familie wird von der Pest dahingerafft, auf Lanzen gespießte Köpfe „grüßen" die Besucher. Dass auch Jack the Ripper nicht fehlen darf, versteht sich fast von selbst. Wie steht es in einem Prospekt der Veranstalterfirma: „It's bizarre! It's British!" Neueste Errungenschaft ist die audiovisuelle Darstellung des „Fire of London". Für Kinder unter zehn Jahren ist von einem Besuch abzuraten, auch wenn sie in Begleitung eines Erwachsenen Zutritt hätten.

28–34 Tooley Street, SE1. Ⓤ London Bridge. Tgl. 10.30–18.30 Uhr, im Winter nur bis 17.30 Uhr. Eintritt £ 24, erm. £ 18.60. www.thedungeons.com.

Old Operating Theatre and Herb Garret: Es handelt sich hier nicht etwa um ein altertümliches Studiotheater, sondern um den einzigen noch erhaltenen

Southwark und The Borough → Karte S. 228/229

historischen Operationssaal Englands. Inmitten des „Theaters" steht ein karger Operationstisch, der von Zuschauerrängen umgeben ist. Hier saßen die angehenden Ärzte, die so praxisnah an ihre späteren Aufgaben herangeführt werden konnten. Den benachbarten Dachstuhl der Kirche nutzten die Apotheker zum Trocknen und Lagern von Heilkräutern. Kurioserweise wurde der Operationssaal vergessen und erst 1956 wiederentdeckt.

St Thomas Street, SE1. Ⓤ London Bridge. Tgl. 10.30–17 Uhr. Eintritt £ 6, erm. £ 5 bzw. £ 3.50. www.thegarret.org.uk.

Shard London Bridge: Die schlanke, pyramidenähnliche Silhouette des 310 Meter hohen Hochhauses mit seiner Glasfassade dominiert seit 2012 das Südufer der Themse. Der Entwurf stammt von dem Stararchitekten *Renzo Piano*, der die technischen Einrichtungen in die oberen Etagen verlagert hat. Das Gebäude beherbergt neben 44 Aufzügen mehrere Restaurants, ein 5-Sterne-Hotel (Shangri-La) sowie eine Aussichtsplattform in der 72. Etage, die neben einem Panoramablick über London den unschlagbaren Vorteil bietet, dass man von hier aus den gigantischen Wolkenkratzer nicht sieht ...

32 London Bridge Street, SE1. Ⓤ London Bridge. Die Aussichtsplattform öffnet im Februar 2013, Tickets sollen £ 24.95 bzw. erm. £ 18.95 kosten. www.the-shard.com. bzw. www.theviewfromtheshard.com.

Southwark Cathedral

Southwark Cathedral: Nahe der London Bridge erhebt sich die Southwark Cathedral. Obwohl das baufällige Mittelschiff der Kathedrale vor einem Jahrhundert durch einen „originalgetreuen" Neubau ersetzt werden musste, hat sich das Gotteshaus seine mittelalterliche Aura bewahren können. Genau genommen ist es bereits die vierte Kirche an dieser Stelle. Einer Legende zufolge erbaute im 7. Jahrhundert ein reicher Fährmann das erste Gotteshaus. Zweihundert Jahre später erneuerte *St Swithun*, seines Zeichens Bischof von Winchester, den Bau und erweiterte ihn durch ein Augustinerkloster. Am Anfang des 13. Jahrhunderts zerstörte ein Feuer das Gotteshaus; 1220 begannen die Bauarbeiten für eine neue Kirche, die zusammen mit der Westminster Abbey als der älteste gotische Kirchenbau in London gilt. In der Kathedrale erinnert eine Gedenktafel an *John Harvard*, den Gründer der Bostoner Harvard University (USA). Harvard wurde 1607 in Southwark geboren und in der damaligen St Saviour's Church (heute Southwark Cathedral) getauft.

Tgl. 10–18 Uhr. Ⓤ London Bridge.

Golden Hinde: Sieht man die Golden Hinde auf ihrem Trockendock liegen, so kann man sich schwer vorstellen, dass *Sir Francis Drake* mit einem Schiff von solch bescheidenen Ausmaßen von 1577 bis 1580 die Welt umsegelt hat und als erfolgreichster Freibeuter der englischen Geschichte zurückkehrte. Die ursprüngliche Golden Hinde ist zwar längst verrottet, doch haben sich ein paar Enthusiasten zusammengefunden, um Drakes Flaggschiff originalgetreu nachzubauen. Diese Golden Hinde ist übrigens alles andere als ein reines Museumsschiff: Seit ihrem Stapellauf im Jahre 1973 hat sie mehr als 100.000 Seemeilen zurückgelegt, wobei sie mehrfach als authentische Filmkulisse genutzt wurde. Nicht nur Kinder sind von einer Erkundung des „Piratenschiffs" begeistert. Die Lebensbedingungen auf diesem Schiff waren katastrophal und nur mit eiserner Disziplin ließ sich eine Besatzung von 60 Mann über Jahre hinweg auf einem Schiff wie der Golden Hinde zusammenhalten. Nur Drake besaß eine eigene Kajüte mit einem Bett, der einfache Matrose schlief auf den kahlen Deckplanken.

Cathedral Street, SE1. Ⓤ London Bridge. Tgl. 10–18 Uhr. Eintritt £ 7, erm. £ 5. www.goldenhinde.com.

Clink Prison Museum: In dem kleinen Gefängnis der Bischöfe von Winchester, das aus einem mittelalterlichen Kerker namens „Clink" hervorging, wurden seit dem 15. Jahrhundert vor allem Prostituierte, Schuldner und randalierende Betrunkene inhaftiert. 1780 aufgelöst, fand die dem deutschen „Knast" entsprechende Bezeichnung *clink* Eingang in die Umgangssprache. Eine Besichtigung des Gefängnisses vermittelt einen Eindruck von der trostlosen Situation der Inhaftierten.

Clink Street, SE1. Ⓤ London Bridge. Tgl. 10–18 Uhr, Sa und So bis 21 Uhr. Eintritt £ 7, erm. £ 5.50. www.clink.co.uk.

Vinopolis: Die erst 1999 eröffnete „Stadt des Weines" lädt mit Hilfe audiovisueller Medien zur Entdeckung der Weinkultur ein. Ausgerüstet mit einem Audioguide, schlendert der Besucher durch zwanzig themenorientierte Ausstellungsräume. Im Eintrittspreis sind fünf Weinverkostungen enthalten, wobei man aus mehr als 200 Weinen auswählen darf. Zeitgenössische Kunst wird in der *Hess Collection* gezeigt.

1 Bank End, SE1. Ⓤ London Bridge. Tgl. 12–18 Uhr, an manchen Tagen bis 21 Uhr Eintritt ab £ 21 (mit Weinprobe). www.vinopolis.co.uk.

Shakespeare's Globe Theatre: Mythen leben bekanntlich lang. Im Fall von William Shakespeares legendärem *Globe Theatre* wurden sie nach einem jahrhundertelangen Dämmerschlaf unverhofft wieder zum Leben erweckt: Das erste, 1599 errichtete *Globe Theatre* brannte schon 1613 während einer Aufführung des Dramas „Heinrich VIII." bis auf die Grundmauern nieder. Innerhalb von nur einem Jahr wieder aufgebaut, fiel das Theater 1642 wie alle anderen Bühnen Londons der puritanischen Sittenstrenge zum Opfer. Jahrhundertelang blieb nur die Erinnerung an *Shakespeare's Globe Theatre*. Erst durch die unermüdliche Initiative des amerikanischen Schauspielers und Regisseurs Sam Wanamaker kamen in den neunziger Jahren des 20. Jahrhunderts so viele Spendengelder zusammen, dass heute nur wenige Meter vom ursprünglichen Standort entfernt wieder eine weiß verputzte Rekonstruktion von Shakespeares berühmten *Globe Theatre* auf Besucher wartet. Die drei Ränge und der Innenhof bieten Platz für rund 1500 Zuschauer; Theateraufführungen finden wie zu Shakespeares Zeiten von Mitte Mai bis Mitte September bei Tageslicht unter freiem Himmel statt, die Schauspieler agieren vor einem minimalistischen Bühnenbild, der Schauplatz eines Dramas wird einzig durch die Magie der Worte beschworen. Übrigens: Essen und Trinken ist ausdrücklich erlaubt.

Southwark und The Borough → Karte S. 228/229

The Globe – perfekte Rekonstruktion

Die dem Theater angegliederte *Shakespeare's Globe Exhibition* bietet eine Einführung in die Geschichte des elisabethanischen Theaters. Ein Café und ein Restaurant sorgen für das leibliche Wohl.

New Globe Walk, Bankside, SE1. Ⓤ Mansion House. Von Mai bis Sept. tgl. außer So 9–12.30, im Winter tgl. 10–17 Uhr. Eintritt £ 13.50, erm. £ 12 bzw. £ 8. www.shakespearesglobe.com.

Tate Gallery of Modern Art: Keine Frage: Die Tate Gallery of Modern Art ist eine „Kathedrale der Modernen Kunst", atemberaubend und faszinierend zugleich. Dies liegt – abgesehen von den faszinierenden Kunstwerken – an dem wuchtigen Backsteingebäude, in dem das Museum residiert. Es handelt sich um das ehemalige Kraftwerk der Bankside Power Station, das von *Sir Giles Gilbert Scott* – dem Erfinder der roten Telefonhäuschen – errichtet wurde. Rund 134 Millionen Pfund kostete der vom Schweizer Architektenbüro Herzog & de Meuron entworfene Umbau, durch den nicht nur die moderne Kunst der Tate Gallery endlich den ihr zustehenden Platz erhielt, sondern der es nun auch London ermöglicht, endlich in der gleichen Liga zu spielen wie New York mit seinem Museum of Modern Art und Paris mit dem Centre Pompidou. Bis auf einen zweistöckigen Glasaufbau, der die Proportionen des Gebäudes positiv beeinflusste, blieb das einstige Kraftwerk äußerlich unverändert, denn Jacques Herzog und Pierre de Meuron sind überzeugte Vertreter einer sinnlich-rationalen Moderne (für ihren Entwurf erhielten sie den renommierten Pritzker-Preis für Architektur). Die Dimensionen sind wahrhaft gewaltig: Allein die Haupthalle der Tate Gallery of Modern Art ist 160 Meter lang und 30 Meter hoch. Hinzu kommen weitere Ausstellungsräume mit einer Raumhöhe von bis zu zwölf Metern. Somit können moderne, überdimensional große Skulpturen und Kunstwerke, die in ehemaligen Industriehallen oder Lofts entstanden sind, angemessen präsentiert werden. Insgesamt steht eine Gesamtfläche von 34.000 Quadratmetern mit 14.000 Quadratmetern für Sammlungen zur Verfügung. Über eine

Rampe werden die Besucher in den Bauch des Museums geleitet. Zu besichtigen sind Kunstwerke aus dem 20. Jahrhundert, beispielsweise von Monet, Picasso, Matisse, Duchamp, Dalí, Moore, Beckmann, Francis Bacon, Max Ernst, Giacometti, Roy Lichtenstein und Andy Warhol. Die Kunstwerke sind thematisch gruppiert: Im dritten Stock befinden sich *Poetry and Dream* sowie *Material Gestures*, zu denen auch sechs Gemälde von Gerhard Richter gehören; der derzeit bekannteste lebende deutsche Künstler ist sogar mit einem eigenen Raum vertreten. Einen zwölf Meter hohen Beuys-Raum mit dem *Rudel* gilt es ebenfalls zu bewundern. Im fünften Stock erwarten den Kunstinteressierten *Energy and Process* sowie *States of Flux* mit diverser Pop-Art. Hinzu kommen im vierten Stock hochkarätige Wechselausstellungen sowie ein Skulpturengarten. Zum Gesamtkonzept gehören auch ein Restaurant (siebter Stock) und die größte Kunstbuchhandlung Londons.

Da man mit derzeit rund fünf Millionen Besucher pro Jahr an die Kapazitätsgrenzen kommt, ist geplant, bis zum Jahr 2016 für mehr als 200 Millionen Pfund einen wiederum von Herzog & de Meuron entworfenen pyramidenförmigen Erweiterungsbau zu errichten, durch den auch die ehemaligen Öltanks

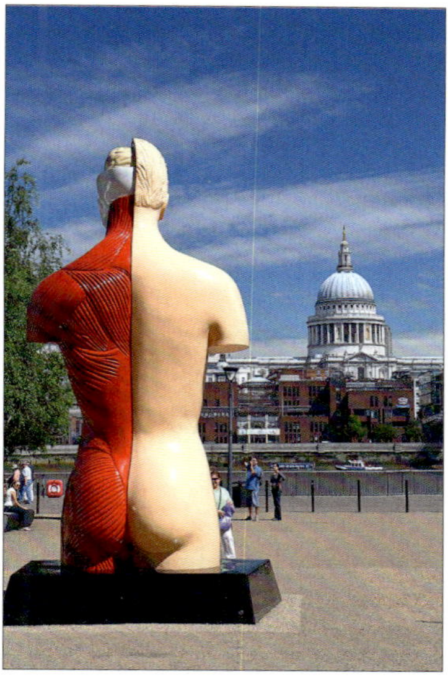

Blick von der Tate Modern auf St Paul's

genutzt werden, so dass sich die Ausstellungsfläche um sechzig Prozent vergrößern wird.

Bank Side, SE1. Ⓤ Mansion House oder Southwark. Tgl. 10–18 Uhr, Fr und Sa 10–22 Uhr. Eintritt frei! Sonderausstellungen £ 14, erm. £ 12 bzw. £ 10. Kostenlose Führungen tgl. um 11, 12, 14 und 15 Uhr. www.tate.org.uk.

Praktische Infos

→ Karte S. 228/229

Essen und Trinken

Cantina Vinopolis 4, im stimmungsvollen Backsteingewölbe wird anspruchsvolle Küche im Modern-European-Style serviert. Lecker ist die Entenbrust auf Linsen. Mit Menüs zu £ 25.95 und £ 29.95 ist das Preisniveau allerdings recht hoch angesiedelt. Vorzügliche Weinauswahl. Sonntagabend geschlossen. 1 Bank End, SE1, ✆ 020/79408333. www.vinopolis.co.uk. Ⓤ London Bridge.

Blueprint Café 12, im ersten Stock des Design Museums gelegen, bietet das Blueprint Café viel für das Auge. Wundervoll ist die offene Terrasse mit Blick auf die Tower Bridge! Glücklicherweise enttäuschen auch die Leistungen des Küchenchefs nicht, der seine Gäste in Modern-British-Manier verwöhnt. Zwei-Gang-Menü zu £ 12.50, drei Gänge zu £ 18, abends £ 18 und £ 23 (12,5 % *Service charge*). Sonntagabend geschlossen. Achtung: Nach dem Umzug des Design Museums im Jahr 2015 schließt das Restaurant eventuell. Butlers Wharf, SE1, ✆ 020/73787031. www.blueprintcafe.co.uk. Ⓤ Tower Hill.

Butlers Wharf Chop House 9, ebenfalls ein durchgestyltes Conran-Restaurant, ge-

The George: Pub unter Denkmalschutz

kocht wird allerdings ziemlich traditionell. Wie wäre es einmal mit *Steak Kidney Pudding*? Schön sitzt man auf der Straßenterrasse direkt über der Themse. Recht preisgünstig ist das Bar Set Menu zu £ 12 und £ 15, im Restaurant kostet ein zweigängiges Menü beachtliche £ 23, ein dreigängiges Menü £ 27.50. 12,5 % *Service charge*. Butlers Wharf, SE1, ✆ 020/74033403. www.chophouse-restaurant.co.uk. Ⓤ Tower Hill.

Cantina del Ponte **10**, nur ein paar Meter weiter werden anspruchsvolle italienische Gerichte mit orientalischen Einschlag serviert. Pizzen und Pasta zwischen £ 10.50 und £ 14, günstig sind die Mittagsmenüs für £ 18.95 (2 Gänge) bzw. £ 22.95 (3 Gänge), hinzu kommen noch jeweils 12,5 % *Service charge*. Schöne Straßenterrasse mit Blick auf die Themse. Butlers Wharf, SE1, ✆ 020/74035403. www.cantinadelponte.co.uk. Ⓤ Tower Hill.

Wagamama **3**, angenehmes Flair mit einfachen Bänken unter einem Gewölbe, serviert werden japanische Nudelgerichte in zahlreichen Variationen, beispielsweise als Suppe zu annehmbaren Preisen (Hauptgerichte £ 8–11). Riverside, SE1, ✆ 020/70210877. www.wagamama.com. Ⓤ London Bridge.

»» **Mein Tipp:** **Fish!** **6**, der Name ist Programm! Das in einem Glaspavillon untergebrachte Restaurant hat sich ganz dem Fisch verschrieben. Wer will, darf sich zwischen 17 verschiedenen Fischarten entscheiden, die nach Wunsch entweder gedünstet oder gegrillt und mit einer Sauce nach Wahl serviert werden (£ 12.95–19.95), Beilagen kosten extra. Straßenterrasse mit Blick auf die Kathedrale. Cathedral Street, SE1, ✆ 020/74073803. www.fishkitchen.com. Ⓤ London Bridge. ««

Wright Brothers **7**, eine weitere gute Adresse beim Borough Market, um frischen Fisch und Austern im stimmungsvollen Rahmen zu essen. Hauptgerichte ab £ 9. Sonntag Ruhetag. 11 Stoney Street, SE1, ✆ 020/74039554. www.thewrightbrothers.co.uk. Ⓤ London Bridge.

The Anchor **2**, das relativ große Pub befindet sich an einem historischen Ort. Bereits vor mehreren hundert Jahren soll hier ein *Public House* gestanden haben, in dessen Hinterzimmern sich ein paar leichte Mädchen um das Wohl der Gäste kümmerten … Das heutige Gebäude wurde um 1770 errichtet. Im Sommer sitzt man auf der großen Terrasse mit Blick auf die Themse. 34 Park Street, SE1, ✆ 020/74071577. Ⓤ London Bridge.

The George Inn **11**, das ehrwürdige Pub aus dem 17. Jahrhundert mit seinen doppelstöckigen hölzernen Galerien ist eine Londoner Institution und gehört dem National Trust. Bereits Chaucer, Johnson und Dickens haben hier gezecht. Im Sommer sitzt man im großen Innenhof. 77 Borough High Street, SE1, ✆ 020/74072056. Ⓤ Borough oder London Bridge.

Tate Modern Café and Restaurant 1, die Tate Modern ist ein so grandioses Gebäude, dass man keineswegs versäumen sollte, das zugehörige Restaurant im siebten Stock zu besuchen. Durch die durchgehende Fensterfront bietet sich eine atemberaubende Aussicht auf St. Paul's, die Themse und die Skyline von London. Entweder man trinkt nur einen Kaffee oder setzt sich in das Restaurant, das sich auf eine anspruchsvolle internationale Küche versteht, wobei das gehobene Preisniveau der einzigartigen Location geschuldet ist. Nur mittags sowie Freitag- und Samstagabend geöffnet. Bank Side, SE1, ✆ 020/74015020. Ⓤ Southwark.

Shopping

Borough Market 8, seit dem 13. Jahrhundert urkundlich bezeugt, findet unter einer viktorianischen Eisenkonstruktion unweit der Southwark Cathedral jeweils donnerstags (11–17 Uhr), freitags (12–18 Uhr) und samstags (9–16 Uhr) ein bunter Obst- und Gemüsemarkt mit viel Flair statt. Spätestens seitdem Jamie Oliver in seinen Fernsehsendungen medienwirksam über den Markt spaziert ist, kommen Feinschmecker aus der ganzen Stadt hierher, um sich je nach Saison die besten Produkte herauszupicken – der Markt wird um einen Glasbau erweitert, leider haben auch die Preise erheblich angezogen. Viele Ökoprodukte! Wer will, kann gleich vor Ort das Angebot der 70 Stände probieren. Jeden dritten Samstag im Monat dehnt sich das Spektakel zum größten Londoner Bauernmarkt aus. www.boroughmarket.org.uk. Ⓤ London Bridge. ■

Bermondsey (New Caledonian) Market 13, jeden Freitag von 5–14 Uhr werden auf dem Bermondsey Square Antiquitäten und diverser Nippes feilgeboten. Die besten Schnäppchen macht man in den frühen Morgenstunden. Ⓤ London Bridge.

Hay's Galleria 5, die ehemalige Werftanlage ist vor ein paar Jahren in ein kleines, aber feines Einkaufszentrum mit Restaurants, Cafés und Boutiquen verwandelt worden. Ⓤ London Bridge.

Auf dem Borough-Market gibt es zahlreiche Imbiss-Stände

Southwark und The Borough → Karte S. 228/229

London Eye: Panoramablick auf London

Tour 14: Lambeth und Southbank

Durch die Eröffnung zahlreicher Museen, Kinos und Theater hat das Südufer der Themse erheblich an Attraktivität gewonnen. Bei einem gemütlichen Spaziergang entlang der Uferpromenade kann man das faszinierende Panorama der britischen Metropole genießen.

Die sich westlich der Blackfairs Bridge erstreckende Southbank geht südlich der Waterloo Station in den Stadtteil Lambeth über. Eine Besiedlung des Themseufers erfolgte erst relativ spät, da sich in diesem Bereich ein großes Sumpfgebiet erstreckte. Die namengebende Residenz der Erzbischöfe von Canterbury und die benachbarte Kirche St Mary-at-Lambeth blieben lange Zeit die einzigen markanten Bauten. Verkehrstechnisch relevant war die *horse ferry* von Lambeth; bis ins 19. Jahrhundert hinein war sie die einzige Fähre, mit der Pferde über die Themse transportiert werden konnten; ihre Bedeutung verlor sie erst durch den Bau der Westminster Bridge.

Infolge des Bombenterrors wurden im Zweiten Weltkrieg zahlreiche Häuser auf der Southbank zerstört, so dass die Bevölkerung von 50.000 Einwohnern zur Zeit der Jahrhundertwende auf 4000 in den frühen siebziger Jahren zurückging. In städtebaulicher Hinsicht eröffnete dies andererseits die Möglichkeit, auf dem zentrumsnahen Areal mit dem *Royal National Theatre*, der *Queen Elizabeth Hall*, der *Hayward Gallery* und dem *National Film Theatre* eine Art Kulturmeile zu schaffen, die mittags zur beliebten Joggingstrecke für die Angestellten aus den umliegenden Büros mutiert. Ähnlich bedeutende Kultureinrichtungen hat Lambeth kaum zu bieten, allerdings ist das Viertel in die

Musikgeschichte eingegangen. Das in den dreißiger Jahren aufgeführte Musical „Me and My Girl" blieb vor allem aufgrund eines schwungvollen Songs, des „Lambeth Walk", in Erinnerung, bei dem die Tänzer ihren Daumen ruckartig nach hinten über die Schulter bewegen.

Spaziergang

Die Tour führt größtenteils auf dem *Thames Path* direkt am Themseufer entlang, so dass man vom Autoverkehr unbehelligt bleibt. Als markanter Ausgangspunkt dient der schlank aufragende *Oxo Tower*; der architektonisch überaus ansprechende Bau aus den zwanziger Jahren wurde im Auftrag einer Firma für Suppenbrühwürfel errichtet, die, um ein Verbot für großflächige Werbung zu umgehen, ihren Firmennamen in die Fassade des Turms

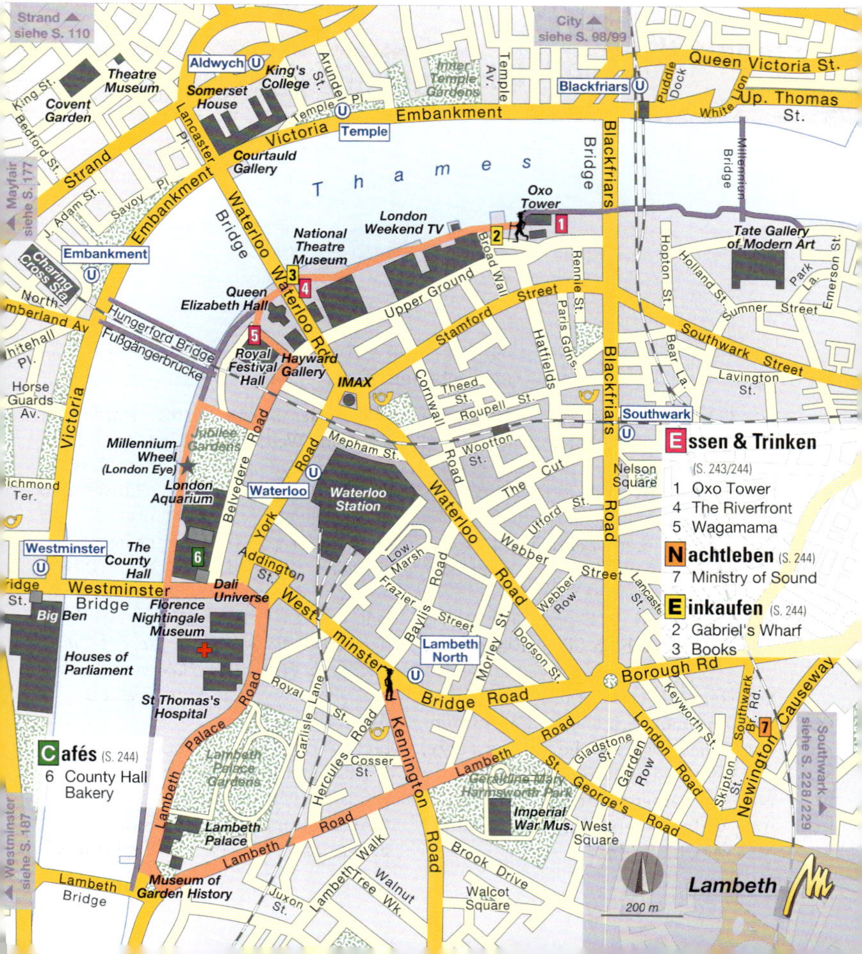

Das National Theatre sorgt für ein buntes Programm

integrieren ließ. Wer Lust hat, kann mit dem Aufzug in den achten Stock fahren und von der frei zugänglichen Aussichtsterrasse einen Blick auf das nördliche Themseufer werfen. *Gabriel's Wharf* ist bekannt für eine bunte Ansammlung von Restaurants, Bars, Künstlern und Kunsthandwerkern. Ein paar Schritte weiter westlich bietet das *National Film Theatre* anspruchsvolle Kinokost. Wer spektakuläre Perspektiven vorzieht, sollte eine Vorführung im *IMAX-Kino* besuchen: Das zweihundert Meter weiter in Richtung Waterloo Station gelegene Kino rühmt sich, die größte Leinwand Europas zu besitzen. Das Royal National Theatre, das zusammen mit der Queen Elizabeth Hall und der Hayward Gallery ein abschreckendes Beispiel für die Betonarchitektur der fünfziger und sechziger Jahre darstellt, ist mit 3400 Zuschauerplätzen das größte Theater Londons. Aufgeführt werden qualitativ anspruchsvolle Inszenierungen moderner und klassischer Stücke. Musikfans können auch bei Sonnenuntergang zur Waterloo Bridge hinaufsteigen und im Gedenken an die Kinks deren wohl größten Hit „Waterloo Sunset" intonieren. Pünktlich zu den Feierlichkeiten zum Jahr 2000 wurde neben den Jubilee Gardens das nicht zu übersehende London Eye aufgestellt. In der repräsentativen County Hall, dem einstigen Sitz der Londoner Stadtverwaltung, befinden sich das **London Aquarium**. Auf der anderen Seite der Westminster Bridge Road erhebt sich der moderne Komplex des St Thomas's Hospital, in dessen Untergeschoss auch das **Florence Nightingale Museum** untergebracht ist. Weiter in südlicher Richtung läuft man entlang einer Parkanlage, die wie das Lambeth Palace zur offiziellen Londoner Stadtresidenz der Erzbischöfe von Canterbury gehörte. Das benachbarte **Museum of Garden History** widmet sich liebevoll der Gartenbaukunst, während das **Imperial War Museum** die militärischen Konflikte, in die England und das Commonwealth seit 1914 verwickelt waren, anschaulich dokumentiert. Das Museum ist in einem ehemaligen Hospital für „Geisteskranke, Wahnsinnige und Melancholiker" untergebracht, das unter dem verballhornten Namen „Bedlam" in früheren Jahrhunderten als kuriose Sehenswürdigkeit für Besucher geöffnet war. Zu den Patienten gehörte übrigens auch die Mutter von *Charlie Chaplin*, der im benachbarten Stadtteil Kennington aufwuchs.

Sehenswertes

Hayward Gallery: Die 1968 eröffnete Galerie bietet der modernen Kunst ein respektables Forum. Einen festen Fundus gibt es nicht, dafür werden mehrmals im Jahr anspruchsvolle Wanderausstellungen gezeigt.

SE1. Ⓤ Queen Walk, Waterloo oder Embankment. Tgl. 10–18 Uhr, Fr 10–22 Uhr. Eintritt je nach Ausstellung £ 8–11, erm. £ 6–10. www.southbankcentre.co.uk.

London Eye: Auf der Suche nach neuen Attraktionen für die Millenniumsfeierlichkeiten durfte anscheinend auch ein Riesenrad nicht fehlen. Dass es sich bei dem 135 Meter hohen Riesenrad um das größte Europas (ehedem der Welt) handelt, versteht sich dabei fast schon von selbst. Auf der rund 30-minütigen Fahrt mit dem „London Eye" erheben sich die gläsernen Gondeln im Zeitlupentempo über die britische Metropole. Ein phantastischer Panoramablick ist garantiert! Pro Jahr werden mit dem Riesenrad 3,5 Millionen Fahrgäste transportiert. Achtung: Tickets vorab per Telefon oder im Internet bestellen!

Jubilee Gardens, SE1. Ⓤ Westminster oder Waterloo. Tgl. 10–20 Uhr, im Sommer bis 21.30 Uhr. Fahrtkosten £ 18.90, erm. £ 15 bzw. £ 9.90. Tickets: ✆ 08705000600 bzw. www.ba-londoneye.com.

London Aquarium: Das London Aquarium bietet einen faszinierenden Einblick in die Unterwasserwelt. In den verschiedenen Sektionen des Aquariums werden die für die jeweiligen Meere (Atlantik, Pazifik und Indischer Ozean) typische Flora und Fauna vorge-

London Eye: Mit der Glasgondel geht es hinauf

Lambeth und Southbank → Karte S. 239

Farbenrausch am Themse-Ufer

stellt. Ein Korallenriff, Mangrovensümpfe und ein Becken mit tropischem Süßwasser dürfen selbstverständlich nicht fehlen.

Manch einer verbringt vor den Glasscheiben gar Stunden im stummen Dialog mit dem Meeresgetier. Die größte Attraktion sind natürlich die Haifische im Pazifikbecken, bei Kindern besonders beliebt ist ein Bassin mit Rochen, die sich bereitwillig streicheln lassen.

County Hall, Riverside Building, SE1. Ⓤ Westminster oder Waterloo. Tgl. 10–18 Uhr, Fr und Sa bis 19 Uhr. Eintritt £ 19.80 erm. £ 14.40. www.londonaquarium.co.uk.

Florence Nightingale Museum: Es gibt wohl kaum jemanden, der in den sechziger Jahren geboren und im Englischunterricht nicht mit der Lebensgeschichte von Florence Nightingale (1820–1910) konfrontiert wurde. Das St Thomas's Hospital ist der richtige Ort für ein Florence Nightingale Museum, denn hier gründete Florence 1860 die weltweit erste professionelle Schule zur Ausbildung von Krankenschwestern (noch heute werden die Schwestern des St Thomas's Hospital *Nightingales* genannt). Geprägt durch ihre schrecklichen Erfahrungen während des Krimkrieges (1854–1856), widmete sich die „Lady with the Lamp" der Schulung von Krankenschwestern, da sie miterleben musste, dass viele verwundete britische Soldaten nur infolge der mangelhaften medizinischen Versorgung dahingerafft wurden. Die engagierte Tochter aus bürgerlichem Hause wurde zu einer der aktivsten Fürsprecherinnen für eine Reform und Verbesserung des Gesundheitswesens.

2 Lambeth Palace Road, SE1. Ⓤ Westminster oder Waterloo. Tgl. 10–17 Uhr. Eintritt £ 5.80, erm. £ 4.80. www.florence-nightingale.co.uk.

Museum of Garden History: Das in einer Kirche aus dem 17. Jahrhundert untergebrachte Museum beschäftigt sich ausführlich mit der englischen Gartenkultur, die viele zukunftsweisende Anregungen durch den englischen Hofgärtner John Tradescant und dessen gleichnamigen Sohn erhielt. Beide machten sich um die Aufzucht exotischer Pflanzen verdient. Hinter der Kirche gilt es, einen kleinen, gepflegten Kräutergarten zu entdecken. Pflanzenbücher und -samen werden im Museumsshop verkauft, im Museumscafé kann man sich Tee, Kaffee und Kuchen schmecken lassen.

Lambeth Road, SE1. Ⓤ Westminster, Waterloo oder Vauxhall. Tgl. 10.30–17Uhr, Sa bis 16 Uhr. Eintritt £ 7.50, erm. £ 3. www.gardenmuseum.org.uk.

Imperial War Museum: Man sollte sich von den vielen Kampfflugzeugen, Raketen und Kanonen im Erdgeschoss nicht abschrecken lassen, denn das Imperial War Museum ist sicherlich das anspruchsvollste Kriegsmuseum in London. Untergebracht in einer ehemaligen Nervenheilanstalt, wird hier die Geschichte des britischen Militärs seit dem Ersten Weltkrieg festgehalten. U-Boote, Panzer, Flugzeuge, Kanonen, Uniformen, Schlachtendarstellungen usw. können besichtigt werden. Filmvorführungen zeigen das Kriegsmaterial im Einsatz. Didaktisch sehr gut konzipiert sind die Ausstellungen zu den beiden Weltkriegen und „The Age of the Total War“. Eine technische Meisterleistung ist „The Blitz Experience“, ein simulierter Bomben- bzw. Raketenangriff auf London, bei dem sogar der Boden bebt. Ebenfalls sehr eindrucksvoll ist die Szenerie „The Trench Experience“, die eine authentische Vorstellung vom Leben und Sterben in den Schützengräben während des Ersten Weltkrieges vermittelt.

Im Jahr 2000 wurde die Dauerausstellung „The Holocaust Exhibition“ eröffnet, für die bei großem Andrang ein spezielles, zeitlich begrenztes Ticket (keine zusätzlichen Kosten) am Eingang erworben werden muss. In eindrucksvoller, ergreifender Weise werden die Schrecken und der Terror der Nazizeit bis zum finalen Holocaust aus unterschiedlichen Perspektiven erleuchtet (Fotos, Filme und dokumentarische Augenzeugenberichte von Überlebenden). Im Zentrum der Ausstellung seht ein Modell des Vernichtungslagers Auschwitz-Birkenau, an dem anschaulich erklärt wird, welches Schicksal 2000 ungarischen Juden aus Berehovo im Mai 1944 widerfuhr. Aufgrund der eindringlichen Darstellung des Holocaust ist ein Besuch erst für Jugendliche ab 16 Jahren zu empfehlen. Ebenfalls sehenswert ist eine Ausstellung über Genozid und ethnisch bedingte Gewalt, in deren Mittelpunkt ein 30-minütiger Film über den Völkermord in Armenien, Kambodscha, Ruanda und Bosnien steht.

Lambeth Road, SE1. Ⓤ Waterloo oder Elephant & Castle. Tgl. 10–18 Uhr. Eintritt frei! www.iwm.org.uk.

Praktische Infos

→ Karte S. 239

Essen und Trinken

Oxo Tower **1**, das Restaurant sowie die ebenfalls im achten Stock des Oxo Towers untergebrachte Brasserie bieten einen wundervollen Panoramablick auf das nördliche Ufer der Themse. Der einzige Haken des Restaurants: Der schöne Blick belastet die Reisekasse mit mindestens £ 20 für ein Hauptgericht, eine Reservierung ist dennoch empfehlenswert. Günstiger speist man in der benachbarten Brasserie. Oxo Tower Wharf, Barge House Street, SE1, ✆ 020/78033888. www.harveynichols.com/oxo-tower-london. Ⓤ Southwark.

The Riverfront **4**, direkt unter der Waterloo Bridge bietet das ehemals zum MOMI (Museum of the Moving Image) gehörende Restaurant eine gute Auswahl an Salaten, warmen Mittagsgerichten (£ 11 bis £ 17.50) und Kuchen. Ausgesprochen lecker sind der gegrillte Lachs in Pfeffersoße oder die Thaicurrys. Zudem reizt der Blick auf die Themse. Straßenterrasse. Tgl. ab 10 Uhr geöffnet. Riverside Walk, SE1. www.riverfrontbarandkitchen.com. Ⓤ Waterloo.

Wagamama 5, ebenfalls bei der Waterloo Bridge betreibt die japanische Noodle-Bar eine Filiale. Günstige Gerichte im coolen Ambiente. Straßenterrasse. Direkt neben ein paar anderen Ketten wie Strada oder Giraffe. Tgl. ab 12 Uhr geöffnet. Riverside Walk, SE1. Ⓤ Waterloo.

››› Lesertipp: **County Hall Bakery 6**, eine herrliche Adresse für alle Freunde von Kuchen und vor allem Muffins, befand Birgit Kohl. Bei gutem Wetter gibt es vor der Tür frische Crêpes. Straßenterrasse. Tgl. 7–19 Uhr. Riverside Building, Belvedere Road (auf der Rückseite der County Hall), London SE1, ✆ 02076330129. www.bbbakerycountyhall.com. Ⓤ Westminster oder Waterloo. ‹‹‹

Ministry of Sound 7, zählt unter Insidern zu den besten Londoner Discos. An den Plattentellern stehen die bekanntesten DJs aus Großbritannien und Amerika. Zwei Tanzflächen. Mi ab 22 Uhr, Fr ab 22.30 Uhr, Sa ab 23 Uhr geöffnet. Eintritt ab £ 15. 103 Gaunt Street, SE1, ✆ 020/77408600. www.ministryofsound.com. Ⓤ Elephant & Castle.

Shopping

Gabriel's Wharf 2, eine unkonventionelle Mischung aus Kunsthandwerkern, alternativen Boutiquen und Restaurants hat sich in unmittelbarer Nachbarschaft zum Oxo Tower niedergelassen. Tgl. außer Mo 11–18 Uhr. www.gabrielswharf.co.uk. Ⓤ Southwark.

Books 3, direkt unter der Waterloo Bridge haben sich ähnlich wie in Paris an der Seine ein paar Bouquinisten niedergelassen. Im Angebot finden sich Bücher zu Literatur, Geschichte, Kino und Theater. Ⓤ Waterloo.

Brixton

Brixton wurde bereits vor mehr als tausend Jahren erstmals urkundlich erwähnt. Allerdings fristete das Dorf jahrhundertelang ein unbedeutendes Dasein, erst als im Zuge der Industrialisierung eine Eisen- und eine Straßenbahnverbindung nach London in Betrieb genommen wurden, entwickelte sich Brixton zu einem prosperierenden Vorort.

Um die Jahrhundertwende galt Brixton als ein Wohnviertel für die aufstrebende Mittelklasse; vornehme Kaufhäuser wie das Bon Marché wurden eröffnet und Einkaufspassagen gebaut; die „Electric Avenue" war 1882 eine der ersten Einkaufsstraßen mit elektrischer Beleuchtung. In der noch immer existierenden *Brixton Academy* gaben sich die Showgrößen der dreißiger Jahre ein Stelldichein. Das florierende Theater-, Musik und Kommerzleben ging in den Bomben des Zweiten Weltkrieges unter. Das Viertel verarmte zusehends. Zu den bekanntesten Persönlichkeiten, die in jenen Jahren in Brixton aufwuchsen, zählen der als David Bowie bekannt gewordene David Jones und der ehemalige englische Premierminister John Major – Majors Eltern lebten in einer Zweizimmerwohnung in der Coldharbour Lane 144. In den fünfziger Jahren zogen dann zahlreiche Immigranten aus der Karibik in die heruntergekommenen Häuser von Brixton, wodurch sich die Atmosphäre des Vororts nachhaltig veränderte. Weltberühmt wurde die Marktstraße „Electric Avenue", die *Eddie Grant* in den frühen achtziger Jahren musikalisch verewigte. Das direkte Nebeneinander von Schwarz und Weiß führte in der Ära Thatcher zu politischen Spannungen, die sich 1981 in einem spektakulären Aufstand entluden; in den Jahren 1985 sowie 1995 (*christmas riots*) folgten zwei weitere blutige Straßenschlachten. Hauptauslöser für die Unruhen waren die hohe Arbeitslosenquote und der von den regierenden Konservativen betriebene Sozialabbau. Geradezu prophetisch erscheint da der 1979 von *The Clash* veröffentlichte Song „The Guns of Brixton". Gesungen und geschrie-

Gabriel's Wharf

ben wurde das Lied vom The-Clash-Bassisten Paul Simonon, der in Brixton aufgewachsen war und daher die sozialen Spannungen und Konflikte im Stadtviertel aus eigener Erfahrung kannte.

Wer Interesse hat, das multikulturelle Flair von Brixton einmal hautnah zu erleben, muss nur mit der *Victoria Line* zur Endhaltestelle fahren und schon befindet man sich gewissermaßen „mitten" in der Karibik. Die Marktstände und -arkaden liegen allesamt in unmittelbarer Nähe der Tube Station. Gewarnt sei vor Taschendieben, zudem sind Touristen, die ihre Kamera zücken, alles andere als gern gesehen.

Lambeth und Southbank → Karte S. 239

Praktische Infos

Franco Manca, nette Pizzeria inmitten des überdachten Brixton Market. Da nur wenige Sitzplätze zur Verfügung stehen, ist das Lokal schnell voll. Pizzen zwischen £ 7 und £ 9. Mi–So nur bis 17 Uhr geöffnet. 4 Market Row, SW9, ✆ 020/77383021. www.francomanca.co.uk. Ⓤ Brixton.

Satay Bar, auf den ersten Blick glaubt man, es sei eine Bar, aber es handelt sich um ein ungewöhnlich eingerichtetes indonesisches Restaurant. Hauptgerichte ca. £ 5–8. Ausgezeichnet sind die *fruit cocktails*. 447 Coldharbour Lane, SW9, ✆ 020/73265001. www.sataybar.co.uk. Ⓤ Brixton.

Brixton Market, der in und um ein paar altertümliche, gläserne Passagen stattfindende Markt ist in ganz London bekannt für sein vielfältiges Angebot an vergleichsweise günstigen Lebensmitteln aus Afrika und der Karibik. Zudem werden auch ein paar farbenprächtige Stoffe und anderer diverser Nippes und Devotionalien verkauft. Während aus den Boxen Reggae-Musik dröhnt, offerieren Reisebüros Billigflüge nach Jamaika oder Ghana. Mittwochnachmittag und Sonntag geschlossen. SW9. www.brixtonmarket.net. Ⓤ Brixton.

Graffitikunst im East End

Tour 15: East End

Das East End ist die Heimat der Cockneys. Aber auch die Hugenotten, Iren, Juden und Pakistanis haben hier ihre erste Heimstätte gefunden. Inzwischen gilt das einstige Armenviertel im Londoner Osten mit den angrenzenden Stadtteilen Shoreditch und Hoxton als Londoner Szeneviertel.

Bereits aus dem Mittelalter gibt es Berichte über Elendsquartiere, die sich dicht an dicht in den Sümpfen außerhalb von Aldgate drängten. Im Zeitalter der industriellen Revolution waren es vor allem irische Immigranten, Fabrikarbeiter und Hafenarbeiter, die in den Slums des East End eine billige Unterkunft fanden. Auch die Frauen arbeiteten täglich zwölf Stunden für einen Hungerlohn an den Webstühlen. Tausende lebten unterhalb des Existenzminimums. Es kam dabei sogar zu blutigen Krawallen, weil die Londoner Handwerker glaubten, die irischen Einwanderer schnappten ihnen mit Dumpinglöhnen Aufträge weg. Im Jahre 1870 wurden im Londoner Osten 600.000 Menschen gezählt. Zumeist lebten ganze Familien in einem einzigen Zimmer ohne Wasseranschluss, von sanitären Einrichtungen ganz zu schweigen. In der Hochphase der Industrialisierung lag im East End die durchschnittliche Lebenserwartung bei sechzehn Jahren; 55 Prozent aller Kinder starben, bevor sie das fünfte Lebensjahr erreicht hatten! Häufig wurden die Babys von ihren Müttern verkauft, um die hungrige Familie mitsamt dem trunksüchtigen Ehemann zu versorgen. Seither war die Tendenz steigend, Arbeitslosigkeit, Armut und Alkoholismus gehörten jedoch weiterhin zum Alltag im East End. Angesichts dieser Zustände verwundert es nicht, dass die von *Wil-*

liam Booth gegründete Heilsarmee 1878 in Whitechapel mit ihrer Missionsarbeit begann und 1888 dort das erste Nachtasyl für Obdachlose eröffnet wurde – „In Darkest England and the Way Out" war der Titel seiner erfolgreichsten Kampfschrift. Booth folgte dem Beispiel von *Thomas Barnardo*, einem Arzt, der sich seit langem mit Erfolg für das Wohl der Straßenkinder engagiert hatte. Der Anarchist *John Henry Mackay* hielt das Leben im Viertel mit drastischen Worten fest: „Das East End ist die Hölle der Armut. Wie ein ungeheuerlicher, schwarzer, unbeweglicher, gigantischer Krake liegt dort die Armut Londons in lauerndem Schweigen und umschlingt mit seinen mächtigen Tentakeln das Leben und den Reichtum der City und des West Ends." Der amerikanische Schriftsteller *Jack London* hüllte sich 1902 in zerlumpte Klamotten, um eine authentische Reportage über „The People of the Abyss" zu schreiben: „Das East End war [...] eine Steinwüste von Schmutz und Elend. Hier und da torkelte ein Mann oder eine Frau betrunken über den Bürgersteig, und die Luft war vergiftet von Zank und Streit. Auf dem Markt wühlten gebrechliche alte Männer und Frauen im Abfall nach verfaulten Kartoffeln, Bohnen und Gemüse, während kleine Kinder wie Fliegen um einen Haufen fauliges Obst schwärmten und die Arme bis zu den Schultern in der glitschigen Fäulnis versenkten, aus der sie ab und zu ein halbverfaultes Stückchen hervorzerrten, das sie gierig verschlangen."

Zwischen 1880 und 1940 ließen sich mehr als 130.000 osteuropäische Juden in diesem Viertel nieder. Das East End wurde zum Zentrum einer prosperierenden jüdischen Gemeinde mit Druckereien, koscheren Metzgereien und zahlreichen Synagogen. Zeitweise lebten 90 Prozent aller jüdischen Einwanderer Großbritanniens zwischen Whitechapel und Spitalfields. Als Oswald Mosley, der Führer der englischen Faschisten, am 4. Oktober 1936 mit knapp 2000 seiner Schwarzhemden durch die

East End → Karte S. 248/249

Straßen des East End zog, stellten sich ihm rund 100.000 Gegendemonstranten entgegen, die Barrikaden errichteten und den Schlachtruf der Spanischen Republikaner skandierten: „They shall not pass." Es kam zum Battle of Cable Street, der als eine der größten Straßenschlachten in die Geschichte Londons einging. Mosley und die Polizei, die ihn unterstützte, um das Recht auf freie Meinungsäußerung zu schützen, mussten eine empfindliche Niederlage einstecken.

Auch in den letzten Jahrzehnten ist es gelegentlich zu Ausschreitungen von Rechtsradikalen gekommen; diese richteten sich allerdings nicht mehr gegen die zunehmend kleiner werdende jüdische Gemeinde, sondern gegen die Einwanderer aus Indien und Bangladesch, die seit den fünfziger Jahren im East End heimisch geworden sind. 1999 explodierte in der Brick Lane sogar eine Nagelbombe – die krankhafte Tat eines Einzelnen. Viele Asiaten arbeiten weit unter dem Mindestlohn und ohne jegliche soziale Absicherung in der Textilbranche. In Hinterhöfen und alten Lagerhallen nähen sie modische Hemden und Sweatshirts, die dann für teures Geld in noblen Boutiquen verkauft werden. Doch auch die Haute Couture ist in „Bangla Town" zu Hause: Ende der neunziger Jahre eröffnete der früh verstorbene Modedesigner *Alexander McQueen* in der Rivington Street sein Atelier. Grafikdesigner und coole Kneipen kamen hinzu, und innerhalb kürzester Zeit stiegen die Immobilienpreise erheblich.

Die Gentrifizierung des East End ist noch nicht vollendet, denn das Viertel gilt noch immer als hip, Neugierige und Touristen kommen inzwischen in Scharen. Optisch ist die Umgestaltung des Spitalfields Market durch Norman Fosters Architekturbüro nur der Anfang, doch werden sicherlich weitere Veränderungen nicht ausbleiben.

Verwaltungstechnisch gehören der Londoner Osten zum Borough Tower Hamlets mit dem Stadtteil Spitalfields sowie zum Borough of Hackney mit den trendigen Stadtteilen Hoxton und Shoreditch, die im Insider-Jargon als „Hoxditch" bezeichnet werden.

Spaziergang

Für die Londoner Mittel- und Oberschicht zählt das East End bis heute zur Terra incognita. Am bekanntesten sind natürlich die Märkte des East End, so dass sich für eine Erkundung des Viertels vor allem der Sonntag empfiehlt.

Die Liverpool Street Station ist die Schnittstelle zwischen der City und dem East End. Das Zentrum der Hochfinanz ist nur wenige hundert Meter von Sozialwohnungen und bengalischen Bäckereien entfernt, doch klaffen zwischen den beiden Stadtteilen Welten. Direkt vor der Liverpool Street Station steht ein Denkmal für die „Children of the Kindertransport", das daran erinnert, dass Großbritannien 1938 und 1939 mehr als 10.000 jüdische Kinder aufgenommen hat, die in Deutschland, Österreich und der Tschechoslowakei vom Tod bedroht waren. Nur drei Fußminuten vom Bahnhof und der gleichnamigen Tube Station entfernt, befindet sich in der Middlesex Street der *Petticoat Lane Market*, dessen Tradition als Gebrauchtkleidermarkt von jüdischen Händlern begründet wurde. Ebenfalls recht sehenswert ist der *Spitalfields Market*, der bereits 1682 als Obst- und Gemüsemarkt erwähnt wurde und sich bis 1991 in seinem heutigen spätviktorianischen Gebäude befand. Mehr als zehn Jahre lang waren die Hallen dann für einen bunten, alternativen Markt bekannt, der allerdings durch die Umgestaltung der Spitalfields viel von seiner Atmosphäre eingebüßt hat. Zwei Drittel der Markthallen wurden abgerissen und durch einen modernen Glasbau ersetzt, in den Boutiquen und Restaurantketten eingezogen sind, zudem hat man anlässlich der Olympischen Spiele 2012 den *Olympic Records Walk* im Boden eingelassen. In der Fournier

East End → Karte S. 248/249

Street steht das Pub „The Ten Bells", das früher „Jack the Ripper Pub" hieß, weil das letzte Opfer des berüchtigten Frauenmörders rund um die Kneipe auf Kundenfang ging. Die Fournier Street führt direkt auf die Brick Lane zu. Direkt an der Straßenecke erhebt sich die *Brick Lane Jamme Masjid* – die bekannteste Londoner Moschee, die 1743 als hugenottische Kirche errichtet wurde, bietet Platz für bis zu 3000 Menschen. Die ehemalige Hauptschlagader des jüdischen Ghettos wird im Volksmund längst „Bangla Town" genannt. Union Jacks flattern neben der grünroten Fahne Bangladeschs und von den viktorianischen Backsteinfassaden hallt indische Musik wider. Überall findet man Curry und Balti Houses. Bärtige Männer in knielangen Hemden, weißen Hosen und muslimischen Gebetskappen (*Kufi*) schlurfen aus der Moschee. Auch die Straßenschilder sind in Englisch und Bangali ausgewiesen. Monica Ali hat in ihrem Roman „Brick Lane" die Welt der Immigranten eindrucksvoll geschildert. Da das Bildungsniveau der rund 150.000 in London lebenden Bangladescher ziemlich gering ist, arbeiten sie vorwiegend als Köche oder Hilfskräfte.

Das Gebäude von Trumans Black Eagle Brewery erinnert noch an die einst so zahlreichen Brauereien des Viertels. Die 1989 geschlossene Black Eagle Brewery galt Ende des 19. Jahrhunderts als die größte Brauerei der Welt. Heute haben sich auf dem Areal Technoclubs und alternative Cafés niedergelassen, überall gibt es Essstände sowie zahlreiche Vintage-Stores entlang der Straße. Keine Frage: Der Zeitgeist ist eingezogen, obwohl es noch immer viele verwilderte Grundstücke und zugemüllte Brachflächen gibt. Nördlich der Eisenbahnunterführung erstreckt sich der *Brick Lane Market*. Wer noch nicht genug Marktluft geschnuppert hat, kann am Sonntag noch ein Stück weiter nördlich zu dem bereits in Hoxton gelegenen *Columbia Road Market* spazieren, der längst zum Geheimtipp fürs schöne Shopping geworden ist. Sollte sich der

Graffiti und Street Art

Wer mit offenen Augen durch die Brick Lane und die angrenzenden Straßenzüge streift, kann an den Häuserfassaden, Toren und in den Hinterhöfen zahlreiche bunte Graffitis entdecken. Graffitis finden sich zwar in jeder Großstadt, aber das Londoner East End ist schon seit langem für seinen Reichtum an künstlerisch ansprechender Street Art bekannt. Zu den Vorreitern gehören King Robbo und Banksy, dessen oft mit politischen Botschaften verbundene Schablonen-Graffiti inzwischen als Klassiker gelten. Andere Street-Art-Künstler wie Stik mit seinen Strichmännchen haben sich erst in den letzten Jahren die Fassaden „erobert".

Street Art gilt als Weiterentwicklung und künstlerisch aussagekräftiger Zweig einer Graffiti-Bewegung, die längst der jugendlichen Subkultur entwachsen ist. Oft werden nicht nur Backsteinmauern sowie Türen und Fenster, sondern auch Mülleimer und Stromkästen in die Kunstwerke integriert. Die bunten Spraybilder gelten längst nicht mehr als illegale, anarchische Schmierereien, sondern als Kunst im öffentlichen Raum, die mit ihrer Botschaft nicht nur einen privilegierten Personenkreis erreicht. Wobei die Behörden da oft anderer Meinung sind und beispielsweise 2007 das berühmte Banksy-Bild mit John Travolta und Samuel L. Jackson wegputzen ließen. Touren bietet: www.streetartlondon.co.uk/tours.

Straßenschilder auf Englisch und Bengali

Hunger zu Wort melden, so muss man nicht lange suchen: In der Brick Lane herrscht an indischen und bengalischen Restaurants kein Mangel. Lohnend ist auch ein Abstecher zum **Geffrye Museum** im Stadtteil Shoreditch (20 Minuten zu Fuß).

Die **Whitechapel Art Gallery** bietet anspruchsvolle moderne Kunst; die Galerie liegt an der Whitechapel Road, der Hauptverkehrsader des East End. Die Whitechapel Art Gallery ist Teil eines ganzen Netzes von Galerien und Ateliers, das sich um die rund 1500 Künstler, die im East End arbeiten, gebildet hat. Auf einem Gelände zwischen der Whitechapel Road und der Fieldgate Street stehen eine alte Synagoge und die *East London Mosque* einträchtig nebeneinander. Wer sich für einen Besuch des **Bethnal Green Museum of Childhood** interessiert, nimmt am besten die Tube nach Bethnal.

Sehenswertes

Geffrye Museum: Das sehenswerte Museum ist die einzige Attraktion im Londoner Stadtteil Shoreditch. Untergebracht in einem 1714 errichteten Armenhaus samt modernem Erweiterungsbau, führt das Museum den Wandel der bürgerlichen Wohnkultur von der elisabethanischen Zeit bis in die Gegenwart vor Augen. Holzgetäfeltes neben innovativem Design. Zudem werden immer wieder sehenswerte Sonderausstellungen gezeigt.

Kingsland Road, E2. Ⓤ Liverpool Street und dann mit dem Bus Nr. 67, Nr. 149 oder Nr. 242 bzw. Hoxton (London Overground). Tgl. außer Mo 10–17 Uhr, So erst ab 12 Uhr. Eintritt frei! www.geffrye-museum.org.uk.

Whitechapel Art Gallery: Gewissermaßen als künstlerische Entwicklungshilfe für das East End wurde 1899 die Whitechapel Art Gallery ins Leben gerufen. Seit ein paar Jahrzehnten übt die von C. H. Townsend im Jugendstil errichtete Galerie mit ihren Wechselausstel-

East End → Karte S. 248/249

Ein Mann namens Jack the Ripper

Die fünf Morde, die sich 1888 im Londoner East End ereigneten, gehören zu den mysteriösesten und grausamsten Fällen der englischen Kriminalgeschichte. Der erste Mord geschah am 31. August, als eine Prostituierte in einer nebeligen Nacht verstümmelt aufgefunden wurde. Im East End standen damals Mord und Totschlag auf der Tagesordnung, so dass diese Tat noch kein großes Aufsehen erregte. Erst als am 8. September erneut eine Prostituierte unter den gleichen Umständen ums Leben kam, breiteten sich Angst und Schrecken aus, die dadurch noch gesteigert wurden, dass der Mörder in einem mit „Jack the Ripper" unterschriebenen Brief an eine Londoner Zeitung weitere Morde ankündigte. In der Nacht vom 30. September ereigneten sich die nächsten beiden Morde. Ihren Höhepunkt erreichte die schreckliche Serie am 9. November: Die junge, hübsche Prostituierte Mary Jane Kelly wurde in ihrem Zimmer in der Hanbury Street vollkommen zerstückelt aufgefunden, ihre Eingeweide waren über den Fußboden verteilt. Danach brach die Mordserie unvermittelt ab. Wer „Jack the Ripper" war, konnte nie aufgeklärt werden.

Es gab zwar einen großen Kreis von Verdächtigen, zu denen auch der Duke of Clarence gezählt wurde, da sich der homosexuelle Sohn von Edward VII. bekanntlich in den einschlägigen Lokalitäten des East End herumtrieb. Zwei der Hauptverdächtigen kamen kurze Zeit nach dem letzten Mord unter tragischen Umständen ums Leben, was das abrupte Ende der Serie erklären könnte.

lungen zeitgenössischer Kunst aber eine große Ausstrahlungskraft auf die Londoner Kulturszene aus. Kein Geringerer als David Hockney präsentierte dort 1970 erstmals seine Werke einem größeren Publikum. Die Kuratoren nutzen die Whitechapel Art Gallery als Sprungbrett für die große Karriere: Nicholas Serota wurde beispielsweise Gründungsdirektor der Tate Gallery of Modern Art. Im Jahre 2009 wurde die Gallery mit dem Gebäude der benachbarten Passmore Edwards Library zusammengelegt, so dass die Ausstellungsfläche um 50 Prozent erweitert werden konnte.

80 Whitechapel High Street, E1. Ⓤ Aldgate East. Di–So 11–18 Uhr, Do bis 21 Uhr. Eintritt frei! www.whitechapel.org.

Bethnal Green Museum of Childhood: Weniger ein Museum zum Thema Kindheit als eine antiquierte Spielzeugausstellung mit Puppenhäusern, Schaukelpferden und Teddybären. Sehenswert an sich sind die Ausstellungsräume; die verglaste Halle aus Ziegeln und Gusseisen („Brompton Boilers") beherbergte einst das Victoria und Albert Museum in Kensington, bevor die Halle im East End wiedererrichtet wurde.

Cambridge High Street, E1. Ⓤ Bethnal. Tgl. außer Fr 10–17.45 Uhr. Eintritt frei! www.museumofchildhood.org.uk.

Praktische Infos

→ Karte S. 248/249

Essen und Trinken

Fifteen **4**, wenn der englische Kultkoch Jamie Oliver („The Naked Chef") ein Restaurant betreibt, dann stellen sich die Gäste quasi von alleine ein, zudem unterstützt man eine soziale Idee: Denn Jamie Oliver beschäftigt arbeitslose Jugendliche und bildet sie hier aus, außerdem kommen alle Gewinne einer Stiftung zugute. Die Trattoria im Erdgeschoss bietet ausgezeichnete italienische Küche, leckere Nudelgerichte (ab £ 12) oder Hauptgerichte wie Seeteufel auf Linsen. Auf die Rechnung kommen allerdings noch 12,5% *Service charge*. Wer will, kann ab 7.30 Uhr auch frühstücken. Etwas anspruchsvoller ist das im Untergeschoss gelegene Restaurant (Mittagsmenüs ab £ 24), für das man allerdings telefonisch reservieren sollte (✆ 0871/3301515). 15 Westland Place, N1, ✆ 020/72513909. www.fifteen.net. Ⓤ Old Street.

››› Mein Tipp: St John Bread & Wine 31, wie der Name schon andeutet, stehen in dem schlicht gestylten Szenelokal Brot und ausgesuchte französische Weine (günstige Mitnahmepreise) im Mittelpunkt. Das Restaurant öffnet bereits zum Frühstück, mittags und abends gibt es klassische englische Küche auf hohem Niveau, die sich am saisonalen Angebot orientiert und auch vor Innereien nicht zurückschreckt. Vorspeisen £ 6–10, Hauptgerichte £ 11–17. Tgl. 9–23 Uhr, Sa ab 10 Uhr, So 10–22.30 Uhr geöffnet. 94–96 Commercial Street, E1, ✆ 020/72510848. www.stjohnbreadandwine.com. Ⓤ Liverpool Street. ‹‹‹

Vaijante 1, dieses Restaurant im ehemaligen Bezirksrathaus von Bethnal Green liegt nicht gerade zentral, aber der Weg lohnt sich! Der El-Bulli-Schüler Nuno Mendes brennt hier ein wahres Feuerwerk an Aromen und Texturen ab, Molekularküche auf hohem Niveau (ein Michelin-Stern), täglich wechselnde Karte, für alle Freunde von „Gerösteter Pastinake mit Zwiebel, Trüffel und Trüffelpaste" und „Eismeergarnelen mit Krustentierbisqué und gefrorener Mayonnaise". Drei-Gang-Mittagsmenü £ 35, sechs Gänge £ 65, neun Gänge £ 80, inkl. korrespondierender Weine £ 53, £ 115 und £ 145. Patriot Square, E2, ✆ 020/78710461. www.viajante.co.uk. Ⓤ Bethnal Green.

Laxeiro 2, am Ende des Blumenmarktes in der Columbia Road gelegen, bietet das spanische Restaurant eine große Auswahl an Tapas (£ 3–9), besonders lecker sind die *Patatas Bravas* (£ 3.95). Sonntagabend und Montag sowie von 15–19 Uhr geschlossen. 93 Columbia Road, E2, ✆ 020/77291147. www.laxeiro.co.uk. Ⓤ Shoreditch.

Café Naz 34, die Brick Lane ist seit langem das Curry-Zentrum im Londoner Osten. He-

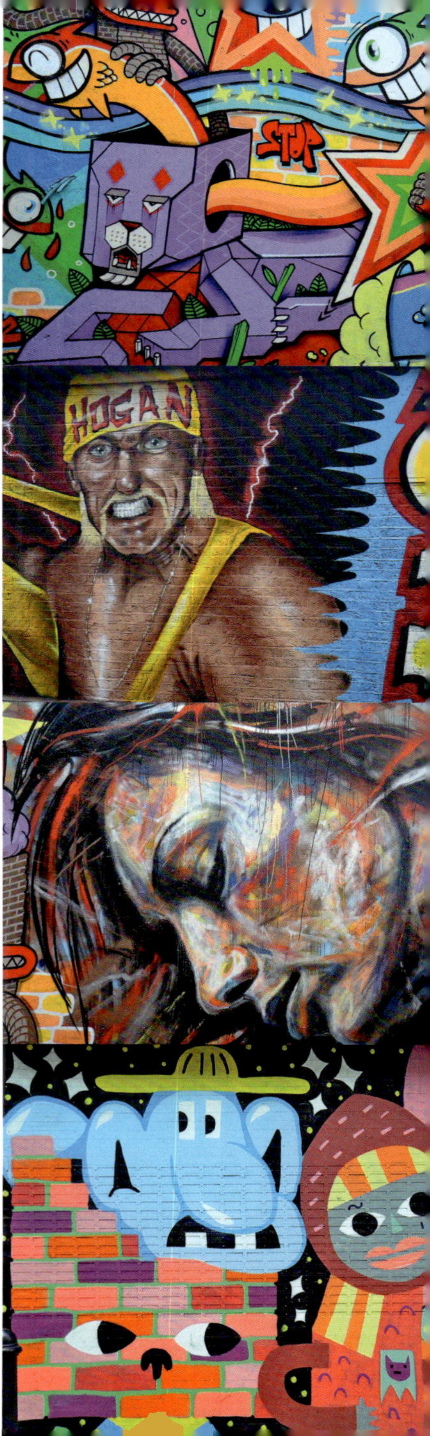

rausragend ist das Café Naz, das sich der zeitgenössischen Küche Bangladeschs verschrieben hat. Als Vorspeise empfiehlt sich *Chicken tikka* (£ 3.95) und anschließend *Palak lamb* (Lamm mit Spinat) für £ 8.25. Samstagmittag geschlossen. 46 Brick Lane, E1, ✆ 020/72470234. www.cafenaz.co.uk. Ⓤ Aldgate East.

Nazrul 28, nur ein paar Häuser entfernt, findet sich das älteste Curry House der Brick Lane (1971 gegründet). Leckere Vorspeisenplatte (£ 3.50 pro Person), Hauptgerichte zwischen £ 5 und £ 9! Den Wein zum Essen bringt man sich selber mit. 128 Brick Lane, E1, ✆ 020/ 72472505. Ⓤ Aldgate East.

Bengal Village 27, keine Frage: die Brick Lane liegt im Trend. Dementsprechend verändert sich auch das Design der bengalischen Restaurants, so auch im Falle des Bengal Village. Glücklicherweise ist die Küche unverändert gut geblieben und beim *Tandoori mixed grill* für £ 11.95 bekommt man von allem etwas. Viele vegetarische Gerichte! 75 Brick Lane, E1, ✆ 020/72470234. www.bengalvillage.com. Ⓤ Aldgate East.

››› **Mein Tipp:** **Rosa's** 29, hinter der roten Fassade verbirgt sich ein kleines Thairestaurant im zeitgenössischen Ambiente. Freundlicher Service, ansprechende Küche, die sich vom üblichen Einerlei unterscheidet, so beim hervorragenden *Gaeng Gari Gaeh*, einem dicken, sämigen, gelben Curry mit Lammkotelett, dazu es statt Reis ein Pitta bread. Hauptgerichte £ 6.50–10.50. Kein Ruhetag. 12 Hanbury Street, E1, ✆ 020/ 72471093. www.rosaslondon.com. Ⓤ Liverpool Street. ‹‹‹

Pubkultur: Ten Bells

Tayyabs 35, pakistanisches Restaurant in einem zum Designerrestaurant verwandelten ehemaligen Pub. Ausgezeichnetes Preis-Leistungs-Verhältnis, weshalb auch viele Moslems des nahen muslimischen Zentrums vorbeikommen. Zu empfehlen ist das würzige *Karahi Chicken*. Abends ist eine Reservierung ratsam. Tgl. 12–24 Uhr. 83 Fieldgate Street, E1, ✆ 020/ 72476400. www.tayyabs.co.uk. Ⓤ Whitechapel.

Ten Bells 33, das bereits 1753 gegründete Pub wurde berühmt, weil hier ein Opfer von Jack the Ripper das letzte Mal lebendig gesehen wurde. Heute trifft sich hinter den großen Fensterscheiben vor allem ein junges Publikum. Die Atmosphäre ist locker, die Stimmung gut. Man sitzt auf einfachen Holzstühlen oder abgewetzten Ledersofas und trinkt Bier, sogar Becks ist im Angebot. Tgl. 12–24 Uhr, Do–Sa bis 1 Uhr. 84 Commercial Street, E1, ✆ 020/73661721. Ⓤ Liverpool Street.

Whitechapel Gallery Dining Room 36, das zur Whitechapel Gallery gehörende Restaurant bietet eine ansprechende Küche (*Modern European*) mit starkem mediterranem Einschlag, allerdings sitzt man relativ eng neben den anderen Gästen. Hauptgerichte rund £ 15. 77–82 Whitchapel High Street, E1, ✆ 020/75227896. www.whitechapelgallery.org/dining-room. Ⓤ Aldgate East.

Blind Beggar 30, dem traditionsreichen Pub sieht man heute kaum mehr an, dass sich hier einst die Londoner Unterwelt traf. Am 9. März 1966 erschoss Ronny Cray, der „König" des East End, seinen Widersacher George Cornell, weil er ihn „fat poof" genannt hatte, wofür er anschließend lebenslänglich ins Gefängnis wanderte. 337 Whitechapel Road, E1, ✆ 020/72476195. www.theblindbeggar.com. Ⓤ Whitechapel.

››› **Mein Tipp:** **E. Pellicci** 7, dieses 1905 gegründete „Caff" mit seinen Art-déco-Interieur steht seit 2005 unter Denkmalschutz. Es befindet sich noch immer in Familienbesitz. Hier verkehrte schon die Londoner Halbwelt

Alternativkultur: Café 1001

wie die Krays, aber auch Künstler wie Gilbert & George. Quasi eine Institution für alle, die schon morgens ein „Full Englisch Breakfast" genießen möchten und ihren Kaffee nicht bei Starbucks oder Costa, sondern in einem fast museal-vertäfelten Ambiente trinken wollen. Hauptgerichte um £ 8. Sonntag Ruhetag. 332 Bethnal Green Road, E2, ✆ 020/77394873. Ⓤ Bethnal Green. ⋘

Albion **14**, die angesagte Frühstücksadresse in Shoreditch. Eine nette Mischung zwischen Bäckerei, englischer Feinkost und einem „Caff" mit großen Tischen im Retrodesign. Serviert wird typisch englisches *Caff food*. Die Straßenterrasse ist mit roten Metallstühlen bestuhlt. WLAN. 12,5 % *Service charge*. Tgl. 8–23 Uhr geöffnet. 2-4 Boundary Street, E2, ✆ 020/77291051. www.albioncaff.co.uk. Ⓤ Liverpool Street.

Rivington Grill **10**, eine durchgestylte Adresse für die Liebhaber moderner britischer Küche, wobei Fleisch- und Fischgerichte die Speisekarte dominieren. Lecker ist *Smocked Makarel, Samphire and Cucumber Pickle with Potato Salad*. Gehobenes Preisniveau. 28–30 Rivington Street, EC1, ✆ 020/77297053. www.rivingtongrill.co.ok. Ⓤ Old Street.

Kick **8**, die ultimative Kneipe für Fußballfans und die Freunde von Tischfußball. Etwas schrulliges Ambiente, dafür kann man sich am Kicker austoben. Straßenterrasse. 126 Shoreditch High Street, E1. www.cafekick.co.uk. Ⓤ Liverpool Street.

Pinchito Tapas **15**, dieses spanische Tapas-Restaurant präsentiert sich im Industriedesign mit unverputzten Wänden. Die traditionellen Tapas (£ 2.50–7) sind gut gewürzt und nicht überteuert. Mo–Fr 8–24 Uhr, Sa ab 17 Uhr. 32 Featherstone Street, EC1, ✆ 020/74090121. www.pinchito.co.uk. Ⓤ Old Street.

Kahaila Café **18**, der alternative Gegenentwurf zu Starbucks: Ein herrliches Café mit Holzdielen und leckeren, selbst gebackenen Kuchen. Don't miss it! Mo–Fr 7–19 Uhr, Sa und So 9–23 Uhr. 135 Brick Lane, E1. http://kahaila.com/cafe. Ⓤ Aldgate East.

Café 1001 **26**, in einem kleinen Seitenhof der Brick Lane (Dry Lane) bietet das ungewöhnliche Café auch leckere (Bio-) Snacks und kleine Speisen. In der riesigen Kneipe, die im hinteren Teil an einen Club erinnert, legen oft auch DJs auf, zudem gelegentlich Livemusik. Bei schönem Wetter sitzt man auf Bänken im Hof. Tgl. 6–24 Uhr, So bis 23.30 Uhr. 91 Brick Lane, E1, ✆ 020/72479679. www.cafe1001.co.uk. Ⓤ Aldgate East. ■

Big Chill Bar **24**, ein paar Häuser weiter im gleichen Hof stößt man gleich auf die nächste coole Bar zum Chillen. Viel Szene-

East End → Karte S. 248/249

publikum, zum Essen gibt es kleine Snacks. Überdachte Straßenterrasse. Tgl. 12–24 Uhr, Fr und Sa bis 1 Uhr, So ab 11 Uhr. 91 Brick Lane, E1, ✆ 020/72479679. www.bigchill.net. Ⓤ Aldgate East.

Vibe Bar 21, der Klassiker unter den Club-Bars im East End. Die Londoner Szene freut sich an den vibrierenden Bässen und gibt sich hier jeden Tag ein Stelldichein. Häufig sorgen DJs oder Live-Bands für den richtigen Sound. Auch tagsüber ab 11 Uhr geöffnet. Kostenloses WLAN. 91–95 Brick Lane, E1, ✆ 020/73772899. www.vibe-bar.co.uk. Ⓤ Aldgate East.

93 Feet East 25, eine weitere beliebte Szenebar mit großer, chilliger Hinterhof-Terrasse in den Räumen einer ehemaligen Brauerei. Oft gibt es Live-Musik. Tgl. 17–23 Uhr, Fr bis 1 Uhr, Sa 12–1 Uhr, So 12–22.30 Uhr geöffnet. 150 Brick Lane, E1, ✆ 020/77706006. www.93feeteast.co.uk. Ⓤ Aldgate East.

Herbal 5, der Club im Stadtteil Shoreditch liegt voll im Trend. Bis nachts um 2 Uhr spielen DJs Techno, Funk und House vom Feinsten. Wer sich hier amüsieren will, muss allerdings erst den „Doorman" passieren und mindestens £ 3 Eintritt bezahlen. Tgl. außer Mo ab 21 Uhr geöffnet. 12–14, Kingsland Road, E2, ✆ 020/76134462. www.herbaluk.com. Ⓤ Old Street.

Club Aquarium 9, der einzige Londoner Nachtclub, der über einen Pool verfügt, in dem man auch schwimmen darf. Zahlreiche Events, meist ab 22 Uhr geöffnet. 256–264 Old Street, EC1, ✆ 020/72533558. www.clubaquarium.co.uk. Ⓤ Old Street.

Mother Live 6, ein relativ günstiger Club, der nur am Wochenende Eintritt (£ 5) verlangt. 333 Old Street, EC1. www.333mother.com. Ⓤ Old Street.

Shopping

Spitalfields Market 32, durch die Umbauten und Modernisierungen der letzten Jahre hat der Markt leider viel von seinem ursprünglichen Flair verloren. Tgl. außer Mo und Sa von 10–16 Uhr, So 9–17 Uhr geöffnet. Besonders gut besucht ist der Markt am Sonntag, dann gibt es auch ein großes Angebot an Biokost und Backwaren, am Donnerstag werden Antiquitäten angeboten. Zahlreiche Imbissstände sowie moderne Restaurants (*Giraffe* oder *Canteen*). Commercial Street (zwischen Lamb und Brushfield Street), E1. www.visitspitalfields.com. Ⓤ Liverpool Street. ■

Petticoat Lane Market 37, auch wenn man es sich bei den von modernen Glas- und Betonbauten eingerahmten Marktständen kaum vorstellen kann, besitzt der Petticoat Lane Market eine mehr als 250-jährige Geschichte. Jeden Sonntag von 9 bis 15 Uhr werden in der Middelsex Street und ihren Nebenstraßen vor allem Klamotten verkauft. Das Secondhand-Angebot ist stark rückläufig, die Preise sind dennoch günstig. Ⓤ Aldgate (East) oder Liverpool Street.

Brick Lane Market 23, der sonntägliche Brick Lane Market wird nie wie der Camden Market zum touristischen Kanon Londons gehören. Dieser Markt, der zwischen der Eisenbahnunterführung und der Bethnal Green Road sowie auf der Scalter Street und der Cheshire Street stattfindet, ist ein authentischer Straßenmarkt der einfachen Leute. Zwischen schäbigen Häusern werden ab 8 Uhr morgens Gemüse, billige Kleidung, alte Fahrräder sowie allerlei Ramsch verkauft, um 14 Uhr ist bereits alles wieder vorbei. Zudem befinden sich einige Stände in den Hinterhöfen rund um die ehemalige Truman's Brewery. Ⓤ Aldgate East oder Liverpool Street.

Bunte Hausfassaden

Frische Austern im Spitalfield Market

Columbia Road Market 3, der schönste Blumenmarkt Londons. Jeden Sonntag werden in der Columbia Road Sonnenblumen, Anemonen und Gummibäume palettenweise verhökert. In den kleinen Geschäften entlang des Marktes kann man sich noch die zugehörigen Tontöpfe sowie diverse Gartenmöbel aussuchen. Unter der Woche ist die Straße mit den kleinen Arbeiterhäuschen allerdings wenig faszinierend. Columbia Road. Ⓤ Shoreditch.

››› Mein Tipp: **Rough Trade 22**, in einem Innenhof unweit der Brick Lane befindet sich dieses ultimative Musikgeschäft. Ein Traum für alle Liebhaber von Independent-Musik. Hier gibt es nicht nur CDs und Vinyl-Schalplatten, sondern sogar noch Musikcassetten und Singles! An mehreren Abspielstationen kann man sich auf die Suche nach dem absoluten Insidertipp machen. Auf einer kleinen Bühne finden immer wieder Musik-Gigs statt, zudem gibt es am Eingang ein kleines Café. Tgl. 8–20 Uhr, Sa ab 10 Uhr, So 11–19 Uhr. 91 Brick Lane. www.roughtrade.com. Ⓤ Aldgate (East) oder Liverpool Street. ‹‹‹

Joy 20, beeindruckender Vintage-Store mit farbenfrohen Kleidern und Röcken. 141 Brick Lane. www.joythestore.com. Ⓤ Aldgate (East) oder Liverpool Street.

Beigel Shop 16, der 1855 gegründete Bagel-Shop ist der älteste und laut Eigenwerbung auch der beste. Wie auch immer: Auf jeden Fall gibt es frische Bagels in allen Variationen und dies rund um die Uhr. 155 Brick Lane, E1. Ⓤ Aldgate East.

Aubin & Wills 12, Flagship-Store mit hochwertigen Klamotten im coolen Retro-Stil. Tgl. 11–19 Uhr, So bis 17 Uhr. 64-66 Redchurch Street, E2. www.aubinandwills.com. Ⓤ Liverpool Street.

Box Park 19, in mehr als 50 schwarz gestrichenen Schiffscontainern werden hier vorübergehend Dutzende Markenklamotten angeboten (Lacoste, North Face, Puma, Calvin Klein, Evisu etc.), zudem gibt es „Imbisscontainer" und auf dem Dach nippt man auf Holzbänken an einem Latte macchiato. WLAN. Tgl. 11–19 Uhr, So bis 17 Uhr. 2–4 Bethnal Green Road, E1. www.boxpark.co.uk. Ⓤ Liverpool Street.

››› Mein Tipp: **Labour and Wait 13**, Haushaltswaren, Badeaccessoires und andere erlesene Gebrauchsgegenständen finden sich in dem kleinen Eckgeschäft – eine Art englisches Mini-Manufactum jenseits der industriellen Massenproduktion. Di–So 11–18 Uhr. 86 Redchurch Street, E2. www.labourandwait.co.uk. Ⓤ Liverpool Street. ‹‹‹

East End → Karte S. 248/249

Greenwich steht für maritime Tradition

Tour 16: Greenwich

Greenwich ist ein traditionsreicher Ort am Südufer der Themse. Durch seine Königliche Sternwarte und den Nullmeridian ist Greenwich gewissermaßen zum Nabel der Welt geworden. Einen Besuch lohnt aber auch das National Maritime Museum.

Ursprünglich war Greenwich ein kleines Fischerdorf an der Themse. Dies änderte sich erst, als der Herzog von Gloucester 1428 ein Schloss errichten ließ, das wenig später von den englischen Königen zu einer prächtigen Residenz, dem Greenwich Palace, umgebaut wurde. Henry VIII. und seine Töchter Mary I. und Elizabeth I. wurden in Greenwich geboren und liebten den ausgedehnten Park des Schlosses. Unter Oliver Cromwell wurde der Palast erst zu einer Biskuit-Fabrik, dann zu einem Gefängnis degradiert, bevor man ihn schließlich ganz abriss.

Letztlich war es aber Karl II., der die „Schuld“ am Aufstieg von Greenwich trug; der englische König beschloss 1685, „auf dem höchsten Punkt in unserem Park in Greenwich eine kleine Sternwarte zu bauen.“ Aufgabe der Sternwarte sollte es sein, „mit der allergrößten Sorgfalt und Gewissenhaftigkeit die Tabellen der Bewegung der Himmelskörper und die Stellungen der Fixsterne zu berichtigen, auf dass die so angestrebte Längengradbestimmung zur See ermöglicht und die Kunst der Navigation vervollkommnet würden.“ Dieses Problem löste letztlich zwar ein talentierter Uhrmacher, doch wurde das kleine Greenwich vor allem aufgrund des durch den Ort verlaufenden Nullmeridians weltbekannt. Aufgrund seiner kulturhistorischen Bedeutung wurde „Maritime Greenwich“ 1997 von der

UNESCO zum Weltkulturerbe ernannt. Zum schützenswerten Ensemble gehören das Queen's House, das Royal Naval College, das Royal Observatory und der nach Plänen von André Le Nôtre angelegte Park. Anreise: Mit der Docklands Light Railway von Tower Gateway bis Cutty Sark oder Greenwich. Alternative: Mit dem Schiff ab Westminster, Charing Cross oder Tower Pier nach Greenwich. Am schönsten ist es, beide Varianten miteinander zu verbinden.

Spaziergang

Wer mit der Docklands Light Railway anreist und schon eine Station vor Greenwich in Island Gardens aussteigt, erreicht das andere Ufer der Themse durch den 400 Meter langen Fußgängertunnel, der zwischen 1897 und 1902 gebaut wurde, um den am Südufer wohnenden Hafenarbeitern den Weg zur Arbeit zu erleichtern. Nachdem man 100 Stufen hinaufgestiegen ist, steht man direkt vor der **Cutty Sark**. Bei einer Besichtigung des Teeklippers lässt es sich wunderbar von fernen Ozeanen träumen. Die Greenwich Church Street führt direkt in das geschäftige Zentrum, wo sich zahlreiche Antiquariate, Restaurants und Pubs befinden. Die große Attraktion ist der von Mittwoch bis Sonntag stattfindende Greenwich Market. In einer geschlossenen Markthalle werden an rund hundert Ständen Antiquitäten, Spielzeug, Schmuck und allerlei Nippes angeboten. Das **Fan Museum** am Cromm's Hill beschäftigt sich mit dem Fächer an sich sowie dessen sozialer und kultureller Bedeutung. Östlich des Greenwich Market erhebt sich das von Christopher Wren errichtete **Old Royal Naval College**. Direkt entlang der Themse führt eine Promenade zur historischen *Trafalgar Tavern*. Wer will, kann kurz einkehren und anschließend

Tour 16: Greenwich → Karte S. 262

gestärkt eine Besichtigung des **Queen's House**, des **National Maritime Museum** und des **Royal Observatory** in Angriff nehmen. Letzteres liegt inmitten des **Greenwich Park**, der vor allem am Wochenende ein beliebtes Ausflugsziel der Londoner ist. Von der Terrasse des Observatoriums bietet sich ein grandioser Panoramablick über die Themse und die Londoner Docklands. Zurück zum Ausgangspunkt schlendert man in einer gemütlichen Viertelstunde. Reizvoll ist es, mit den Thames-Clipper-Schiffen zurück in die City oder zum London Eye zu fahren.

Sehenswertes

Cutty Sark: Direkt am Greenwich Peer liegt die Cutty, der schnellste und wohl schönste Teeklipper des 19. Jahrhunderts, auf einem Trockendock. Der Name des 1869 in Schottland vom Stapel gelaufenen Schiffes leitet sich vom kurzen Hemd ihrer Galionsfigur ab. Die Cutty Sark wurde von der *East India Company* in Auftrag gegeben, um der hohen Preise wegen die neue Teeernte schnellstmöglich nach England zu bringen. 1871 stellte das Schiff mit einer Fahrtzeit von 107 Tagen einen Rekord auf der Strecke von China nach England auf. Durch den Bau des Suezkanals waren die Segelschiffe den modernen Dampfschiffen unterlegen (diese durch den Kanal schleppen zu lassen, wäre zu teuer gewesen), so dass die Cutty Sark zunächst für Wolltransporte nach Australien eingesetzt und 1895 schließlich nach Portugal verkauft wurde. Erst 1954 kam das Schiff nach England zurück, wo es zum Museumsschiff umgebaut wurde. Die Mannschaft – höchstens 28 Seeleute – war in den Deckshäusern untergebracht, damit sie bei Bedarf schneller verfügbar war. Wie man eindrucksvoll sehen kann, war das Leben der Matrosen alles andere als komfortabel, Waschgelegenheiten fehlten beispielsweise völlig. Im Unterdeck befindet sich noch eine Ausstellung von Galionsfiguren. Nach einem verheerenden Brand musste das Schiff weitgehend rekonstruiert werden, bevor es seit April 2012 im Rahmen einer neuen Dauerausstellung wieder besichtigt werden kann.

Greenwich, SE 10. DLR: Cutty Sark. Tgl. 10–17 Uhr, im Winter bis 16.30 Uhr. Eintritt £ 12, erm. £ 9.50 bzw. £ 6.50 (Kombiticket mit Royal Observatory £ 16, erm. £ 12 oder £ 7). www.cuttysark.org.uk.

Eingeglast: Cutty Sark

Painted Hall (Old Royal Naval College)

Fan Museum: Das weltweit einzige Fächermuseum beschäftigt sich mit den unterschiedlichsten Aspekten des „Luftwedlers". Wer gedacht hat, ein Fächer diene nur der Frischluftzufuhr, wird schnell eines Besseren belehrt. Fächer waren genauso modisches Accessoire wie Statussymbol oder Hilfsmittel der Koketterie. In Asien sind sie heute noch weit verbreitet und werden beispielsweise bei den traditionellen Tänzen in Japan als Requisit eingesetzt. Unter den zahlreichen Exponaten finden sich Fächer aus Elfenbein, Straußenfedern oder Pergament. Besonders wertvoll ist ein Fächer, der von dem berühmten Maler Walter Richard Sickert (1860–1942) mit Gouache gestaltet wurde.

12 Cromms Hill, SE 10. DLR: Cutty Sark. Di–Sa 11–17 Uhr, So ab 12 Uhr. Eintritt £ 4, erm. £ 3. www.thefanmuseum.org.uk.

Old Royal Naval College: Das Old Royal Naval College zählt zu den vier weltlichen Bauten von *Christopher Wren*. Allerdings war Wren hier nicht allein am Werk, Teile des klassizistischen Ensembles wurden von seinem Schüler *Nicholas Hawksmoor* entworfen. Auftraggeberin war Queen Mary II, die sich Greenwich als Standort für ein Marinehospital wünschte, das als Pendant zum Chelsea Hospital alten Seeleuten einen geruhsamen Lebensabend gewährleisten sollte. Die architektonische Vorgabe war, dass das dahinterliegende *Queen's House* von *Inigo Jones* von der Themse aus weiterhin sichtbar bleiben müsse und daher nicht verdeckt werden durfte. Wren löste das Problem, indem er das Hospital in vier symmetrische Gebäudekomplexe aufteilte, die sich um eine zentrale Achse gruppierten. Im Jahre 1869 wurde das Hospital aufgelöst und vier Jahre später in das Royal Naval College umgewandelt. Nachdem die Marineakademie 1998 ausgezogen ist, sollen in den nächsten Jahren weitere Teile des Gebäudes für die Öffentlichkeit zugänglich gemacht werden. Es wird diskutiert, die University of Greenwich und das Trinity College of Music einzuquartieren. Derzeit müssen sich Besucher mit der Besichtigung der reich verzierten Kapelle und der von *James Thornhill* ausgemalten Painted Hall

Tour 16: Greenwich → Karte S. 262

begnügen, die als Speisesaal für die Pensionäre gedacht war.

Greenwich, SE 10. DLR: Greenwich. Tgl. 10–17 Uhr, So erst ab 12.30 Uhr. Eintritt frei! www.oldroyalnavalcollege.org.

Queen's House: Anne von Dänemark, die Frau von James I., beauftragte den Architekten *Inigo Jones* mit der Errichtung einer neuen Sommerresidenz in Greenwich. Queen Anne starb kurz nach der 1616 erfolgten Grundsteinlegung und konnte somit nicht mehr die Fertigstellung miterleben. Jones errichtete ein Gebäude im palladianischen Stil, das sich ursprünglich rechts und links der Straße nach Dover emporstreckte; die beiden Flügel waren durch Brücken miteinander verbunden. Erst als die Straße verlegt wurde, erhielt das

Gebäude sein heutiges Aussehen mit den flankierenden Kolonnadengängen. Eindrucksvoll sind die repräsentativen königlichen Staatsgemächer im ersten Stock, vor allem die kubische *Great Hall*, aber auch die als *Tulip Staircase* bezeichnete Wendeltreppe. Zu sehen ist außerdem eine Kunstsammlung mit Gemälden von Gainsborough und Hogarth.

Greenwich, Romney Road, SE 10. DLR: Greenwich. Tgl. 10–17 Uhr. Eintritt frei!

National Maritime Museum: Großbritannien war einst die größte Seefahrernation der Welt. An diese hehre Vergangenheit erinnert das Museum zur Geschichte der Seefahrt in mustergültiger Form. Rund um einen überdachten Innenhof sind die verschiedenen Sektionen des Museums gruppiert, die beispielsweise sehr anschaulich die großen Entdecker und ihre Expeditionen, allen voran *James Cook* (1728–1779), vorstellen; aber auch Fragen nach der Zukunft der Ozeane bleiben nicht ausgeklammert. Auch wer sich für Seeschlachten interessiert, kommt nicht zu kurz: Eine eigene Abteilung ist *Lord Horatio Nelson* (1758–1805), dem Helden von Trafalgar, gewidmet (ausgestellt ist die Uniform, die Nelson an seinem Todestag trug, sowie ein Display mit dem Schlachtverlauf), eine andere den Kriegsschiffen des 17. und 18. Jahrhunderts. Kunstfreunde können in der Gemäldesammlung das Genre der Seeschlachtenmalerei studieren. Sehenswert ist auch die Abteilung *Passengers*, die sich anschaulich mit der Geschichte der Passagierschifffahrt auseinandersetzt. (Nicht nur) für Kinder stehen zahlreiche interaktive Displays bereit, mit deren Hilfe man beispielsweise versuchen kann, ein Wikingerschiff oder ein Dampfboot auf dem richtigen Kurs zu halten. Im Sommer 2011 wurde das Museum durch den Sammy Ofer Wing erweitert, wodurch nicht nur der Haupteingang in den Greenwich Park verlagert wurde, sondern den Besuchern auch ein modernes Café-Restaurant zur Verfügung steht.

Greenwich, Romney Road, SE 10. DLR: Greenwich. Tgl. 10–17 Uhr. Eintritt frei! www.nmm.ac.uk.

Royal Observatory: Sir Christopher Wren entwarf die königliche Sternwarte nebst einem Haus für den Hofastronomen *John Flamsteed*. Bis 1948 blickten Flamsteeds Nachfolger von hier aus in den nächtlichen Himmel, dann musste die Sternwarte aufgrund der zunehmenden Luftverschmutzung nach Herstmonceux in East Sussex verlegt werden. Das Royal Observatory wurde daraufhin in ein Museum umgewandelt.

Zu besichtigen sind eine Rekonstruktion der Wohnräume Flamsteeds, den zur Himmelsbeobachtung genutzten Octagon Room sowie die *Harrison Galleries*, in denen die vier bahnbrechenden Zeitmesser ausgestellt sind, die John Harrison von 1730 bis 1759 konstruiert hat. Mit diesen Instrumenten wurde erstmals eine exakte Zeitmessung auf See und damit eine exakte Bestimmung des Längengrads möglich. Auf dem Dach des Flamsteed House fällt noch immer jeden Tag um Punkt 13 Uhr ein roter Ball an einer Stange herab, damit die Schiffe ihre Uhren nach diesem Signal ausrichten können. Die Meridianlinie verläuft genau durch den Hof der Königlichen Sternwarte. So kann man gleichzeitig mit einem Bein auf der östlichen Halbkugel und mit dem anderen auf der westlichen Halbkugel stehen. Nachts wird die mit Glas bedeckte Meridianlinie von unten angestrahlt, so dass sie wie ein künstlicher Ozeangraben leuchtet. Seit 1884 gibt man die Weltzeit in ihren Abweichungen zur *Greenwich Mean Time* (G.M.T.) an. Erst durch diese Übereinkunft wurde es möglich, Zug- und Schiffsfahrpläne zu koordinieren. Auf der Basis dieser Übereinkunft kann Greenwich berechtigterweise den An-

Tour 16: Greenwich → Karte S. 262

spruch erheben, dass das neue Jahrtausend in Greenwich angebrochen ist.

Greenwich, SE 10. DLR: Greenwich. Tgl. 10–17 Uhr. Eintritt £ 7, erm. £ 2 (Kombiticket mit Cutty Sark £ 16, erm. £ 12 oder £ 7) www.rog.nmm.ac.uk.

Greenwich Park: Der 73 Hektar große Greenwich Park ist die größte und schönste Grünanlage im Südosten Londons. Das einstige königliche Jagdrevier wurde nach Plänen von André Le Nôtre, dem Landschaftsarchitekten Ludwigs XIV., umgestaltet und mit Alleen bepflanzt. Zum alten Baumbestand gehören neben den Kastanienbaumalleen auch Zypressen sowie Trompeten- und Paternosterbäume. Eindrucksvoll ist der Panoramablick über das Queen's House bis zur Hochhaus-Skyline der Docklands und zum Millennium Dome.

Greenwich, SE 10. DLR: Greenwich.

Auf der Suche nach dem Längengrad

Jahrhundertelang fuhren die Schiffe relativ orientierungslos über die Weltmeere. Auf dem Weg in die Karibik segelte man „nach Süden, bis die Butter schmolz, und dann immer der untergehenden Sonne entgegen". Während die Bestimmung des Breitengrades anhand der Gestirne relativ einfach möglich war, konnten selbst erfahrene Kapitäne wie Francis Drake nur vage bestimmen, auf welchem Längengrad sie sich befanden. Katastrophen waren unvermeidlich. Als die englische Flotte vier Kriegsschiffe und 2000 Mann bei einem Schiffsunglück vor den Scilly-Inseln verlor, weil die Navigationsoffiziere im dichten Nebel die Orientierung verloren hatten, war die Schmerzgrenze erreicht: Das englische Parlament setzte im Jahre 1714 einen Preis von 20.000 Pfund aus (heute umgerechnet mehrere Millionen Pfund), um das nautische Dilemma zu lösen. Doch wie? Alle berühmten Gelehrten wie Galilei, Newton oder Halley hatten die Antwort bis dato vergeblich in den Gestirnen gesucht. Erst der Uhrmacher John Harrison (1693–1776) erachtete die Längengradbestimmung nicht als ein astronomisches Problem; in jahrelanger Arbeit konstruierte er 1735 einen Chronometer, der, unabhängig von den klimatischen Verhältnissen und den ständigen Schiffsbewegungen (hieran scheiterten alle Pendeluhren), die Zeit des Heimathafens wie eine ewige Flamme in den entferntesten Winkel des Globus trug. Verglich man die Zeit des Chronometers mit der jeweiligen Ortszeit, so war die genaue Bestimmung des Längengrads ein Kinderspiel. Kein Geringerer als James Cook pries Harrisons Uhr als „zuverlässigen Freund" und „nie versagenden Führer" aller Seeleute. Dennoch dauerte es Jahrzehnte, bis alle Skeptiker überzeugt waren. Harrison musste insgesamt fünf Uhren bauen, bis ihm die Kommission 1773 schließlich das Preisgeld zuerkannte.

Im Schatten des Canary Wharf Tower – Docklands

Docklands

Der einstmals größte Dockhafenkomplex der Welt mit seinen gigantischen Lagerhäusern und Hafenbecken wurde in den letzten Jahrzehnten in ein hypermodernes Büroviertel verwandelt.

„Ich kenne nichts Imposanteres als den Anblick, den die Themse darbietet, wenn man von See nach London Bridge hinauffährt. Die Häusermassen, die Werften auf beiden Seiten, die zahllosen Schiffe ... Das alles ist so großartig, so massenhaft, daß man gar nicht zur Besinnung kommt und daß man vor der Größe Englands staunt, noch ehe man englischen Boden betritt", so beschrieb *Friedrich Engels* 1843 die Londoner Docklands, die im frühen 19. Jahrhundert angelegt wurden, da die Hafenanlagen zwischen London Bridge und Tower den Anforderungen des Seehandels nicht mehr gewachsen waren. Zeitweise mussten die Frachter bis zu sechs Wochen warten, bis sie ihre Ladung löschen konnten. Innerhalb von wenigen Jahrzehnten entstand ein gewaltiges System von Hafenbecken, Lagerhäusern, Werften und Trockendocks, das durch Kanäle miteinander verbunden und von den Gezeiten weitgehend unabhängig war. Je nach Ladung steuerten die Schiffe ein bestimmtes Dock an; Rum beispielsweise wurde auf dem *West India Dock* gelöscht, Getreide am Millwall Dock, die Obst- und Gemüsefrachter von den Kanarischen Inseln (*Canary Islands*) liefen wiederum das Canary Wharf an. Um Diebstähle und Raubzüge zu verhindern, umbaute man die Docks mit riesigen Ziegelsteinmauern. Im Zweiten Weltkrieg wurden mehr als die Hälfte der Lagerhäuser zerstört. Zudem erwiesen sich die modernen Containerfrachter für die alten viktorianischen Docks als viel zu groß, ganz davon abgesehen, dass es zu mühsam und gefährlich war, die schmale und gewundene Themse hinaufzuschippern. Zwischen 1967 und 1984 wurde ein Londoner Dock nach dem anderen geschlossen. Heute erinnern nur noch die Namen der Docks an die Glanzzeiten des Britischen Empires: West India Docks, London Docks, East India Docks, Royal Victoria Dock, Royal Albert Dock oder King George V. Dock. Die Schiffe steuern den 1972 eröffneten Containerhafen Tilbury an, der rund 40 Kilometer flussabwärts liegt. Die Themse ist seither „entindustrialisiert". Sieht man von Vergnügungsdampfern und Ausflugsbooten ab, so wird auf dem Fluss heute nicht mehr gearbeitet.

Im Jahre 1981 begann die London Docklands Development Corporation, das brachliegende, 2200 Hektar große Areal einer neuen Nutzung zuzuführen. Doch anstatt den großen städteplanerischen Wurf zu wagen, entstand auf der so genannten *Isle of Dogs*, die eigentlich eine Halbinsel ist, ein architektonisches Potpourri aus Glas, Stahl, Marmor und Granit. Das Ergebnis ist ein seelenloses Terrain mit riesigen Häuserklötzen und postmodernem Schnickschnack. Abends und am Wochenende sind die Docklands fast menschenleer, grundlegende Versorgungseinrichtungen fehlen weitgehend. Auch Prince Charles rümpfte die Nase angesichts der „mittelmäßigen Bauten" mit ihrer unterkühlten Eleganz.

Die Thatcher Regierung wollte indes zu keinem Zeitpunkt einen lebenden sozialen Organismus schaffen; ihr schwebte eine funktionale Bürowelt vor, die vom internationalen Stellenwert der Londoner Wirtschaft künden sollte. Mit einer zehnjährigen Steuerfreiheit wurden potentielle Investoren angelockt, die bei ihren Projekten nur minimale Auflagen beachten mussten. Trotz zahlreicher Fehlplanungen und Fehlspekulationen wurde das Areal zügig bebaut, so sind beispielsweise fast alle großen Zeitungen mit ihren Druckereien in die Docklands umgezogen. Zum Wahrzeichen der Docklands wurde der einer Rakete oder einem überdimensionalen Obelisk ähnelnde *Canary Wharf Tower* von Cesar Pelli. Bei seiner Fertigstellung 1991 war das 244 Meter hohe Bürohochhaus zwar das höchste Gebäude in Großbritannien, doch konnten lange Zeit einige Etagen nicht vermietet werden. Zum Teil liegt es auch an der schlechten Infrastruktur. Architektonisch ausgefallen wirkt *Cascades*, ein zwanzigstöckiges Gebäude von Piers Gough, das direkt an der Themse emporwächst. Mit seinen Türmchen, Bullaugen und seinem abgeschrägten Anbau erinnert es an einen steinernen Wasserfall.

Erkundung

Der eindrucksvollste Blick auf die Docklands bietet sich sicherlich bei einer Schifffahrt auf der Themse nach Greenwich. Dennoch sollte man nicht versäumen, vom Tower aus mit der computergesteuerten *Docklands Light Railway* (DLR) auf Stelzen und mit virtuosen Kurven durch die schöne neue Welt der Isle of Dogs bis zu den Island Gardens zu fahren (Fahrkarten für die Zone 2 sind auch auf der DLR gültig).

An den Stationen West India Quay oder Canary Wharf kann man aussteigen und durch die futuristische Bürowelt streifen, Fußgängerbrücken führen über die ehemaligen Hafenbecken. Zur Besichtigung empfiehlt sich das **Museum in Docklands**, das in einem ehemaligen Lagerhaus am West India Quay eröffnet wurde und ausführlich über die Geschichte der Themse, der Schifffahrt und des Hafens informiert.

Sehenswertes

Museum in Docklands: Londons Geschichte ist untrennbar mit der Themse verbunden. Der Fluss war und ist zum Teil noch immer die Lebensader der Stadt. Das in einem ehemaligen georgianischen Zuckerspeicher untergebrachte Museum schildert anschaulich die Bedeutung der Themse für London und die Menschen von der Antike bis zur Gegenwart, wobei auch ein schönes Modell der mittelalterlichen London Bridge gezeigt wird. Der Aufstieg Londons zu einer der führenden Handelsmetropolen der Welt ist untrennbar mit seinem Hafen verbunden und so werden mit Hilfe von Filmen und Displays zahlreiche Fragen erörtert, beispielsweise wie sich der Handel am Ende der frühen Neuzeit veränderte oder wie der Alltag der Dockarbeiter im frühen 19. Jahrhundert ausgesehen hat. Um dies besser nachvollziehbar zu machen, wurde ein ganzes Hafenviertel mit schmalen Gassen und schäbigen Häusern nachgebaut. Der Ausstellungsbereich „London, Sugar & Slavery" informiert anschaulich, wie London seit dem 17. Jahrhundert von der Sklaverei profitierte. Die wachsende Nachfrage nach Kaffee und Zucker war einer der Hauptgründe für den damaligen Menschenhandel. Die Sklaverei war ein gigantischer Wirtschaftszweig, von dem Reeder und Sklavenhändler genauso profitierten wie Plantagenbesitzer, Zuckerimporteure und Schokoladenfabrikanten. Erst den Abolitionisten – der Name stammt vom englischen Verb *abolish* (abschaffen) – gelang mit Boykottaufrufen, Petitionen und Flugblattpropaganda der entscheidende Erfolg: Am 25. März 1807 verbot das Parlament den Handel mit Sklaven auf britischen Schiffen. Weitere Themen sind Londons Handel unter Königin Victoria und im Zeitalter des Imperialismus („First Port of Empire"), die Zerstörung der Docklands im Zweiten Weltkrieg, die Schließung der Docks und die Pläne und Baumaßnahmen, die die Docklands in den letzten Jahrzehnten nochmals entschieden verändert haben.

Warehouse Nr. 1, E14. Ⓤ West India Quay. Tgl. 10–18 Uhr. Eintritt frei! www.museumindocklands.org.uk.

Was haben Sie entdeckt?

Haben Sie ein empfehlenswertes Restaurant gefunden, ein nettes Pub, ein gemütliches Hotel? Wenn Sie Tipps, Anregungen oder Verbesserungsvorschläge zum Buch haben, lassen Sie es uns bitte wissen.

Ralf Nestmeyer

c/o Michael Müller Verlag

Stichwort London

Gerberei 19

91054 Erlangen

E-Mail: ralf.nestmeyer@michael-mueller-verlag.de

Meilenstein oder Jahrhundertflop?

The O_2 (Millennium Dome)

Wie eine riesige Schildkröte ruht der Millennium Dome auf dem Areal eines ehemaligen Gaswerks im Norden von Greenwich. Der Dome war ein Prestigeobjekt von Tony Blair, das den Geist von „Cool Britannia“ mit dem Vertrauen auf die zukünftige Welt vereinen sollte, doch war das Interesse weit geringer als erhofft.

Für diese hehren Pläne scheute die britische Regierung weder Kosten noch Mühen. Der britische Staat stellte knapp 800 Millionen Pfund für den Bau und die Vermarktung des Millennium Dome bereit. Hierbei sind die 140 Millionen Pfund, die aufgewendet wurden, das verseuchte Areal zu dekontaminieren sowie die Kosten für die Verlängerung der *Jubilee Line*, gar nicht eingerechnet. Stararchitekt Richard Rogers wurde ausgewählt, um den größten Kuppelbau der Welt mit einer Grundfläche von 80.000 Quadratmetern zu errichten. Ironischerweise wusste zu diesem Zeitpunkt noch niemand, welche Attraktionen unter dem lichtdurchlässigen Zeltdach Platz finden sollten. Tony Blair schwebte eine architektonische Metapher vor, die von der „Dynamik und Kreativität einer jungen Nation“ künden sollte. Kritische Stimmen gaben zu bedenken, dass die Milliarden, die der Bau verschlingen würde, besser in Schulen und Krankenhäusern angelegt wären, da der horrende Eintrittspreis das Budget einer normalen Familie sprenge. Angesichts von Sponsoren wie McDonald's und Rüstungsherstellern wurde die Frage aufgeworfen, ob diese überhaupt geeignet seien, die Hoffnung auf eine bessere Zukunft zu repräsentieren. „Hohl und schnell vergessen“, urteilte Lord Palumbo, der langjährige Präsident des britischen Kunstrates. Letztlich meldete sich auch die *Church of England* zu Wort, um die säkulare Ausrichtung der Feierlichkeit zu missbilligen und darauf zu verweisen, dass es ohne Jesus kein Millennium geben würde. Unbeirrt von der Kritik wurde der Dome am 31. Dezember 1999 in Anwesenheit von Tony Blair, der Queen und 10.000 geladenen Gästen mit einer Gala-Show eröffnet.

Wie dem auch sei, allein die Dimensionen des Bauwerks sind gewaltig: Der Dome ist bezüglich der Flächengröße hinter dem Kennedy Space Center in Florida und der Montagehalle von Boeing in Seattle der drittgrößte Bau der Welt. Die Kuppel könnte bequem den Trafalgar Square samt der 50 Meter hohen Säule Nelsons überspannen; das Fassungsvermögen entspricht 18.000 Doppeldeckerbussen. Hielte man den Millennium Dome unter die Niagara Fälle, so würde es rund zehn Minuten dauern, bis er mit Wasser gefüllt wäre. Die zwölf gelben, knapp 90 Meter hohen Stahlmasten, die die Konstruktion tragen, sind schnell zum Erkennungszeichen des Domes geworden. Publicitywirksam rutschte James Bond in seinem Film „007 – Die Welt ist nicht genug" das Dach hinunter.

Trotz aufwändiger Werbemaßnahmen geriet der Millennium Dome zum gigantischen (Jahrtausend-?) Flop. Bei Eintrittspreisen von 20 Pfund blieben die erhofften Besuchermassen aus, so dass die Regierung auf einem riesigen Verlust sitzen blieb. Derzeit wird der Millennium Dome unter dem Namen „The O_2" als Veranstaltungsort für Konzerte und Ausstellungen genutzt.

Hinweis zur Besichtigung: Das gesamte Areal ist eine autofreie Zone. Um eine reibungslose Anfahrt der zwölf Millionen Besucher, die erwartet wurden, zu gewährleisten, verlängerte man die *Jubilee Line*. Die gigantische Tubestation North Greenwich wurde von Norman Foster entworfen und kann bei Veranstaltungen bis zu 22.000 Fahrgäste pro Stunde aufnehmen. Als Alternative zu dieser An- oder Abfahrt empfiehlt sich eine 45-minütige Schifffahrt vom Zentrum aus.

Millennium Dome. Ⓤ North Greenwich. www.theo2.co.uk.

Emirates Air Line: Mit der Gondel über die Themse fliegen ...

Emirates Air Line

Rechtzeitig vor den Olympischen Spielen 2012 wurde eine nach dem Sponsor „Emirates Air Line“ benannte Seilbahn eröffnet, die sich auf einer Länge von rund einem Kilometer beim The O_2 in North Greenwich über die Themse spannt. Man „fliegt“ in einer Höhe von 90 Metern in knapp fünf Minuten über die Themse, was spektakuläre Aussichten garantiert. Noch ein paar technische Daten des 60-Millionen-Pfund-Projektes: Es gibt insgesamt 36 Gondeln für zehn Personen, die stündliche Kapazität beträgt 2500 Fahrgäste.

Skifahrer haben ein kleines Déjá-vu-Erlebnis, denn die Fahrgäste erwartet die gewohnte Doppelmayr-Qualität. Nur die Boxen für die Skier fehlen, dafür dürfen bis zu zwei Fahrräder mitgenommen werden ...

Ⓤ North Greenwich bzw. DLR Royal Victoria. Tgl. 7–21 Uhr, Sa 8–21 Uhr, So 9–21 Uhr. Kosten £ 4.30, erm. £ 2.20, mit der Oyster Card £ 3.30, erm. £ 1.60 (jeweils einfach). www.emiratesairline.co.uk.

Thames Barrier

Schon im mittelalterlichen London waren die Fluten gefürchtet, die entstehen, wenn das Wasser der Nordsee bei Sturm in die Themse gedrückt wird. Die Geschichtsbücher berichten, dass im Jahre 1236 der Westminster Palace so tief unter Wasser stand, dass man mit einem Lastkahn durch den Festsaal rudern konnte. Nachdem 1953 eine Flutkatastrophe über 300 Menschen das Leben gekostet hatte, entschloss sich das Greater London Council, eine Sperre in der Themse zu errichten. Die Planungen erwiesen sich als schwierig, da man die Schifffahrt nicht beeinträchtigen wollte und auf deren Bedürfnisse Rücksicht nehmen musste. Doch konnte 1984 nach zehnjähriger Bauzeit im Vorort Woolwich die Thames Barrier in Betrieb genommen werden, die häufig als „achtes Weltwunder“ gepriesen wird. Die silbern glänzenden Stahlschleusen der futuristischen Konstruktion erinnern an eine gigantische Muschel. Auf einer Breite von über 500 Metern erstreckt sich das Sperrwerk über die Themse, wobei Schiffe mit bis zu 16 Metern Tiefgang die im Boden versenkten Tore problemlos passieren können. Droht eine Sturmflut, so lassen sich die zehn schwenkbaren Tore – sie sind an neun Betonpfeilern befestigt – innerhalb von einer Viertelstunde schließen. In einem Besucherzentrum am Südufer wird die Funktionsweise erklärt.

Woolwich. Ⓤ North Greenwich, dann mit dem Bus 742 oder 161. Vom Bahnhof Charlton mit den Buslinien 177 oder 180. Alternativ empfiehlt sich auch eine Schifffahrt von Westminster Pier, um Thames Barrier vom Wasser aus zu besichtigen. Das Information Centre ist geöffnet von April bis Sept. 10.30–16 Uhr, von Okt. bis März 11–15.30 Uhr. Eintritt £ 3.50, erm. £ 3 oder £ 2. www.environment-agency.gov.uk.

Grablege der Könige – Windsors St George's Chapel

Ausflüge in die Umgebung

Auch wenn man die englische Metropole nur für ein paar Tage besucht, bietet sich ein Ausflug ins Grüne an. Zu den Ausflugsklassikern gehören natürlich Windsor Castle und Hampton Court Palace.

Windsor und Windsor Castle

Wilhelm der Eroberer erbaute hier schon eine Burg, die Teil eines London umspannenden Befestigungssystems war. Heinrich I. heiratete im Windsor Castle Adeliza of Louvain, Karl I. wurde hier gefangen gehalten, bis sein Kopf rollte und Königin Victoria trauerte hier um ihren toten Albert – kurzum, ein Schloss, das auf das Engste mit der Geschichte Englands verbunden ist.

Windsor selbst ist eine typische englische Kleinstadt mit vielen Backsteinbauten und zwei kopfsteingepflasterten Straßen, der *Church Street* und der *Market Street*, einer Menge Antiquitätenläden sowie vielen Pubs und Restaurants. Über die Themse führt eine Brücke hinüber nach *Eton*, der wohl berühmtesten Public School in England. Ganze Generationen britischer Premierminister sind im Eton College zur Schule gegangen. Das von Heinrich VI. gegründete Eton weiß sich seinen exklusiven Ruf zu bewahren: Wer nicht zu den Stipendiaten gehört, muss jährlich rund £ 30.000 Schulgeld aufbringen. Die bekanntesten Schüler der letzten Jahrzehnte waren fraglos William und Harry, die Söhne von Prince Charles und Lady Diana. Die größte Sehenswürdigkeit des Städtchens ist das auf einer kleinen Anhöhe liegende Schloss, das

 → Karte S. 273

dem englischen Königshaus seinen Namen gab. Bis 1918 hießen die Windsors übrigens noch Sachsen-Coburg-Gotha, doch da sich Großbritannien und Deutschland im Ersten Weltkrieg bekriegten, beschloss Georg V., seine Linie nach dem Sommersitz der Königsfamilie zu benennen. Noch heute residiert ab und an Königin Elizabeth II. hier; dann weht das königliche Banner über dem Round Tower und zeigt an, dass die königlichen Gemächer nicht besichtigt werden können. Besucher erhalten dann Tickets zu einem ermäßigten Preis.

Der älteste Teil von Windsor Castle, der *Round Tower*, ist nicht öffentlich zugänglich. Als mächtiger Bergfried ruht der in der Regierungszeit von Heinrich II. errichtete Turm inmitten der Burganlage. Um ihn herum führt der Weg zum Eingang der *State Apartments*. In den Sommermonaten und am Wochenende bilden sich hier lange Warteschlangen, daher empfiehlt es sich, frühzeitig nach Windsor Castle aufzubrechen. Von dem verheerenden Brand im November 1992 ist heute kaum mehr etwas zu sehen. Die Brandschäden der *State Apartments* und der *St George's Hall* wurden in den letzten Jahren für 60 Millionen Pfund behoben, die Kosten musste die Queen aus eigener Tasche aufbringen, da sie es versäumt hatte, das Schloss zu versichern. Die unersetzlichen Gemälde von Rubens, Holbein, Dürer und Rembrandt konnten glücklicherweise rechtzeitig in Sicherheit gebracht werden. Ein kostbares Puppenensemble ist im *Queen Mary's Dolls' House* zu bewundern, mit dessen Einrichtung in den zwanziger Jahren 1500 Handwerker drei Jahre lang beschäftigt waren! Im unteren Teil des Schlosses, dem so genannten Lower Ward, lohnt eine Besichtigung der spätgotischen *St George's Chapel*. Die Kapelle ist nach der Westminster Abbey die bedeutendste Grablege der englischen Könige. Auch der berühmt-berüchtigte Heinrich VIII. fand hier seine letzte Ruhestätte.

Hinweis: Für Familien mit Kindern bietet sich abschließend noch ein Abstecher zum Freizeitpark *Legoland* an, der von Windsor Castle aus mit einem Shuttlebus in wenigen Minuten zu erreichen ist.

Windsor Castle. Regelmäßige Zugverbindungen (ca. alle 30 Min.) von der Waterloo Station bis Windsor & Eton Riverside oder von Paddington Station bis Windsor & Eton Central. Zudem Busverbindungen von Victoria Station (Green Line). Windsor Castle: Tgl. 9.45–17.15 Uhr, im Winter nur bis 16.15 Uhr (Achtung: Sonntags ist die St George's Chapel geschlossen, last admisson jeweils eine Stunde vor Schließung). Eintritt £ 17, erm. £ 15.50 bzw. £ 10.20; Familientickets £ 44.75. www.royalcollection.org.uk. Legoland: Ostern bis Anf. Nov. 10–18 Uhr, im Hochsommer bis 20 Uhr. Eintritt £ 44.20, erm. £ 35.20 (günstiger im Internet). www.legoland.co.uk.

Kew Gardens

Die auf dem Stadtgebiet von Richmond gelegenen Kew Gardens gehören zu den schönsten botanischen Gärten der Welt. Auf einer Fläche von 121 Hektar gedeihen mehr als 30.000 verschiedene Pflanzen. Besonders beeindruckend sind die viktorianischen Gewächshäuser.

Die königlichen Kew Gardens wurden im 18. Jahrhundert als Landschaftsgarten konzipiert, doch schon von Anfang an bemühten sich die Gärtner um die Aufzucht seltener Pflanzen. Prinzessin Augusta von Wales ließ einen Heilkräutergarten anlegen. Als *Sir Joseph Banks*, der mit James Cook um die Welt gesegelt war, zum Direktor der Kew Gardens ernannt wurde, begann die wis-

senschaftliche Ausrichtung der Gartenanlage. Königliche Botaniker wurden ausgeschickt, um in allen Erdteilen seltene Samen und Pflanzen zu sammeln. Im Laufe des 19. Jahrhunderts wurden die Kew Gardens zur weltweit bedeutendsten Forschungseinrichtung, die bedrohte Pflanzen vor dem Aussterben bewahren sollte. Im *Index Kewensis* werden seit mehr als hundert Jahren alle Pflanzennamen systematisch katalogisiert.

Mit ihren Wanderwegen, Teichen, Tempeln und der 50 Meter hohen chinesischen Pagode sind die Kew Gardens – sie wurden 2003 von der UNESCO zum Weltkulturerbe erklärt – ein ideales Ausflugsziel. Die *Royal Botanic Gardens* besitzen beispielsweise die weltweit größte Orchideensammlung. Den Höhepunkt eines Besuchs stellen aber sicherlich die „Gewächshäuser“ mit ihrer tropischen Flora dar. Da ist einmal das

Palm House, ein kühner Eisen-Glas-Bau aus dem Jahre 1848, der den Besucher mit seinen Kaffeebäumen, Ingwerstauden, Farnpalmen und Bambuspflanzen verzaubert. Wer die filigrane gusseiserne Wendeltreppe emporsteigt, hat das Gefühl, im Dunst eines subtropischen Regenwaldes zu stehen. Im 200 Meter langen *Temperate House* gedeihen dank eines ausgefeilten Heizungssystems Pflanzen aus gemäßigteren Klimazonen, darunter Drachenbäume von den Kanarischen Inseln und ein chinesischer Sargbaum. Weitere Attraktionen sind der *Treetop Walkway*, ein spektakulärer Baumwipfelweg, sowie das *Waterlily House* und das *Princess of Wales Conservatory*, das Pflanzen aus zehn verschiedenen Klimazonen beherbergt, darunter eine Riesenseerose, deren Blätter einen Durchmesser von zwei Metern haben. Ausstellungen finden in der *Kew Garden Gallery* statt. Der zum Areal gehörende *Kew Palace*, die einstige Sommerresidenz von George III., stammt aus dem frühen 17. Jahrhundert und kann besichtigt werden. Hinweis: Ein genauer Lageplan, der am Eingang erhältlich ist, erleichtert die Orientierung auf dem weitläufigen Areal.

Palm House – Tropen unter Glas

Kew Road. Ⓤ Kew Gardens (Tarifzone 3). Die Gärten sind zehn Fußminuten vom Bahnhof entfernt. Es besteht auch die Möglichkeit, vom Westminster Pier aus mit einem von täglich fünf Booten nach Kew Gardens zu fahren. Tgl. 9.30–18 Uhr, am Wochenende bis 19 Uhr, im Winter bis 16.30 Uhr. Eintritt £ 14.50, erm. £ 12.50, Kinder bis 16 Jahre frei! Für die Besichtigung des Kew Palace (Ostern bis Ende Sept. geöffnet) müssen zusätzlich £ 6 bzw. £ 4.50 bezahlt werden, Kinder frei! www.kew.org.

Hampton Court Palace

Zu Recht wird Hampton Court Palace als die schönste königliche Residenz gerühmt. Umgeben von ausgedehnten Gartenanlagen, leuchtet der Palast noch immer im Glanz der Tudor-Zeit.

Ursprünglich wurde Hampton Court zu Beginn des 16. Jahrhunderts im Auftrag von *Thomas Wolsey* (1475–1530), seines Zeichens Lordkanzler und Erzbischof von York, errichtet, doch *Heinrich VIII.* hatte nicht nur ein Faible für das weibliche Geschlecht, sondern auch für schöne Schlösser und forderte von seinem kirchlichen Gegenspieler, ihm seinen Palast zu „überlassen“. Nachdem die Zwangsenteignung vollzogen war, wurde Hampton Court systematisch zu einem der größten englischen Königspaläste ausgebaut. Genau genommen ist Hampton Court das größte Backsteinbauwerk, das in England seit der Römerzeit errichtet wurde. Das Anne-Boleyn-Tor (Gateway) zeugt eindrucksvoll von der Verschwendungssucht des unberechenbaren Königs. Bis zum Tod Georges II. wurde der Palast von den englischen Königen zeitweilig bewohnt. Queen Victoria machte Hampton Court 1838 schließlich für die Öffentlichkeit zugänglich. Als am Ostermontag 1986 die Flammen aus dem Palast loderten,

Hampton Cour: Barockgarten

schien sich eine Katastrophe anzubahnen, doch konnte das Feuer noch rechtzeitig gelöscht werden, so dass nur vier historische Räume zerstört wurden.

Fast alle Besucher strömen, kaum dem Zug entstiegen, über die Themsebrücke dem Haupteingang des Hampton Court Palace entgegen. Mit seinen roten Backsteinen, weißen Zinnen sowie den zahlreichen kleinen Türmchen und Kaminen ist der Hampton Court Palace ein Musterbeispiel für die Tudorarchitektur. Farbig gekennzeichnete Rundgänge führen vom *Clock Court* durch die verschiedenen Bereiche des Palastes. Der Hof erhielt seinen Namen, als Heinrich VIII. 1540 eine astronomische Uhr anbringen ließ, die nicht nur die Zeit anzeigt, sondern auch Tag, Monat, Mondphase und die Gezeiten der Themse! Besonders eindrucksvoll sind die *Henry VIII's State Apartments* mit der Great Hall und der königlichen Kapelle. Ebenfalls sehr repräsentativ wirken die im Barockzeitalter entstandenen Gemächer des Königs (*The King's Apartments*) und der Königin (*The Queen's State Apartments*). *The Georgian Rooms* waren ein privates Refugium für das Herrscherpaar. Vom Alltagsleben im Hampton Court erzählen die *Tudor Kitchens*; in der wohl größten noch erhaltenen Küche des 16. Jahrhunderts mussten täglich über 500 Personen versorgt werden. Die ausgestellten Gerätschaften und Lebensmittel geben einen authentischen Einblick in die Essgewohnheiten dieser Epoche am englischen Hof. Kunstgenuss versprechen *The Wolsey Rooms & Renaissance Picture Gallery*; sie beherbergen eine wertvolle Gemäldesammlung mit Werken von Tintoretto, Tizian, Lucas Cranach, Peter Breughel d. Ä. und Holbein.

Umgeben ist Hampton Court von ausgedehnten barocken Gartenanlagen, die William III. anlegen ließ, um seinen Rivalen, den französischen König Ludwig XIV., zu übertrumpfen. In der *Lower Orangery* ist eine Gemäldeserie („Die Triumphe des Cäsar") von *Andrea Mantegna* ausgestellt, im Norden des Areals grenzen die *Tudor Tennis Courts* an, in denen bereits der übergewichtige

Skurrile Wächter

Heinrich VIII. dem Ball hinterherjagte. Bei Kindern steht vor allem der kleine, durch Eibenhecken abgetrennte Irrgarten (*The Maze*) hoch im Kurs.

Hinweis: Da in den Räumen selbst nur wenige Informationen vorzufinden sind, empfiehlt es sich, an einer Führung durch die *Henry VIII's State Apartements* bzw. *The King's Apartments* (jeweils 35 Minuten) teilzunehmen. Für *The Tudor Kitchens, The Georgian Rooms* und *The King's Apartments* gibt es jeweils eine *Audio Tour*. Eine Besichtigung des Hampton Court Palace nimmt leicht mehrere Stunden in Anspruch. Wer will, kann sich zwischendurch im Schnellrestaurant der *Privy Kitchen* stärken.

Hampton Court Palace. Mit dem Zug von Waterloo Station oder Ⓤ Richmond und von dort 30 Min. mit dem Bus R 68 (Tarifzone 6). Tgl. 10–18 Uhr, im Winter nur bis 16.30 Uhr. Eintritt £ 15.40, erm. £ 13 oder £ 7.70, Familienticket £ 39.50 (jeweils inklusive Führungen und Audioguide). www.hrp.org.uk.

Richmond

Das kleine, nur zwanzig Kilometer westlich von London gelegene Richmond mit seinen gepflegten Straßen erfreut sich im gehobenen Bürgertum großer Beliebtheit. Umgeben von viel Grün, ist die City von Richmond aus mit der District Line in kürzester Zeit zu erreichen.

Umgekehrt schätzen die Londoner Richmond mit seinem Park, um ein paar schöne Stunden in der Natur zu verbringen. Bevor man aber dem Park zustrebt, sollte man einen Blick auf Richmond selbst werfen. Die von Quinlan Terry in den achtziger Jahren im georgianischen Stil gestaltete Uferpassage *Richmond Riverside* ist eine der schönsten an der Themse. Wer mehr über Richmond wissen möchte, kann sich im Richmond Museum über die Geschichte des Städtchens informieren.

Der Richmond Park gehört zwar noch zum Stadtgebiet Londons, trotzdem hat man hier das Gefühl, mitten auf dem Land zu sein. Ab 1637 diente das 988 Hektar große Areal als königlicher Jagdgrund. Seit der Park im 18. Jahrhundert für die Allgemeinheit zugänglich gemacht wurde, leben die Hirsche, Rehe, Dachse und alle anderen Tiere in recht friedlicher Eintracht mit den zahlreichen Spaziergängern und Radfahrern zusammen. Ein schöner Blick vom Windsor Castle bis zur St Paul's Cathedral bietet sich bei schönem Wetter von der *Pembroke Lodge* oder der *White Lodge*.

Richmond Hill. Ⓤ Richmond (Tarifzone 4). Tgl. 7.30 Uhr bis zum Anbruch der Dämmerung. Eintritt frei! Richmond Museum: Di–Sa von 11–17 Uhr. Eintritt frei! www.museumofrichmond.com.

Kleines Speiselexikon

Zubereitungen

baked	gebacken
boiled	gekocht
braised	geschmort
cooked	gekocht
fried	gebraten
jellied	geliert
marinated	mariniert
medium	halb durchgebraten
well done	gut durchgebraten
rare	kaum durchgebraten
roasted	im Ofen gebacken
poached	pochiert
smoked	geräuchert
steamed	gedünstet
stewed	geschmort
stuffed	gefüllt

Eintöpfe (stews)

Irish Stew	Eintopf aus Hammelfleisch, Kartoffeln und Zwiebeln, gewürzt mit viel Thymian und Petersilie
Dublin Coddle	Eintopf aus Würstchen, Schinken, Zwiebeln und Kartoffeln

Fisch, Meeresfrüchte (seafood)

bream	Brasse
brill	Meerbutt
chowder	Fischsuppe (auch Schalentiere)
clams	Venusmuscheln
cockles	Herzmuscheln
cod	Kabeljau
crabs	Krabben
crawfish	Languste
eel	Aal
haddock	Schellfisch
hake	Seehecht
halibut	Heilbutt
kippers	geräucherte Heringe
lobster	Hummer
mackerel	Makrele
monkfish	Seeteufel
mussels	Muscheln
oysters	Austern
plaice	Scholle
prawn	Garnele
salmon	Lachs
scallops	Jakobsmuscheln
shellfish	Schalentiere
sea trout	Meeresforelle
squids	Kalamares
sole	Seezunge
trout	Forelle
tuna	Thunfisch
turbot	Steinbutt
on/off the bone	mit/ohne Gräten

Fleisch (meat)

bacon	Schinkenspeck
bacon & cabbage	Kohl (meist Wirsing) mit Speck
beef	Rindfleisch
blackpudding	Blutwurst
chicken	Huhn
chicken curry	Hühnerfrikassee
chop	Kotelett
duck	Ente
gammon steak	gegrillter Schinken
ham	gekochter Schinken
hare	Hase
joint	Keule
kidney pie	mit Nieren gefüllte Pastete
lamb	Lammfleisch
leg of lamb	Lammkeule
liver	Leber
loin	Lendenstück
meatballs	Fleischklößchen
minced meat	Hackfleisch
mutton	Hammelfleisch
pheasant	Fasan
pork	Schweinefleisch
poultry	Geflügel
rabbit	Kaninchen
rib	Rippe
roast	Braten
roast beef	Rinderbraten
saddle of lamb	Lammrücken
sausage	Wurst
shepherd's pie	Rind- bzw. Hammelfleisch mit Zwiebeln und Kartoffeln überbacken
sirloin steak	Rumpsteak
snails	Schnecken
turkey	Truthahn
veal	Kalbfleisch
venison	Reh bzw. Hirsch

Gemüse (vegetables), Salate (salads), Obst (fruit)

asparagus	Spargel
baked potatoes	in Folie gebackene Kartoffeln
beans	Bohnen
Brussels sprouts	Rosenkohl
cabbage	Kohl
cauliflower	Blumenkohl
carrots	Karotten
celery	Sellerie
chips	Pommes frites
colecannon	Kartoffelbrei mit Kohl, Butter, Milch
coleslaw	Krautsalat
corn	Mais
creamed potatoes	Kartoffelbrei
cucumber	Salatgurke
egg mayonnaise	russische Eier
French beans	grüne Bohnen
fruit salad	Obstsalat
grapes	Weintrauben
horse radish	Meerettich
leek	Lauch
lentils	Linsen
lettuce	Kopfsalat
mashed potatoes	Kartoffelbrei
mushrooms	Pilze (Champignon)
onions	Zwiebeln
parsnip	Pastinaken
parsley	Petersilie
peach	Pfirsich
pear	Birne
peas	grüne Erbsen
peppers	Paprikaschoten
pineapple	Ananas
potato	Kartoffel
stewed fruit	Kompott
strawberries	Erdbeeren
spinach	Spinat
turnips	weiße Rüben

Sonstiges

carageen	mit Milch gekochter Seetang
cereals	Müsli
cheese	Käse
cream	Sahne
custard	Vanillesauce
dumplings	Klöße
egg	Ei
garlic	Knoblauch
horseradish	Meerrettich
jam	Marmelade, Konfitüre
marmalade	Bittermarmelade
mint sauce	Pfefferminzsauce
mustard	Senf
noodles	Nudeln
pancake	Pfannkuchen
porridge	Haferbrei
rice	Reis
scrambled eggs	Rühreier
sour cream	saure Sahne
soup	Suppe
sugar	Zucker
trifle	(süßer) Auflauf
vinegar	Essig

Brot (bread), Gebäck (pastry)

barm bread	süßes Brot
biscuits	Kekse
boxties	gefüllte Pfannkuchen
brown bread	Weizenvollkornbrot
Guinness cake	mit Bier gewürztes Früchtebrot
cream gateau	Sahnetorte
lemon meringue pie	Zitronencremekuchen mit Baiserhaube
scones	Teegebäck
soda bread	Sodabrot
tart	Obsttorte

Getränke (beverages)

beer	Bier
stout	dunkles Bier, Typ Guinness
lager	helles, pilsähnliches Bier
ale	leichtes Dunkelbier, Typ Export
bitter	leichtes Dunkelbier, Typ Alt
cider	Apfelwein
mead	Met
Irish tea	Whiskey-Grog, gewürzt mit Nelken und Zitrone
Irish coffee	Kaffee mit einem Schuss Whiskey, zwei Teelöffeln braunem Rohrzucker und einer Sahnehaube obenauf
Irish cream	Likör auf Whiskey-Basis mit Schokolade und Sahne
Irish mist	Likör auf Whiskey-Basis mit Honig und Kräutern
ginger ale	Ingwerlimonade
malt beer	Malzbier
red wine	Rotwein
sparkling wine	Sekt
white wine	Weißwein

Abruzzen • Ägypten • Algarve • Allgäu • Allgäuer Alpen • Altmühltal & Fränk. Seenland • Amsterdam • Andalusien • Andalusien • Apulien • Athen & Attika • Australien – der Osten • Azoren • Bali & Lombok • Baltische Länder • Bamberg • Barcelona • Bayerischer Wald • Bayerischer Wald • Berlin • Berlin & Umgebung • Bodensee • Bretagne • Brüssel • Budapest • Bulgarien – Schwarzmeerküste • Chalkidiki • Chiemgau • Cilento • Cornwall & Devon • Dresden • Dublin • Comer See • Costa Brava • Costa de la Luz • Côte d'Azur • Cuba • Dolomiten – Südtirol Ost • Dominikanische Republik • Ecuador • Eifel • Elba • Elsass • Elsass • England • Fehmarn • Franken • Fränkische Schweiz • Fränkische Schweiz • Friaul-Julisch Venetien • Gardasee • Gardasee • Genferseeregion • Golf von Neapel • Gomera • Gomera • Gran Canaria • Graubünden • Griechenland • Griechische Inseln • Hamburg • Harz • Haute-Provence • Havanna • Ibiza • Irland • Island • Istanbul • Istrien • Italien • Italienische Adriaküste • Kalabrien & Basilikata • Kanada – Atlantische Provinzen • Kanada – der Westen • Karpathos • Kärnten • Katalonien • Kefalonia & Ithaka • Köln • Kopenhagen • Korfu • Korsika • Korsika Fernwanderwege • Korsika • Kos • Krakau • Kreta • Kreta • Kroatische Inseln & Küstenstädte • Kykladen • Lago Maggiore • La Palma • La Palma • Languedoc-Roussillon • Lanzarote • Lesbos • Ligurien – Italienische Riviera, Genua, Cinque Terre • Ligurien & Cinque Terre • Liparische Inseln • Lissabon & Umgebung • Lissabon • London • Lübeck • Madeira • Madeira • Madrid • Mainfranken • Mainz • Mallorca • Mallorca • Malta, Gozo, Comino • Marken • Mecklenburgische Seenplatte • Mecklenburg-Vorpommern • Menorca • Midi-Pyrénées • Mittel- und Süddalmatien • Mittelitalien • Montenegro • Moskau • München • Münchner Ausflugsberge • Naxos • Neuseeland • New York • Niederlande • Niltal • Norddalmatien • Norderney • Nord- u. Mittelgriechenland • Nordkroatien – Zagreb & Kvarner Bucht • Nördliche Sporaden – Skiathos, Skopelos, Alonnisos, Skyros • Nordportugal • Nordspanien • Normandie • Norwegen • Nürnberg, Fürth, Erlangen • Oberbayerische Seen • Oberitalien • Oberitalienische Seen • Odenwald • Ostfriesland & Ostfriesische Inseln • Ostseeküste – Mecklenburg-Vorpommern • Ostseeküste – von Lübeck bis Kiel • Östliche Allgäuer Alpen • Paris • Peloponnes • Pfalz • Pfälzer Wald • Piemont & Aostatal • Piemont • Polnische Ostseeküste • Portugal • Prag • Provence & Côte d'Azur • Provence • Rhodos • Rom & Latium • Rom • Rügen, Stralsund, Hiddensee • Rumänien • Rund um Meran • Sächsische Schweiz • Salzburg & Salzkammergut • Samos • Santorini • Sardinien • Sardinien • Schleswig-Holstein – Nordseeküste • Schottland • Schwarzwald Mitte/Nord • Schwarzwald Süd • Schwäbische Alb • Shanghai • Sinai & Rotes Meer • Sizilien • Sizilien • Slowakei • Slowenien • Spanien • Span. Jakobsweg • St. Petersburg • Südböhmen • Südengland • Südfrankreich • Südmarokko • Südnorwegen • Südschwarzwald • Südschweden • Südtirol • Südtoscana • Südwestfrankreich • Sylt • Teneriffa • Teneriffa • Thassos & Samothraki • Toscana • Toscana • Tschechien • Tunesien • Türkei • Türkei – Lykische Küste • Türkei – Mittelmeerküste • Türkei – Südägäis • Türkische Riviera – Kappadokien • Umbrien • Usedom • Venedig • Venetien • Wachau, Wald- u. Weinviertel • Westböhmen & Bäderdreieck • Wales • Warschau • Westliche Allgäuer Alpen und Kleinwalsertal • Westungarn, Budapest, Pécs, Plattensee • Wien • Zakynthos • Zentrale Allgäuer Alpen • Zypern

Reisehandbuch MM-City MM-Wandern

Register

Die (in Klammern gesetzten) Koordinaten verweisen auf die beigefügte London-Karte.

Über den Autor: Ralf Nestmeyer, Jahrgang 1964, ist Historiker und Reisejournalist. Er ist Autor mehrerer Reiseführer; zudem hat er die Texte zu Bildbänden über verschiedene europäische Regionen geschrieben. Im Michael Müller Verlag sind von ihm auch Reiseführer über Südengland, England, Cornwall & Devon, Languedoc-Roussillon, Südfrankreich, Provence und Côte d'Azur, Paris, Normandie, Nürnberg sowie über Franken erschienen. Weitere Informationen zum Autor: www.nestmeyer.de.

Vielen Dank für Tipps und Briefe von Christina Aue, Reiner Bahr, Anna Katharina Benz, Monika Berkholz, Judith Bertermann, Elsbeth Bieder, Gabriele und Daniel Bögli-Pfannes, Ralf Bomhauer, Dr. Franz-Hermann Brand, Georges Bremgartner, Michael Bussmann, Dr. Jürgen Capell, Susanne Casimir, Christian Colli, Burcu Demirci, Ekkehart Czysch, Kathrin Domeyer, B. Englmann, Elisabeth Erbach, Martin und Christine Erdelmeier, Othmar von Ettingshausen, Christine Fellinger, Eberhard Fohrer, Sabine Freiwald, Detlef Garte, Jürgen Gauert, Regina Geißler, Carola Gerber, Katrin Giese, Veit Gilles, Yves Goergen, Vanessa Grabe, Harald Gruhl, Nicole Hagen, Maria Hilgert, Marie-Luise Hoppert, Sandy Hotowetz, Monika und Anton Huber, Thomas Jäckle, B. Kajewicz, Susanna Kallisch, Mona Kern-Schürmann, Dr. Michael Kliem, Dagmar Kögel, Anita Koller-Fenk, Ellen Kray, M. Kühbach, Petra Leibeck, Elke Leip, Frank Lennart, Sonja McGough, Heike Meyburg, Barbara Müller, Dr. Jürgen Müller, Sabine Münchow, Werner Münz, Inge Mugler, Michaela Oberle, Heike Pätzold, Alexandra Panchenko, Eva Pitsch-Schweikert, Catherine Ponath, Holger Preutkowski, Heinz Rapp, Anne Räuchle, Thorsten Rass, Michael Reiner, Ulrike Reck-Obert, Prof. Dr. Gerhard Reister, Dr. Tilman Rieß, Luise Ringler, Martin Ristl, Jan-Christoph Rülke, Eva Saurugg, Alexander Scharnagl, Barbara Schedding, Kay Schiemann, Charlotte Schlang, Renate Schmiedl, Alexandra Schmidt, Karin Schmidt-Mattern, Petra Schuster, Richard Schrepfer, Monika Seidl, Andrea Singer, Katharina Slodczyk, C. Smotzek, Dr. Gisbert Soballa, Manuela Stadter, Daniel Steffen, Olaf Storbeck, Ulrike Strauss, Dr. Gerd J. Strube, Nikos Theodorakopoulos, Gabi Tröger, Wilfried Wäschenfelder, Stefanie Wardow, Noémi Weber, Andreas Weck, Monika Zender-Windeck, Eva Wybierek und Gregor Zemp.

ISBN 978-3-89953-765-9

 Druck: Stürtz GmbH, Würzburg.